Michaela I. Abdelhamid
Die Ökonomisierung des Vertrauens

Edition Moderne Postmoderne

Michaela I. Abdelhamid (Dr. phil.) hat Philosophie, Soziologie und Ethnologie in Mainz und Tübingen studiert. 2017 promovierte sie an der Technischen Universität Darmstadt. Ihre Themenschwerpunkte sind Praktische Philosophie, Vertrauen und Organisationsentwicklung.

Michaela I. Abdelhamid

Die Ökonomisierung des Vertrauens

Eine Kritik gegenwärtiger Vertrauensbegriffe

[transcript]

Bibliografische Information der Deutschen Nationalbibliothek

Die Deutsche Nationalbibliothek verzeichnet diese Publikation in der Deutschen Nationalbibliografie; detaillierte bibliografische Daten sind im Internet über http://dnb.d-nb.de abrufbar.

Umschlagkonzept: Kordula Röckenhaus, Bielefeld
Druck: Majuskel Medienproduktion GmbH, Wetzlar
Print-ISBN 978-3-8376-4205-6
PDF-ISBN 978-3-8394-4205-0

Gedruckt auf alterungsbeständigem Papier mit chlorfrei gebleichtem Zellstoff.

Besuchen Sie uns im Internet: *http://www.transcript-verlag.de*

Bitte fordern Sie unser Gesamtverzeichnis und andere Broschüren an unter:
info@transcript-verlag.de

Inhalt

1 Einleitung

In komplexen kapitalistisch verfassten Industriegesellschaften wird der Begriff des Vertrauens im Rahmen politischen und ökonomischen Handelns, in medialer Berichterstattung, Werbung, Markt- und Meinungsforschung sowie in Wissenschaft und gesellschaftspolitischen Diskursen gegenwärtig zunehmend zentral verwendet.[1] Etwa seit den 1990er-Jahren vollzieht sich der gesellschaftliche Transformationsprozess der Ökonomisierung, der über die Institutionalisierung von Wettbewerb sowie ökonomische Anreizsysteme potenziell in alle Lebensbereiche vordringt. Gesellschaftliche Koordination wird als marktliche Koordination verstanden und auf Tausch und Handel bezogene Konzepte von Effizienz (Wirtschaftlichkeit) und Effektivität (Dienlichkeit) sind die bestimmenden Kategorien

---

[1] Frevert zeichnet die, wie sie es nennt, „obsessive" Verwendung des Begriffs Vertrauen insbesondere seit dem späten 18. Jahrhundert in Teilen Europas und Nordamerika nach. Seit den 1990er-Jahren verzeichnet sie eine werbewirtschaftliche Vertrauensoffensive der Finanzwirtschaft. Parallel dominiert der Begriff der Vertrauenskrise seit den im Jahre 2008 einsetzenden Wirtschafts- und Finanzkrisen insbesondere finanzwirtschaftliche Beschreibungs- und Erklärungsversuche im Hinblick auf deren Ursachen und Wirkungen. Vgl. Frevert, Ute: Vertrauensfragen. Eine Obsession der Moderne, München: C. H. Beck 2013.

Für einen Überblick klassischer Fides- bzw. Vertrauensbegriffe sowie deren Einordnung in Theorien der Moderne vgl. etwa Hartmann, Martin: Die Praxis des Vertrauens, Berlin: Suhrkamp 2011; Hubig, Christoph/Simoneit, Oliver: „Vertrauen und Glaubwürdigkeit in der Unternehmenskommunikation", in: Manfred Piwinger/Ansgar Zerfaß (Hg.), Handbuch Unternehmenskommunikation, Wiesbaden: Gabler 2007, S. 171-188; Lagerspetz, Olli: Trust. The Tacit Demand (=Library of Ethics and Applied Philosophy, Band 1), Dordrecht: Springer Netherlands 1998, S. 1-177.

einer zunehmend monetär geprägten Bewertung menschlichen Handelns.[2] Insbesondere die im Rahmen von Globalisierungsprozessen auftretenden Tendenzen sozialer Partikularisierung und Anonymität sowie institutioneller Deregulierung werden mit einem erhöhten gesellschaftlichen Unsicherheitspotenzial in Zusammenhang gebracht.[3] Im Zuge dessen, dass sich Interaktionen und Transaktionen zunehmend zwischen Fremden vollziehen und Akteure[4] das kontingente Verhalten ihres Gegenübers zunehmend schwerer einschätzen können, gilt Vertrauen als eine wichtige und seltene Ressource, die im Hinblick auf ökonomische Entscheidungen und Handlungen begründet genutzt werden können soll.

Gegenwärtig sind spezifisch ökonomistisch geprägte Vertrauenskonzepte dominant in Geltung.[5] Begriffe und damit verbundene Bedeutungen sind in kulturellen oder historischen Kontexten verortet. Was gegenwärtig unter Vertrauen verstanden werden kann, steht in einem Verhältnis zu dem, was unter Ökonomisierung und Kommerzialisierung in Form von Wissen Geltung erlangen kann. Entscheidungen, die im institutionalisierten Wettbewerb unter Unsicherheit getroffen werden, gelten als rational, wenn sie in kommerzialistischer Hinsicht einen kalkulierbaren und quantifizierbaren effektiven und effizienten Nutzen bringen. Unter diesen Voraussetzungen gilt Vertrauen als ein funktional auf Zweckdienlichkeit hin verengter Handlungsgrund sowie als in zweckdienlicher Hinsicht begründungspflichtig.

---

2   Kommerzialisierung kann als verengte operative Umsetzung von Ökonomisierung verstanden werden. Vgl. Kettner, Matthias: „Ein Vorschlag zur Unterscheidung von Ökonomisierung und Kommerzialisierung", in: Matthias Kettner/Peter Koslowski (Hg.), Ökonomisierung und Kommerzialisierung der Gesellschaft. Wirtschaftsphilosophische Unterscheidungen (=Ethische Ökonomie. Beiträge zur Wirtschaftsethik und Wirtschaftskultur, Band 13), München: Wilhelm Fink Verlag 2011, S. 3-20.

3   Vgl. etwa Giddens, Anthony: Konsequenzen der Moderne, Frankfurt a.M.: Suhrkamp 2008. Zu den Begriffen „Unsicherheit", „Risiko" und „Ungewissheit" siehe Hubig, Christoph: Die Kunst des Möglichen II. Grundlinien einer dialektischen Philosophie der Technik Band 2: Ethik der Technik als provisorische Moral (=Edition panta rei, Band 10), Bielefeld: Transcript 2007, S. 93-145.

4   Mit Nennung der männlichen Funktionsbezeichnung ist in diesem Buch, sofern nicht anders gekennzeichnet, immer auch die weibliche Form mitgemeint.

5   Als ökonomistisch geprägt werden in diesem Buch jene Vertrauensmodellierungen bezeichnet, die den Begriff des Grundes funktionalistisch im Hinblick auf gelingende Zielerreichung verengen und in diesem Zusammenhang Gründe für Vertrauen entsprechend mathematisch-naturwissenschaftlichen Begründungsstandards im Hinblick auf Effizienz- und Effektivitätsgewinne modellieren.

Im zweiten Kapitel wird das spezifische Verständnis instrumenteller Rationalität, das unter Ökonomisierung und Kommerzialisierung kulturell wirkmächtig ist, dahingehend untersucht, wie es sich auf die Möglichkeit eines Verständnisses von Vertrauen auswirken kann, wenn Handeln und Vernunft nicht als Formen der Selbstbestimmung erkannt, sondern auf spezifische Formen von Kausalität reduziert werden.[6] Der Bezug zu Edmund Husserls Kritik an einem geltenden auf mathematisch-naturwissenschaftliche Begründungsstandards verengten Rationalitätsverständnis lässt erkennbar werden, warum Vertrauen nicht als intersubjektiv geprägte Rationalitätsform verstanden werden kann, sondern als funktional verengter Grund bzw. begründungspflichtig missverstanden wird.[7] Die kulturkritische Analyse von Ökonomisierungsprozessen sowie verbreiteten Konzeptualisierungen von Vertrauen liefert Unterscheidungskriterien für Vertrauen, Verlässlichkeit und Reputation und legt frei, dass und wie sich eine Ökonomisierung des Vertrauens manifestieren kann.[8]

Im dritten Kapitel wird untersucht, wie sich einschlägige zeitgenössische Vertrauensmodellierungen aus Philosophie, Sozialwissenschaften, Ökonomie, Neuroökonomik, Empirischer Wirtschaftsforschung, Managementforschung und (Organisations-)Psychologie im Hinblick auf ihre Perspektiven auf Vertrauen und die ihnen zugrunde liegenden Geltungsansprüche unterscheiden. Hier wird der Frage nachgegangen, was gegenwärtig maßgeblich unter Vertrauen verstanden werden kann und welchen Nutzen der strategische Einsatz eines ökonomisierten Vertrauens im Hinblick auf die Begründung bzw. Legitimation von Entscheidungshandeln erzielen soll. Insbesondere an Beispielen aus der Managementforschung kann gezeigt werden, dass der Begriff „Vertrauen" vor allem im Rahmen von Abhängigkeitsbeziehungen als Verpflichtungsinstrument eingesetzt wird, um als spezifische Kontrollform eine sogenannte nicht normative Selbstbindung zu erreichen.

---

6   Zur Kritik des Dogmas des instrumentellen Egoismus vgl. Korsgaard, Christine M.: „Der Mythos des Egoismus", in: Deutsche Zeitschrift für Philosophie 52/2 (April 2014), S. 149-178.

7   Siehe hierzu die Kapitel 2, 2.6.2 und 2.6.3. Vgl. weiterführend Husserl, Edmund: Die Krisis der europäischen Wissenschaften und die transzendentale Phänomenologie. Eine Einleitung in die phänomenologische Philosophie (=Philosophische Bibliothek, Band 292), herausgegeben von Elisabeth Ströker, Hamburg: Felix Meiner Verlag 1996.

8   In Kapitel 2.6.3.2 wird der Vorgang der Anwendung eines in potenziell allen Lebensbereichen wirkmächtigen Rationalitätsprinzips in der Modellierung von Vertrauen bzw. bei der Bewertung von Vertrauensmodellierungen oder -handlungen als rational oder legitim als Ökonomisierung des Vertrauens bezeichnet und problematisiert.

Im vierten Kapitel wird danach gefragt, wie ökonomistisch geprägte Vertrauenskonzeptualisierungen beschaffen sind und wie sie strategisch eingesetzt werden, sodass sie ihr handlungsleitendes, -kontrollierendes oder -legitimierendes Potenzial im Namen des Vertrauens entfalten können. Die Untersuchung dominanter Konzeptualisierungen von Reziprozität, Tausch, Geld oder auch Schuld zeigt, dass die spezifische Qualität genuiner Vertrauensbeziehungen und -handlungen zwar durch Ersatzleistungen und die Inszenierung sogenannten Vertrauens herbeigeführt werden *soll*, jedoch nicht *kann*. Im Vertrauen sind Handlungen möglich, die unter den Kalkulations- und Kontrollerfordernissen eines potenziell flächendeckend institutionalisierten kommerzialistischen Wettbewerbs nicht möglich sind. Handlungskontingenzkontrolle und Handlungsfreiheit[9] schließen sich gegenseitig aus. Ökonomisierungs- und Kommerzialisierungsprozesse sowie Konzeptualisierungen von Vertrauen als Wertschöpfungs- oder auch Disziplinierungsinstrument können, entgegen ihrem Geltungsanspruch, problematische Auswirkungen auf die Möglichkeit gesellschaftlicher Koordination haben. In Form eines Ausblicks werden mögliche Reflexionsverluste im Hinblick auf Ursachen, Gegenstände oder auch Bedeutungen von Krisen aufgezeigt, die gegenwärtig häufig mit dem Begriff „Vertrauen" in Verbindung gebracht werden.

Dieses Buch bietet Differenzierungshilfen, um Ökonomisierungs- und Kommerzialisierungsspezifika sowie Vertrauensbegriffe und -inszenierungen deuten, ihre problematischen Auswirkungen erkennen und neue Perspektiven darauf gewinnen zu können, was tatsächlich „in der Krise" ist, wenn von Krisen „des Vertrauens" gesprochen wird.

---

9   Handlungsfreiheit kann im Sinne der Verwirklichung von Handlungskonzepten begründeten Wollens, überlegten Entscheidens und Handlungsausführung verstanden werden. Hier liegt der Fokus auf der Verwirklichung der Begründungsfreiheit des Willens und der Überlegungsfreiheit des Entscheidens. Wie im Folgenden mit G. W. F. Hegel gezeigt wird, stellt Anerkennung eine notwendige Bedingung für Handlungsfreiheit dar, vgl. Hegel, Georg W. F.: Phänomenologie des Geistes (=Philosophische Bibliothek, Band 414), hrsg. von Hans-Friedrich Wessels, Hamburg: Meiner 1988. In ökonomistisch geprägten Vertrauensmodellierungen, in denen das Hegelsche Konzept der Anerkennung nicht konzeptualisiert ist, ist Handlungsfreiheit insbesondere auf Entscheidungswahlfreiheit reduziert.

2 Rationale Kultur: Der gesellschaftliche Transformationsprozess der Ökonomisierung

Über Ökonomisierung kann ein spezifisches auf Zweckhaftigkeit verkürztes Rationalitätsverständnis[1] in gesellschaftliche Praxis eindringen und sich als Kommerzialisierung reproduzieren – dies kann als Fortführung jener wissenschaftstheoretischen Entwicklung eingestuft werden, die Edmund Husserl als rationale Kultur problematisiert hat.[2] Als rationale Kultur bezeichnet er das einseitige Rationalitätsverständnis eines naturalistischen Objektivismus, unter dem ausschließlich als objektiv gilt, was mathematisch-naturwissenschaftlichen Begründungsstandards entspricht. Husserl unterscheidet mit den Begriffen „Lebenswelt" und „rationale Kultur" in wissenschaftskritischer Absicht zwei grundsätzliche Konzeptualisierungsmöglichkeiten menschlicher Rationalität. Mit dem Begriff der Lebenswelt weist er darauf hin, dass der Mensch stets in einem individuellen und geschichtlichen Verhältnis zum Leben steht, das er erfährt und zu dem er sich denkend und handelnd positioniert. Der Mensch ist demnach ein historisches und kulturelles Wesen, das sich seine zweite Natur schafft. Sein Denken und Handeln orientiert

---

1   Mit dem Begriff der Rationalität kann die Orientierung menschlichen Denkens und Handelns an Gründen beschrieben werden. Instrumentelle Rationalität beschreibt die Orientierung an zweckbezogenen Gründen. Zum Begriff der Rationalität vgl. weiterführend Schnädelbach, Herbert: Rationalität. Philosophische Beiträge, Frankfurt a.M.: Suhrkamp 1984. Im Unterschied zum Begriff der Rationalität beschreibt der Begriff der Rationalisierung das spezifische Ergreifen von Maßnahmen zur Förderung von Zieloptimierung, Produktivitäts- und Wirtschaftlichkeitssteigerung.

2   Vgl. E. Husserl: Die Krisis der europäischen Wissenschaften und die transzendentale Phänomenologie, für „rationale Kultur" siehe insbesondere S. XIVff. und für „Lebenswelt" S. 54ff.

er an Begründungsstandards, die kulturell und historisch geprägt und verortet sowie als solche wandelbar und entsprechend zu reflektieren sind. Im Zuge der Etablierung einer rationalen Kultur gerät die lebensweltliche Verhältnismäßigkeit aus dem Blick und wird durch unreflektiert bleibende implizite Selbstverständlichkeiten und Annahmen ersetzt.[3] Dabei wird jedoch übersehen, dass stets mit Modellen operiert wird, die keineswegs eine objektive Wirklichkeit abbilden, sondern der Modellierungsleistung von Subjekten entspringen.[4] Wird Rationalität auf rationale Kultur reduziert, also Lebenswelt ausgeklammert, bleiben Modellierungsleistungen und insbesondere auch ihre -grenzen unerkannt. Modellierungsleistungen sind jedoch stets subjektive Leistungen und als solche in ihrem historischen Kontext und ihrer Relativität zu verstehen. Daher ist Husserl zufolge sogenanntes objektives Wissen als Produkt subjektiver Leistung zu reflektieren und das Subjekt im Rahmen seiner kulturellen und historischen Verfasstheit zu verstehen. Eine ausschließliche Orientierung an mathematisch-naturwissenschaftlichen Begründungsstandards lässt außer Acht, dass mathematisch-naturwissenschaftliche Begründungsstandards kulturell und historisch verankert sind. Ein einseitiges Rationalitätsverständnis, das diese Bezogenheit negiert, kann weder eine sinnvolle Orientierung am Menschen in seiner kulturellen und historischen Verfasstheit vornehmen, noch ein Verständnis anderer, nicht mathematisch-naturwissenschaftlicher Begründungsstandards und Rationalitätsformen entwickeln.

In kommerzialisierten Gesellschaften, in denen potenziell alle Lebensbereiche mit Märkten besiedelt sind, wird gesellschaftliche Koordination im Sinne marktlicher Koordination aufgefasst und entsprechend mit ökonomischen Instrumenten gestaltet. Das Koordinationsinstrumentarium ist an den übergeordneten Zielen der Zweckdienlichkeit und Wirtschaftlichkeit ausgerichtet und wird im Einklang mit mathematisch-naturwissenschaftlichen Begründungsstandards eingesetzt. Vertrauen, das als Element gesellschaftlicher Koordination gilt, wird in diesem Zuge als Instrument marktlicher Koordination konzeptualisiert und begründet. Interaktionen, die als marktliche Transaktionen interpretiert werden, bergen ein unkontrollierbares Risiko: Transaktionspartner können nicht mit Sicherheit wissen, wie

---

3   Mit dem Begriff der Sedimentierung weist Husserl darauf hin, dass wissenschaftliche Sinngebilde und Methoden auf ihren historischen Ursprungssinn hin zu hinterfragen sind. Vgl. E. Husserl: Die Krisis der europäischen Wissenschaften und die transzendentale Phänomenologie, S. XVIIIff. und S. 58ff.

4   In Kapitel 3.1 werden die Begriffe der Subjektivität und Intersubjektivität im Ausgang von G. W. F. Hegel und E. Husserl erläutert, vgl. hierzu: G.W.F. Hegel: Phänomenologie des Geistes sowie Husserl, Edmund: Phänomenologie der Lebenswelt. Ausgewählte Texte II, mit einer Einleitung hrsg. von Klaus Held, Stuttgart: Reclam 1986.

sich ihr Gegenüber verhalten wird. Vertrauen bzw. Vertrauenswürdigkeit soll unter dem Erfordernis strategischer Risikokalkulation Transaktionen ermöglichen bzw. absichern. Das Problem an diesen Vertrauenskonzepten ist: Ökonomistisch geprägte Vertrauensmodellierungen sind ausschließlich an mathematisch-naturwissenschaftlichen Begründungsstandards orientiert. Vertrauen ist jedoch eine Form, intersubjektiv und auf Basis einer Anerkennungsbeziehung zu begründeten Urteilen zu kommen, kein funktional verengter Grund, den man hat.[5] Unter mathematisch-naturwissenschaftlichen Begründungsstandards kann dies nicht konzeptualisiert werden. Was dort als „Vertrauen" bezeichnet wird, beschreibt nicht Vertrauen, sondern ein „sogenanntes Vertrauen". Das sogenannte Vertrauen soll eine Risikohandlung in spezifisch funktionalistischer Hinsicht begründetermaßen absichern können. Eine sogenannte Vertrauenshandlung, die ihren Charakter einer Risikohandlung behält, ist nur so lange stabil, wie sowohl das Risiko des Betrugs als auch die Kontrollkosten annähernd kalkulierbar bleiben und wirtschaftlich zu rechtfertigen sind. Sobald Betrug bzw. Kosten/Nutzen in keinem wirtschaftlichen und zweckdienlichen Verhältnis mehr stehen, löst sich die Scheinstabilität eines kalkulierten Risikos auf.

Im Hinblick auf die hier vorzunehmende Kontextualisierung von Ökonomisierung und Kommerzialisierung mit Husserls Begriff der rationalen Kultur bedürfen die Begriffe „Rationalität" und „Ökonomie" einer näheren Erläuterung.

2.1 RATIONALITÄTSVERSTÄNDNISSE

„Rational" bedeutet zunächst allgemein formuliert „wohlbegründet" und „Rationalität" meint die Orientierung des Denkens und Handelns an Gründen. Wenn Begründungen ausschließlich auf die Perspektive der Zweckhaftigkeit verengt werden, also nur zweckbezogene Gründe als rational und damit legitim gelten, wird von instrumenteller Rationalität gesprochen. Für die zeitgenössische Ökonomie gilt überwiegend jenes Verhalten als rationales Handeln, welches durch Präferenzen und Restriktionen eine Entscheidungssituation definiert. Verhalten wird demnach überwiegend als individuelles Entscheidungsverhalten modelliert, das sich am größtmöglichen sogenannten Netto-Nutzen ausrichten soll. Innerhalb dieses

---

5   Olli Lagerspetz' Konzeptualisierung von Vertrauen als einer Rationalitätsform, der dieses Buch folgt, wird in Kapitel 2.6.2 und G. W. F. Hegels Begriff der Anerkennung in Kapitel 3.1 ausführlich behandelt. Vgl. O. Lagerspetz: Trust. The Tacid Demand und G.W.F. Hegel: Phänomenologie des Geistes.

spezifischen Begründungsspektrums gelten nur auf (nutzenoptimierende) Zwecke bezogene Gründe als legitim.[6]

Es gibt jedoch eine Vielzahl guter Begründungen für Handlungen, die sich nicht in instrumentell-ökonomischen Begründungen erschöpfen. Nida-Rümelin betont treffend, dass Rationalität auf guten Gründen beruht, die gegeneinander abgewogen werden müssen.[7] Hierbei können z.b. Tugenden Orientierung bieten, die Bestandteile kultureller und sozialer Praxis sind, auf die sich Individuen beziehen können. Als rational gilt seines Erachtens jenes Denken und Handeln, das sich als kluges Begründen im Hinblick auf den gesamten Vollzug eines guten Lebens zeigt und als kohärent erweist. Die Reduktion ökonomischer Rationalität auf optimierende (Eigen-)Nutzenmaximierung stellt eine instrumentelle Ad-Hoc-Kalkulation des optimalen Eigennutzens dar. Das Begründungsspektrum eines auf egoistische Konsequenzoptimierung reduzierten Konzepts ökonomischer Rationalität beschreibt jenen spezifischen Ausschnitt menschlicher Rationalität, der in (eigen-) nutzenoptimierender Hinsicht auf den ökonomischen Markt bezogen ist. Dieses Konzept ökonomischer Rationalität kann Nida-Rümelin zufolge keinen Anspruch auf universelle Gültigkeit erheben, denn: „Letztlich ist es die Abwägung von Gründen, die wir für unsere Handlungen haben (und damit für unsere Präferenzen,

---

6   Der reduktionistische Handlungs- und Präferenzbegriff der zeitgenössischen ökonomischen Theorie gründet im sogenannten Methodologischen Individualismus, nach dem alles Handeln auf individuelles Handeln entsprechend eigenständiger und als stabil angenommener Präferenzen, die sich in entsprechenden Entscheidungen äußern, zurückführbar sein soll. Handeln wird demnach auf Verhalten verengt, das dann als rational bezeichnet werden können soll, wenn es durch Präferenzen und Restriktionen eine Entscheidungssituation definiert. Zu einer kritischen Auseinandersetzung mit Präferenzutilitarismus, Präferenzen und Entscheidungen vgl. Birnbacher, Dieter: Analytische Einführung in die Ethik, Berlin/New York: De Gruyter 2007 sowie C. Hubig/O. Simoneit: Vertrauen und Glaubwürdigkeit in der Unternehmenskommunikation und Nida-Rümelin, Julian: Die Optimierungsfalle. Philosophie einer humanen Ökonomie, München: Irisiana 2011.

7   Vgl. J. Nida-Rümelin: Die Optimierungsfalle. Philosophie einer humanen Ökonomie. In seiner Kritik an einer Reduktion praktischer Rationalität auf individuelle Optimierung sieht er ein auf Wettbewerb basierendes ökonomistisches Effizienzstreben nur als mit Kooperation vereinbar an, wenn es in kulturelle Regeln der Fairness, des Respekts, der Verständigung und der Gemeinschaftszugehörigkeit eingebettet ist.

die diese Handlungen leiten), die über die Kohärenz unserer Praxis, unserer Wünsche, Überzeugungen und Emotionen entscheidet."[8] Es sind diese Kohärenzbedingungen von Rationalität, die Nida-Rümelin als universell bezeichnet. Die Axiome des zeitgenössischen Konzepts ökonomischer Rationalität formulieren zunächst nur Bedingungen für die Kohärenz von individuellen Präferenzen. Die *Bewertung* und *Auswahl* möglicher Konsequenzen für Optimierungen erfolgt subjektiv und (zumeist implizit) normativ. Die Kohärenzbedingungen von Rationalität können Anspruch auf Universalität erheben, ökonomische Rationalität hingegen nicht. Was Nida-Rümelin herausarbeitet, ist die Problematik, dass das Prinzip der Nutzen-Summen-Maximierung zwar einer Kategorie von Gründen für Handlungen angehört, jedoch nicht, wie etwa das Prinzip der Gleichbehandlung oder des Kategorischen Imperativs, in einer moralischen Praxis verankert ist. „Die ökonomische Orthodoxie reduziert alle Handlungsgründe auf die Kategorie des Eigeninteresses."[9] Gründe, die etwa auf Kooperation beruhen bzw. diese ermöglichen, sind mit der Rationalitätskonzeption der ökonomischen Theorie unvereinbar.

Korsgaard kritisiert an der ökonomischen Theorie der Rationalität, dass sie praktische Vernunft ausschließlich auf das Prinzip der Klugheit (also Weisen, die Verfolgung verschiedener Ziele in Einklang zu bringen) reduziert.[10] Ökonomistisch geprägte Vertrauensmodellierungen können dahingehend problematisiert werden, dass sie eine instrumentelle Rationalität konzeptualisieren, die der von Korsgaard herausgearbeiteten und kritisierten Position des dogmatischen „instrumentellen Egoismus" zuzuordnen ist.[11] Korsgaard zufolge hängt die Rationalität einer Handlung davon ab, dass der Handelnde von seinem eigenen Erkennen der rationalen Notwendigkeit motiviert wird, dass er ein Ziel ergreifen *will*. Der Wunsch (auch als Präferenz oder Interesse bezeichnet) alleine bzw. das instrumentelle Prinzip als einziges Erfordernis praktischer Vernunft reicht nach Korsgaard nicht aus, zur Zielverfolgung anzuleiten. Es bedarf normativer Prinzipien als eines normativen Erfordernisses, die Mittel zu den Zielen auch tatsächlich zu

---

8   J. Nida-Rümelin: Die Optimierungsfalle. Philosophie einer humanen Ökonomie, S. 114.

9   Ebenda, S. 226.

10 Zur Unterscheidung der drei Arten von Prinzipien der Erfordernisse der praktischen Vernunft (des instrumentellen Prinzips, des Prinzips der Klugheit und des moralischen Prinzips) vgl. Korsgaard, Christine M.: „Die Normativität der instrumentellen Vernunft", in: Christoph Halbig/Tim Henning (Hg.), Die neue Kritik der instrumentellen Vernunft, Berlin: Suhrkamp 2012, S. 153-212. Zum Prinzip des Egoismus vgl. C.M. Korsgaard: Der Mythos des Egoismus.

11 Vgl. C.M. Korsgaard: Der Mythos des Egoismus. Dogma wird hier als unbegründete Behauptung verstanden.

ergreifen. Erst wenn der Vernunft eine Rolle in der Zielbestimmung zugestanden wird, kann das instrumentelle Prinzip kohärent bestimmt werden. Vernunft definiert Korsgaard in Anlehnung an Kant als Vermögen zur Selbstbestimmung.[12] Von der Vernunft angeleitet zu werden bedeutet, sich selbst als einen autonom Handelnden zu begreifen und anzuleiten. Es ist der *autonom Handelnde*, der einen Grund hat, ein Ziel zu verfolgen und die Mittel zu diesem Ziel zu ergreifen. Es ist nicht die Tatsache der Zielverfolgung selbst, von der der Grund, die Mittel zu diesem Ziel zu ergreifen, abgeleitet wird. Es ist der rational und autonom Handelnde, der die Verbindung zwischen dem Wollen des Ziels und dem Wissen des Mittels herstellen muss, um zur Notwendigkeit des Wollens des Mittels zu gelangen.[13] Der instrumentelle Egoist ist unfähig, zu erklären, wie Gründe Einfluss auf den Handelnden gewinnen, weil er annimmt, dass Gründe unabhängig vom rationalen Willen existieren. „Rationalität, wie Kant sie versteht, ist die menschliche Bürde, aus der die Notwendigkeit resultiert, freie Entscheidungen zu treffen – nicht eine Option, die wir wählen oder ablehnen können."[14] Korsgaard fasst treffend zusammen, dass Rationalität eine Verfassung ist, zu der Menschen fähig sind, jedoch keine, in der sie sich ständig befinden. Dass Menschen in unterschiedlichem Maße von Gründen motiviert sein können, ist nicht etwa von unterschiedlichen Gründen, sondern von den unterschiedlichen Tugenden abhängig, die sie besitzen.[15] *Handeln und Vernunft sind Formen der Selbstbestimmung* und als solche nicht ausschließlich auf besondere Formen von Kausalität zu reduzieren. Das Handeln nach dem instrumentellen Prinzip verleiht einen Willen und somit ein Handlungsvermögen. Der Position des instrumentellen Egoismus (oder dem Prinzip des Egoismus, wie Korsgaard es auch nennt) zufolge würde praktische Reflexion hingegen kausalistisch dazu führen, die „wirklichen Wünsche" zu entdecken und die Mittel zu den Zielen natürlicherweise, nicht vernünftigerweise, zu wollen, da das Glück und das Gute miteinander gleichgesetzt sind: „Das Prinzip des Egoismus sagt uns, dass wir eine bestimmte Konzeption des Guten als normative Autorität für unser Verhalten akzeptieren müssen."[16] Korsgaard zufolge ist dieses Prinzip nicht mit der kantischen Konzeption eines freien Willens vereinbar. Etwas mit dem Glück

---

12 Vgl. ebenda, S. 162ff.

13 Vgl. C.M. Korsgaard: Die Normativität der instrumentellen Vernunft, S. 160ff.

14 Vgl. ebenda, S. 194.

15 Vgl. Korsgaard, Christine M.: „Skeptizismus bezüglich praktischer Vernunft", in: Stefan Gosepath (Hg.), Motive, Gründe, Zwecke, Frankfurt a.M.: Fischer 1999, S.121-145.

16 C.M. Korsgaard: Der Mythos des Egoismus, S. 177.

Unvereinbares zu wünschen, erscheint dem egoistischen Prinzip zufolge als Irrtum.[17] Das Prinzip würde demnach nicht verletzt werden können, was Korsgaard zufolge in Anlehnung an Kant bedeutet, dass es nicht normativ sein kann. Dahinter steht die Annahme, dass rationale Prinzipien im Wesentlichen Beschreibungen von Wirkungen sind, die bestimmte Urteile, im Sinne einer Voraussage und nicht im Sinne einer Empfehlung, auf den Willen ausüben.[18]

Ökonomisierung als Rationalitäts*bestimmung* implementiert die dogmatische und inkohärente Position des instrumentellen Egoismus insbesondere über die Begriffe Nützlichkeit, Effizienz und Effektivität, wobei Nützlichkeit mit dem Guten gleichgesetzt wird.[19] Da im Sinne des instrumentellen Egoismus ausschließlich zweckdienliche Gründe legitime Geltung erlangen können, wird Vertrauen entsprechend reduktionistisch *in funktionalistisch begründender Absicht* als strategisch-koordinatives Instrument zur Prognose, Kalkulation und Legitimation von Entscheidungsverhalten in Dilemmasituationen missinterpretiert. Aus dieser Perspektive heraus wird Vertrauen mit Bezug auf Entscheidungsgründe (wobei Handeln auf Entscheidungsverhalten reduziert ist) modelliert und kann nicht als eine *Rationalitätsform autonom Handelnder, die über einen freien Willen verfügen und somit dem Prinzip des instrumentellen Egoismus zuwiderhandeln können*, erkannt werden.

Vertrauen beschreibt ein Anerkennungsverhältnis, in dem sich Vertrauende gegenseitig als Anerkennende anerkennen und als solche *selbstbewusst* zu begründeten Urteilen kommen können.[20] Vertrauen ist kein kalkulatives Instrument zur Zielerreichung, das eingesetzt wird, um kluge, weil mit dem Glück vereinbare, Wünsche zu erreichen. Korsgaard schreibt in Anlehnung an Immanuel Kant, dass wir uns, *weil wir selbstbewusst sind*, vor der Aufgabe der Selbstbestimmung unserer Überzeugungen und Handlungen sehen. Vertrauen beschreibt eine spezifische – nämlich intersubjektive – Form menschlicher Rationalität. Aus Perspektive des instrumentellen Egoismus hingegen wird Vernunft auf besondere funktional

---

17 Erhellend ist hier Korsgaards Nachweis, dass Egoismus als „dogmatischer rationalistischer Standpunkt, der die Normativität seines Prinzips aus einer substanziellen Konzeption des Guten ableitet", konzeptualisiert wird. Vgl. C.M. Korsgaard: Der Mythos des Egoismus, S. 169. Korsgaard schreibt unter Verweis auf die aristotelische Konzeption des Guten, dass, im Unterschied zu modernen Konzeptualisierungen, „Glück in der exzellenten Tätigkeit unserer gesunden Fähigkeiten beruht, eine Tätigkeit, die wir notwendigerweise als angenehm erfahren, allerdings nicht deswegen, weil sie Ursache einer angenehmen Empfindung ist". Ebenda, S. 177.

18 Vgl. C.M. Korsgaard: Der Mythos des Egoismus.

19 Dieser Punkt wird in Kapitel 4.2 vertieft.

20 Vgl. G.W.F. Hegel: Phänomenologie des Geistes und siehe Kapitel 3.1 in diesem Buch.

verengte Formen von Kausalität reduziert, wodurch andere darüber hinausgehende Formen von Rationalität, wie etwa Vertrauen, nur kalkulatorisch und quantitativ modelliert werden können.

2.2 ÖKONOMIEVERSTÄNDNISSE

Es gibt begriffliche Unterschiede und Unschärfen im Hinblick auf historische Verständnisse und Bewertungen von „Ökonomie". Das vorliegende Buch orientiert sich an Biens begriffshistorischer Aufarbeitung, die an Aristoteles angelehnt ist.[21] Der Begriff des Ökonomischen, wie er für Nationalökonomie und Volkswirtschaftslehre konstitutiv wurde, beschreibt eine gesellschaftliche Realität, die ungefähr ab der zweiten Hälfte des 18. Jahrhunderts in Europa in Erscheinung zu treten begann und von Adam Smith beschrieben wurde: die Marktwirtschaft, in die alle Arten des tätigen Lebens einbezogen werden. Angebot und Nachfrage bestimmen seither qualitativ unterschiedliche Werte in Form der quantitativen Einheit der Zahl. Die Lehre von der sittlichen Lebensführung der Menschen in der häuslichen (Oikos: für das tägliche Zusammenleben bestehende natürliche Gesellschaft) und staatlichen Gemeinschaft (Polis: Gesellschaft, die um des vollkommenen Lebens willen besteht[22]) bezeichnet Aristoteles als Ökonomik. Die moderne Ökonomie hingegen kann in Anlehnung an Bien als mathematisierte „Wissenschaft von der Marktmechanik" bezeichnet werden.[23] Was den Umgang mit Gütern betrifft, zählen Selbstversorgung und Gütertausch noch zur aristotelischen Ökonomik. Dies trifft jedoch nicht auf die Chrematistik zu, als die Aristoteles die

---

21 Vgl. Bien, Günther: „Die aktuelle Bedeutung der ökonomischen Theorie des Aristoteles", in: Bernd Bievert/Klaus Held/Josef Wieland (Hg.), Sozialphilosophische Grundlagen ökonomischen Handelns, Frankfurt a.m.: Suhrkamp 1992, S. 33-64.
Für weitere begriffliche Unterscheidungen vgl. Hubig, Christoph: „Kommerzialisierung von Forschung und Wissenschaft", in: Matthias Kettner/Peter Koslowski (Hg.), Ökonomisierung und Kommerzialisierung der Gesellschaft. Wirtschaftsphilosophische Unterscheidungen (=Ethische Ökonomie. Beiträge zur Wirtschaftsethik und Wirtschaftskultur, Band 13), München: Wilhelm Fink Verlag 2011, S.159-176. Siehe hier insb. S. 159.

22 Bien weist in diesem Kontext treffend darauf hin, dass es in Aristoteles' Nikomachischer Ethik – ökonomisch betrachtet – um die Grundfrage geht, ob der Mensch ein Leben in freier Selbstbestimmung oder aber als Arbeitsexistenz, die Produktion und Besitztum zum Selbstzweck erhebt, wollen soll.

23 G. Bien: Die aktuelle Bedeutung der ökonomischen Theorie des Aristoteles, S. 42.

Kunst des Gelderwerbs bzw. -geschäfts bezeichnet und kritisiert, in der Güter in Waren und das funktionale natürliche Gut Geld in einen sich über Zinseinnahmen selbstvermehrenden Selbstzweck transformiert werden.[24] Die moderne mathematisierte Ökonomie befasst sich mit Marktprozessen in kapitalistisch verfassten Gesellschaften, in denen Güter als Waren behandelt und der Besitz von Waren oder Geld zum Selbstzweck erhoben wird. Die moderne Wissenschaft kann insofern nicht als Ökonomik im aristotelischen Sinne bezeichnet werden, sondern als Wissenschaft, die sich mit der Erforschung der Gesetze von Ursache und Wirkung des Marktprozesses befasst. Mitunter wird mit dem Begriff „Ökonomik" die Wissenschaft und mit dem Begriff „Ökonomie" der Gegenstandsbereich der Ökonomik bezeichnet. In diesem Buch wird der Begriff der Ökonomie gleichermaßen für Wissenschaft und Gegenstandsbereich verwendet.

2.3 DIE RELATIVITÄT OBJEKTIVER ERKENNTNIS

Husserl führt das einseitige Rationalitätsverständnis eines naturalistischen Objektivismus auf den „Zerfall der Einheit von Philosophie und Wissenschaften" zurück.[25] Ein auf mathematisch-naturwissenschaftliche Begründungsstandards reduziertes Verständnis von Rationalität führt seines Erachtens zu einem „Verlust des Glaubens an eine absolute Vernunft".[26] Husserl zufolge stellt Vernunft einen „normativen Bezug zu Wahrheit" und so „vernünftigen Sinn" her.[27] Menschliche Freiheit konstituiert sich nach Husserl darin, seinem Dasein einen vernünftigen Sinn geben zu können. Wird Vernunft jedoch ausschließlich naturalistisch objektivistisch verstanden, wird der normative Bezug zu Wahrheit negiert. Nach Husserl ist es allerdings eben jenes „Ringen des Menschen um seine Wahrheit", das die Vo-

---

24 Vgl. Platon: Der Staat (=Universalbibliothek, Band 8205), hrsg. von Karl Vretska, Stuttgart: Reclam 2000 für eine Differenzierung von Gütern, die 1) nur um ihrer selbst willen geschätzt werden (z.B. Freude), 2) um ihrer selbst und der Folgen willen geschätzt werden (z.B. Gerechtigkeit), 3) nur um der Folgen willen geschätzt werden (z.B. Erwerbstätigkeit).

25 Vgl. E. Husserl: Die Krisis der europäischen Wissenschaften und die transzendentale Phänomenologie, S. XIV.

26 Vgl. ebenda, S. 12f.

27 Ebenda. Der Begriff des Normativen soll hier nicht weiter erörtert werden, zur aktuellen Diskussion siehe etwa Scanlon, Thomas M.: What We Owe to Each Other, Cambridge/Massachusetts: The Belknap Press of Harvard University Press 2000.

raussetzung für das menschliche Selbstverständnis darstellt. Denn Wahrheit ist relativ, sie ist nicht als Naturphänomen vorhanden und objektiv zu bestimmen, sondern es wird um sie gerungen und Wahrheitsvorstellungen werden etwa anhand ethischer Werte beurteilt. Der Mensch besitzt die Freiheit, einen normativen Bezug zu seiner Wahrheit über die Möglichkeiten von Vernunft herzustellen. Er setzt sich argumentativ und wertend in ein Verhältnis zu seiner Wahrheit. Gilt ein Rationalitätsverständnis, das naturwissenschaftlich-objektive Wahrheiten propagiert und einen normativen Bezug zu Wahrheit negiert, so ist die Freiheit des Menschen als eines sich-wertend-in-ein-Verhältnis-Setzenden eingeschränkt. Denn es gilt allein eine im mathematisch-naturwissenschaftlichen Sinne sogenannte objektive Wahrheit. Die Frage vernünftiger Sinngebung wird unter diesem Begründungsstandard für obsolet erklärt. Denn als rational gilt, was naturwissenschaftlich-objektiv zu bestimmen ist bzw. was (ökonomistisch verstanden) nützlich ist. Damit wird jedoch dem Menschen die Möglichkeit aberkannt, um seine Wahrheit ringen und so ein Verständnis seiner selbst entwickeln zu können.

Die Tatsache, dass Rationalität sich nicht in instrumenteller Rationalität und insbesondere nicht in instrumentellem Egoismus erschöpft und dass Begründungsstandards kulturell und geschichtlich eingebettet und somit stets relativ sind, bleibt unter den beschriebenen Bedingungen unerkannt. Ökonomisierung und Kommerzialisierung sind keine naturgesetzlichen scheinbar alternativlosen Erscheinungen, sondern Prozesse, die im Kontext der Menschheits- und Wissenschaftsgeschichte auftreten und erst vor diesem Hintergrund angemessen reflektiert werden können. Es ist das kulturell und geschichtlich konstituierte Individuum, das Begründungsstandards formulieren und dadurch aktiv den Horizont möglicher Erfahrungen, Erkenntnisse und deren Reflexion erweitern oder beschränken kann. Mit seinem Begriff der Lebenswelt weist Husserl auf dieses Spannungsfeld von Erfahrung, Erkenntnis und Leben hin, in dem Individuen (oder auch Kollektive) ihre Welt kreieren. Der Mensch erfährt „seine" Welt, sie bleibt unabhängig von seinen historisch unterschiedlichen Erfahrungen stets dieselbe. Was in Geltung ist bzw. kommt, kann nicht absolut gesetzt werden, da der Geltungshorizont ein Verhältnis zum Leben beschreibt.[28]

Objektivitätskonstitutionen sind Husserl zufolge in ihrer Relativität zu überprüfen. Erst im Bezug zum Erfahrenen bzw. entsprechend Erfassten können sich Sinnbildungen bzw. Seinsgeltungen der Welt *für den Menschen* konstituieren.

---

28 Dieses stets relative, weil auf subjektiver und intersubjektiver Erfahrung und Erkenntnis beruhende, Verhältnis des Menschen (als Subjekt und Gattungswesen) zum Leben beschreibt Husserl als „Vermöglichkeit". Vgl. Husserl, Edmund: Erfahrung und Urteil. Untersuchungen zur Genealogie der Logik, hrsg. von Ludwig Landgrebe, Hamburg: Meiner 1985.

Was Henry als „Verlust der Einheit des Wissens" und Husserl als „Verlust des Glaubens an eine absolute Vernunft" bezeichnen[29], ist als ein *in existenzieller Hinsicht problematischer Verlust* einzustufen, da es die Möglichkeit des Menschen betrifft, Erfahrungen und Erkenntnisse zu gewinnen, sie zu objektivieren und sich zu ihnen in ein Verhältnis zu setzen und so ein Verständnis seiner selbst entwickeln zu können. Husserl geht es hier um die Möglichkeit objektiver Erkenntnis bzw. um die „prinzipielle Klärung" von Objektivität.[30] Erfahrung und Erkenntnis finden als intentionale menschliche Leistungen in der Welt des Menschen statt.[31] Jede Erfahrung verweist auf die Möglichkeit des Menschen, der „als Einzelner den Sinn eines Gemeinschaftsgliedes mit sich führt", wechselseitig mit sich selbst, anderen und dem Sein in Beziehung zu treten.[32] Das Erfahrene existiert jedoch unverändert und unabhängig von den jeweils subjektiven Erfahrungen. Die Bedeutungen, Bestimmungen, Erkenntnisse, Geltungen etc. verleiht ihnen das Subjekt in je individuell unterschiedlicher Weise. Daher ist keine Erfahrung, keine Bestimmung, keine Erkenntnis, keine Geltung usw. als subjektunabhängig, endgültig, absolut wahr oder Ähnliches einzuordnen, sondern sie bedürfen prinzipieller Klärung. Erfahrung als Summe von Einzelerfahrungen verweist vielmehr auf die Dimension der Geschichte des Menschen in der Welt und auf das menschliche und intersubjektive Verhältnis zum Leben. Als „Vermöglichungen des Horizontbewusstseins" bezeichnet Husserl Bedingungen eines handlungsabhängigen Erfahrungsbewusstseins in einer Welt, die von Menschen als handelnden und konzeptualisierenden Wesen geprägt ist.[33] Es geht hier um „Möglichkeiten-in-der-Welt", denn das Subjekt lebt als kulturelles und geschichtliches Wesen in einer

---

29 Vgl. E. Husserl: Die Krisis der europäischen Wissenschaften und die transzendentale Phänomenologie, S. 12ff. sowie Henry, Michel: Die Barbarei. Eine phänomenologische Kulturkritik (=Alber-Reihe Philosophie), Freiburg (Breisgau)/München: Verlag Karl Alber 1994, S. 77ff.

30 Vgl. Husserl, Edmund: „V. Meditation: Enthüllung der transzendentalen Seinssphäre als einer monadologischen Intersubjektivität", in: Edmund Husserl, Cartesianische Meditationen. Eine Einleitung in die Phänomenologie (=Gesammelte Schriften, Band 8), hrsg. von Elisabeth Ströker, Hamburg: Felix Meiner Verlag 1992, S. 155.

31 Zu Husserls Konzept der transzendentalen Intersubjektivität siehe weiterführend E. Husserl: V. Meditation: Enthüllung der transzendentalen Seinssphäre als einer monadologischen Intersubjektivität. Um in Husserls Sprachgebrauch zu bleiben, wird in diesem Buch der Begriff „Mensch" übernommen.

32 Vgl. ebenda, S. 133ff.

33 Vgl. E. Husserl: Phänomenologie der Lebenswelt, S. 47.

subjektiv sowie intersubjektiv wahrgenommenen, gestalteten und geprägten Welt.[34]

Den an einem einseitigen mathematisch-naturwissenschaftlichen Methodenideal orientierten Rationalitätsbegriff eines naturalistischen Objektivismus, der, ohne die konstruktive Leistung des menschlichen Subjekts zu erkennen, eine ideale Praxis reinen Denkens, Idealisierens und Konstruierens an die Stelle realer Praxis setzt, kritisiert Husserl als Versagen rationaler Kultur.[35] Dieses Versagen scheint sich im Rahmen von Ökonomisierung und Kommerzialisierung konsequent und potenziell flächendeckend weiter zu vollziehen und an maßgeblich geltenden spezifisch eingeschränkten Konzeptualisierungen von Vertrauen zu zeigen. Husserl zufolge wurde im Zuge einer „Enthauptung der Philosophie" durch den Positivismus das Subjekt aus der Philosophie und die Lebensbedeutsamkeit aus den Wissenschaften verdrängt.[36] Husserl arbeitet wissenschaftskritisch heraus, was dies für Vernunft und das menschliche Selbstverständnis bedeutet: Wenn Vernunft besagt, „worauf der Mensch als Mensch in seinem Innersten hinauswill, was ihn allein befriedigen und ‚selig' machen kann", betrifft ein eingeschränkter Vernunftbegriff den Menschen in seinem Selbstverständnis und seiner Möglichkeit, „seinem Dasein vernünftigen Sinn zu verschaffen".[37] Die Welt wird in der

---

34 Vgl. ebenda, S. 47ff. Hier können etwa auch inhaltliche Überschneidungen zu der Unterscheidung von „Wahrheit des Daseins" und „Wahrheit, die eine Geschichte hat", in M. Henry: Die Barbarei (hier insb. S. 216) identifiziert werden. Es ist das Subjekt, das eine Geschichte mit Bezug zum Leben hat. Der Mensch lebt als handelndes und konzeptualisierendes Wesen in einer intersubjektiven Welt, deren Ausprägungen, Geltungen, Modellierungen etc. als subjekt-relativ und nicht als absolut (z.B. als absolute Wahrheit) zu erachten sind. Im Rahmen von Kultur als der Gesamtheit der offenen und dargebotenen Wege von Seinsbezug und Lebenssteigerung (vgl. S. 280) sind Bedingungen eines Handlungsbewusstseins z.B. in Form von Rationalitätsstandards und Rationalitätskonzeptionen verfügbar. In ihren phänomenologischen Schriften beschreiben Henry (unter dem Oberbegriff „Kultur der Barbarei") und Husserl (unter dem Oberbegriff „rationale Kultur") spezifisch eingeschränkte Wege von Seinsbezug und Lebenssteigerung sowie mögliche Auswirkungen für den Menschen. Wie Objektivität für den Menschen zustande kommt, hängt davon ab, was kulturell und geschichtlich darunter verstanden wird. Objektivität setzt Intersubjektivität, eine Beziehung der Subjekte untereinander, voraus. In jedem Ich ist der andere impliziert, diese Implikation konstituiert den Sinn von objektiver Welt.

35 Vgl. E. Husserl: Die Krisis der europäischen Wissenschaften und die transzendentale Phänomenologie, insb. S. XVIIIff.

36 Vgl. ebenda, S. 8.

37 Vgl. ebenda, S. XIV.

objektivistischen Tradition des Denkens in ihrem Ansichsein, frei von aller Subjektivität und Relativität, modelliert. Husserl zufolge ist es jedoch die Subjektivität, die allem vorangeht und Weltgeltung verleihen kann. Für Husserl sollte die „Einheit von Philosophie und Wissenschaften" wiederhergestellt werden, um erörtern zu können, was Philosophie und Wissenschaft dem Menschen über *Vernunft* und über sich selbst als *geschichtliches Subjekt einer Freiheit der Vernunft* zu sagen hat.[38] Den positivistischen Wissenschaftsbegriff bezeichnet Husserl als Restbegriff, da Subjekt-, Lebens- und Geschichtsbezug ebenso wie die *normative Bezogenheit des Menschen und der Menschheit auf Wahrheit* ausgeklammert sind.[39] In seiner Krisisschrift bestimmt Husserl Philosophie und Wissenschaft als historische Bewegung der „Offenbarung der universalen, dem Menschentum als solchem eingeborenen Vernunft".[40]

Husserl beschreibt das „Ringen des Menschen um seine Wahrheit" als geschichtlichen Prozess auf das Telos der Welterkenntnis hin.[41] Mit dem abstrakten Wissenschaftsideal einer mathematisierbar „objektiven" Welt, das sinnliche Welt und Menschheit in ihrer Geschichtlichkeit ausschließt, ist diese Welterkenntnis jedoch seines Erachtens nicht zu erreichen.

Als Kontrastierung zu einer ausschließlich auf die Wirklichkeit des Daseins fokussierenden rationalen Kultur als einer wissenschaftlichen Methode konstruiert Husserl Lebenswelt im Sinne der einzig wirklichen wahrnehmungsmäßig gegebenen Welt, deren Subjekt der Mensch ist.[42] Das Problem des positivistischen Wissenschaftsideals liegt nach Husserl darin, dass Sein und Methode verwechselt werden, was bedeutet, dass als reales selbstverständliches und nicht auf seine subjektiven konstitutiven Leistungen hin zu hinterfragendes Sein genommen wird, was eigentlich abstrakt mathematisierende Methode ist.[43] Es wird somit nicht auf den

---

38 Den Ausdruck „Subjekt der Freiheit der Vernunft" verwendet Husserl im Kontext seiner Kritik eines seit der Mitte des 19. Jh. dominanten positivistischen Wissenschaftsideals, das die Fragen nach Sinn oder Sinnlosigkeit des menschlichen Daseins ausschließt. Siehe ebenda insb. S. 5.

39 Vgl. ebenda. Für den Zusammenhang von Vernunft und Freiheit siehe insb. S. 12.

40 Vgl. ebenda, S. 15.

41 Vgl. E. Husserl: Die Krisis der europäischen Wissenschaften und die transzendentale Phänomenologie, insb. S. 12 sowie S. 15ff.

42 Zur Kritik an einem vereinseitigten Rationalitätsverständnis siehe auch M. Henry: Die Barbarei.

43 Für eine Vertiefung von Husserls Seinsbegriff siehe E. Husserl: Phänomenologie der Lebenswelt.

„Ursprungssinn" und auf Subjektivität im Sinne eines „Sichbesinnens des Erkennenden auf sich selbst und sein erkennendes Leben" hin zurückgefragt.[44] Jedoch erst, wenn der subjektive Ursprung der objektiv-wissenschaftlichen Methode erkannt wird, können Erkenntnisse aus letzter Begründung, wie Husserl sie fordert, gewonnen werden. Dann bleiben Philosophie und Wissenschaften nicht in Restbegriffen und Vorurteilen verhaftet, sondern erzielen Erkenntnisse, die dem Menschen zur „Einsicht in seine absolute Selbstverantwortung" verhelfen können.[45] Das Telos der Geschichte besteht nach Husserl darin, dass „die universale Vernunft des Menschen" in ihr hervorwill. Eine „restriktive Vernunft positiver Wissenschaften", die wissenschaftliche Rationalität auf die Feststellung einer methodologisch bestimmten Objektivität reduziert, führt seines Erachtens zu einer „Sinnkrise", da sich das Telos der Geschichte, die „universale Vernunft des Menschen", das, „worauf der Mensch in seinem Innersten hinauswill", nicht verwirklichen kann.[46] Denn eine Voraussetzung für seine Verwirklichung wäre, dass *Vernunft sich auf ihre eigenen Voraussetzungen hin durchschaut.* Den Begriff der Sinnkrise verwendet Husserl, um auszudrücken, dass unter einem positivistischen Wissenschaftsideal die Fragen nach dem Sinn oder Unsinn menschlichen Daseins nicht mehr gestellt werden, also danach, wie universale Erkenntnis und Sinngebung in absoluter Vorurteilslosigkeit erreicht bzw. gestaltet werden können. Der Zugang zu einem philosophisch zu erschließenden Verständnis der „Totalität des Seienden" für den Menschen als geschichtliches Subjekt ist seines Erachtens versperrt, da ein an einem einseitigen naturwissenschaftlichen Methodenideal orientierter Rationalitätsbegriff zur maßgebenden und verbindlichen Norm vernünftigen Argumentierens wurde.[47]

Husserl zufolge ist der „Mensch als geschichtliches Subjekt der Freiheit der Vernunft" unter eine „restriktive Vernunft" geraten.[48] Restriktive Vernunft zeichnet sich dadurch aus, dass sie Objektivität nur noch methodologisch bestimmt. Sie besitzt das Potenzial, nicht nur die Freiheit der Vernunft mit Restriktionen zu belegen, die dem geschichtlichen Telos zuwiderlaufen, sondern dem Menschen auch den Glauben an diese absolute Vernunft und den Sinn der Geschichte zu nehmen. Freiheit ist bei Husserl ein zentraler Begriff: *Freiheit ist die Vermöglichkeit des*

---

44 Vgl. E. Husserl: Die Krisis der europäischen Wissenschaften und die transzendentale Phänomenologie, S. 91ff.

45 Vgl. ebenda, S. XIVff. Als Telos der Philosophie erachtet Husserl „rationale Selbsterhellung und Selbstbestimmung".

46 Vgl. ebenda, S. XVI.

47 Vgl. ebenda, insb. S. 5ff. und S. XXff.

48 Vgl. ebenda, S. XXIXff.

*Menschen, seinem individuellen und allgemeinen menschlichen Dasein vernünfti-
gen Sinn zu verschaffen.*[49] Erst im *Ringen* um *seine* Wahrheit, auf die er sich normativ bezieht, kommt der Mensch, kommt die Menschheit in einem geschichtlichen Prozess zu einem Selbstverständnis. Die Erkenntnis des „*Ich bin*" (*Dasein*)
ist noch nicht ausreichend, es ist zudem danach zu fragen, was der Mensch und
die Menschheit *sich sein wollen* (*vernünftiger Sinn*).[50] Sinn wird auf Basis von
Anerkennung „verschafft", er wird nicht „erkannt". Dass Vernunft und Seiendes
„wesensverbunden" sind,[51] kann so verstanden werden, dass sowohl Vernunft als
auch Seiendes nicht ohne den Menschen gedacht werden können, sondern erst im
Kontext einer „normativen Bezogenheit" auf menschliche Wahrheit vollständig
bestimmt bzw. vollständig werden können. Es ist der Mensch als geschichtliches
Subjekt, als Teil und Ganzes von Menschheit, der dem Dasein seinen vernünftigen
Sinn „verschaffen" kann. Vernunft und Seiendes sind Optionen des Menschen auf
Sinn. Der Sinn kommt erst durch den Menschen und die Menschheit in *seine* Welt.
Verliert der Mensch den Glauben an eine ihm mögliche absolute Vernunft, verliert
er auch den Glauben an seine Freiheit und damit an seine Vermöglichkeit auf Sinn.
Er kann das in ihm angelegte Telos und das der Geschichte dann nicht verwirkli-
chen. Tragisch daran ist, dass er es könnte, hätte er nicht den Unterschied von Sein
und Methode aus seinem Blickfeld verbannt. So hat er den „Spielraum des Wahr-
nehmbaren, den der Verweisungszusammenhang der Vermöglichkeiten eröffnet"
(Husserl bezeichnet diesen als „Horizont"), eingeschränkt.[52] Mit dem Begriff des
Verweisungszusammenhangs formuliert Husserl insbesondere, dass „objektive
Sinnbildung" dynamisch, relativ, subjektiv und geschichtlich verortet ist und sich
als solches wesentlich intersubjektiv vollzieht.[53] Begriffe von Objektivität und
Sachlichkeit entsprechen Husserls Konzept einer absoluten Vernunft oder Henrys
Konzept einer Einheit des Wissens, wenn die Wirklichkeit des Daseins und die
Wirklichkeit von Sinnlichkeit, Subjekt und Leben gleichermaßen erforscht wer-
den. Der husserliche Begriff der lebensweltlichen Rationalität weist auf die Relativität objektiver Erkenntnis hin, die unter einem dogmatischen Rationalitätsverständnis weder hinreichend konzeptualisiert noch reflektiert werden kann.

---

49 Vgl. ebenda, insb. S. 12f.
50 Vgl. ebenda, insb. S. 12.
51 Vgl. ebenda, S. 14ff.
52 Vgl. E. Husserl: Phänomenologie der Lebenswelt, S. 14.
53 Vgl. E. Husserl: Die Krisis der europäischen Wissenschaften und die transzendentale
Phänomenologie, S. XXV.

2.4 ÖKONOMISIERUNG: BEGRIFFE, MERKMALE, MECHANISMEN

Ökonomisierungsprozesse werden von verschiedenen wissenschaftlichen Disziplinen im Hinblick auf teils sehr unterschiedliche Forschungsfragen untersucht und bewertet. Daher gilt es bei der Analyse dieser Prozesse zahlreiche Begriffsprägungen zu beachten und zu unterscheiden. Vor diesem Hintergrund werden die Begriffe Ökonomismus, Ökonomisierung und Kommerzialisierung hier voneinander abgegrenzt bzw. weiter spezifiziert.

Ökonomisierung ist vornehmlich betriebswirtschaftlich orientiert und wird daher häufig als Verbetriebswirtschaftlichung bezeichnet. Ökonomisierung bezeichnet das Denk- und Organisationsmuster, das um Effizienz und Effizienzsteigerung zentriert ist und zur prinzipiellen Maßgabe gleich welchen Ziels wird. Ökonomisierung wird vorwiegend innerhalb der Verwaltungswissenschaften (Schwerpunkt öffentlicher Sektor), der Wirtschaftswissenschaften (Schwerpunkt Betriebswirtschaftslehre) und der Sozialwissenschaften (Schwerpunkt Soziologie und Politikwissenschaften, insb. systemtheoretisch) untersucht bzw. thematisiert.[54]

Im Unterschied dazu wird *Ökonomismus* als eine ethische Theorie beschrieben, die die normativistische Durchsetzung der Marktlogik als Inbegriff und Prinzip der praktischen Vernunft erachtet.[55]

---

54 Vgl. Kettner, Matthias/Koslowski, Peter (Hg.): Ökonomisierung und Kommerzialisierung der Gesellschaft. Wirtschaftsphilosophische Unterscheidungen (=Ethische Ökonomie. Beiträge zur Wirtschaftsethik und Wirtschaftskultur, Band 13), München: Wilhelm Fink Verlag 2011. Siehe hier insbesondere M. Kettner: Ein Vorschlag zur Unterscheidung von Ökonomisierung und Kommerzialisierung, C. Hubig: Kommerzialisierung von Forschung und Wissenschaft sowie Manzeschke, Arne: „,Ökonomisierung'. Klärungsbedürftigkeit und Klärungskraft eines Begriffs", in: Ökonomisierung und Kommerzialisierung der Gesellschaft. Wirtschaftsphilosophische Unterscheidungen (=Ethische Ökonomie. Beiträge zur Wirtschaftsethik und Wirtschaftskultur, Band 13), München: Wilhelm Fink Verlag 2011, S. 67-93.

55 Vgl. hierzu etwa Thielemann, Ulrich: Wettbewerb als Gerechtigkeitskonzept. Kritik des Neoliberalismus, Marburg: Metropolis 2010 sowie Thielemann, Ulrich: „Integrative Wirtschaftsethik als kritische Theorie des Wirtschaftens. Die Unmöglichkeit der Wertfreiheit der Ökonomie als Ausgangspunkt der Wirtschaftsethik", in: Markus Breuer/Alexander Brink/Olaf J. Schumann (Hg.), Wirtschaftsethik als kritische Sozialwissenschaft (=St. Gallener Beiträge zur Wirtschaftsethik, Band 32), Bern: Haupt Verlag 2003, S. 89-115. Ein weiterer Terminus in diesem Begriffsfeld ist der des Öko-

Im Zuge von *Kommerzialisierung*, die auch als Vermarktlichung bezeichnet wird, siedeln sich Märkte bzw. zugehörige kulturelle Formen wie etwa Waren, Geld, Lohnarbeit, Kapital oder Profit in zuvor marktfreien Gesellschaftsbereichen an. Daraufhin arrangieren und justieren sich soziale Praktiken neu.[56] Kommerzialisierung setzt ausschließlich auf Marktmechanismen. Der Markt gibt jedoch keine Auskunft darüber, ob etwas ökonomisch sinnvoll ist oder nicht.

Aufgrund des Fokus' auf Effizienz und insbesondere ihrer Steigerung ist die Einführung von Metriken relevant, da nur so Vergleichswerte erzielt und entsprechende Aussagen verifiziert werden können (theoretische Variante a) „das Denk- und Handlungsmuster xy ist nun im Vergleich zu vorher als effizient zu bezeichnen", theoretische Variante b) „das effiziente Denk- und Handlungsmuster xy ist nun effizienter als zuvor"). Zum sozialen Prozess wird Ökonomisierung dadurch, dass *jedes* zu verfolgende Ziel mit einem Minimum an Aufwand sowie *bestimmte* Ziele mit minimalem finanziellen Aufwand bzw. maximalem finanziellen Ertrag einhergehen sollen. Das betrifft nicht nur die wirtschaftlichen Grundprozesse von Produktion, Konsumption, Distribution und Zirkulation, sondern auch darüber hinaus jeden auf ein Ziel angelegten Prozess – also auch Prozesse, die in lebenspraktisch bedeutsamen gesellschaftlichen Handlungsbereichen vollzogen werden.

Ökonomisierung sowie ihre verengte operative Umsetzung der Kommerzialisierung wirken insbesondere über Effizienz, Effektivität sowie Quantifizierungs- und Legitimationsmechanismen.

---

nomismus, mit dem die normative Überhöhung der Marktlogik als eines Prinzips praktischer Vernunft kritisiert wird, wie etwa U. Thielemann: Integrative Wirtschaftsethik als kritische Theorie des Wirtschaftens, pointiert. Vgl. in diesem Zusammenhang auch Voswinkel, Stephan: „Formwandel von Institutionen der Anerkennung in der Sphäre der Erwerbsarbeit", in: Ethik und Gesellschaft 1 (2014), S. 1-31. Er problematisiert, wie das kapitalistische Leistungsprinzip, als normatives Prinzip verstanden, Anerkennungsverhältnisse verändert.

56 Vgl. etwa Kommerzialisierungsprozesse im Gesundheitswesen im Sinne eines Eindringens einer spezifisch profitorientierten Marktlogik in einen zuvor ökonomisch-haushalterisch organisierten, jedoch wesentlich am öffentlichen Gut der Gesundheitspflege ausgerichteten Bereich. Vgl. hierzu beispielhaft Heubel, Friedrich: „Kommerzialisierung im Krankenhaus", in: Matthias Kettner/Peter Koslowski (Hg.), Ökonomisierung und Kommerzialisierung der Gesellschaft. Wirtschaftsphilosophische Unterscheidungen (=Ethische Ökonomie. Beiträge zur Wirtschaftsethik und Wirtschaftskultur, Band 13), München: Wilhelm Fink Verlag 2011, S. 199-213.

2.4.1 Effizienz und Effektivität

Ein tiefergehendes Verständnis von Ökonomisierungs- und Kommerzialisierungsprozessen kann über die zugrundeliegenden Effizienzkonzepte erlangt werden. Auf wirtschaftlicher Ebene stellt das ökonomische Prinzip zunächst ein Wirtschaftlichkeitsprinzip dar. Effizient ist, was den größten Output mit dem geringsten Input erzielt und mengen- bzw. wertmäßig abbildbar ist. Unterkategorien dieses Wirtschaftlichkeitsprinzips bilden a) einzelwirtschaftliche Effizienzkonzepte (beschrieben in der Betriebswirtschaftslehre) und b) gesamtwirtschaftliche Effizienzkonzepte (beschrieben in der Volkswirtschaftslehre). Einzelwirtschaftlich sind Produktivität und Wirtschaftlichkeit die typischen Effizienzkennziffern. Hier werden etwa interne Kosten externalisiert (z.b. sollen durch riskante Finanzmarktspekulationen entstandene Kosten auf die Gemeinschaft oder künftige Generationen abgewälzt werden). Gesamtwirtschaftlich werden hingegen auch sogenannte nicht-marktliche Güter wie etwa Kultur- und Umweltgüter einbezogen. Hier werden etwa externe Kosten internalisiert (Verursacherprinzip, z.b. sollen Verursacher die durch Umweltbelastungen entstehenden Kosten tragen). Einzelwirtschaftlich ist die Quantifizierung der Kosten/Nutzen-Relation relevant. Gesamtwirtschaftlich steht der größtmögliche Gesamtnutzen aller Akteure im Vordergrund, weshalb gesamtwirtschaftliche Effizienzkonzepte Voraussetzungen beschreiben und keine Quantifizierungen beabsichtigen.[57]

Zunächst ist freizulegen, seit wann, in welchen grundlegenden Bereichen und über welche Mechanismen Ökonomisierung Eingang in zuvor nicht ökonomisch geprägte soziale Prozesse finden konnte.[58] Etwa in den 80er-Jahren geriet der sogenannte Wohlfahrts- und Sozialstaat als unrealistisch, schwer finanzierbar und bürokratisch schwerfällig in die Kritik. Im Zuge dessen erstarkten zunächst in den

---

57 Vgl. Mühlenkamp, Holger: Zur „Ökonomisierung" des öffentlichen Sektors – Verständnisse, Mißverständnisse und Irrtümer (=Speyerer Vorträge, Band 82), Speyer: Deutsche Hochschule für Verwaltungswissenschaften 2005. Dort werden etwa „Pareto-Effizienz" (erreicht, wenn nicht mehr Individuen bessergestellt werden können, ohne andere schlechter zu stellen), „Allokative Effizienz" (erreicht, wenn sich Marktpreis und [Produktions-]Grenzkosten exakt entsprechen) und „Gesamtwirtschaftliche Effizienz" (erreicht, wenn betriebliche und allokative Effizienz herrschen) als gesamtwirtschaftliche Effizienzkonzepte differenziert.

58 Vgl. hierzu Vogel, Rick: Zur Institutionalisierung von New Public Management. Disziplindynamik der Verwaltungswissenschaft unter dem Einfluss ökonomischer Theorie, Wiesbaden: Deutscher Universitätsverlag 2006.

USA und Großbritannien neoliberale Gesellschafts- und Steuerungsmodelle.[59] Als Neoliberalismus wird die wirtschaftspolitische Theorie bezeichnet, die die Lösung wirtschaftlicher Probleme ordnungspolitischen Grundsatzentscheidungen überantwortet. Die Wirtschaftssubjekte einer Gesellschaft sind demnach der Eigenverantwortung und Selbstvorsorge verpflichtet. Märkte regulieren über Wettbewerbsmechanismen als erwünschtes Nebenprodukt sowohl die Entstehung von Gemeinwohl als auch eine natürliche Begrenzung der Macht. Was nicht über Wettbewerb geregelt werden kann – Landessicherung, Rechtsprechung, öffentliche Sicherheit und Ordnung –, soll politisch-administrativ gesteuert werden. In der Bundesrepublik Deutschland entwickelte sich eine ordoliberale Prägung in Form der Sozialen Marktwirtschaft, die Eigenverantwortung und Selbstvorsorge in begrenztem Maße proklamiert. Eine etwa seit den 60er-Jahren zunehmende Wandlung von kollektivistischen Gleichheits- zu individualistischen Freiheitswerten unterstützte die beschriebenen Entwicklungen. Vor dem Hintergrund unterfinanzierter Haushalte sowie als ineffizient beschriebener öffentlicher Verwaltungsstrukturen und -prozesse setzte seit Mitte der 90er-Jahre ein internationaler, politisch initiierter Wandel des privatwirtschaftlichen sowie des öffentlichen Sektors ein.

Der spezifische Wandel des öffentlichen Sektors wird auf betriebs- und volkswirtschaftlicher (Effizienz und Effektivität von Strukturen und Verhaltensweisen), rechtswissenschaftlicher (europäische Rechtsetzung und politische Entscheidungen), politik- und staatswissenschaftlicher (Staat als Produzent von Gütern und Dienstleistungen), verwaltungswissenschaftlicher (politische Steuerung) sowie wissens- und wissenschaftssoziologischer (neue Relevanzsysteme) Ebene als Ökonomisierung bezeichnet.[60] Sie zeichnet sich insbesondere dadurch aus, dass sie über die *Institutionalisierung von Wettbewerb* wirkt.

Im öffentlichen Sektor greift Ökonomisierung überwiegend über EU-Vorgaben (bzw. EU-Reaktionen auf die jüngste Finanz- und Schuldenkrise), managerielle Modernisierungsformen (New Public Management [NPM],[61] Neues

---

59 Siehe ebenda für einen Überblick über die historischen Entwicklungslinien von Ökonomisierungsprozessen in EU-Ländern und den USA.

60 Zur Entwicklungsgeschichte vom Fordismus hin zur Finanzmarktorientierung vgl. etwa Sauer, Dieter: „‚Du bist Kapitalismus' oder die Widersprüche der Ökonomisierung", in: Karl-Siegbert Rehberg (Hg.), Die Natur der Gesellschaft. Verhandlungen des 33. Kongresses der Deutschen Gesellschaft für Soziologie in Kassel 2006 (=Soziologenkongressband, Teilband 1 und 2), Frankfurt a.M.: Campus Verlag 2008, S. 609-621.

61 Eine tabellarische Darstellung der Unterschiede von NPM und klassischer Verwaltung findet sich bei R. Vogel: Zur Institutionalisierung von New Public Management, S. 274. Aufgrund der inhaltlichen und begrifflichen Strukturierung ist seine Auflistung auch

Steuerungsmodell [NSM]), Beteiligungssteuerungen (insb. Privatisierungen und Ausgliederungen), Kundenorientierung sowie die Konsultation externer Beratungsunternehmen. Privatwirtschaftlich greift Ökonomisierung insbesondere über die Ausrichtung auf Finanzmärkte und die damit einhergehende Bedeutung der Anteilseignerschaft (Shareholder-Value).

Die herauspräparierten wesentlichen Merkmale von Ökonomisierungsprozessen sind als „Initiierungen" zu verstehen. Viele Publikationen bewegen sich in Begriffshorizonten der „Wandlung" bzw. „Intensivierung", was prinzipiell richtig ist, jedoch an der Spezifik vorbeigreift, dass oftmals keine Kausalität (Ursächlichkeit) vorhanden sein muss. So ist es beispielsweise ein gradueller und logischer Unterschied, ob Wettbewerb intensiviert oder initiiert wird. Eine Intensivierung zielt auf eine quantitative Häufung des Vorhandenen. Eine Initiierung hingegen auf eine qualitative Veränderung der Art, dass ein nicht vorhandenes bzw. strukturell nicht angelegtes Phänomen nun aktiv angelegt, modelliert und gefördert wird. Das bedeutet etwa, dass über betriebliche Organisationsformen und arbeitsrechtliche Konstrukte ein Wettbewerb unter Angestellten hergestellt werden kann, der in dieser Form zuvor nicht oder nur als (nicht strukturell vorgesehenes) Nebenprodukt vorhanden war.[62]

Zusammenfassend lässt sich festhalten:

Ökonomisierung verankert ein spezifisches Verständnis von Ökonomie und instrumenteller Rationalität und greift als Initiierung eines institutionalisierten Wettbewerbs

a) auf der gesamtgesellschaftlichen Makroebene,

b) über Regelungsstrukturen auf der Mesoebene (NPM in staatlich getragenen bzw. teilfinanzierten Organisationen: Initiierung von Wettbewerb, Kundenorientierung, Deregulierung, Evaluation; Eigenkapitalrendite in wirtschaftlich getragenen Organisationen: Verlustvermeidung bzw. Gewinnerzielung, Shareholder-Prinzip, externe Beratung und Prüfung) sowie

c) auf der Mikroebene (veränderte Handlungsmuster insb. aufgrund spezifisch instrumentell-rational veränderter Regelungsstrukturen der Mesoebene).

Effizienz und Effektivität sollen nicht nur gesteigert werden, sondern sie werden auch zu Kriterien der Problemidentifikation bzw. -lösung. Demnach wären beispielsweise die trotz bereits unternommener Effizienzmaßnahmen weiterhin

---

über NPM hinaus für ein Verständnis von Ökonomisierungsprozessen (insb. im öffentlichen Sektor) hilfreich.

62 Für Beispiele siehe etwa Schimank, Uwe/Volkmann, Ute: „Ökonomisierung der Gesellschaft", in: Andrea Maurer/Uwe Schimank (Hg.), Handbuch der Wirtschaftssoziologie, Wiesbaden: Springer VS 2008, S. 382-393.

hohen Kosten im Gesundheitswesen mit weiteren Effizienzmaßnahmen zu beheben. So könnte z.b. eine Effizienzmaßnahme im Gesundheitsbereich durch eine Reduktion der Leistungsbreite (also bestimmte Behandlungsbestandteile, z.b. technische Verfahren oder Materialien) des Leistungskatalogs der gesetzlichen Krankenversicherungen umgesetzt werden. Bei gleichbleibender Nachfrage würden die Kosten voraussichtlich sinken. Probleme wie etwa das einer zunehmenden Zahl finanziell schlecht gestellter gesetzlich Versicherter im Gegensatz zu finanziell besser gestellten Privatversicherten (Finanzierungsproblematik der solidarischen Gesetzlichen Krankenversicherung), das des Zusammenhangs von Bildung, Einkommen und gesundheitlicher Aufklärung oder die gesamtwirtschaftlichen Folgen einer Zwei-Klassen-Gesundheitsversorgung treten hier in den Hintergrund. Soziale Probleme können so in Effizienzprobleme umgedeutet bzw. von diesen überblendet werden.[63]

Abstrakter formuliert und exemplarisch auf die Ebene einer ökonomisierten Steuerung der öffentlichen Verwaltung (im Sinne des europäischen Reformkonzepts des NPM) gehoben, erreicht bzw. steigert man Effizienz über die Variation der Leistungsstruktur, der Leistungsintensität (Personalabbau, Aufgabenzuwachs pro Mitarbeiter), der Leistungstiefe (Inhouse oder Outsourcing), der Leistungsbreite (Angebotspalette), der Leistungsqualität (Absenkung des Niveaus) oder das Aussitzen einer sogenannten Effektivitätsflaute. Mit Effektivität als Gradmesser der Zielerreichung rückt unter Ökonomisierung die Orientierung an Ergebnissen in den Fokus und Wirtschaftlichkeit an die Stelle von Sparsamkeit.[64]

2.4.2 Quantifizierungs- und Legitimationsmechanismen

Die Fokussierung auf Effizienz, Effektivität und ihre Steigerung erfordert Vergleichswerte. Hierfür bedarf es einer mathematischen Distanz zum Gegenstand. So können Aussagen zur Relation von Kosten und Nutzen, Ertrag und Aufwand getroffen werden. Ökonomisierung geht mit der Einführung von Metriken (Bezif-

---

63 Vgl. hierzu Mikl-Horke, Gertraude: „Klassische Positionen der Ökonomie und Soziologie und ihre Bedeutung für die Wirtschaftssoziologie", in: Andrea Maurer/Uwe Schimank (Hg.), Handbuch der Wirtschaftssoziologie, Wiesbaden: Springer VS 2008, S. 19-44.

64 Vgl. hierzu Irmer, Andreas T.: Kontraktmanagement als staatswirtschaftliches Steuerungsinstrument. Effizienzsteigernde Organisationsformen für den öffentlichen Sektor im Lichte der Neuen Institutionenökonomik, Darmstadt: Technische Universität Darmstadt 2001.

fern, Quantifizieren, Kalkulieren) einher, die Kettner und Koslowski als „*Kultur-technik des Berechenbarmachens*" bezeichnen.[65] Kulturtechnik daher, weil der Mensch diese im Zuge seiner kulturellen Entwicklung hervorgebracht und verfeinert hat. So kann etwa monetärer Profit dargestellt, gemessen, kalkuliert, verglichen usw. werden und als rechnerisches Bewertungskriterium dienen. Dadurch können Prozesse wiederum auf die unterschiedlichsten Ziele hin angelegt, in ihrer Wirkung gemessen und in Vorher-Nachher-Szenarien bewertet oder prognostiziert werden. Es können somit nicht nur neue *quantitative* Größen, sondern auch neue Dimensionen *qualitativer* (und somit normativer), jedoch ausschließlich mathematisch-naturwissenschaftlich orientierter Bewertungen für effizienzbezogene Berechnungen und Prognosen entstehen.

Beispielsweise auf finanzwirtschaftliche Prozesse (also Prozesse eines originär ökonomisch orientierten und organisierten, nun spezifisch ökonomisierten Bereichs) übertragen bedeutet dies, dass Gewinne in Zeiteinheiten im Verhältnis zum Kapitaleinsatz als Rendite (monetärer Geschäftsgewinn) berechnet und bewertet werden können.[66] So kann etwa auf Organisationsebene der Personalabbau in einem börsennotierten Unternehmen die Rendite von Anteilseignern steigern, was wiederum beispielsweise Auswirkungen auf Marktwert und -attraktivität mit sich führt. Auf einen nicht originär ökonomisch orientierten, nun spezifisch ökonomisierten Bereich übertragen kann dies etwa bedeuten, dass Hochschulen auf internationalen universitären Bildungsmärkten z.b. um Studierende oder Drittmittel konkurrieren. Im Sinne des New Public Managements kann z.B. die Leistungsstruktur über die Einführung ergebnisorientierter Entgeltsysteme oder die Leistungsbreite mit Drittmittelquoten korreliert und variiert werden, um eine gute Rankingposition im internationalen Hochschulwettbewerb zu erzielen.[67]

---

65 Vgl. Kettner, Matthias/Koslowski, Peter (Hg.): Ökonomisierung und Kommerzialisierung der Gesellschaft. Wirtschaftsphilosophische Unterscheidungen (=Ethische Ökonomie. Beiträge zur Wirtschaftsethik und Wirtschaftskultur, Band 13), München: Wilhelm Fink Verlag 2011, S. 5 sowie Kettner, Matthias: „Kann Ökonomisierung gut und muss Kommerzialisierung schlecht sein?", in: Friedrich Heubel/Matthias Kettner/Arne Manzeschke (Hg.), Die Privatisierung von Krankenhäusern. Ethische Perspektiven (=Gesundheit und Gesellschaft), Wiesbaden: Springer VS 2010, S. 117-132 und für eine weiterführende Kritik Brodbeck, Karl-Heinz: Eine philosophische Kritik der modernen Wirtschaftswissenschaften, Darmstadt: Wissenschaftliche Buchgesellschaft 2013.

66 Vgl. die Einleitung in M. Kettner/P. Koslowski: Ökonomisierung und Kommerzialisierung der Gesellschaft.

67 Als Beispiel für eine nichtmonetäre Maximierungsstrategie siehe etwa die Maximierung von Wählerstimmen, beschrieben bei Franck, Georg: „Ökonomie und Kommerz

Die Ausweitung des Wirtschaftlichkeitsprinzips als eines übergeordneten Denk- und Handlungsprinzips, das scheinbar zielneutral maßgebend ist, lässt sich mit Husserls Begriff der *Mathematisierung* (als Geometrisierung [Berechnung räumlicher Gebilde], Arithmetisierung [Berechnung bestimmter und allgemeiner Werte, Reihen, Kombinatoriken und Wahrscheinlichkeiten] und Algebraisierung [Lehre von Funktionsgleichungen, Theorie der Verknüpfungen mathematischer Strukturen]) beschreiben.[68] Husserl sieht die Entdeckung der mathematischen Unendlichkeit und die Mathematisierung der Natur in der mathematischen Naturwissenschaft als Wendepunkt hin zu einer letztlich physikalistisch geprägten Fokussierung auf Idealisierung und Konstruktion. In Form einer ultimativ gesteigerten objektivistischen Denktradition wird Natur als raumzeitlich kausalistisch und die Erfahrungswelt insgesamt als berechenbar angesehen. Eine systematische auf axiomatischen Grundsätzen und Grundbegriffen beruhende einheitliche deduktive Theorie wurde durch die Euklidische Geometrie möglich. Seither wird die Kontingenz der Welt mathematisch-naturwissenschaftlich in Form idealisierbarer und konstruierbarer Exaktheit als bestimmbar und somit weitestgehend beherrschbar modelliert. So wird eine universale Kausalität von den positivistischen Wissenschaften induziert, die spätestens ab der Mitte des 19. Jahrhunderts die Weltanschauung vorwiegend westlicher Industrienationen prägt. Methodisch werden letztlich mithilfe von Abstraktion, Idealisierung, (Objektivitäts-)Konstruktion und Formalisierung Kausalitäten modelliert, die in ihrer mathematisch-materialisierten exakten Form reale Kontingenz vergessen zu lassen scheinen. Die mathematische Exaktheit bleibt im Sinne Husserls jedoch immer ein Denken mit symbolischen Begriffen. Mathematische Kausalitäten, die zwischen Formel und abgeleitetem Ergebnis bestehen, müssen nicht zwingend eine reale kausale Beziehung abbilden. Der Satz „was zu beweisen war" bezieht sich letztlich immer auf den Beweis der Formel. Eine Hypothese ist und bleibt eine Hypothese; das ist kein Makel, aber eine bedeutsame Mitgift. Ökonomisierung geht mit Mathematisierung einher. Was Kettner und Koslowski als Kulturtechnik des Berechenbarmachens bezeichnen, lässt sich mit Husserls Begriff der Mathematisierung untermauern bzw. vertiefen. Denn die Mitgift ist mit Husserl gesprochen diese, dass Methode und Sein verwechselt werden, also formalistische Idealisierungen nicht

---

jenseits des Gelds. Über Demokratie und Wissenschaft in der Commercial Society", in: Matthias Kettner/Peter Koslowski (Hg.), Ökonomisierung und Kommerzialisierung der Gesellschaft. Wirtschaftsphilosophische Unterscheidungen (=Ethische Ökonomie. Beiträge zur Wirtschaftsethik und Wirtschaftskultur, Band 13), München: Wilhelm Fink Verlag 2011, S. 139-157.

68 Vgl. E. Husserl: Die Krisis der europäischen Wissenschaften und die transzendentale Phänomenologie, S. XVIIIff.

mehr als solche erkannt bzw. reflektiert werden.[69] Auf Ökonomisierungsprozesse übertragen bedeutet dies: Die Methode der Effizienz und Effizienzsteigerung tritt durch den Mechanismus der Quantifizierung in den Hintergrund und Ökonomisierung tritt als *unhinterfragbar naturgegeben kausales Phänomen des Seins* auf. Wie Brodbeck treffend kritisiert, hat das Wirtschaftlichkeitsprinzip der Ökonomisierung einen naturgesetzlichen Status erlangt.[70] Dies liegt an der beschriebenen raumzeitlich kausalistischen Naturkonzeption, die sich in einer wirklichkeitsprägenden Mathematisierung ausdrückt. Wirklichkeit ist hier in Anführungszeichen zu setzen, da einerseits die vorgestellte Wirklichkeit immer vorgestellt bleibt, andererseits aber diese vorgestellte Wirklichkeit eine reale Wirklichkeit prägt. Der Wirklichkeitsbegriff ist unbestimmt und geschichtlich. Wirklich ist, was nicht unwirklich ist, was aus einer Unendlichkeit von möglichen Unwirklichkeiten als einzig Akzeptiertes herausgeschält wird. Wirklichkeit kann im Unterschied zu Wahrheit unerwiesen unterstellt, also je nach Konjunktur behauptet bzw. ersetzt werden. Im Sinne einer Vertrautheit sind Wirklichkeitswerte an Kontexte, Umstände, Praktiken usw. gebunden. Wenn Wirklichkeitswerte keine Wahrheitswerte, sondern aus gesellschaftlichen Prozessen und Konjunkturen geborene Kultivierungen sind, besitzt auch ein Transformationsprozess wie Ökonomisierung ein solches *Kultivierungspotenzial*.[71]

Dies ist für eine Reflexion ökonomistischer Legitimationsmechanismen relevant, also dafür, was in Geltung kommen kann. Hubig arbeitet heraus, dass der vorstellend denkende Mensch Strategien entwickelt, mit der *Kontingenz* der Welt umzugehen.[72] Diese Strategien stellen als Reflexionsbestimmungen ein *Verhältnis* zur derart erfassten Welt dar. Formalisierungen dienen Husserl zufolge als Überbrückungsleistungen, die, sobald sie in der Welt sind, im Hinblick auf ihre impliziten *Geltungsansprüche* zu untersuchen sind.[73] Für Husserl ist der Begriff der Reflexion wesentlich, da er Bedeutungsintentionen aufdecken kann. Mit dem Begriff der Bedeutung bezeichnet Husserl den Akt der Bedeutungsverleihung, der

---

69 Vgl. ebenda, S. 53ff.

70 Vgl. K.-H. Brodbeck: Eine philosophische Kritik der modernen Wirtschaftswissenschaften.

71 Vgl. Gehring, Petra: „Wirklichkeit. Blumenbergs Überlegungen zu einer Form", in: Journal Phänomenologie 35 (2011), S. 66-81.

72 Vgl. Hubig, Christoph: „Technik und Lebenswelt", in: Zeitschrift für Kulturphilosophie 2 (2013), S. 255-270, S. 145 sowie Hubig, Christoph: „Es fehlt der letzte Schritt. Lebenswelt, Natur und Technik im Ausgang von Blumenbergs Husserl-Rezeption", in: Journal Phänomenologie „Hans Blumenberg" 35 (2011), S. 25-35.

73 Vgl. C. Hubig: Es fehlt der letzte Schritt.

zunächst nur anzeigt, was als wirklich erachtet wird. Als eine Anforderung an die Erkenntniskunst bedeutet dies für ihn:

„Anstatt im Vollzuge der mannigfaltigen aufeinandergebauten Akte aufzugehen und somit die in ihrem Sinn gemeinten Gegenstände naiv als seiend zu setzen und zu bestimmen oder hypothetisch anzusetzen, daraufhin Folgen zu setzen u. dgl., sollten wir vielmehr ‚reflektieren‘, d.h. diese Akte selbst und ihren immanenten Sinnesgehalt zu Gegenständen machen.“[74]

Was in den Kapiteln zu Ökonomisierung und Kommerzialisierung bereits ausgeführt wurde, kann mit Husserl zusammenfassend dahingehend zugespitzt werden, dass Effizienzzentrierung sowie zugehörige Mathematisierung eine spezifische Wirklichkeit aus den kontingenten Unwirklichkeiten formalisierend herausstellen, empirisch bestätigen und diese über neue Steuerungsmodelle und veränderte Regelungsstrukturen implementieren. Ökonomisierung legitimiert und bestätigt sich aufgrund ihrer beschriebenen Merkmale und Mechanismen auf allen gesellschaftlichen Ebenen – und dies teilweise quer zu demokratisch legitimierten Verfahren. Dies zeigt etwa Botzem am Beispiel des globalen Projekts der Unternehmensrechnungslegung.[75] Im Zuge einer Liberalisierung und Deregulierung nationaler Finanzmärkte wurden die Vorgaben zu Art und Umfang der Veröffentlichungspflichten von Unternehmen geändert. Das privatrechtliche International Accounting Standards Board (IASB) mit Sitz in den USA erarbeitet für alle Industriestaaten (die USA ausgenommen) sogenannte International Financial Reporting Standards (IFRS) für die Konzernberichterstattung, die insbesondere Investoren als Einschätzungshilfe dienen sollen. Kernelemente der Unternehmensrechnungslegung sind der Aufstieg des Shareholder Values als Paradigma der Unternehmenssteuerung, die zunehmende Dominanz von Börsen gegenüber Banken bei der Unternehmensfinanzierung, die Einflussnahme einer finanzwirtschaftlichen Elite sowie die globale schnelle Verbreitung sogenannter innovativer Finanzinstrumente. Nicht demokratisch legitimierte politische Akteure wie etwa externe

---

74 Husserl, Edmund: Logische Untersuchungen, Band 2: Elemente einer phänomenologischen Aufklärung der Erkenntnis, 6. Auflage, unveränderter Nachdruck der zweiten teilweise umgearbeiteten Auflage, Halle: Niemeyer 1993, S. 9.

75 Vgl. Botzem, Sebastian: „Globalisierte Finanzmärkte als Herausforderung für demokratische Gesellschaften – zur Legitimierung des Investorenprimats in der Unternehmensrechnungslegung", in: Martin Held/Gisela Kubon-Gilke/Richard Sturn (Hg.), Normative und institutionelle Grundfragen der Ökonomik (=Jahrbuch 13: Unsere Institutionen in Zeiten der Krise), Marburg: Metropolis 2014, S. 149-170.

Dienstleister oder Wirtschaftsprüfer können einen anonymen Zwang auf politische Akteure ausüben und Definitionsleistungen einer kommerzialistisch ausgelegten Effizienz (nicht z.B. von Gerechtigkeit) vornehmen. Botzem arbeitet das Moment der Rechenschaftspflicht als zentral heraus, da Marktentscheidungen implizit und gesellschaftlich intransparent bleiben, wohingegen politische Entscheidungen explizite politische Diskurse voraussetzen. Gerechtigkeitsauffassungen werden so zunehmend Effizienzauffassungen untergeordnet.[76] Botzem interpretiert dies so:

„Diese Konzeption kann auch als Versuch gewertet werden, einer möglichen Politisierung der Rechnungslegung durch staatliche Institutionen oder zivilgesellschaftliche Akteure wie NRO (Anm. d. Verf.: Nichtregierungsorganisationen) von vornherein entgegenzuwirken. [...] Damit werden gesellschaftliche Ansprüche nur für den Fall als legitim angesehen, wenn sie sich in Form von Zahlen artikulieren lassen und in einen Zusammenhang mit investitionsrelevanten Informationen gestellt werden können."[77]

Die Privatisierung von Regulierungsentscheidungen entzieht die Rechnungslegung einem politischen Diskurs. Die Definition und Bewertung von Effizienz sowie die Auswahl von Effizienzkriterien übt politischen Entscheidungsdruck aus, ohne zum Gegenstand eines politischen Diskurses zu werden. Der über eine flächendeckende monetär geprägte Effizienzorientierung institutionalisierte und quantifizierbare Autonomiegewinn wirtschaftlicher Akteure legitimiert sich aufgrund seiner vornehmlich betriebswirtschaftlichen Zweckbestimmung. Entscheidungen, ob auf Makro-, Meso- oder Mikroebene, müssen sich zunehmend als ökonomisch rational darstellen lassen können, um als legitim zu gelten. Ökonomisierung wird so zu einem *zentralen Handlungs- und Entscheidungsprinzip*.[78]

Am Beispiel der Ökonomisierung des öffentlichen Sektors analysiert Richter exemplarisch, wie spezifisch interessierte und zumeist in Verbänden organisierte Akteure Erwartungen gegenüber Politik in einer komplexitätsreduzierenden ökonomischen Formalsprache formulieren. Insbesondere Beratungsleistungen etwa

---

76 Vgl. U. Thielemann: Wettbewerb als Gerechtigkeitskonzept.

77 S. Botzem: Globalisierte Finanzmärkte als Herausforderung für demokratische Gesellschaften, S. 164f.

78 Vgl. weiterführend zu Autonomie, Entscheidung und Stabilität von Ökonomisierungsprozessen auf Makro-, Meso- und Mikroebene Richter, Peter: Ökonomisierung als gesellschaftliche Entdifferenzierung, Konstanz: UVK 2009 sowie zur ökonomischen Handlungstheorie G. Mikl-Horke: Klassische Positionen der Ökonomie und Soziologie und ihre Bedeutung für die Wirtschaftssoziologie.

durch externe Dienstleister dienen der Rationalisierung und Legitimation von Entscheidungen. Sie halten die Entscheidungsautonomie der beratenen Organisation aufrecht und stellen Datenmaterial bereit, das mathematisch-naturwissenschaftlichen Begründungsstandards entspricht. Forster bezeichnet die Wirkungsweise von Ökonomisierung als Rekonfiguration von Herrschaft, da durch Effizienz und Controlling neue Herrschaftsverhältnisse legitimiert bzw. verschleiert werden können. Am Beispiel des Bildungssektors analysiert er, wie in streng ökonomischen Begriffen Bereiche neu interpretiert werden, die bis dahin nicht ökonomisch betrachtet wurden.[79] In diesem Kontext ist zu betonen, dass nicht die Anwendung ökonomischer Instrumente problematisch ist, sondern die mangelnde Transparenz politischer Entscheidungsprozesse, die mit Effizienz- und Quantifizierungslogiken begründet werden und teilweise nicht Gegenstand demokratisch legitimierter Verfahren sind.

Hubig kritisiert eine Ökonomisierung des Wissenschaftssystems etwa dahingehend, dass das soziale Subsystem der Wissenschaften über die Kommunikation der Leitdifferenz wahr/falsch hinaus am Erhalt von Options- und Vermächtniswerten orientiert sein sollte.[80] Soll Wissenschaft also beispielsweise unter Aufwand- und Ertrags-, also Effizienzgesichtspunkten ökonomisiert gestaltet und realisiert werden, wird der Erhalt der spezifischen Effektivität dieses Haushalts unter ökonomischen Gesichtspunkten fraglich. Hubig definiert Ökonomie als „planvolle Gestaltung eines Haushalts als Disposition, die auf den Erhalt dieses Haushalts auf der Basis einer arbeitsteilig vorgenommenen Realisierung der notwendigen Funktionen sowie seine Weiterentwicklung in Reaktion auf interne oder externe Störungen und die damit verbundenen Krisen aus ist."[81] Unter Ökonomisierung scheint es weniger um den Erhalt dieses Haushalts als vielmehr um die gesamtgesellschaftliche Institutionalisierung von Wettbewerbsmärkten zu gehen,

---

79 Vgl. Forster, Edgar: „Kritik der Ökonomisierung", in: Widersprüche. Zeitschrift für Politik im Bildungs-, Gesundheits- und Sozialbereich 30 (März 2010), S. 9-23.

80 Zu Options- und Vermächtniswerten siehe C. Hubig: Möglichkeiten als Kandidaten der Bewertung. Diese Begriffe sind insbesondere im Kontext der Präferenzerfassung im Hinblick auf öffentliche Güter (z.B. Wasser) relevant. Mit dem Begriff des Optionswertes weist Hubig auf die Verfügbarkeit öffentlicher Güter und mit dem Begriff des Vermächtniswertes auf ihre intergenerationelle Nutzungsoption hin. Seine Ausführungen begründen die Notwendigkeit von Aushandlungsprozessen für die Wahrung öffentlicher Güter. Hierbei muss insbesondere auch berücksichtigt werden, über welche Verwertungs- und Bewertungsmöglichkeiten von Ressourcen Individuen überhaupt verfügen. Hubig bezieht sich hier etwa auf Amartya Sens Capabilities-Ansatz, der hier jedoch nicht weiter erläutert werden soll.

81 C. Hubig: Kommerzialisierung von Forschung und Wissenschaft: 2011, S. 159.

wobei Handlungs- und Entscheidungslegitimität weitgehend ohne politisch legitimierte Verfahren erreicht werden soll.[82]

Habermas beschreibt diesen Prozess als „technokratischen Sog", der „unter dem unschuldigen Etikett der Governance" die positive Kopplung privater und öffentlicher Autonomie als notwendige Bedingung für die Legitimität der Ordnung eines, gemäß demokratisch gesetztem Recht, demokratischen Rechtsstaats unterminiert.[83]

2.5 ÖKONOMISIERUNG ALS PROZESS UND KULTURELLES DEUTUNGSMUSTER

Ökonomisierung ist unter anderem aus der Krise des fordistischen Produktions- und Sozialmodells hervorgegangen und wurde durch Globalisierung, Informatisierung und Tertiärisierung befördert.[84] Wurden im Fordismus Produktionsabläufe noch weitgehend von Marktschwankungen abgeschottet, werden nun (Wettbewerbs-)Märkte zum zentralen Steuerungsmoment – auch der Marktorganisation selbst. Eine kommerzialistisch ausgerichtete Effizienzzentrierung wird zum bestimmenden Handlungsziel und insbesondere über das Neue Steuerungsmodell (NSM) gesellschaftlich implementiert. Neben institutioneller Umstrukturierung bzw. Deregulierung erzeugt die finanzmarktliche Renditefokussierung einen zusätzlichen Verwertungs- und Umstrukturierungsdruck – die beteiligten Steuerungsebenen sind zugleich Promotoren und Legitimatoren sowie selbst Objekte von Ökonomisierungsprozessen.

Ob etwa als Arbeitskraft, lebenslang Lernender oder Kunde, das Subjekt wird in Betrieb genommen, wie Sauer treffend pointiert.[85] Es trägt zunehmend die Verantwortung für die Erreichung ökonomischer Ziele und hat stets ergebnisorientiert

---

82 Kettner weist treffend darauf hin, dass Ökonomisierung dann unproblematisch ist, wenn gewährleistet ist, dass ein Zweck unter gleichen Umständen mit weniger Aufwand *vergleichbar gut* zu erreichen ist. Vgl. hierzu M. Kettner: Kann Ökonomisierung gut und muss Kommerzialisierung schlecht sein?

83 Vgl. Habermas, Jürgen: Im Sog der Technokratie (=Kleine politische Schriften, Band XII), Berlin: Suhrkamp 2013, S. 79.

84 Vgl. D. Sauer: „Du bist Kapitalismus" oder die Widersprüche der Ökonomisierung. Seine Analyse des Fordismus legt historische Fundamente von Ökonomisierungsprozessen frei.

85 Vgl. ebenda, S. 618ff.

zu handeln und zu entscheiden.[86] Seine Leistung muss quantifizierbar, instrumentell-rational begründbar und wettbewerbsfähig sein. Der Kundenbegriff, der als ein Ökonomisierungscharakteristikum bezeichnet werden kann, ist vor allem dafür geeignet, zu zeigen, wie sich unter Kommerzialisierung Annahmen bezüglich menschlichen Verhaltens etabliert haben, die es als von Präferenzen und Restriktionen strukturiert beschreiben. Ökonomisierung zeichnet sich insbesondere durch eine auf den Markt verengte Kundenorientierung (Kunde als Marktteilnehmer) aus, die als eine Kunden-Anbieter-Beziehung verstanden wird.[87] Wesentlich ist hierbei die Etablierung einer impliziten Leistungsvereinbarung zwischen den beteiligten Parteien. Eine Arbeitsagentur etwa ist gesetzlich zur Arbeitsvermittlung und finanziellen Grundsicherung verpflichtet, es besteht also ein gesetzlicher Anspruch auf Leistung. Über den Kundenbegriff wird allerdings signalisiert, der Anspruch Erwerbsloser hinge davon ab, ob sie den Auftrag der Arbeitsagentur durch eine Gegenleistung unterstützen. Zudem impliziert der Kundenbegriff die freie Entscheidung zur Zustimmung oder Ablehnung eines Produkts. Im Falle des Konsums eines öffentlichen Gutes (hier beispielsweise der Grundsicherung), also eines Gutes, von dessen Konsum niemand ausgeschlossen werden darf, ist der Kundenbegriff unzutreffend und irreführend. Eine Nachfragesteigerung ist etwa kein Ausdruck von Angebotsqualität oder Kundenzufriedenheit.[88] Die Etablierung von Kundenrollen initiiert und intensiviert interne bzw. externe Wettbewerbe. Werden beispielsweise Studierende einer Universität zu Kunden ihrer Einrichtungen, haben sie einen Leistungsanspruch und eine Leistungsverpflichtung. Zwischen Universitäten wird zudem ein qualitativ neuer Wettbewerb um Kunden initiiert, der sich im Sinne der Effizienz und Effizienzsteigerung auch innerhalb der jeweiligen Organisationen auf Strukturen, Arbeitsprozesse, Hierarchien, Prozess- und Verfahrensdefinitionen, Bewertungs- und Bemessungskriterien, strategische Entscheidungen und Handlungsmuster auswirkt. An die Stelle der Produktionsperspektive der klassischen Ökonomie tritt unter Ökonomisierung und Kommerzialisierung die Nachfrageorientierung des Kundenbegriffs. Kunden sind Wirtschaftssubjekte, die Leistungen auf Märkten anbieten bzw. nachfragen und als solche in verpflichtende Geschäftsbeziehungen eingebunden sind. Etwa die Bezeichnung von Bürgern als Kunden bedeutet, dass ihr Status, ihre Rechte und ihre Pflichten

---

86 Beispiele für Ergebnisorientierung finden sich bei A.T. Irmer: Kontraktmanagement als staatswirtschaftliches Steuerungsinstrument.

87 Vgl. ebenda zum Kundenbegriff.

88 Ein (rein) öffentliches Gut zeichnet sich etwa durch Nichtausschließbarkeit und Nichttrivialität aus, siehe hierzu weiterführend H. Mühlenkamp: Zur Ökonomisierung des öffentlichen Sektors.

ökonomistisch konzeptualisiert sind und ausschließlich anhand marktlicher Kriterien bewertet werden. In Modellierungen von Kunden und Kundenrollen wird das Subjekt ökonomistisch als Marktteilnehmer konzeptualisiert und entsprechend bewertet. Die Reziprozität von Leistungen und Ressourcen stellt hierbei den Bewertungsmaßstab der Kunden-, also Geschäftsbeziehung dar. Das Arbeitsagenturkundenbeispiel zeigt, wie der nicht-marktliche Bereich der sozialen Grundsicherung in einen Quasi-Markt transformiert wird, der jedoch weder gesetzlich vorgesehen noch tatsächlich marktlich strukturiert ist. Die Kunden-Agentur-Beziehung wird dabei auf eine quasi-marktliche Transaktion bzw. auf ein ökonomisches Leistungs- und Geschäftsverhältnis reduziert. Statt etwa bürgerlicher Rechte und Pflichten wird über den Kundenbegriff ein quasi-monetäres Saldo gegenüber einer staatlichen Institution konzeptualisiert. Die Kunden-Agentur-Beziehung wird (etwa im Hinblick auf legitimatorische Rechtfertigungen oder moralische Bewertungen) ökonomischen Bewertungsmaßstäben unterstellt – entgegen der gesetzlichen Grundlage.

Am Kundenbegriff zeigt sich beispielhaft, wie sich Konzeptualisierungen von Subjekt, Handeln, Tausch, Reziprozität usw. unter Kommerzialisierung transformieren. Über veränderte Modellierungen und Konzeptualisierungen können Transformationsprozesse zu kulturellen Deutungsmustern werden. Auf Ökonomisierung und Kommerzialisierung übertragen bedeutet dies etwa, dass Rationalität als ökonomische Rationalität, dass das Subjekt als rationaler Eigennutzenmaximierer, Kunde bzw. Leistungsträger, Handeln als Entscheidungsverhalten, Tausch als monetär geprägter Tausch und Reziprozität insbesondere als Reziprozität von quantifizierbarer Leistung gedeutet werden. Zeitgenössische zunehmend ökonomistisch geprägte Vertrauensmodellierungen und ihre spezifischen Konzeptualisierungen sind im Zusammenhang mit jenem gesellschaftlichen Transformationszusammenhang zu untersuchen, von dem sie geprägt sind bzw. den sie über die in ihnen transportierten Konzeptualisierungen verstärken können. Das betrifft auch die Reflexion auf Leistungen und Grenzen ökonomistisch geprägter Vertrauensmodellierungen sowie darauf, welche Modellierungen überhaupt in Geltung kommen können.

Henry kritisiert einen Kulturzustand, der seit dem 18. Jh. eine „ökonomische Teleologie" an die Stelle einer „lebenswichtigen Teleologie" gesetzt hat.[89] Diesen Kulturzustand kritisiert er insbesondere als von der Naturkonzeption der Naturwissenschaften geprägt, die Erkenntnis bzw. Wissenschaftswissen ideologisch verkürzt. Das zeigt sich Henry zufolge insbesondere daran, dass Handlung und Wissen getrennt voneinander betrachtet werden sowie Sinnlichkeit, Subjekt und

---

89 Vgl. M. Henry: Die Barbarei, S. 171ff.

Leben ausgeklammert bleiben.[90] Kultur als Gesamtheit menschlicher Erfahrung und Erkenntnis wird seither auf wissenschaftliche Kultur (rationales Denken ohne Leibeskategorien) reduziert.[91] Husserl und Henry verstehen den Begriff der Wahrheit als geschichtliche Wahrheit des Menschen, die den Gehalt seiner Ziele nicht mathematisch-beliebig, sondern nur vom Leben aus verständlich werden lässt.[92] Im Zuge der Durchsetzung des naturwissenschaftlichen Methodenideals wird, anstelle von historisch gewachsenen Geltungen einer spezifisch menschlichen Welt eine Wirklichkeit des Daseins dargestellt, die die Wirklichkeit von Sinnlichkeit, Subjekt und Leben ausklammert. Nach Henrys Ansicht bildet eine Summe von Erkenntnissen, Prozessen und Verfahrensweisen unter einer dominanten ökonomischen Teleologie die Grundlage der Gesellschaft, die er als unmenschliche Welt charakterisiert.[93] Henry präpariert treffend heraus, dass es eine „Kulturform des Wissens" ist, die die „Lebensteleologie hat außer Spiel setzen können".[94] Aufgrund dieser spezifischen Wissensideologie, also durch das, was im Sinne des naturwissenschaftlichen Methodenideals als erkenntnisverkürztes Wissen Geltung erlangen kann, ist der Weg zum „Letztgrund allen Seins", der sich im „Absoluten des Lebens" offenbart, versperrt.[95] Handeln ist auf objektives Handeln reduziert, da es sowohl von Lebenswissen (Praxis) als auch von sinnlicher Welt (Lebenswelt) abstrahiert. Im Rahmen dieser Form der „Objektivierung des Lebens" werden zweckbezogene „Wie-Fragen" den lebens- und geltungsbezogenen „Warum-Fragen" vorgezogen.[96] Wenn mit Henry allein das Leben dem Menschen das Vertrauen in die Selbststeigerung des Lebens einflößen kann, unterbindet eine Negation des Lebens sowohl Selbststeigerung als auch diesbezügliches Vertrauen. Das betrifft ebenso die Ebene von Erfahrungs- und Erkenntnismöglichkeiten (Wis-

---

90 Vgl. ebenda, S. 175ff.

91 Vgl. ebenda, insbesondere S. 168, S. 225 und S. 291.

92 Vgl. ebenda, S. 238ff.

93 Vgl. ebenda, S. 325. Als Barbarei bezeichnet Henry die Situation, in der Wissenschaft und Leben voneinander getrennt sind und sich eine sogenannte Lebensverweigerung im Wissen vollzieht. In dem vorliegenden Buch wird die Problematik einer nicht mehr vorhandenen Einheit des Wissens mit den Ausdrücken „Wirklichkeit des Daseins" und „Wirklichkeit von Sinnlichkeit, Subjekt und Leben" verdeutlicht.

94 Vgl. M. Henry: Die Barbarei, S. 366.

95 Vgl. ebenda, S. 20.

96 Vgl. ebenda, insb. S. 251.

sen/Kultur) wie auch die Ebene der Wirkungen und des damit verbundenen Verantwortungsbezuges (Handeln). Die Möglichkeit der Zuweisung von Verantwortung ändert sich.[97] Auch Husserl thematisiert dies:

„Verantwortlich bin ich für mein Handeln, Handeln bedeutet Ergreifen von Möglichkeiten. Diese Möglichkeiten sind Möglichkeiten-in-der-Welt, d.h. sie liegen als Vermöglichungen des Horizontbewußtseins bereit: So sind die Horizonte Erfahrungsspielräume, die sich darin und dadurch eröffnen, daß jemand handelt; sie sind vom Menschen als verantwortlich handelndem Subjekt nicht ablösbar."[98]

Der Begriff der Vermöglichung bezeichnet hier Bedingungen der Möglichkeit von Erfahrungsspielräumen in einer Welt, die vom Menschen als handelndem sowie kulturell und geschichtlich verortetem Wesen geprägt ist. Es sind entsprechend die kulturellen Modellierungen, die die Möglichkeiten und Ausprägungen der Lebensselbststeigerung bestimmen. Ein „wilder Prozess", wie Henry ihn auch nennt, bringt zwar Steigerungen hervor, jedoch als (Lebens-)Ersatzleistungen, die weder auf das Leben noch auf das Subjekt bezogen und somit strenggenommen nicht mehr rechenschaftspflichtig sind. Ökonomie bezeichnet er als „bloßen Geltungsanspruch anstelle des Lebens" und somit als einen Ersatz.[99] Rechenschaftspflichten transformieren sich in Pflicht- und Schulddimensionen, die sich auf das Ökonomieprinzip beziehen. Das Subjekt wird zwar etwa als Geldsubjekt, Eigentümer, Kunde oder Arbeitskraft in Verantwortung genommen, jedoch ist der Verantwortungsbezug in kategorialer Hinsicht ein anderer: Nicht das Leben bildet den teleologischen bzw. den Verantwortungs-Bezugspunkt, sondern das Ökonomieprinzip, das das Dogma des instrumentellen Egoismus in jegliches Denken und Handeln implementiert.

Ökonomisierung kann als eine *Ausprägung einer Kulturform des Wissens* verstanden werden. Unter ihr ist das Denken und Handeln allein an zweckdienlichen Gründen zu orientieren, wobei diese Gründe mathematisch-naturwissenschaftlichen Begründungsstandards entsprechen sowie mit dem Ökonomieprinzip vereinbar sein müssen, um rationale und legitime Geltung erlangen und einer kalkulierbaren kommerzialistischen Verwertbarkeit zugeordnet werden zu können. Auch

---

97 Vgl. ebenda, S. 69. Vgl. auch Hubigs Mandatierungskonzept in Hubig, Christoph: „Benötigen deinstitutionalisierte ‚postmoderne' Gesellschaften Vertrauen?", in: Studienbrief Fernuniversität Hagen (2004).

98 E. Husserl: Phänomenologie der Lebenswelt, S. 47. Vgl. in diesem Zusammenhang auch Grätzel, Stephan/Seyler, Frédéric (Hg.): Sein, Existenz, Leben. Michel Henry und Martin Heidegger, Freiburg: Alber 2013 sowie E. Husserl: Erfahrung und Urteil.

99 Vgl. M. Henry: Die Barbarei, insb. S. 263.

subjektiv-geschichtliche Konstitutionsleistung und Lebensbezüglichkeit werden von der spezifisch ökonomistischen Ausprägung der Kulturform des Wissens ausgeklammert.[100] Vor diesem Hintergrund wird Handeln als Entscheidungsverhalten, das Subjekt als Individuum bzw. Geldsubjekt oder auch Eigentümer, Geld als abstraktes Tauschmittel, Interaktion als Transaktion, Natur als kalkulierbar und kausalistisch und Ökonomie als mathematisierte Wissenschaft von der Marktmechanik konzeptualisiert. Der Begriff des Ökonomismus weist zwar in die Richtung der herauspräparierten Spezifika, greift jedoch für eine Untersuchung der kulturellen Dimension der Rationalitätsproblematik zu kurz.

2.5.1 Das Ökonomieprinzip

Die Tatsache, dass die Rationalitäts*form* des Vertrauens unter der Rationalitäts*bestimmung* Ökonomisierung maßgeblich als z.b. Entscheidung, deren Rationalität begründet werden können muss, konzeptualisiert wird, ist als Anzeichen dafür zu werten, dass die veränderte Deutung von Rationalität ein Prinzip darstellt, das in kultureller Hinsicht wirksam und wirkmächtig ist. Menschliches Handeln wird dieser Modellierung zufolge in prinzipieller Hinsicht auf ein von stabilen Präferenzen sowie von Restriktionen determiniertes Verhalten reduziert und nur insofern als rational erachtet, als es sich aus der Tatsache der Zielverfolgung ableitet. Handlung und Vernunft sind jedoch Formen der Selbstbestimmung und als solche nicht auf besondere Formen von Kausalität zu reduzieren.[101] Denn Prinzipien der praktischen Vernunft beschreiben geistige Tätigkeiten, keine Wirkungen. Das Ökonomieprinzip, das zugleich ein Wirtschaftlichkeitsprinzip ist, konzeptualisiert menschliches Verhalten deterministisch.

Ökonomie, die mit Kirchgässner als sozialwissenschaftliche Methode verstanden werden kann[102] und interaktionsbasierte und vom Wirtschaftlichkeitsprinzip geleitete Transaktionsprozesse prognostizieren soll, beinhaltet Annahmen über menschliches Verhalten, die sich zu einer dominanten Handlungs- bzw. verallgemeinerbaren sozialwissenschaftlichen Theorie verdichtet haben, die sowohl für

---

100 Vgl. ebenda, S. 255ff. (Lebensbezug), S. 260ff. (Lebensäquivalente), S. 263 („Ökonomie als bloßer Geltungsanspruch anstelle des Lebens") und S. 263ff. (Leben und Geschichte).

101 Vgl. C.M. Korsgaard: Der Mythos des Egoismus.

102 Vgl. Kirchgässner, Gebhard: Homo Oeconomicus. Das ökonomische Modell individuellen Verhaltens und seine Anwendung in den Wirtschafts- und Sozialwissenschaften (=Die Einheit der Geisteswissenschaften, Band 74), Tübingen: Mohr Siebeck 2008.

mikro- (einzelwirtschaftliche) als auch makroökonomische (gesamtwirtschaftliche) Forschung anschlussfähig sein soll. Hier hat sich insbesondere das sogenannte Homo-Oeconomicus-Modell etabliert, das Wirtschaftssubjekte als (mehr oder weniger) rationale Eigennutzenmaximierer konzeptualisiert, die sich ausschließlich an zweckbezogenen Gründen orientieren und deren Entscheidungsverhalten von eigenständigen stabilen Präferenzen sowie Restriktionen bestimmt und insofern prognostizierbar sein soll.[103] Menschliches Verhalten gilt entsprechend als über Restriktionen und Anreize kontrollier- bzw. steuerbar. Es wird als mathematische Nutzenfunktion mit dem sogenannten Eigennutzenaxiom dargestellt, da Eigennutzen, und damit auch die resultierenden Entscheidungen, als stets systematisch und nicht zufällig gilt. Becker definiert rationales Verhalten etwa als konsistente Maximierung einer wohlgeordneten Funktion und irrationales Verhalten als impulsiv, ohne Präferenz oder Nutzen.[104]

Koslowski bezeichnet die in der ökonomischen Theorie modellierte kommerzielle Gesellschaft zutreffend als Gesellschaftsentwurf und nicht als Wirtschaftsverfassung.[105] Kirchgässner pointiert in diesem Zusammenhang: „Der ökonomische Ansatz zielt letztlich auf (politische) Anwendung: Wenn man weiß, wie die Individuen (im Durchschnitt) auf eine Veränderung ihrer Handlungsbedingungen reagieren, und wenn man diese Bedingungen beeinflussen kann, kann man auch Einfluss auf ihr Handeln nehmen."[106] Dieser Punkt ist für Ökonomisierungsprozesse relevant, da sie insbesondere über kommerzialistische *Anreizsysteme* auf Makro-, Meso- und Mikroebene implementiert werden. Ein Beispiel für ein kommerzialistisch geprägtes Anreizsystem sind etwa Credit Points, die Studierende während ihres Studiums erwirtschaften sollen. Der zeitliche Aufwand der Leistungserbringung pro Lehrveranstaltung wird so dargestellt. Der Betrag wird „ausgezahlt", wenn alle Leistungen zeitgerecht erbracht wurden. Der darin enthaltene Begriff des *Kredits* zeigt an, dass die Kreditwürdigkeit eines Studierenden im Hin-

---

103 Vgl. hierzu etwa Ockenfels, Axel: „Abschied vom Homo Oeconomicus", in: Deutsche Welle, Wirtschaft vom 02.03.2005.

104 Vgl. Becker, Gary S.: Der ökonomische Ansatz zur Erklärung menschlichen Verhaltens. (=Die Einheit der Gesellschaftswissenschaften, Band 32), Tübingen: Mohr Siebeck 1993, insb. S. 167-186.

105 Vgl. Koslowski, Peter: „Ökonomisierung, Kommerzialisierung und Commercial Society", in: Matthias Kettner/Peter Koslowski (Hg.), Ökonomisierung und Kommerzialisierung der Gesellschaft. Wirtschaftsphilosophische Unterscheidungen (=Ethische Ökonomie. Beiträge zur Wirtschaftsethik und Wirtschaftskultur, Band 13), München: Wilhelm Fink Verlag 2011, S. 255-276.

106 G. Kirchgässner: Homo Oeconomicus, S. 304.

blick auf seine akademische Ausbildung von seiner Leistung abhängt. Der Studierende nimmt hierbei die Rolle eines Kunden im Rahmen der Tauschbeziehung „Anspruch auf Ausbildung gegen Leistung" ein. Die Erwirtschaftung einer bestimmten Gesamtzahl von Kreditpunkten stellt ein monetär geprägtes Anreizsystem zur unter ökonomischen Gesichtspunkten effizienten und effektiven Planung des Gesamtstudienverlaufs dar. Mit Kreditpunkten soll das Entscheidungsverhalten im Hinblick auf die kalkulative Studienplanung über die Entwicklung von Präferenzen für eine effiziente und effektive Erwirtschaftung gesteuert werden. Das System modularisierter Studiengänge kann insbesondere in der Hinsicht kritisiert werden, dass Studierende in ihrer Studienverlaufsplanung die anreizbedingte Präferenz ausbilden (sollen), eine ökonomistisch geprägte Quantitätskalkulation (z.b. Erreichung der Gesamtpunktzahl mit einem optimalen Aufwand/Ertragsverhältnis) einer Orientierung an qualitativen Kriterien (z.b. der Lehrveranstaltungsauswahl anhand inhaltlicher Kriterien ohne Berücksichtigung des [optimalen] Aufwand/Ertrag-Verhältnisses) vorzuziehen. Die Tatsache, dass Studierende sich systemkonform verhalten, sagt jedoch nichts darüber aus, nach welchen Handlungsmaximen sie ohne eine künstliche Steuerung gehandelt hätten. Systemkonformes Verhalten ist also kein Beleg dafür, dass menschliches Handeln determiniert ist, sondern zeigt zunächst nur, dass sich Menschen in einem ökonomistisch-deterministisch konstruierten Setting konform verhalten können. So beschreibt etwa Mühlenkamp die Homo-Oeconomicus-Modellanwendung in der Neuen Politischen Ökonomie (auch Public Choice genannt), nach der es für den eigennutzenorientierten Politiker rationaler sein kann, Wählerstimmen zu maximieren, als wohlfahrtsorientiert zu agieren.[107] Eine Ziel- und Zweckreflexion auf Handeln bzw. ein nicht nur instrumentell-rationales Entscheidungsverhalten ist damit kaum vereinbar.[108] Auch wenn das neoklassische Modell, das den Homo Oeconomicus als vollständig rational, vollständig informiert und mit stabilen Präferenzen ausgestattet modelliert hatte, von der Neuen Institutionenökonomik abgeschwächt wurde: Der Mensch wird in der zeitgenössischen ökonomischen Theorie weiterhin idealtypisch als stets opportunistisch handelnd und eigennutzenmaximierend charakterisiert.

Als Methodologie einer individualistischen Handlungstheorie hat sich der Methodologische Individualismus insbesondere aufgrund seines Prognoseanspruchs

---

107 Vgl. H. Mühlenkamp: Zur Ökonomisierung des öffentlichen Sektors.

108 Siehe etwa für eine Untersuchung des utilitaristischen Paradigmas in Ökonomie und Ethik Bievert, Bernd/Held, Martin (Hg.): Ökonomische Theorie und Ethik, Frankfurt a.M./New York: Campus 1987, S. 47. Der Fokus dieses Buches liegt auf möglichen praktischen Auswirkungen und nicht auf einer Kritik des Utilitarismus.

durchgesetzt. Er führt jedes kollektive Handeln auf individuelles Verhalten zurück. Er soll in diesem Sinne sowohl eine Einflussnahme auf sowie Berechenbarkeit von menschlichem Entscheidungsverhalten gewähren. Entsprechend dem Eigennutzaxiom gilt als rational, was den eigenen Nutzen maximiert. Dadurch wird das Eigennutzaxiom aus Sicht dieser Methode zum einzig legitimen Maßstab individuellen Handelns, das als Entscheidungsverhalten konzeptualisiert ist. Das Methodenideal des Methodologischen Individualismus' hat Eingang in sozialwissenschaftliche Disziplinen sowie über Steuerung, Mathematisierung und Beratung auch in institutionelle und organisationale Prozesse gefunden. Vogel weist treffend darauf hin, dass der von Kritikern oftmals so bezeichnete Imperialismus der Ökonomie in dieser Hinsicht als methodisch zu verstehen ist.[109] Auf Ökonomisierung heruntergebrochen sieht Vogel die Tendenz, das beschriebene Rationalprinzip zunehmend als Wirtschaftlichkeitsprinzip auszulegen. Als rational entscheidender Akteur (und letztlich als heuristisches Prinzip) ist Homo Oeconomicus stets durch Bedingungen von Knappheit zu effizienten, (weitestgehend) rationalen, eigenständigen Entscheidungen gezwungen. Vogel beschreibt Ökonomisierung treffend als Kultur- und Rationalitätswandel, weil spezifisch ökonomische Ziele, Kriterien und Mittel zu dominierenden Handlungsmaximen werden.[110] Schimank etwa beschreibt diesen insbesondere durch Knappheitsargumente angetriebenen Prozess als Interpretationskampf gesellschaftlicher Ordnungsformen und -notwendigkeiten.[111] Frey fasst für die Ökonomie zusammen, dass rationales Handeln im Sinne des Methodologischen Individualismus als Mittel zur Zielerreichung verstanden wird, bei der sich die rationale Mittelwahl insbesondere auf die Vorgehensweise bezieht.[112] Das traditionelle Homo-Oeconomicus-Konzept ist seines Erachtens in der Mikroökonomie verbreitet, wohingegen die Makroökonomie besonders auf dem Konzept der rationalen Erwartung bzw. Entscheidung beruht. Brodbeck zeichnet wissenschaftsgeschichtlich nach, dass Ökonomie als *phy-*

---

109   Vgl. R. Vogel: Zur Institutionalisierung von New Public Management.

110   Vgl. ebenda.

111   Vgl. Schimank, Uwe: „Gesellschaftliche Ökonomisierung und unternehmerisches Agieren", in: Andrea Maurer/Uwe Schimank (Hg.), Die Gesellschaft der Unternehmen – Die Unternehmen der Gesellschaft. Gesellschaftstheoretische Zugänge zum Wirtschaftsgeschehen, Wiesbaden: Springer VS 2008, S. 220-236.

112   Vgl. Frey, Bruno S.: Ökonomie ist Sozialwissenschaft. Die Anwendung der Ökonomie auf neue Gebiete, München: Vahlen 1990.

sikalistischer Mechanismus modelliert wird, der wie ein mechanisches System unveränderliche Naturkonstanten und -kausalitäten voraussetzt.[113] Ökonomie als rationale Handlungstheorie modelliert Handeln entsprechend als kausalen Prozess, der aus einer eigennutzengetriebenen Zukunftserwartung resultiert, die von Präferenzen und Restriktionen gerahmt ist. Nach Brodbeck wird Rationalität in dieser Interpretationsweise naturgesetzlich modelliert, was bedeutet, dass Handlungsmotive und -gründe durch Ursachen ersetzt werden. Nida-Rümelin weist treffend darauf hin, dass es nur ein „Handeln aus Neigungen heraus" sein kann, das den Naturgesetzen unterworfen ist, da rationales Handeln von Vernunftgründen motiviert, frei und selbstgesetzgebend ist.[114] Hier ist Hubigs Unterscheidung von Zwecken und Mitteln hilfreich. Hubig macht deutlich, dass Mittel und Zwecke kategorial unterschiedlich sind; vereinfacht lässt sich dies als Differenz von Handlungsgründen und Handlungsaktualisierungen beschreiben. Die Methode der Dialektik als Reflexion der Reflexionstätigkeit, wie Hubig sie beschreibt, kann das Verhältnis zwischen begrifflicher Erfassung und realen Vollzügen, zwischen Begriff und Handlung aufzeigen bzw. Widersprüche reflektieren. Gegenstände und Ereignisse werden erst im Hinblick auf antizipierte Resultate (Zwecke) zu Mitteln (Handlungsereignisse einschließlich der hinreichenden Bedingungen ihrer Realisierung). Die konstitutiven Kriterien für Mittelhaftigkeit (Effizienz als optimales Verhältnis von Aufwand und Ertrag sowie Effektivität im Sinne von Dienlichkeit) können erst nach Handlungsausführung erwiesen werden. Hubig betont, dass Mittel und Zwecke *als Vorstellung* nicht kategorial auf derselben Ebene liegen. „Mittel erscheinen als Gründe, unter denen eine Absicht ihre Verwirklichung (Zweck) erreichen *soll*, und Zwecke erscheinen als Gründe für die Auszeichnung eines Dinges bzw. Ereignisses als Mittel."[115] Der bewusste Einsatz von Mitteln setzt ein Handlungssubjekt in ein Verhältnis zu innerer und äußerer Natur als einer Vorstellung von etwas. Wenn Ereignisse im Zuge von Ökonomisierungsprozessen maßgeblich nach Kriterien von Effizienz und Effektivität bewertet werden, er-

---

113 Vgl. K.-H. Brodbeck: Eine philosophische Kritik der modernen Wirtschaftswissenschaften. Vgl. zur Kritik des mechanistischen Ideals (sowie für eine Theorienübersicht) auch G. Kirchgässner: Homo Oeconomicus, insb. S. 271ff.

114 Vgl. J. Nida-Rümelin: Die Optimierungsfalle.

115 Hubig, Christoph: „Technik als Inbegriff der Mittel Zur Dialektik einer „technizistischen" Verkürzung des Handelns", in: Hubig, Christoph (Hg.), Die Kunst des Möglichen I. Grundlinien einer dialektischen Philosophie der Technik Band 1: Technikphilosophie als Reflexion der Medialität (=Edition panta rei, Band 9), Bielefeld: Transcript 2006, S. 118, Herv. i.O.

scheinen Effektivität und Effizienz als übergeordnete Gründe für Handlungsereignisse. So wird jedes entsprechend bewertete Ereignis zum Mittel und damit wiederum zum Grund einer zu verwirklichenden Absicht.

2.5.2 Vergesellschaftung unter Ökonomisierung und Kommerzialisierung

Historisch betrachtet setzt die *Kulturtechnik der doppelten Buchführung* den Startpunkt des Gewinn- und Verlustrechnens und somit einer (insb. monetären) kalkulativ-gewinnorientierten Konstruktion des Gesellschaftlichen.[116] Als Kulturtechnik ist sie nicht auf den Bereich des Wirtschaftens beschränkt. Durch Abstraktion von Materiellem und Kontext werden Kommensurabilität und Kategorisierung möglich. So wird auch Nicht-Messbares, Nicht-Sichtbares und Nicht-Gegenwärtiges erwartbar und gesellschaftlich verfügbar gemacht. Im Zuge der Einführung der doppelten Buchführung können vor allem auch Schulden und Forderungen beziffert werden. Wer bilanziert, tut dies mit einem spezifischen Interesse und mit einem spezifisch mathematischen Instrumentarium. So können etwa kalkulative und monetäre Verhältnismäßigkeiten als *Schuldverhältnisse* niedergeschrieben und somit festgehalten werden. In diesem Kontext hat sich die Konzeptualisierung von *Tausch* verändert. So erachtete die europäische Landbevölkerung Kalkulation im Kontext von Tauschhandel Mitte des 19. Jh. noch als moralisch fragwürdig – und dies vor allem, da sie auf Reziprozität ausgerichtet ist.[117] Tauschhandeln wurde nicht ausschließlich über rechnendes Abwägen und Aufwiegen, sondern primär als sozialer Akt verstanden.

Es lassen sich zwei Konzeptualisierungen von Tausch unterscheiden:

1) Kalkulation kann im Sinne des abstrakt bilanzierend gewinnorientierten Rechnens material- und kontextunabhängig als Planungs- und Steuerungsmodell (rechnerisch) einen definierten Wert zu- oder abschreiben. In diesem Falle beruht das Denken und im Zuge dessen auch das Handeln auf einer Basis allgemein anerkannter rechnerischer Bezugs- und Wertgrößen. Das Tauschhandeln ist als Kalkulation formalistisch-zweckrational modelliert. Kalkulation gilt hier als anerkannter legitimer Grund eines für die Tauschpartner transparenten spezifisch zweckrational geprägten Tauschverhältnisses. Ist die Situation ausschließlich

---

116 Vormbusch, Uwe: Die Herrschaft der Zahlen. Zur Kalkulation des Sozialen in der kapitalistischen Moderne (=Frankfurter Beiträge zur Soziologie und Sozialphilosophie, Band 15), Frankfurt a.M./New York: Campus 2012.

117 Vgl. ebenda, insb. S. 33.

zweckrational definiert, kann Kalkulation zur Entscheidungsgrundlage im Kontext einer modellhaften Nutzenfunktion werden und ein auf Reziprozität angelegtes abstraktes Verhältnis zwischen den Tauschpartnern definieren.[118]

2) Ist hingegen eine Tauschsituation nicht ausschließlich abstrakt und zweckrational, sondern Tausch als soziales (Anerkennungs-)Verhältnis modelliert, sind Denken und Handeln in einen sozial-situativen Kontext allgemein anerkannter Bezugs- und Wertgrößen eingebettet. Die Zuschreibung von Wert erfolgt nicht ausschließlich auf modellhafter Basis, sondern kontextgebunden. Gründe, die das Denken und Handeln orientieren, können über das abstrakte Spektrum eines kalkulativ-strategischen Entscheidungshandelns hinausweisen. Der Kontext kann etwa durch moralische, ästhetische oder religiöse Werte definiert sein, wodurch das Denken und Handeln in Abhängigkeit von allgemein anerkannten z.b. verwandtschaftlichen oder humanitären Bezugs- und Wertgrößen bestimmt sein kann.

Unter Ökonomisierung und Kommerzialisierung wird Tausch ausschließlich kalkulativ modelliert, das bedeutet, dass von sozialen Bezügen und Kontexten abstrahiert wird. Innerhalb mathematischer Modellkontexte werden Tauschakte, Tauschgüter und den Tausch strukturierende Mittel abstrakt kalkuliert, gemessen, abgebildet und bewertet. Vergesellschaftung vollzieht sich über das sogenannte rechnende Denken.[119] Geld wird hierbei als generelles Rechen- und Tauschmittel anerkannt, weil sich der Geldwert im Zuge seiner funktionierenden Anwendung zirkulär selbst herstellt und bestätigt. Die Substanz (neben haptisch-substanziellen Materialisierungsformen) des Geldes ist demnach allein das kollektive Vertrauen in den Geldwert selbst.[120] In dem in Geld materialisierten Geldwert-Vertrauen begegnen sich die Geldsubjekte als abstrakte Rechtssubjekte ausschließlich und we-

---

118 In Kapitel 4.2.1 wird die ökonomistische Reduktion des Begriffs der Reziprozität auf eine Reziprozität von Leistungen und Ressourcen problematisiert.

119 Vgl. Brodbeck, Karl-Heinz: „Philosophie des Geldes", in: Wolf Dieter Enkelmann/Birger P. Priddat (Hg.), Was ist? Wirtschaftsphilosophische Erkundungen. Definitionen, Ansätze, Methoden, Erkenntnisse, Wirkungen (=Wirtschaftsphilosophie, Band 3.1), Marburg: Metropolis 2014, S. 45-76.

120 Der Begriff des Geldwert-Vertrauens als eines Vertrauens in das Systemmedium Geld kann dem sogenannten Systemvertrauen zugeordnet werden. Vgl. hierzu etwa Luhmann, Niklas: Vertrauen. Ein Mechanismus der Reduktion sozialer Komplexität, Stuttgart: Lucius und Lucius 2000. Martin Hartmanns Begriff des Praxisvertrauens eignet sich als Ergänzung des Begriffs des Systemvertrauens, da hier die normative Dimension erkennbar bleibt. Vgl. hierzu M. Hartmann: Die Praxis des Vertrauens, S. 25ff.

sentlich als Eigentümer. Durch den Vollzug des rechnenden Denkens vergesellschaften sich Menschen im Medium Geld, das eine rechnerische Einheit darstellt. Der Geldwert erlangt seine Geltung durch das in jedem Subjekt über das Rechnen vollzogene zirkuläre Vertrauen in einen funktionierenden Geldwert. Geld ist somit ein strukturierter und zugleich strukturierender Prozess der Zuweisung von Bedeutung, Wert und Geltung. Märkte sind insofern soziale Räume, als sie Bezugspunkte abstrakter Interessen darstellen. Brodbeck zufolge wandelt sich menschliche Subjektivität im Zuge monetärer Vergesellschaftung hin zu einer Geldsubjektivität, da sich Subjekte als Eigentümer und als solche ausschließlich über abstrakte (Gewinn-)Interessen definieren, die sie strategisch kalkulieren. Vergesellschaftung, als ein Prozess der Bedeutungszuweisung verstanden,[121] vollzieht sich unter dem kulturellen Deutungsmuster der Ökonomisierung und ihrer verengten operativen Umsetzung Kommerzialisierung insbesondere über das individuelle und kollektive Denken und Rechnen in bzw. mit Geld, wobei soziale Anerkennungsverhältnisse in Eigentümerverhältnisse transformiert sind.[122]

In diesem Kontext ist anzumerken, dass an das vergesellschaftende Medium Geld insbesondere auch das Versprechen geknüpft ist, die Gesellschaft in Freiheit und Stabilität zu organisieren.[123] Allerdings zeichnen sich Geldökonomien, wie insbesondere die weltweiten Finanz- und Schuldenkrisen der 2000er-Jahre zeigen, durch eine relative Instabilität, soziale Ungleichheit bzw. zunehmende Exklusivität aus.

Die für Ökonomisierung typischen Merkmale Effizienz und Effektivität sowie die Quantifizierungs- und Legitimationsmechanismen sind dem rechnenden Denken zuzuordnen. Als dominante Form der Vergesellschaftung kann das rechnende Denken in allen gesellschaftlichen Lebensbereichen dominant werden – also auch

---

121 Brodbeck, Karl-Heinz: Die Herrschaft des Geldes. Geschichte und Systematik. Darmstadt: Wissenschaftliche Buchgesellschaft 2012, S. 871.

122 Vgl. K.-H. Brodbeck: Die Herrschaft des Geldes: Eine philosophische Kritik der modernen Wirtschaftswissenschaften und K.-H. Brodbeck: Philosophie des Geldes. Vergesellschaftung vollzieht sich zudem über das Sprechen. Vergesellschaftungsprozesse können sich auch in veränderten Begriffsbelegungen und -verwendungen abbilden. So werden etwa Begriffe aus dem Bereich monetärer und rechnerischer Methodik und Terminologie zunehmend auf andere sprachliche Bereiche übertragen. Vergesellschaftungsprozesse wirken auf Sprache ein und Sprache wiederum kann verstärkend auf diese zurückwirken. Begriffe wie etwa Portfolio, Performance oder Investition oder Formulierungen wie „es rechnet sich" haben sich auch in nicht-marktlichen Lebensbereichen etablieren können.

123 Vgl. Martin, Felix: Geld, die wahre Geschichte. Über den blinden Fleck des Kapitalismus, München: Deutsche Verlags-Anstalt 2014.

in jenen, die nicht bzw. nicht primär marktlogisch-effizient oder spezifisch markt-lich-gewinnmaximierend strukturiert sind. Diese unterscheiden sich dadurch von genuin marktlogischen und marktlichen Bereichen, dass in ihnen andere Bewer-tungsmaßstäbe gelten können.

2.6 ÖKONOMISIERUNG UND VERTRAUEN

Das Individuum kann als geschichtliches Subjekt auf die Erfahrungsspielräume zugreifen, die ihm im Rahmen kultureller Modelle zu Verfügung stehen. Man könnte die formulierte Handlungsverantwortung wissensbezogen so schärfen: Der Mensch ist *für seine kulturellen Modellierungen und sein Handeln verantwortlich.* Erfahrungsspielräume und Handeln verweisen unmittelbar aufeinander, wie Scharniere fungieren dabei Rationalitätsverständnisse, sie geben den Radius an Möglichkeiten der Orientierung des Denkens und Handelns an Gründen vor: Mo-dellierungen verweisen auf Konzeptualisierungen. Menschliches Verhalten ist nicht allein durch Präferenzen und Restriktionen gerahmt, sondern die Möglich-keiten menschlichen Denkens, Handelns, Wissens und Erkennens sind maßgeb-lich von (stets kulturell kontexturierten) Modellierungen geprägt bzw. diese Mög-lichkeiten prägen wiederum Modellierungen.[124] Modellierungen sind daher stets *als Modellierungen* zu hinterfragen, Schlüsse vom Handeln des Menschen auf eine „Natur des Menschen" oder umgekehrt sind kritisch zu betrachten. Ein Rück-schluss von Handlungsermöglichungen auf Konzeptualisierungen und wiederum auf Modellierungen kann hingegen aufschlussreich sein. Als kalkulative Kon-struktion des Gesellschaftlichen hat Vormbusch, im Anschluss an Werner Som-bart und Max Weber, die Kulturtechnik (nicht Wirtschaftstechnik) des Schreibens von Wert bezeichnet.[125] Die kulturelle Dimension wurde insbesondere auch dadurch erreicht, dass die Erzeugung stabiler Erwartungserwartungen[126] durch Modelle und keineswegs objektive Messungen hingenommen wurde und nur so akzeptiert werden konnte. Vormbusch arbeitet den Zusammenhang von Taxono-

---

124 Der Aspekt der Willensfreiheit wird in Philosophie und Naturwissenschaften kontro-vers diskutiert. Darauf kann hier nicht weiter eingegangen werden.

125 Vgl. U. Vormbusch: Die Herrschaft der Zahlen, S. 28ff.

126 Vgl. Luhmann, Niklas: „Soziologische Aspekte des Entscheidungsverhaltens", in: Niklas Luhmann, Die Wirtschaft der Gesellschaft, Darmstadt: Wissenschaftliche Buchgesellschaft 2002, S. 272-301 zur Erwartungsbildung von Akteuren im Hinblick auf mögliche Erwartungen anderer Akteure.

mien und kulturellen Wertzuschreibungen als Ökonomisierung des Sozialen heraus.[127] Dieser kann mit Husserl und Henry auch als *mathematisierte Dekontextualisierung* bezeichnet werden. Nach Vormbusch stellt Sozialkalkulation die neue und paradigmatische Kontrollform des Gegenwartskapitalismus im Sinne einer Foucaultschen Subjektivierung dar.[128] Dies kann dahingehend pointiert werden, dass ein solches modellgerechtes Wissen nicht nur als Übersetzungsgetriebe zwischen kontexturiertem und dekontextualisiertem Wissen fungiert, sondern *Geltung in Wissensform* überhaupt erst generiert.

Dass sich Regulations- und Kontrollinstrumentarien im Zuge von Ökonomisierungs- und damit verbundenen Kommerzialisierungsprozessen verändert haben, ist auch für Modellierungen von Vertrauen relevant. Vertrauen gilt gegenwärtig zunehmend als erwartungsstabilisierendes Kontrollinstrument zur *Selbstbindung* von Akteuren im Zuge riskanter Kooperationsnotwendigkeiten. Vormbusch stuft die Tatsache, dass gesellschaftliche Akteure den modellgestützten Geltungsanspruch von Zahlen wider besseres Wissen hinnehmen, als ein Zeichen von Subjektivierung und zugleich als Gegenargument einer Ausschaltung von Subjektivität ein. Hier scheint eine Schärfung der Begriffsebenen angebracht zu sein. Im Zuge einer Mathematisierung von Lebenswelt tritt, um mit Husserl zu sprechen, eine Ausschaltung von Subjektivität durchaus parallel zu Subjektivierung auf. Eine modellgestützte Abstraktion vom Subjekt findet einerseits im Kontext einer Abstraktion von Lebenswelt statt. Andererseits bleibt verborgen, dass das Subjekt Bedingung eines jeden Objekts ist. Dies betrifft die Ebene von Wissensgenerierung und Geltungszuweisung. Subjektivierung hingegen bezeichnet als gesellschaftskritischer Begriff den Effekt einer gesellschaftlich bedingten unbewussten Selbstkontrolle auf Individuen als implantiertes Steuerungsmoment. Worauf Vormbusch treffend hinweist, ist, dass eine ökonomistische Anwendung von Taxonomien in außerökonomischen Bereichen, obwohl sie einen Kategorienfehler darstellt, dennoch stattfindet. Die ökonomisch-teleologische Frage nach der zweck-

---

127 Vormbusch bezeichnet Rechnen als „dekontextualisierten Umgang mit abstrakten Zeichen", vgl. U. Vormbusch: Die Herrschaft der Zahlen, S. 223ff.

128 Vormbusch problematisiert anhand der Untersuchung zeitgenössischer Personalplanungs- und Personalentwicklungsstrategien, wie und mit welchen Folgen sich sozialkalkulative Praktiken als anerkannte Kulturtechnik des (Zu-)Schreibens von Wert haben etablieren können. Potenziell jeder soziale Tatbestand wird im Hinblick auf Leistung und Vermögen kalkuliert, evaluiert und verglichen. Vormbusch weist treffend auf den problematischen Zusammenhang von Selbstoptimierungsprozessen (hier verortet er den Begriff der Foucaultschen Subjektivierung), gesellschaftlicher Konkurrenz und der moralischen Dimension des Kredits hin.

bezogenen Kalkulier- und Steuerbarkeit menschlichen Verhaltens kommt hier unmittelbar zur Anwendung. Die Begriffe der Subjektivierung, Subjektivität bzw. des Subjektausschlusses liegen allerdings auf unterschiedlichen Ebenen.

Vertrauen bildet sich als spezifische Perspektive auf menschliches Handeln im Rahmen intersubjektiven Handelns zwischen Vertrauenspartnern, die in einer Anerkennungsbeziehung miteinander verbunden sind, heraus (Vertrauensgenese). Weder eine Perspektive noch eine Beziehung dieser Art und Qualität können hergestellt werden, dies wird jedoch häufig in ökonomistisch geprägten Vertrauensmodellierungen formuliert. Dieses Missverständnis ist darauf zurückzuführen, dass Vertrauen – etwa als Zustand, Haltung, Disposition oder Entscheidung beschrieben – als individualistisch verursacht bzw. als individualistisches Merkmal konzeptualisiert und nicht als eine Form des Urteilens erkannt wird, die nur im Rahmen einer Anerkennungsbeziehung praktisch werden kann. Individualistisch-kausalistische Modellierungen beschreiben Ursachen von Vertrauen oder auch Merkmale, die auf Vertrauen oder auch Vertrauenswürdigkeit schließen lassen. Dies legt den Schluss nahe, ein Individuum könne Vertrauen „verursachen", ohne dass eine intersubjektive Anerkennungsbeziehung vorhanden ist. Viele der einschlägigen zeitgenössischen Vertrauenskonzepte sind Husserls Konzept rationaler Kultur zuzuordnen, da sie Vertrauen ausschließlich anhand mathematisch-naturwissenschaftlicher Begründungsstandards, in Ursache-Wirkungs-Zusammenhängen sowie als quantitative Größe konzeptualisieren und im Hinblick auf Kalkulations- bzw. Manipulationsmöglichkeiten untersuchen. Die dem jeweiligen Gegenstand angemessene und als solche sachgerechte Methode auszuwählen, bezeichnet Husserl als Sachlichkeit.[129] Mit Husserl betrachtet bedeutet dies, dass Vertrauen im Methodenspektrum rationaler Kultur nicht dem Kriterium der Sachlichkeit angemessen erörtert werden kann, da z.B. a) intersubjektive Anerkennungsverhältnisse und Perspektiven auf menschliches Handeln keine quantitativen Größen darstellen sowie b) „Brauchbarkeitshintergedanken" dominieren, die zu epistemischen Verlusten führen können.[130] Mit Husserl und Hegel stehen Kriterien zur Verfügung, um Vertrauenskonzepte im Hinblick auf diesen Sachlichkeitsanspruch bewerten und danach differenzieren zu können, was zutreffend oder was ggf. unzutreffend mit dem Begriff Vertrauen bezeichnet wird.[131] Eine sachlich korrekte

---

129 Vgl. E. Husserl: Philosophie als strenge Wissenschaft, insb. S. XVIII.

130 Vgl. E. Husserl: Phänomenologie der Lebenswelt, insb. S. 40ff.

131 In diesem Zusammenhang ist auch Husserls Charakterisierung der Philosophie als „strenge Wissenschaft" im Unterschied zu exakten Wissenschaften (z.B. den empirischen Naturwissenschaften) interessant, siehe hierzu E. Husserl: Philosophie als strenge Wissenschaft, S. 73.

Konzeptualisierung von Vertrauen bzw. eine Abgrenzung von nicht sachlich korrekt konzeptualisierten Vertrauensbegriffen ist unter Ökonomisierung und Kommerzialisierung in besonderem Maße erforderlich, da der Begriff Vertrauen gegenwärtig zunehmend inflationär und undifferenziert konzeptualisiert bzw. verwendet wird. So bleibt etwa im Kontext der Auseinandersetzung mit der Problematik zeitgenössischer Finanz- und Schuldenkrisen, die mitunter als Krisen „des Vertrauens" bezeichnet werden, häufig intransparent bzw. unreflektiert, was konkret unter Vertrauen verstanden wird. Dies ist insbesondere auch vor dem Hintergrund von Geltungszuweisungen und Legitimationsmechanismen zentral. Denn dann wird die Ebene der Bedeutungsintentionen berührt – Bedeutungsintentionen sind implizit und können erst durch Reflexion transparent gemacht werden. Entsprechend ist für die Kontextualisierung der Ökonomisierungs- und Kommerzialisierungsprozesse die Systematisierung und Sichtbarmachung von Bedeutungsintentionen relevant. Ökonomisierung ist bzw. implementiert auf allen gesellschaftlichen Ebenen eine spezifische Rationalitätsbestimmung, unter der die Rationalitätsform des Vertrauens reduktionistisch bestimmt wird. Die häufige Konzeptualisierung von Vertrauen als Verlassen-auf und Reputation zeigt, dass sich der Kategorienfehler, Vertrauen als funktional verengten Grund bzw. als begründungspflichtig zu konzeptualisieren, im Rahmen rationaler Kultur hat etablieren können („Grund haben" vs. „Grund/Rationalitätsform sein").

2.6.1 Verbreitete Konzeptualisierungen von Vertrauen: Reputation und Verlassen-auf

Vertrauen wird gegenwärtig überwiegend konzeptualisiert als Reputation (soll Erwartbarkeit bzgl. einer Leistung aufgrund von Kalkulationen vor dem Hintergrund von Unsicherheit konstituieren; wird unterstützt durch Dritte als externe Bewertungsinstanzen) und als Verlassen-auf (soll Erwartbarkeit aufgrund von Kalkulationen vor dem Hintergrund von Unsicherheit konstituieren; kann sich z.B. auf Reputation stützen).

Zentrales Unterscheidungskriterium der Modellierungen von Vertrauen auf der einen Seite sowie Reputation und Verlassen-auf auf der anderen Seite ist der Begriff der Unsicherheit und hierbei insbesondere der Begriff des *Risikos*.[132] Damit verbunden ist die Fokussierung auf Erwartbarkeit und Handlungsfähigkeit in Anbetracht einer Entscheidungssituation unter Entscheidungs- bzw. Erwartungs-

---

132 Vgl. zu Unsicherheit und Risiko auch C. Hubig: Möglichkeiten als Kandidaten der Bewertung, insb. Kapitel 4.

druck. Vertrauen ist eine Rationalitätsform, die die Existenz eines Risikobewusstseins und damit das Erfordernis einer Risikokalkulation in kategorischer Hinsicht ausschließt. Ökonomistisch geprägte Vertrauensmodellierungen zeichnen sich im Unterschied dazu dadurch aus, dass sie explizit für unsichere Situationen vorgesehen sind, die eine *Kalkulation und Kontrolle* von Unsicherheiten und Risiken sowie dem damit verbundenen (insbesondere finanziellen) Aufwand erfordern.

Verlassen-auf: Verlassen-auf bezeichnet die Beurteilung einer für einen bestimmten Zweck in Kauf genommenen Abhängigkeit von einem anderen als vernünftig – vor dem Hintergrund einer Risikoabwägung bzgl. seiner Kompetenzen, Absichten usw. Hier werden Vor- und Nachteile eines Abhängigkeitsverhältnisses abgewogen. Verlassen-auf ist nicht mit Vertrauen gleichzusetzen, da es keine Kosten/Nutzen-Abwägung darstellt, in der potenzielle Gewinne oder Verluste durch einen Vertrauensmissbrauch in Bezug auf das potenzielle Verhalten einer dritten Person kalkuliert werden. Im Vertrauen ist das Risiko des Vertrauensbruchs ausgeblendet. Die Bedeutungszuweisung des Verlassens-auf schiebt dem Begriff des Vertrauens die Bedeutung einer Risikokalkulation und die Bedeutungsintention einer an Präferenzen und Restriktionen orientierten zweckrationalen Handlungsentscheidung unter. Unter Ökonomisierungs- und Kommerzialisierungsbedingungen strukturieren Effizienz (im Sinne der Wettbewerbslogik) und monetäres Gewinnstreben (im Sinne der Vermarktlichungslogik) strategische Handlungsentscheidungen aufgrund der Erwartungserwartungen Dritter. Vertrauen wird in dieser Lesart die Bedeutung des entsprechenden Resultats des Prozesses der Szenarienbildung von Erwartungserwartungen zugewiesen. Im Vertrauen können Vertrauenspartner zwar auch ein instrumentelles Interesse an dem Vertrauensverhältnis im Hinblick auf eine Handlungsermöglichung haben, jedoch ist die Situation bereits von Vertrauen und nicht ausschließlich instrumentell-rational geprägt. Ein Vertrauensverhältnis entsteht nicht als ein einzelinteressengebundenes, strategisch eingeleitetes und kalkuliertes Abhängigkeitsverhältnis, das nach seiner Zweckerfüllung gegenstandslos wird. Eine positiv ausfallende Risikokalkulation liefert den beabsichtigten Handlungsimpuls, sich auf eine andere Person zu verlassen. Dieser strategisch risikoabgesicherte Handlungsimpuls kann herbeigeführt, instrumentell begründet und gerechtfertigt werden. Vertrauen hingegen bezieht sich nicht auf handlungsbezogene Erwartungserwartungen, sondern Individuen können sich im Rahmen eines gegenseitigen Anerkennungsverhältnisses gegenseitig aufeinander in ihrem *Sosein* beziehen. Vertrauen kann nicht einseitig hergestellt werden. Wird es begründet, wird auf die Ebene von Reputation gewechselt. Risikoabsicherungen sind für strategische Handlungsentscheidungen und ihre Rechtfertigung relevant und darüber hinaus unter ökonomisch rationalen Gesichtspunkten stets kostenintensiv. Die „Initiierung von Vertrauen" erscheint für ökonomistische Analysen und Prognosen interessant, weil einander „vertrauende" Transaktionspartner vor dem Hintergrund eines potenziellen Betrugsrisikos, das als Fehlentscheidung gewertet werden kann, trotz der prinzipiellen Unsicherheit von Verträgen (diese können niemals vollständig abgesichert werden) mit geringeren Transaktions-, also z.b. Anbahnungs- und Kontrollkosten, interagieren können.[133] Die Kalkulation, ob Transaktionspartner sich vertrauen oder aufeinander verlassen können, soll kostensenkend und effizienzsteigernd wirken. Entsprechend dieser ökonomistischen Betrachtungsweise weisen letztlich alle Handlungen Opportunitätskosten auf. Die effiziente Gestaltung gleich welcher Handlung gilt als rational. Hubig kritisiert strategische Modellierungen von Vertrauen, wie sie etwa von der Spieltheorie propagiert werden, als insbesondere dahingehend unterbestimmt, dass dort eine fehlende Wissensbasis kompensiert und nicht wie im Vertrauen ersetzt wird. Es geht dort allein um eine Steigerung der Kalkulationsfähigkeit, die jedoch ggf. mit Vertrauensabbau und erhöhten Kontrollkosten bezahlt wird.

Reputation: Eine ökonomisch rationale Risikokalkulation im Hinblick auf die potenzielle Anbahnung einer Geschäftsbeziehung kann, aus der Beobachterperspektive heraus betrachtet, auch auf Basis von Reputation erfolgen (Reputation als Handlungs- bzw. Entscheidungsgrund). Ein Intermediär oder Informant fungiert hierbei als ein externes Bewertungssystem. Die ebenfalls von Reputation abhängigen Bewertungsinstanzen (z.B. eine Ratingagentur) oder -symbole (z.B. ein Gütesiegel) bündeln vergleichende Aussagen über Eigenschaften von Institutionen, Gütern, Prozessen oder auch Geschäftssubjekten.[134] Hier ist die Unterscheidung von sogenannten Erfahrungs- und Vertrauensgütern interessant. Reputation bezieht sich als eindeutige Zuordnung von Qualität und Produkt bzw. Qualität und Person nur auf Erfahrungsgüter, deren Qualität sich im Nachhinein zeigt. Im Falle sogenannter „Vertrauensgüter" kann, wie Mühlenkamp schreibt, selbst im Nachhinein nicht eindeutig bestimmt werden, welche Qualität ein Gut oder eine Aussage tatsächlich aufwies.[135] Diese Thesen sind dahingehend kritisch zu konkreti-

---

133 Vgl. Koslowski, Peter: „Ökonomisierung, Kommerzialisierung und Commercial Society", in: Matthias Kettner/Peter Koslowski (Hg.), Ökonomisierung und Kommerzialisierung der Gesellschaft. Wirtschaftsphilosophische Unterscheidungen (=Ethische Ökonomie. Beiträge zur Wirtschaftsethik und Wirtschaftskultur, Band 13), München: Wilhelm Fink Verlag 2011, S. 260ff.

134 Vgl. C. Hubig/O. Simoneit: Vertrauen und Glaubwürdigkeit in der Unternehmenskommunikation.

135 Vgl. H. Mühlenkamp: Zur Ökonomisierung des öffentlichen Sektors. Mühlenkamp fokussiert insb. auf Rationalitätsannahmen der Neuen Politischen Ökonomie (Public

sieren, dass Erfahrungsgüter eine Risikokalkulation anzeigen, die auf eine Verifikation bzw. Falsifikation eines Erfolgs- oder Schadensfalls ausgerichtet sind. Mühlenkamps analoge Übertragung auf Vertrauensgüter ist dahingehend problematisch, als eine Risikokalkulation im Vertrauen nicht vorkommt und daher auch keine Erfolgskontrolle oder Schadensbewertung vorgenommen werden muss.

Vertrauen auf der einen Seite und Verlassen-auf sowie Reputation auf der anderen Seite zeichnen sich nicht nur als *unterschiedliche Perspektiven* (Vertrauen als Rationalitätsform, Verlassen-auf und Reputation als alternative Rationalitätsformen) *auf eine Situation* aus. Im Gegensatz zu Vertrauen sind Letztere in ihren Bezügen (Attribut statt Individuum), ihrer Historizität (temporär statt prinzipiell, situationsgebunden statt situationsunabhängig) kategorial voneinander zu unterscheiden. Sich auf jemanden oder etwas zu verlassen oder Reputation zu berücksichtigen, sagt zunächst nur etwas darüber aus, welche Perspektive ein Akteur auf eine Situation hat. Über die Akteure bzw. Individuen in ihrem Sosein wird nichts ausgesagt.

Lässt man sich operieren, weil man sich darauf verlässt, dass der Arzt kompetent ist und nicht ausschließlich aus ökonomischem Interesse zu einem Eingriff geraten hat, oder kauft bei E-Bay das Produkt eines als gut bewerteten Verkäufers,[136] unterstellt man die Teilhabe (bzw. das Interesse an der Teilhabe) an einer

---

Choice), die Vertrauenswürdigkeit zunehmend durch Prominenz bzw. Reputation ersetzen. Als Beispiele zieht er u.a. die rationale Maximierung von Wählerstimmen heran oder auch die zunehmend rationale/legitime Produktion privater Güter z.B. durch Unternehmensberatungen im Gegensatz zur Produktion öffentlicher Güter durch institutionalisierte Sachverständige. Mühlenkamps Argumentation kann dahingehend pointiert werden, dass ökonomistische Rationalitätsannahmen im Zuge von Ökonomisierungsprozessen die Basis für die Installation entsprechender Strukturen und Prozesse bilden, die eine handlungsleitende und wirklichkeitskonstituierende Geltungskraft erzielen.

136 Zur Rolle von Vertrauen bei E-Commerce siehe etwa Brinkmanns empirische Untersuchung von Vertrauensprofilen, die die Bedeutung von Reputation und Verlässlichkeit bei riskanten Transaktionen zeigt. Vgl. Brinkmann, Ulrich: „Schmiermittel oder Glatteis? Vertrauen, Rating-Agenturen und die Finanzmarktkrise", in: Erwägen, Wissen, Ethik 22 (2011), S. 256-259. So ziehen etwa Käufer Produkte von Verkäufern mit hohen Reputationswerten vor, selbst wenn sie das gleiche Produkt günstiger von einem anderen Verkäufer erhalten könnten (Reputationsprämie).
Zur Bedeutung der Verlässlichkeit transparenter Kontrollprozesse am Beispiel von Ratingagenturen siehe ebenda. Hier ist kritisch anzumerken, dass nicht explizit zwischen Verlassen-auf (Risiko) und Vertrauen (kein Risiko) unterschieden wird.

gemeinsamen und als stabil interpretierten normativen Praxis.[137] Erwartbarkeit und Handlungsfähigkeit sind hier auch ohne Vertrauen möglich.[138]

2.6.2 Vertrauen und Lebenswelt

Der Begriff der Lebenswelt wird häufig im Kontext einer Kulturkritik an hochgradig differenzierten Gesellschaften verwendet, die das vertraute, sinngebende Fundament der Lebenswelt ganz oder teilweise verloren haben sollen. Verallgemeinert gesprochen wird Lebenswelt in der Literatur eine Bedeutung für die menschliche (intersubjektive) Generierung von Sinn, Geltung und/oder Rationalität zugewiesen, häufig in einer Kombination mit Vertrauen. Für Alfred Schütz und Thomas Luckmann ist Lebenswelt von Anfang an intersubjektiv, die Grundstruktur ihrer Wirklichkeit ist Menschen gemeinsam.[139] Nach Martin Hartmann entlasten lebensweltliche Selbstverständlichkeiten von reflexiven Vergewisserungsmechanismen.[140] Für Niklas Luhmann bezeichnet Lebenswelt die anonyme Konstruktion von Sinn und Welt, als traditionelle Selbstverständlichkeit, als Grenze zwischen Vertrautem und Unvertrautem. Vertrauen ist auf Zukunft ausgerichtet, was nur auf lebensweltlicher Basis möglich ist.[141]

Die vorliegende Untersuchung folgt Hubigs Modellierung von Lebenswelt als *Verortung und Abgleich von Geltungsansprüchen*.[142] Auf der Ebene von Vertrauensmodellierungen geht es um Geltungen und Legitimierungen. Zudem können die Begriffe „Lebenswelt" und „Vertrauen" gleichermaßen als Komplexbegriffe

---

137 Siehe M. Hartmann: Die Praxis des Vertrauens, insbesondere für den Begriff des Praxisvertrauens sowie seine Erläuterungen zur Normativität des Vertrauens. Als Praxisvertrauen bezeichnet Hartmann das Vertrauen, Teil einer kollektiven Vertrauenspraxis zu sein. Zu Organisationen-, Institutionen- und Systemvertrauen sowie „trust" (Institutionen, Organisationen) und „confidence" (Systeme) siehe C. Hubig: Benötigen deinstitutionalisierte ‚postmoderne' Gesellschaften Vertrauen?, S. 1-22.

138 Hartmann problematisiert treffend, dass Betrug und Lüge eine etablierte normative Praxis auf lange Sicht beschädigen und verändern können. Vgl. hierzu M. Hartmann: Die Praxis des Vertrauens, S. 137ff.

139 Vgl. Schütz, Alfred: Strukturen der Lebenswelt, Konstanz: UVK 2003, S. 30ff.

140 Vgl. Martin Hartmann/Claus Offe (Hg.), Vertrauen. Die Grundlage des sozialen Zusammenhalts, Frankfurt a.M./New York: Campus 2001, S. 26.

141 Vgl. N. Luhmann: Vertrauen. Ein Mechanismus der Reduktion sozialer Komplexität, S. 20ff.

142 Vgl. C. Hubig: Technik und Lebenswelt, S. 135ff. und C. Hubig: Benötigen deinstitutionalisierte ‚postmoderne' Gesellschaften Vertrauen?

bezeichnet werden, was bedeutet, dass ihnen verschiedenste Bedeutungen und Bedeutungsintentionen zugeschrieben werden. Beiden Begriffen werden insbesondere gesellschaftsrelevante Funktionen zugeschrieben, die beispielsweise ihren moralischen, gesellschaftlichen oder ökonomischen Wert betonen und häufig zugleich einen unmittelbaren Wertverlust infolge eines reduzierten Auftretens attestieren. Bedeutungsintentionen können sich etwa funktionalistisch auf ihren definierten Status als Gut (im Sinne eines Wert-Seins) oder als ökonomisches Gut (im Sinne eines Wert-Habens) beziehen. Hier können unterschiedliche Rationalitätsbegriffe zugrunde liegen, die dennoch eine ähnlich funktionalistische Herangehensweise aufweisen. Der Mensch ist, wie Hubig treffend formuliert, zum vorstellenden Denken verurteilt; Anschauungslücken und Überbrückungsleistungen können durch Reflexion auf Begriffe offengelegt werden.[143] Lebenswelt als Horizont kann nach Hubig als gestufte Erfahrung im Sinne eines Übergangs von der Beobachter- zur Teilnehmerperspektive reflektiert werden: a) als Erfahrungswelt und b) als Prozess der Perspektiveinnahme. „Denn angesichts der Enttäuschbarkeit sind wir dazu verurteilt, immer von Neuem nach den Bedingungen der Möglichkeit oder Unmöglichkeit der Wirklichkeiten, mit denen wir umgehen, zu fragen."[144] Modellierungen von Vertrauen sind entsprechend auf begrifflicher Ebene dahingehend zu untersuchen, welche Anschauungslücken sie infolge eines spezifisch ökonomistisch geprägten wissenschaftlichen Weltverhältnisses aufweisen können. Es geht also nicht darum, Lebenswelt als verlorene vertraute Wissens- und Handlungsumgebung zu stilisieren, sondern auf begrifflicher Ebene zu untersuchen, welche Modellierungsverluste unter rationaler Kultur entstehen und was diese für Zugriffsmöglichkeiten auf Erfahrungsspielräume bedeuten können. Wenn Lebenswelt mit Husserl erscheinende Welt ist und Sein sich im Bewusstsein konstituiert, stellt eine objektivistische oder eben auch ökonomisierte Erkenntnishaltung zunächst nur eine Erkenntnis*haltung* gegenüber Gegebenheitsweisen in Form eines unreflektierten Weltglaubens dar, der selbst noch keine reine oder absolute Erkenntnis ist.[145] Klaus Held fasst treffend zusammen: „Alle Husserlschen Konstitutionsanalysen sind von der Grundabsicht geleitet, das Zustandekommen von Ansichsein, Objektivität für das Bewußtsein zu erklären."[146] Der Begriff der Lebenswelt eignet sich als im husserlschen Sinne wissenschaftskritischer Begriff. Mit ihm kann am Beispiel von ökonomistisch geprägten Vertrauensmodellierungen gezeigt werden, weshalb die Möglichkeit eines Verständnisses von Vertrauen unter Ökonomisierung als einer spezifischen Ausprägung einer Kulturform des

---

143 Vgl. C. Hubig: Es fehlt der letzte Schritt.

144 C. Hubig: Technik und Lebenswelt, S. 146.

145 Vgl. E. Husserl: Phänomenologie der Lebenswelt.

146 Ebenda, S. 24.

Wissens reduziert ist. Das Objektivitätsideal der neuzeitlichen mathematischen Naturwissenschaft hat die Ebene der Nutzbarmachung zwischen Erkenntnisleistung und -gegenstand geschoben, weshalb Ökonomisierung als Symptom einer solchen spezifischen, dominanten Erkenntnishaltung *als Erkenntnishaltung* zu untersuchen ist. Dadurch kann eine sachgerechte philosophisch-phänomenologische Reflexionsebene geöffnet werden. Unter Ökonomisierung als einer *spezifischen* Rationalitätsbestimmung und Kulturform des Wissens ist ein *spezifisches* Verständnis der Rationalitätsform des Vertrauens möglich.

Dies kann folgendermaßen dargestellt werden:

Tabelle 1: Zusammenhänge zwischen Vertrauen, Lebenswelt
und Ökonomisierung

	Perspektive	Bezug	Wissens-/Kultur-spektrum
Vertrauen	Rationalitäts-form als Perspektive auf menschli-ches Handeln	zu Lebenswelt sowie Subjekten in ihrem Sosein	Begründete Urteile kon-stituieren sich intersub-jektiv in einer subjektre-lativen Welt; spezifische Qualität von Wissen und Handlung
Lebens-welt	Reflexions-bestimmung als Ausdruck eines Verhält-nisses	zum Erfahrenen bzw. entsprechend Erfassten (Lebenswelt als Horizont) als Erfahrungs-welt, als Perspektivein-nahme	Konstituierung von Sinn-bildungen und Seins-geltungen der Welt; Kontext des Sinns und Seins von Begründungs-standards, die (historisch) für Wissen und Handlung gelten
Öknomi-sierung	Rationalitäts-bestimmung als kulturelles Deutungsmus-ter und spezifi-sche Ausprä-gung einer Kulturform des Wissens	zirkulärer Modellbezug (stets vorhandener Subjektbezug negiert)	spezifische Ausprägung einer Kulturform des Wissens; mathematisch-naturwis-senschaftliche (quantita-tive) Begründungs-standards verleihen öko-nomistisch geprägtem Wissen und ökonomis-tisch geprägten Handlun-gen spezifische Geltung.

Ökonomisierung stellt eine spezifische Ausprägung einer Kulturform des Wissens dar, die als Rationalitätsbestimmung bezeichnet werden kann.
Unter Ökonomisierung sind spezifische
1. Konzeptualisierungen und Erkenntnispotenziale im Rahmen von Mo-dellierungen möglich
2. Modellierungen in Geltung.

Wer der „rationalen Selbstverantwortung des Menschen" gerecht zu werden versucht, hat die ursprüngliche Intention von Wissenschaft mit ihrer bisherigen Erfüllung in historisch-phänomenologischer Weise zu vergleichen.[147] Wissenschaft ist nach Husserl keine Nutztechnik, sondern phänomenologischer Lebenssinn, „Objektivierung höchsten Ernstes", der der Menschheit erlaubt, sich im Denken zu befreien und als Menschen selbst zu stiften. Eine solche im husserlschen Sinne „rationale Weltanschauung" ermöglicht ein nach Vernunftregeln geregeltes und verantwortetes einzelpersonales und gemeinschaftliches Leben.[148]

Husserl stellt die Verbindung zwischen Wissenschaft, Menschsein und menschlicher Freiheit heraus und formuliert damit Voraussetzungen für Verantwortung als der a) Verantwortung des Menschen als eines sich intersubjektiv konstituierenden, historischen Wesens und b) Verantwortung von Wissenschaft für den Menschen.

Insbesondere am Homo-Oeconomicus-Modell zeigt sich die Begrenztheit von Modellen, die Rationalität nicht als nach Vernunftregeln geleitetes und verantwortetes Leben konzeptualisieren. Mit dem Homo-Oeconomicus-Modell wird ausschließlich auf die Identifikation, Prognostik, Kalkulation und Manipulation zweckdienlicher Gründe („Grund haben") fokussiert. Perspektiven auf menschliches Handeln (wie sie etwa die Rationalitätsform des Vertrauens darstellt) sowie deren Konstitutionsmerkmale (z.B. Intersubjektivität und Anerkennung) können mit diesem Modell weder verstanden noch erklärt werden. Die ausschließliche Fokussierung auf zweckdienliche Gründe führt zu dem Missverständnis, dass Vertrauen nachgeahmt oder hergestellt werden könnte, um Transaktionen günstig und risikoarm zu ermöglichen. Ohne die spezifische Qualität (und Genese) von Vertrauensbeziehungen und Vertrauenshandlungen (wie etwa ihre relative Stabilität) erkennen und verstehen zu können, werden diese als nützlich bewertet und verwertet. Ist jedoch praktische Vernunft auf das instrumentelle Prinzip verkürzt, kann nicht konsistent begründet werden, weshalb etwa eine (nützliche) Vertrauenshandlung einer anderen (nützlichen) Handlung vorgezogen werden soll. Nützlichkeit als Tatsache der Zielverfolgung kann Denken und Handeln nicht (sinnvoll) begründet orientieren.

Husserl macht in seiner Krisisschrift deutlich, dass ein einseitig naturalistisch restriktives Methodenideal dem Menschen den Zugang zu Vernunftfragen verstellt, die für sein Selbstverständnis existenziell sind. Eine absolute Vernunft hingegen würde die normative Bezogenheit auf Wahrheit (oder alternativ formuliert: den Sinn der Geschichte und des Menschen) einschließen. Vernunft bildet bei

---

147 Vgl. E. Husserl: Phänomenologie der Lebenswelt, insb. S 53.

148 Vgl. E. Husserl: Philosophie als strenge Wissenschaft, insb. S. VIII und XXI.

Husserl im menschlichen Ringen um seine Wahrheit die Voraussetzung für Freiheit. Das bedeutet, dass eine restriktive Vernunft zu einer restriktiven Freiheit führt. Das Individuum ist erst im Bezug zu anderen Menschen vollständig bestimmt.[149] Vertrauen als Rationalitätsform steht in Bezug zu Individuen als sozialen Wesen in ihrem Sosein (das betrifft Vertrauensnehmer und Vertrauensgeber). Im Vertrauen ist der Bezug zu Lebenswelt als a) Erfahrungswelt und b) Perspektiveinnahme herstellbar. Vertrauen stellt eine spezifische Art des Urteilens dar, auf die der Mensch im Rahmen seines Rationalitätsvermögens zugreifen kann. Ökonomisierung als Rationalitätsbestimmung wirkt sich auf diese Zugriffsmöglichkeiten aus. Vertrauen kann vor diesem Hintergrund als Form des intersubjektiv begründeten Zustandekommens von Objektivität im Kontext seiner historisch und kulturell variablen Voraussetzungen (hier: Ökonomisierung als Kulturform des Wissens) untersucht und als *spezifische Form der Perspektiveinnahme* (Vertrauen als Perspektive auf menschliches Handeln in Verbindung mit Lebenswelt als Perspektiveinnahme) reflektiert werden.

Als Rationalitätsform basiert Vertrauen also gerade nicht auf risikokalkulatorischen theoretischen Annahmen bzgl. des potenziellen Verhaltens einer Person, sondern ist eine Perspektive auf ein Selbst als Individuum ebenso wie auf einen anderen als Individuum und zugleich auf einen normativen Handlungsrahmen, der von den Beteiligten als bindend erachtet wird.

Das lässt sich folgendermaßen weiter konkretisieren: Vertrauen ist eine Form rationaler Perspektiveinnahme mit moralischer Dimension und Bedeutung, die Intersubjektivität zwingend voraussetzt (*Vertrauen*). Eine Risikokalkulation ist eine rationale Perspektiveinnahme ohne moralische Dimension und Bedeutung, die etwa in mathematischer Abstraktion vorgenommen werden kann (*kein Vertrauen*).

Wenn Vertrauen eine Rationalitätsform mit einer moralischen Bedeutung für sich intersubjektiv konstituierende Individuen darstellt, Vertrauen jedoch in der Vertrauensforschung häufig als kognitiv und moralfrei oder aber als Einstellung oder Zustand konzipiert wird, zeichnen sich hier deutlich unterschiedliche Perspektiven darauf ab, wie a) Fakteninterpretation gedeutet wird, b) die Rolle von Intersubjektivität interpretiert wird und c) Vertrauen selbst als Faktum interpretiert wird, also welche Funktion ihm zugedacht wird. Nach Lagerspetz ist Vertrauen eine rationale, nicht risikokalkulatorische Perspektive auf Fakten (vgl. a), die Intersubjektivität voraussetzt (vgl. b). Modellierungen von Vertrauen (vgl. c) zeichnen sich durch unterschiedliche Perspektiven auf a) und/oder b) aus und weisen Vertrauen, wie Lagerspetz betont, in der Regel spezifische Funktionen zu. Das

---

149 Vgl. O. Lagerspetz: Trust. The Tacit Demand.

zeigt nur umso mehr das Missverständnis auf, dass Vertrauen zumeist als Erklärung und nicht als Teil sozialen Lebens interpretiert wird. „In any case, trust and distrust, as well as selflessness and frailty, are, in themselves, aspects of social life rather than its explanation."[150]

Lagerspetz und Husserl lassen sich miteinander in Zusammenhang bringen: Vertrauen als Rationalitätsform ist nichts, was unabhängig von menschlicher Subjektivität und menschlicher Intersubjektivität gedacht werden kann. Jegliche Modellierung, die diese Aspekte ausschließt, schließt wesentliche Aspekte menschlicher Rationalität aus bzw. spricht einem Teil menschlicher Rationalität seine Gültigkeit und seine Bedeutung für den Menschen ab. Eine philosophisch-phänomenologische Untersuchung kann solche Bedeutungen und Bedeutungsintentionen aufklären helfen und die Kontexte sichtbar machen, in denen Modellierungen und damit Konzeptualisierungen vorgenommen werden.

Wird Vertrauen ökonomistisch geprägt modelliert, können Anschauungslücken auftreten, die sich auf ein Verständnis von Vertrauen sowie zugehöriger Konzeptualisierungen und möglicher Erkenntnis- und Handlungspotenziale auswirken können. Unter Ökonomisierung und Kommerzialisierung und ihren potenziell grenzenlosen Wettbewerbsbedingungen tun sich unterschiedliche und variable Interessenlagen auf. Vertrauen wird zwar in ökonomistisch geprägten Modellierungen häufig die Funktion der Abfederung solcher und ähnlicher Dynamiken bescheinigt, jedoch greifen diese Modellierungen an der eigentlichen Problematik vorbei: Vertrauen kann nicht wie etwa ein Werk hergestellt werden. Es setzt Intersubjektivität und den Bezug zu einer gemeinsamen und als stabil interpretierten normativen Basis voraus. Vertrauen kann durchaus in seiner prozesshaften Genese positiv wie negativ beeinflusst werden. Vertrauen kann dazu beitragen, Transaktionen zu ermöglichen und effizienter zu gestalten. Transaktionsbeziehungen können nicht stabil sein, wenn sich die Parteien ausschließlich instrumentell-rational zu ihrer Beziehung verhalten. Eine Vertrauensbeziehung besteht und ist stabil vor allem, weil ihr ein *intrinsischer Wert* zuerkannt wird. Wird der Begriff des Vertrauens hingegen als strategisches Instrument eingesetzt, dessen Verwendung nur dann bzw. nur so lange als rational gilt, wenn bzw. bis ein bestimmtes Ziel erreicht ist bzw. als effizient und effektiv erreichbar gilt, *kann hier nicht von Vertrauen gesprochen werden*. Existiert eine Vertrauensbeziehung zwischen Vertrauenspartnern, die z.B. Geschäftspartner sind, können diese beispielsweise vor dem Hintergrund unvollständiger Verträge relativ stabil miteinander interagieren, was als Nebeneffekt etwa Kontrollkosten spart. Jedoch sind weder ihr Vertrauen noch ihre Vertrauenshandlungen durch die Kostenersparnis begründet bzw. als rational zu begründen.

---

150 O. Lagerspetz: Trust. The Tacit Demand, S. 138.

2.6.3 Anzeichen eines Versagens rationaler Kultur

Im Hinblick auf das veränderte gesellschaftliche Unsicherheitspotenzial sollen es jeweils Gründe sein, auf deren Basis der Vertrauensgeber die Vertrauenswürdigkeit seines Gegenübers kalkulieren können bzw. der Vertrauensnehmer strategisch-kalkulatorisch auf den Nutzen von Betrugsmöglichkeiten verzichten soll. Die Identifikation und Prognostik sowie Möglichkeiten der Kalkulation und Beeinflussung von Gründen für gegenseitige Erwartungen und Entscheidungen stehen im Fokus ökonomistisch geprägter zeitgenössischer Vertrauensmodellierungen, um kontingente Risiken bzw. Kosten anonymer Interaktionen zu minimieren.[151]

Unter der im Rahmen von Ökonomisierung und Kommerzialisierung wirkmächtig werdenden instrumentellen Rationalität müssen Gründe mathematisch-naturwissenschaftlichen Begründungsstandards entsprechen, um als rational und legitim gelten zu können. Entsprechend dominieren Vertrauensmodellierungen, die Vertrauen mathematisch-naturwissenschaftlich (z.B. neurophysiologisch) zu begründen und zu berechnen versuchen (*„Vertrauen ist rational, wenn/weil ..."*) bzw. Gründe für Vertrauenshandlungen (*„Ich vertraue, wenn/weil ..."*) mathematisch-naturwissenschaftlich zu begründen und zu berechnen versuchen. Vertrauen wird vor diesem Hintergrund insbesondere im Hinblick auf seine Wirkung auf Marktprozesse, die als von selbstregulierenden Kräften gesteuert konzeptualisiert werden, sowie im Hinblick auf Funktionen, die Risiken minimieren und Eigennutzen optimieren, modelliert. Im Kontext einer effizienten und effektiven Kalkulation ökonomischer Risiken wird Vertrauen insbesondere als (kalkulierte bzw. kalkulierbare) alternativlose individuelle Entscheidung oder individuelle Einstellung verstanden sowie etwa als messbare bzw. beeinflussbare Folge spezifischer neuronaler Aktivitäten untersucht.

In der ökonomistisch geprägten Perspektive kann Vertrauen nicht als eine Form, zu begründeten Urteilen zu kommen,[152] (*„Rationalitätsform sein"*) und somit auch nicht als ein Grund verstanden werden, der unabhängig von einem funktionalistisch verengten Verständnis von Grund eine Basis für Handlungsfähigkeit im Rahmen einer Lebensform bilden kann (*„Grund sein"*). Ökonomistisch geprägte Vertrauensmodellierungen sind dahingehend zu kritisieren, dass sie den Begriff des Grundes funktional verengen und Vertrauen in dieser Hinsicht fehlkonzeptualisieren (*„Grund haben"*). Die in den Kapiteln 2.1. und 2.2. kritisierten

---

151 Für eine differenzierte Untersuchung der Begriffe „Erwartung" und „Entscheidung" siehe N. Luhmann: Soziologische Aspekte des Entscheidungsverhaltens.
152 Vgl. O. Lagerspetz: Trust. The Tacit Demand.

Rationalitäts- und Ökonomieverständnisse sind im Zusammenhang von Ökonomisierungsprozessen und der Möglichkeit eines Verständnisses von Vertrauen als
problematisch zu erachten, da unter dem spezifischen Verständnis von Ökonomie
und instrumenteller Rationalität, das unter Ökonomisierungs- und Kommerzialisierungsbedingungen gesellschaftlich wirkmächtig wird, der Kategorienfehler
(„Grund haben" statt „Form/Grund sein") bei der Modellierung interpersonalen
Vertrauens auftreten und Verbreitung finden kann. Diese Problematik sowie der
Blick auf den Zusammenhang von Ökonomisierung, Kommerzialisierung und
ökonomistisch geprägten Vertrauensmodellierungen lässt ein *problematisches
Folgeverhältnis* erkennbar werden:

- Vertrauen und die auf ihm basierenden Handlungen müssen (in zweckdienlicher Hinsicht) begründet werden (können), um als gerechtfertigt gelten zu
  können („Vertrauen/die Vertrauenshandlung ist rational, weil …").
- Handlungen, die sich auf begründetes Vertrauen berufen, müssen nicht gerechtfertigt werden, da begründetes Vertrauen als rational gilt („Diese Entscheidung ist durch begründetes Vertrauen legitimiert").

In beiden Fällen steht die *Rationalität eines begründeten bzw. begründungspflich-
tigen Vertrauens* im Fokus. Unter Punkt 1 ist eine solche Rationalität des Vertrauens zu benennen, um die Legitimität einer Handlung unter Beweis zu stellen, unter
Punkt 2 gelten Handlungen als legitim, die sich auf eine solche Rationalität berufen. Hier zeichnen sich Modellierungsproblematiken (Kapitel 2.6.3.1.) und mögliche problematische Konsequenzen (Kapitel 2.6.3.2.) ab.

2.6.3.1 Die Problematik der „Rationalität des Vertrauens"

Vertrauensmodellierungen, die Gründe für Vertrauen vor dem Hintergrund einer
funktionalistischen Verengung von Gründen auf gelingende Zielerreichung auf-
führen, weisen einen Kategorienfehler auf. Vertrauen ist eine Rationalitätsform,
kein Grund, den man hat. Im Vertrauen kommen Individuen intersubjektiv zu begründeten Urteilen. Vertrauen stellt eine Perspektive auf menschliches Handeln

dar.[153] In dieser Perspektive sind Risiken ausgeblendet.[154] Eine Vertrauensbeziehung zeichnet sich dadurch aus, dass sich die Vertrauenspartner gegenseitig als Anerkennende anerkennen.[155] Von instrumentell-egoistisch begründeten Beziehungen/Handlungen unterscheiden sie sich insbesondere dadurch, dass in ihnen kein Opportunitätsinteresse/-verdacht existiert. Anhand ökonomistisch geprägter Vertrauensmodellierungen kann nachvollzogen werden, dass eine ausschließliche Fokussierung auf mathematisch-naturwissenschaftliche Begründungsstandards zu dem Kategorienfehler „Grund haben" statt „Rationalitätsform sein" führt, dessen Konsequenzen sich im Zuge von Ökonomisierung und Kommerzialisierung potenziell in allen Lebensbereichen zeigen können und die darum einer Aufarbeitung bedürfen. Der Versuch, Vertrauen zu begründen, führt in einen *infiniten Regress*,

---

153 Vgl. ebenda.
   Zur Unterscheidung der Begriffe „trust" und „confidence", die zumeist mit Vertrauen und Zuversicht übersetzt werden, siehe C. Hubig: Benötigen deinstitutionalisierte ‚postmoderne' Gesellschaften Vertrauen? Für Zuversicht in Abgrenzung zu Vertrauen siehe etwa Hardin, Russell: Trust. Key Concepts in the Social Sciences, Cambridge: Polity Press 2006; Bok, Sissela: „Truthfulness, Deceit and Trust", in: Sissela Bok (Hg.), Lying, Moral Choice in Public and Private Life, New York: Pantheon 1978, S. 17-31; Vershofen, Wilhelm: „Vertrauen als wirtschaftspolitischer Faktor", in: Erwin von Beckerath/Fritz W. Meyer/Alfred Müller-Armack (Hg.), Wirtschaftsfragen der freien Welt, Frankfurt a.M.: Fritz Knapp Verlag 1957, S. 262-270; Good, David: Individuals, Interpersonal Relations, and Trust, in: Gambetta, Diego (Hg.), Trust. Making and Breaking Cooperative Relations, Oxford/Massachusetts: Basil Blackwell 1990, S. 31-48; Neser, Simone: „Vertrauen", in: Dieter Frey (Hg.), Psychologie der Werte. Von Achtsamkeit bis Zivilcourage – Basiswissen aus Psychologie und Philosophie, Berlin/Heidelberg: Springer 2016, S. 255-286; Smolkin, Doran: „Puzzles about Trust", in: The Southern Journal of Philosophy 46/3 (2008), S. 431-449; Ripperger, Tanja: Ökonomik des Vertrauens, Tübingen: Mohr Siebeck 2003; N. Luhmann: Soziologische Aspekte des Entscheidungsverhaltens; Luhmann, Niklas: „Familiarity, Confidence, Trust: Problems and Alternatives", in: Diego Gambetta (Hg.), Trust: Making and Breaking Cooperative Relations, Oxford/Massachusetts: Basil Blackwell 1990, S. 94-108.
154 Vgl. N. Luhmann: Vertrauen. Ein Mechanismus der Reduktion sozialer Komplexität und hier insbesondere seinen Begriff der Komplexitätsreduktion.
155 Vgl. G.W.F. Hegel: Phänomenologie des Geistes, insb. S. 127.

da Vertrauen durch Vertrauen begründet werden müsste.[156] Vertrauen bedarf jedoch keiner Begründung (z.b. im Hinblick auf ein zu kalkulierendes Risiko) – es ist eine Rationalitätsform bzw. kann als (nicht funktional verengter) Grund Basis für Handlungsfähigkeit im Rahmen einer Lebensform sein. Sobald Vertrauen begründet wird, erfolgt ein Wechsel auf eine Ebene, die nichts mit der intersubjektiv konstituierten Anerkennungsbeziehung einer Vertrauensbeziehung zu tun hat. Wenn unter Ökonomisierung und Kommerzialisierung Vertrauensmodellierungen in Geltung kommen, die Vertrauen als begründet bzw. begründungspflichtig konzeptualisieren, diese Konzeptualisierung jedoch auf einem Kategorienfehler beruht, steht der Geltungsanspruch dieser Vertrauensmodellierungen infrage.

Die Probleme und damit verbundenen Fragen der Modellierungsproblematiken lassen sich so formulieren:

Der Geltungsanspruch ökonomistisch geprägter Vertrauensmodellierungen, Vertrauen entsprechend mathematisch-naturwissenschaftlicher Begründungsstandards erklären, quantifizieren sowie als rationales und legitimes kommerzialistisches Kalkulations- und Koordinationsinstrument einsetzen zu können, basiert auf dem Kategorienfehler „Grund haben" statt „Rationalitätsform sein".
Entsprechend sind etwa diese Fragen zu stellen: Was wird im Kontext spezifischer Verständnisse von Ökonomie und instrumenteller Rationalität als „Vertrauen" bezeichnet? Wie können etwa Handlungsfreiheit und Vertrauen in ökonomistisch geprägten Vertrauensmodellierungen konzeptualisiert werden? Welchen Zwecken soll dieses begründungspflichtige („Ich vertraue, weil …") bzw. begründete „Vertrauen" („Vertrauen ist rational, weil …") dienen?

Aussagen, z.B. zu Vertrauenskrisen, die sich auf solche als problematisch beschriebene Vertrauenskonzepte beziehen, sind kritisch zu betrachten.
Entsprechend sind etwa diese Fragen zu stellen: Welche Vertrauensbegriffe liegen Vertrauenskrisenbegriffen zugrunde? Was kann entsprechend über Vertrauenskrisen, Gegenstände, Ursachen, Folgen usw. ausgesagt werden?

2.6.3.2 Die Problematik der Ökonomisierung des Vertrauens

Der Vorgang der Anwendung eines in potenziell allen Lebensbereichen wirkmächtigen Rationalitätsprinzips in der Modellierung von Vertrauen bzw. bei der Bewertung von Vertrauensmodellierungen oder -handlungen als rational oder legitim kann als *„Ökonomisierung des Vertrauens"* beschrieben werden. Ein spezifisches Verständnis von Ökonomie und instrumenteller Rationalität kann nicht nur

---

156 Husserls Begriff der Lebenswelt kann als „Regress-Stopper" dienen. So kann Vertrauen als eine intersubjektive Form einer Perspektiveinnahme erkannt und als Rationalitätsform konzeptualisiert werden („Grund/Form sein" statt „Grund haben").

die Möglichkeit eines Verständnisses interpersonalen Vertrauens – und damit einer Rationalitätsform des Menschen sowie einer spezifischen Qualität von Handlungen – einschränken, sondern auch die Möglichkeit, das, was als „Vertrauen", als „Vertrauens"-Krise oder Ähnliches bezeichnet oder inszeniert wird, begrifflich und inhaltlich eindeutig benennen bzw. identifizieren, einordnen und reflektieren zu können: als Vertrauen oder etwas, das mit Vertrauen zu tun hat, oder aber als eine Ausprägung einer Ökonomisierung des Vertrauens. In *epistemischer Hinsicht* als problematisch zu bewerten ist, dass Vertrauen, wird es als „Grund haben" kategorisiert, ebenso wenig wie Handlungsfreiheit treffend konzeptualisiert werden kann. In *ethischer Hinsicht* problematisch ist, dass unter dem genannten spezifischen Ökonomie- und Rationalitätsverständnis nur in Geltung kommen kann, was als nützlich und somit gut erachtet wird. Das identifizierte Folgeverhältnis, wonach Vertrauen bzw. Vertrauenshandlungen als gerechtfertigt gelten, sobald sie in zweckdienlicher Hinsicht begründbar sind, und somit auch Entscheidungen, die sich auf ein begründetes Vertrauen beziehen, als gerechtfertigt gelten, beruht auf einer Fokussierung auf Entscheidungen, die im Hinblick auf das Nützliche und somit Gute zu treffen sind. Dies wirft folgende Fragen auf: Wie werden interpersonales Vertrauen und Handlungsfreiheit im Zuge von Ökonomisierung und Kommerzialisierung in ökonomistisch geprägten Modellierungen konzeptualisiert? Ist ein Verständnis von Vertrauen als Rationalitätsform, von menschlicher Handlungsfreiheit sowie von ihrem Zusammenhang überhaupt möglich? Welche Qualität von Handlungen ist im Vertrauen im Unterschied zur Risikoperspektive ökonomistisch geprägter Modellierungen eines sogenannten Vertrauens unter einer Ökonomisierung, die im Zuge einer Institutionalisierung von Wettbewerb separate instrumentell-egoistisch geprägte Interessenssphären zu öffnen scheint, möglich?

Handlungsfreiheit wird aus ökonomistischer Perspektive insbesondere als Entscheidungswahlfreiheit konzeptualisiert, wobei die Entscheidungssituation als von Präferenzen und Restriktionen strukturiert bestimmt ist und nur jene Handlungen als rational gelten, die sich an zweckdienlichen Gründen im Hinblick auf den größtmöglichen ökonomischen (Eigen-)Nutzen orientieren. Unter einer solchen Nutzen- und Risikoperspektive gelten nur Handlungen im Rahmen von Kontroll- bzw. Kalkulationsmaßnahmen als relativ stabil, rational und legitim, da sich sogenannte rationale Eigennutzenmaximierer notwendigerweise gegenseitig opportunistisches Verhalten unterstellen. Die Tatsache, dass Risiken im Vertrauen ausgeblendet sind, macht im Unterschied dazu jedoch nicht nur jegliche Kontrolle obsolet, sondern die Risikoausblendung stellt ein Konstitutionsmerkmal dar. Vertrauen und Risiko schließen sich gegenseitig in kategorischer Hinsicht aus. In ökonomistisch geprägten Modellierungen wird versucht, Vertrauen oder Vertrauenswürdigkeit „herzustellen" und zu kalkulieren, um trotz Risiken und ohne zu großen (insbesondere finanziellen) Aufwand rationale Entscheidungen begründen, treffen und rechtfertigen zu können. Das, was hier als „Vertrauen" bezeichnet wird, ist im Unterschied zu Vertrauen explizit für den Risikofall konzipiert. Ökonomistisch geprägte Vertrauensmodellierungen stellen (insbesondere entscheidungsbezogene und kalkulationsbasierte) *Koordinations-, Kontroll-, Steuerungs-, Rationalisierungs- oder auch Legitimierungsstrategien* für rationale Eigennutzenmaximierer in von Unsicherheit geprägten Interaktions- bzw. Transaktionssituationen bereit, für die eine Risikokalkulation als erforderlich erachtet wird. Unter Vertrauen sind Handlungen möglich, die unter Kontrollerfordernissen nicht möglich sind. Können unter dem Label „Vertrauen" Strategien Anwendung finden, die „Vertrauen"/„Vertrauenswürdigkeit" suggerieren bzw. inszenieren sollen, um Abhängigkeitsverhältnisse nach dem Prinzip Leistung (z.b. Vertrauen als Kredit) – Gegenleistung (z.b. Loyalität als Kreditschuld) zur Ausbeutung oder Selbstausbeutung zu etablieren bzw. eine bestimmte Perspektive auf eine Situation (Vertrauen) bei einer anderen Person zu stimulieren bzw. auszubeuten? Wird Handlungsfreiheit als Entscheidungswahlfreiheit konzeptualisiert und ist diese einem Dogma unterstellt, bei dem das Nützliche mit dem Guten gleichgesetzt ist und nur nützliche Handlungen als rational gelten, ist kein Zuwiderhandeln möglich. Diese Konzeptualisierung von Handlungsfreiheit ist als reduktionistisch zu kritisieren. Wenn ökonomistisch geprägte Modellierungen aufgrund ihrer ausschließlich instrumentell-kalkulativen Perspektive nicht Vertrauen, sondern allenfalls ein ökonomisiertes Vertrauen beschreiben können, sind Aussagen über Vertrauen, Vertrauenskrisen sowie ihre Ursachen und Wirkungen entsprechend kritisch zu betrachten. Anhand des Zusammenhangs eines über Ökonomisierung wirkmächtig werdenden spezifischen instrumentellen Rationalitätsverständnisses und eines spezifischen Verständnisses von interpersonalem Vertrauen und Handlungsfreiheit kann deutlich werden, dass ein einseitiger Rationalitätsbegriff zu Erkenntnis- und Reflexionsverlusten führen kann, die mit Husserl als Anzeichen eines Versagens rationaler Kultur gewertet werden können. Was maßgeblich unter Vertrauen verstanden werden kann und welche Geltungsansprüche damit verbunden sein können, wird im Folgenden anhand Husserls und Henrys Kulturkritik sowie einschlägiger zeitgenössischer Vertrauenskonzepte erörtert.

3 Modellierungen und Geltungen: Ökonomisierung und Vertrauensmodellierungen

Kulturelle Modellierungen bestimmen Möglichkeiten und Ausprägungen menschlicher Erkenntnis und Selbsterkenntnis. Was als Wissen Geltung erlangt und als legitim erachtet wird bzw. für Legitimationen herangezogen wird, steht unter dem Einfluss von Rationalitätsverständnissen und wirkt seinerseits auf Rationalitätsverständnisse zurück.

Ökonomisierung stellt eine Ausprägung einer erkenntnisverkürzenden Kulturform des Wissens dar. Im Rahmen dieser Kulturform wird ausschließlich als Wissen anerkannt, begründet usw., was der Wirklichkeit des Daseins zugeordnet werden kann. Entsprechend sind z.b. Objekte des Wissenserwerbs, Methoden und Verfahren der Wissensproduktion, -verarbeitung, -dokumentation, -begründung, -legitimation usw. verfasst. „Vertrauen" oder auch „Vertrauenswürdigkeit" werden als Objekte des Wissenserwerbs im Hinblick auf eine effiziente und effektive Kontrolle kontingenten Verhaltens in Situationen von Unsicherheit ausgewählt, modelliert, mathematisch-naturwissenschaftlich begründet, berechnet, dokumentiert, legitimiert usw. sowie unter kommerzialistischer Perspektive entsprechend bewertet und verwertet. Das gewonnene Wissen ist ebenso spezifisch abstrakt wie die Kulturform spezifisch abstrahierend, da die Wirklichkeit von Sinnlichkeit, Subjekt und Leben in dieser dominanten Kulturform des Wissens marginalisiert ist.

Husserl und Henry zufolge ist alles Wissen menschliches Wissen und somit relativ. Auf die hier vorzunehmende Untersuchung und Reflexion dessen übertragen, was im Rahmen von Ökonomisierung unter „Vertrauen" verstanden bzw. als „Vertrauen" in Geltung kommen kann, bedeutet dies: Ökonomistisch geprägte zeitgenössische Vertrauensmodellierungen sind vor dem Hintergrund ihrer Kulturform des Wissens sowie ihrer dominanten Ausprägung zu kontextualisieren und im Hinblick auf mögliche Verluste zu erörtern. Dafür ist die Untersuchung des Zusammenhangs von Rationalitätsbestimmung (hier: Ökonomisierung) und Rationalitätsformen (hier: Vertrauen) erforderlich. Wenn Husserl das Zustandekommen von Objektivität für das Bewusstsein zu erklären sucht und in diesem Zusammenhang das Versagen einer rationalen Kultur daran festmacht, ob Subjekt und Relativität vom Erkenntnisakt abgezogen werden, ist die Bedeutung von Subjektivität und Intersubjektivität für die vorliegende Untersuchung von besonderer Relevanz. Henry zufolge erforscht der Mensch das, was er als Wirklichkeit erfährt (Wirklichkeit des Daseins), sowie das, was er als Wirklichkeit erkennt (Wirklichkeit von Sinnlichkeit, Subjekt und Leben), und verarbeitet die Gesamtheit dessen in Form von Konzeptualisierungen.

Husserl und Henry weisen in ihren kritischen Stellungnahmen auf einen wichtigen Punkt hin, der in zwei Hinsichten zu interpretieren ist: Alles Wissen ist menschliches Wissen. 1) *Der Mensch erfährt und erkennt* Wirklichkeit als relative Wirklichkeit. Dieser Punkt betrifft die Art des Zugangs zu Wirklichkeit (relative Wirklichkeit des Menschen). 2) *Der Mensch erforscht*, was er als Wirklichkeit erfährt und erkennt. Sein Wissen von Wirklichkeit ist von seiner Forschung abhängig. Dieser Punkt betrifft die Qualität menschlicher Wissensbestände (relatives Wissen des Menschen über die relative Wirklichkeit des Menschen). Husserls und Henrys Kritik befasst sich mit der Qualität menschlicher Wissensbestände in wissenschaftstheoretischer Hinsicht. Ihnen zufolge müssen die Wirklichkeiten von Erfahrung und Erkenntnis gleichermaßen von wissenschaftlicher Forschung berücksichtigt werden, um die Qualität erreichen zu können, die als Einheit des Wissens bezeichnet werden kann. Diese Qualität sehen sie (im Hinblick auf die [Möglichkeit der] Produktion zukünftiger bzw. die [Möglichkeit der] Deutung bestehender Wissensbestände) gefährdet, da a) ein positivistisch-mathematisch-naturwissenschaftliches Forschungsideal (Fokus: *Wirklichkeit des Daseins*) dominiert, das Objektivität ohne Berücksichtigung von Subjekt- und historischer Relativität konzeptualisiert, und b) die Geltungsansprüche dieses Forschungsideals aufgrund der Negation der *Wirklichkeit von Sinnlichkeit, Subjekt und Leben* nicht hinterfragt werden (können). Der Begriff der Lebenswelt, als Verortung und Abgleich von Geltungsansprüchen verstanden, ermöglicht, den Begriff der Objektivität in seiner subjektiven und historischen Relativität zu konzeptualisieren und die Problematik eines positivistischen Geltungsanspruchs zu erkennen. Unter rationaler Kultur sind Konzeptualisierungen von Vertrauen insofern problematisch, als es ausschließlich positivistisch-mathematisch-naturwissenschaftlich modelliert, begründet und quantitativ bestimmt wird. Aufgrund des Methodologischen Individualismus können zudem Intersubjektivität und Anerkennung nicht konzeptualisiert werden. Die Fehlbestimmung „Grund haben" setzt sich in Vertrauensmodellierungen durch, Vertrauen wird etwa individualistisch als Entscheidung, Disposition, Zustand usw. konzeptualisiert. Der Vertrauensbegriff kann entsprechend für eine individualistisch-ökonomistische Konzeption von Eigennutzenmaximierung ökonomisiert, instrumentalisiert sowie kommerzialistisch verwertet werden. Die Geltungsansprüche einer rationalen Kultur, die sich als Ökonomisierung und Kommerzialisierung ausformt und auswirkt, können mit dem Lebensweltbegriff erkannt und problematisiert werden.

3.1 DER BEGRIFF DES VERTRAUENS – EINE FRAGE DER PERSPEKTIVE

Wissen, also die Gesamtheit menschlicher Erfahrung und Erkenntnis, konstituiert und bewährt sich intersubjektiv. Mit Hegels Begriff der Anerkennung kann deutlich werden, worin der Unterschied besteht, a) im Vertrauen zu handeln (*1.- und 2.-Person-Perspektive mit Fokus auf Sosein*) oder b) in ökonomistischer Hinsicht Entscheidungsverhalten als Vertrauenshandeln zu begründen bzw. zu legitimieren (*1.-Person-Perspektive mit Fokus auf Gründe*) oder Systeme (z.B. personale Systeme oder technische Systeme) als vertrauenswürdig zu bewerten (*3.-Person-Perspektive mit Fokus auf Gründe*). Was unter a) beschrieben ist, stellt eine *Vertrauensbeziehung* dar. Hier beziehen sich Vertrauenspartner gegenseitig auf ihr Sosein. Was unter b) beschrieben ist, stellt eine *Argumentationsebene* dar („Grund haben"). Hier beziehen sich Interaktions- oder Transaktionspartner in ihrem Handeln/Entscheiden auf funktional verengte Gründe, Kriterien etc. beziehungsweise legitimieren sie ihr Entscheidungshandeln. Unter a) wird eine Rationalitätsform (hier: Vertrauen) beschrieben, unter b) eine Ebene der Begründung rationalen Handelns (hier: „Vertrauen" als spezifischer Grund rationalen Handelns oder „Vertrauen" als begründungspflichtige spezifische Variante rationalen Handelns).

Im Vertrauen kann im Rahmen einer Anerkennungsbeziehung gehandelt werden. Vertrauenspartner erkennen sich gegenseitig als Anerkennende an.[1] Ihr Vertrauen bleibt in der Regel *implizit*. Wird hingegen ein Entscheidungsverhalten als

---

1   Vgl. zum Begriff der Anerkennung G.W.F. Hegel: Phänomenologie des Geistes sowie weiterführend etwa Honneth, Axel: Kampf um Anerkennung. Zur moralischen Grammatik sozialer Konflikte, Frankfurt a.M.: Suhrkamp 2009 (kritische Gesellschaftstheorie, Schwerpunkt normative Legitimationen von Anerkennungsansprüchen); Ricoeur, Paul: Wege der Anerkennung. Erkennen, Wiedererkennen, Anerkanntsein, Frankfurt a.M.: Suhrkamp 2006 (Anerkennung auf Ebene des Rechts); Cavell, Stanley: „Wissen

Vertrauenshandeln begründet/durch Vertrauen legitimiert bzw. etwas/jemand als vertrauenswürdig bezeichnet, wird Entscheidungshandeln aus der 1.- oder 3.-Person-Perspektive begründet, bewertet oder legitimiert. Der Begriff des Vertrauens wird dann *explizit* verwendet.

Ähnlich wie Husserl beschreibt Hegel alle Erkenntnis als menschliche Erkenntnis, da es keine ewigen Wahrheiten gibt und menschliche Vernunft und Wahrheit einen prozeduralen Charakter besitzen. Die gemeinsame Weltgeschichte ist demnach ein Entwicklungsprozess von Wissen und Erkenntnis. Objektives Wissen (an sich) kommt durch den Bezug (für sich) zur Vollkommenheit.[2] Auf den Menschen übertragen lässt es sich so ausdrücken, dass der Mensch als vernunftbegabtes Wesen erst im wechselseitigen Bezug zu anderen Menschen (Intersubjektivität) vollständig bestimmt ist.

Der für die vorliegende Argumentation wichtige Kern des *Hegelschen Begriffs der Anerkennung* lässt sich so zusammenfassen: Das bloße Selbstgefühl des Subjekts kann sich nur über den Prozess der Anerkennung in Bewusstsein und Selbstbewusstsein umwandeln. Menschwerdung ist nach Hegel ein Wagnis, dessen Ausgang sich im Aufeinandertreffen zweier Subjekte entscheidet. Hegel formuliert dies folgendermaßen: „Das Selbstbewußtsein ist an und für sich, indem, und nur dadurch, daß es für ein anderes an und für sich ist: d.h. es ist nur als ein Anerkanntes."[3] Bezogen auf das Bewusstsein beschreibt Hegel die Notwendigkeit dieser Einheit bildhaft anhand zweier entgegengesetzter Gestalten des Bewusstseins: das herrische (selbstständige) und das knechtische (unselbstständige) Bewusstsein. Der Herr bezieht sich furchtlos auf den Knecht und so mittelbar auf das Ding, auf das sich der Knecht unmittelbar bezieht. Selbstständigkeit ist jedoch durch den *unmittelbaren Lebensbezug* zu erreichen, erst hier können Begriff und Gegenstand sich entsprechen; der Begriff bewährt sich am Gegenstand. Das Leben selbst bildet den unmittelbaren Bezugspunkt. „Das Verhältnis beider Selbstbewusstsein ist also so bestimmt, daß sie sich selbst und einander durch den Kampf auf Leben und Tod bewähren. Sie müssen in diesen Kampf gehen, denn sie müssen die Gewissheit ihrer selbst, für sich zu sein, zur Wahrheit an dem anderen und an ihnen selbst

---

und Anerkennen", in: Stanley Cavell. Die Unheimlichkeit des Gewöhnlichen und andere philosophische Essays, hrsg. von Davide Sparti und Espen Hammer, Frankfurt a.M.: Fischer 2002, S. 39-73 (Begriff der Anerkennung als Bewertungskategorie) oder auch Iser, Matthias: Recognition, Stanford: Stanford Encyclopedia of Philosophy 2013 (Anerkennung als Status und Bedürfnis).

2   Vgl. G.W.F. Hegel: Phänomenologie des Geistes.

3   Ebenda, S. 127.

erheben."[4] Ein Bewusstsein, das sich dieser Aufgabe stellt, wird zum selbstständigen Bewusstsein; es hat die Wahrheit des Anerkanntseins erfahren, die darin besteht, in der wechselseitigen intersubjektiven Konfrontation mit einem anderen Selbstbewusstsein überhaupt erst zu objektiver Selbstvergewisserung und Erkenntnis gelangen zu können. Der Anerkennungsprozess besteht darin, anzuerkennen, dass ein Selbstbewusstsein einzig durch ein anderes Selbstbewusstsein das Paradoxon aufheben kann, dass Subjekte ihre je einzeln als einzig gesichert geltende Wahrheit zur Wahrheit an sich selbst erheben. Erst durch die Anerkennung als Anerkennende können sie selbstständig werden, heben sie sich also nicht selbst bzw. gegenseitig selbst auf. Dann ist man nicht nur personal existent, wie Hegel es nennt, sondern selbstständig bewusst. Der Lebensvollzug ist hierbei entscheidend, da sich absolutes Wissen nicht nur im logischen Denken, sondern im Bezug zur realen Welt entwickeln und beweisen können muss. Hier lässt sich eine Analogie zu Henrys Einheit des Wissens herstellen, die gegeben ist, wenn die Erforschung der Wirklichkeit des Daseins auch die Wirklichkeit von Sinnlichkeit, Subjekt und Leben einschließt. Absolutes Wissen würde demnach bedeuten, dass Wissen und Wahrheit, Begriff und Gegenstand im logischen Denken *und* in der realen Welt zur Deckungsgleichheit gekommen sind. Hegels Analogie begründet den grundsätzlichen Zusammenhang von Intersubjektivität, Lebensbezüglichkeit und der Möglichkeit von Objektivität. Wie bei Husserl und Henry stellt das Leben den Bezugspunkt und Objektivität das *Produkt* des beschriebenen Prozesses dar. *Objektivität und Subjektivität werden somit erst vor diesem Hintergrund der Bedeutung des Lebens und der Intersubjektivität her treffend bestimmt.*

Wird Vertrauen unter Ökonomisierungsbedingungen unter einem instrumentellen Rationalitätsbegriff gefasst bzw. im Sinne eines solchen Rationalitätsverständnisses instrumentalisiert, bleibt die Bedeutung von Intersubjektivität und Lebensbezug für Anerkennungs- und für Erkenntnisprozesse verborgen. Wird Vertrauen also im Rahmen eines instrumentell-rationalen Deutungsmusters definiert, auf seine instrumentellen Eigenschaften reduziert bzw. instrumentalisiert, kann es nicht als intersubjektiv geprägte Rationalitätsform erkannt werden. Unter einem instrumentell-rationalen Blickwinkel bedeutet das, dass ein *blinder Fleck* in Bezug auf eine – nämlich die vertrauensspezifische – Art der Entstehung von Objektivität für das Bewusstsein entsteht. Vertrauen kann so nicht in s*einer spezifisch interpersonalen Qualität* rationalen Denkens und Handelns erkannt werden. Eine ausschließlich instrumentelle Sichtweise engt den Fokus vielmehr auf „Vertrauens"handlungen (insbesondere als Entscheidungshandlungen Einzelner) und ihre Rationalität oder Legitimität ein. Ein solcher instrumentell-rationaler Fokus auf Vertrauenshandlungen erklärt wiederum die Konzentration auf Handlungs- bzw.

---

4   Ebenda, S. 130.

Rahmenbedingungen (hier insbesondere im Umgang mit durch Vertrauen ausgelöste oder durch Vertrauen zu lösende Risiken oder Unsicherheiten) sowie -effekte
(hier insbesondere Wissens- oder finanzielle Vorteile). Die (Möglichkeit einer)
Konzeptualisierung von Intersubjektivität kann als ein zentrales Unterscheidungskriterium im Hinblick auf Perspektiven dienen, die sich in Vertrauensmodellierungen hinter dem Begriff „Vertrauen" verbergen können.

Werden Vertrauensbeziehungen nicht als Anerkennungsbeziehungen konzeptualisiert, die dadurch möglich werden, dass Subjekte im Vertrauen intersubjektiv
zu begründeten Urteilen kommen können, sondern als Beziehungen des Erkennens, so kann nicht verstanden werden, weshalb Subjekte sich mit ihren Handlungen oder Entscheidungen (verbindlich) identifizieren können sollten.[5] Dass der
Mensch als vernunftbegabtes Wesen erst im wechselseitigen Bezug zu anderen
Menschen vollständig bestimmt ist, bedeutet, dass er, der sich selbstbestimmt
durch die Vernunft selbst anleitet, in einen Weltbezug treten kann, der Teil seines
eigenen Selbstverständnisses werden kann. Erst durch diesen Weltbezug wird es
möglich, bindende Instanzen und normative Standards zu etablieren, deren Anerkennung Subjekte sich implizit gegenseitig unterstellen und auf die sie sich berufen können.[6]

Hartmann betont in seiner Untersuchung treffend, dass sich Vertrauensnehmer
und -geber im Vertrauen den Status vertrauenswürdiger Personen verleihen.[7] Mit

---

5   Siehe hierzu weiterführend Kaminski, Andreas: „Hat Vertrauen Gründe oder ist Ver-
    trauen ein Grund? Eine (dialektische) Tugendtheorie von Vertrauen und Vertrauens-
    würdigkeit", in: Jens Kertscher/Jan Müller (Hg.), Praxis und „zweite Natur" – Begrün-
    dungsfiguren normativer Wirklichkeit in der Diskussion. Im Druck, Münster: Mentis
    2017.

6   Dies bildet etwa einen Schwerpunkt in Honneths Theorie der Anerkennung, was hier
    jedoch nicht weiter vertieft werden soll. Vgl. hierzu etwa A. Honneth: Kampf um
    Anerkennung. Zur moralischen Grammatik sozialer Konflikte.

7   Vgl. Hartmann, Martin: „Wer hat unser Vertrauen verdient? Philosophische Kriterien
    der Vertrauenswürdigkeit.", in: Michael Fischer/Ian Kaplow (Hg.), Vertrauen im Un-
    gewissen. Leben in offenen Horizonten, Berlin: Lit-Verlag 2008, S. 48-69. Hartmann
    weist treffend darauf hin, dass Vertrauen zwar wesentlich instrumentell ist, eine Ver-
    kürzung auf Instrumentalität jedoch seine normative Dimension ausblendet. Vgl. hierzu
    auch M. Hartmann: Die Praxis des Vertrauens.
    In M. Hartmann: Wer hat unser Vertrauen verdient? Philosophische Kriterien der Ver-
    trauenswürdigkeit findet sich im Zusammenhang der Begründung, weshalb Vertrauen
    kein Gegenstand von Entscheidungen oder Kalkulationen sein kann, eine Unterschei-
    dung rationaler Vertrauensgestaltungen (als Beantwortung der Frage „Wer hat unser
    Vertrauen verdient?") als 1) Entscheidungs- und 2) Unsicherheitsfall.

Husserl lässt sich der Bezug zum Begriff der Objektivität herstellen. So formuliert Klaus Held treffend: „In Husserlscher Sprache: es (Anm. d. Verf.: Objektivität) ist das, was uns in der ‚intersubjektiven' Vielfalt der Gegebenheitsweisen immer gleich erscheint. Die so verstandene Objektivität setzt Intersubjektivität, d.h. eine Beziehung der Subjekte untereinander, voraus."[8] Wird Vertrauen ausschließlich individualistisch (etwa als Zustand oder Risikokalkulation) und im Hinblick auf Nützlichkeit konzeptualisiert, wird die Objektivierungsleistung von Intersubjektivität außer Acht gelassen.

Vertrauen ist eine auf Intersubjektivität basierende Rationalitätsform, die Vertrauenshandlungen als Ausdruck von Anerkennungsbeziehungen ermöglichen kann. Eine Vertrauensbeziehung erhält durch die Freiheit von Vertrauensgeber und -nehmer ihre normative Dimension. Beiden muss dabei eine handlungsrelevante Alternative zur Verfügung stehen.[9] Sie gehen nicht etwa aus Zwang oder Auswegslosigkeit eine Vertrauensbeziehung ein, sondern können im Vertrauen intersubjektiv zu begründeten Urteilen kommen.

3.2 MODELLIERUNGEN IM KONTEXT VON TRANSFORMATIONSPROZESSEN

Modellierungen können zugleich als Indizes, Treiber und paradigmatische Instanzen der Interpretation von Transformationsprozessen wirken bzw. verwendet werden. Sie können Möglichkeitsräume in Bezug auf menschliche Erkenntnis- und Handlungspotenziale markieren bzw. beeinflussen. Dies spielt insbesondere für das Thema Vertrauen eine entscheidende Rolle, weil Vertrauen als Rationalitätsform Zugriffe auf Möglichkeitsräume eröffnet. Der kulturelle Transformationsprozess der Ökonomisierung und Kommerzialisierung wirkt auf allen gesellschaftlichen Ebenen – auch und insbesondere aufgrund seines institutionell wirksamen sowie methodologischen Überbaus.

Die Reflexion der Rollen oder auch Wirkungsrichtungen von Modellierungen kann sich auf unterschiedlichen Ebenen bewegen:

• Modellierungen als Indizes von Transformationsprozessen: Modellierungen können Transformationsprozesse anzeigen (*Ebene der Reflexion von Modellierungen*)

---

8   E. Husserl: Phänomenologie der Lebenswelt, S. 31.

9   Vgl. M. Hartmann: Die Praxis des Vertrauens.

- Modellierungen als Motoren oder Interpretatoren von Transformationsprozessen:

  o Modellierungen als Motoren von Transformationsprozessen: Modellierungen können Transformationsprozesse befördern (*Ebene der Reflexion der Rolle von Modellierungen*)

  o Modellierungen als Interpretatoren von Transformationsprozessen: Modellierungen können als Interpretatoren fungieren (*Ebene der Bestimmung der Rolle von Modellierungen*).

Dies kann in zweierlei Weise betrachtet bzw. problematisiert werden:

  o Sie können zur Interpretation von Transformationsprozessen herangezogen werden (*Reflexion erster Stufe*).

  o Sie können als Interpretatoren von Transformationsprozessen auftreten und so indirekt Auskunft über ihren eigenen reflexiven Möglichkeitsraum geben. Hier kann das Reflexionspotenzial von Modellierungen selbst in den Blick genommen werden (*Reflexion zweiter Stufe*).

Modellierungen können Möglichkeitsräume markieren bzw. beeinflussen. Als *Vertrauensmodellierungen* wirken sie doppelt, da sie *Möglichkeitsräume für Zugriffe auf Möglichkeitsräume* markieren und beeinflussen können. Im Folgenden sollen daher sowohl Bedeutungen als auch Bedeutungsintentionen von Modellierungen im Hinblick auf den Umgang mit der Fragilität bzw. Kontingenz menschlicher Erkenntnis und Freiheit berücksichtigt werden. Die Untersuchung zeitgenössischer Vertrauensmodellierungen kann sichtbar werden lassen, was gegenwärtig als rational gilt, was als Vertrauensmodellierung in Geltung kommen kann und was als sogenannte rationale Vertrauenshandlung gilt. Konzeptualisierungen können auf ihre Konsequenzen hin nur hinterfragt werden, wenn sie in ihrem gegenseitigen Verweisungszusammenhang mit Modellierungen überhaupt als solche ins Blickfeld gelangen. Dies entspricht der Notwendigkeit, Modellierungen *als Modellierungen* auf ihre Positionen und Funktionen innerhalb einer (hier: rationalen) Kultur zu hinterfragen. Vertrauen erfordert als sachgerechte Herangehensweise einen phänomenologischen Zugang, um es seinem Wesen nach bestimmen zu können. Hier ist zu betonen, dass Vertrauen keinesfalls abgesprochen werden soll, dass es als Rationalitätsform Wirkungen zeigt. Jedoch ist es ein fundamentaler Unterschied in der Perspektive, ob Vertrauen *als* eine Funktionalität modelliert wird. Denn geht es nicht um eine phänomenologische, sondern um eine funktionalistische Bestimmung von Vertrauen, dann wird letztlich eine *Funktionalisie-*

rung des Vertrauensbegriffs vorgenommen. Nicht jede funktionalistische Bestimmung geht von einem instrumentellen Rationalitätsbegriff aus. Vertrauen als individuellen Grund, Zustand usw. zu behandeln deutet darauf hin, dass Vertrauen als etwas dem Menschen äußerlich Verbleibendes modelliert wird. Dadurch kann es nicht nur zweckbezogen funktionalisiert, inszeniert, stilisiert usw. werden, sondern es tritt auch in gewisser Weise Konzepten von Rationalität gegenüber – z.b. als Ersatz oder Gegensatz. Dies bedeutet wiederum, dass Vertrauen z.b. als rational, nicht rational, irrational oder als in irgendeiner Weise in Bezug zu Rationalität modelliert, jedoch nicht *als Rationalitätsform* erkannt wird. Die Untersuchung und Kontextualisierung der Problematik einer zunehmenden Funktionalisierung von Vertrauen soll daher auch die Bedeutungen und Bedeutungsintentionen von Vertrauensmodellierungen reflektieren. Vertrauen wird nicht abgesprochen, Nebenfolgen nach sich zu ziehen, die als positiv oder negativ erachtet werden können.[10] Die Frage ist, ob Vertrauen ein intrinsischer Wert zuerkannt wird oder ob Vertrauen ausschließlich unter instrumentellen Gesichtspunkten bewertet wird.

Ökonomistisch geprägte Vertrauensmodellierungen geben Auskunft über die spezifische Kulturform des Wissens, in die sie eingebettet sind, und definieren Zugriffschancen auf Begründungs-, Geltungs- und Legitimationsmöglichkeiten. Um diesen Zusammenhang erkennen und Konsequenzen ökonomistisch geprägter

---

10 Vertrauen kann positiv oder (wie z.B. im Kontext krimineller Konspiration) schlecht bewertet werden. Zusammenhänge zwischen Vertrauen, normativer Praxis und Gewalt beschreibt etwa Reemtsma, siehe hierzu Laudenbach, Peter: „Weshalb vertrauen wir der Zivilisation trotz der Grausamkeiten des 20. Jahrhunderts? Antworten des Gewaltforschers Jan Philipp Reemtsma", in: brand eins 10 (2014), S. 126-133. Reemtsma macht etwa am Beispiel des Phänomens Gewalt deutlich, dass bestimmte Formen von Gewalt im Kontext einer normativen Praxis geächtet, institutionalisiert, monopolisiert, weitestgehend kontrolliert etc. werden. So können Gebote und Verbote (bzw. ihre Beurteilung) über eine normative Praxis Auskunft geben, nicht jedoch über eine wie auch immer geartete „Natur des Menschen". So gibt etwa auch das spieltheoretische sogenannte Gefangenendilemma (auch Prisoner's Dilemma [PD] genannt), wie Lagerspetz richtig herausgearbeitet, nicht Auskunft über menschliches Verhalten im Allgemeinen, sondern über Möglichkeiten menschlichen Verhaltens unter den spezifischen Bedingungen eines bestimmten Settings. Für eine ausführliche Analyse siehe O. Lagerspetz: Trust. The Tacit Demand, S. 52ff. Lagerspetz merkt darüber hinaus an, dass die Bereitschaft, zu vertrauen, als Normalfall betrachtet werden kann. Dies macht umso deutlicher, wie wichtig eine Trennung von Perspektiven in der Reflexion über Vertrauen ist. So kann von Vertrauen sinnvoll aus Beobachterperspektive („Ich beurteile das Verhalten/diese Beziehung als vertrauensvoll") oder aus retrospektiver Betroffenenperspektive („Ich vertraute") gesprochen werden.

Vertrauensmodellierungen herausarbeiten zu können, ist zu hinterfragen, wie sie sich unter dem kulturellen Deutungsmuster der Ökonomisierung in Bezug auf ihre Bedeutungen und Bedeutungsinhalte darstellen bzw. verändern. Vertrauen als intersubjektive Rationalitätsform ist anfällig für rationalitätskulturell geprägte Modellierungs- und Funktionalisierungskonjunkturen, was am Beispiel der Erkenntnishaltung der Ökonomisierung sowie Konsequenzen von Konzeptualisierungsverlusten im Hinblick auf menschliche Handlungsfreiheit gezeigt werden kann.

Für die Analyse des Zusammenhangs der Rationalitätsbestimmung der Ökonomisierung und der Bestimmung (der Rationalitätsform) des Vertrauens ist im nächsten Schritt zu untersuchen, welche Perspektiven der Modellierung von Vertrauen unterschieden werden können.

3.3 UNTERSCHIEDLICHE PERSPEKTIVEN DER MODELLIERUNG VON VERTRAUEN

Ökonomisierung prägt in ihrer Eigenschaft als Rationalitätsbestimmung die Möglichkeit eines Verständnisses der Rationalitätsform des Vertrauens sowie die Möglichkeit alternativer (nicht-ökonomistisch geprägter) Vertrauenskonzepte, in Geltung zu kommen. Als Rationalitätsform ist Vertrauen in seinen Bezügen zur Rationalitätsbestimmung der Ökonomisierung zu untersuchen, um sichtbar werden zu lassen, 1) wie sich ökonomistische Anschauungslücken auf Vertrauensmodellierungsebene ausprägen und 2) welche Konsequenzen entsprechend reduktionistische Perspektiven auf Vertrauen nach sich ziehen können. So können Möglichkeiten, Grenzen und mögliche Konsequenzen ökonomistisch geprägter Vertrauensmodellierungen und ihrer Konzeptualisierungen erkennbar und verständlich werden.

Vor diesem Hintergrund werden hier einschlägige zeitgenössische Wissensbestände zu Vertrauen (oder dem, was als Vertrauen bezeichnet wird) daraufhin untersucht, a) wie Vertrauen konzeptualisiert wird/konzeptualisiert werden kann, und b) welche ökonomistisch geprägten Modellierungs- und Konzeptualisierungsverluste identifiziert und systematisiert werden können.

Die Auswahl einschlägiger zeitgenössischer Vertrauensmodellierungen wird im Hinblick auf folgende exemplarischen Fragen untersucht:

- Wird Vertrauen (ausschließlich) im Kontext der Wirklichkeit des Daseins oder auch der Wirklichkeit von Sinnlichkeit, Subjekt und Leben erforscht?

- Was wird mit dem Begriff Vertrauen bezeichnet? Wird eine spezifische Qualität von Vertrauen/Vertrauenshandlungen beschrieben und, wenn ja, worin soll diese bestehen?
- (Wie) werden Vertrauen, Rationalität, Vertrauensgeber und -nehmer konzeptualisiert/differenziert?
- (Wie) werden Rationalität, Anerkennung und Intersubjektivität im Zusammenhang mit Vertrauen konzeptualisiert?
- Welches handlungsleitende oder -kontrollierende Potenzial ist in Vertrauensmodellierungen erkennbar bzw. explizit zur Anwendung in der Praxis vorgesehen? Was soll/kann mit dem Begriff Vertrauen kontrolliert/herbeigeführt werden?

Die Untersuchung hat erkennbar werden lassen, dass unterschiedliche Perspektiven im Hinblick auf Vertrauen eingenommen werden, die so pointiert werden können:

- *Perspektiven auf Vertrauen:* Vertrauen wird im Hinblick auf Zustände, Leistungen und Eigenschaften *an* Personen bzw. Systemen modelliert und bewertet (z.b.: Vertrauen ist eine spezifische Haltung, Leistung, Einstellung, Überzeugung, ein Phänomen, eine Rationalitätsform usw.).
- *Perspektiven auf instrumentelle Funktionen von Vertrauen:* Vertrauen wird im Hinblick auf funktionale Eigenschaften bzw. Funktionen, die es *für* Personen bzw. Systeme erfüllen soll, modelliert und bewertet (z.b.: Vertrauen ist/wirkt transaktionskostensenkend, komplexitätsreduzierend, ist ein/wirkt als soziales Schmiermittel usw.).

Es wurden insbesondere Unterschiede in der Konzeptualisierung von Rationalität, Anerkennung und Intersubjektivität erkennbar. Diese werden im weiteren Verlauf erläutert und problematisiert. Die identifizierten und untersuchten Unterschiede stellen die Grundlage dar, auf der das Potenzial dieser Modellierungen im Hinblick auf eine Ausschöpfbarkeit von Erfahrungs- und Erkenntnishorizonten herausgearbeitet und bewertet wird. Es macht einen kategorialen Unterschied, ob Vertrauen als intersubjektive (perspektiv- und situationsabhängige) Rationalitätsform bestimmt wird oder ob Vertrauen Konzepten von Intersubjektivität bzw. Rationalität (als dem Menschen äußerlich Verbleibendes) kontextunabhängig gegenüber- bzw. zur Seite tritt. Vertrauen stellt als Rationalitätsform mit einer moralischen Bedeutung für intersubjektiv sich konstituierende Individuen einen *Bestandteil* sozialen Lebens dar.[11] In der Vertrauensforschung wird Vertrauen jedoch

---

11 Vgl. O. Lagerspetz: Trust. The Tacit Demand.

häufig als Erklärung sozialen Lebens im Sinne einer Einstellung, eines Zustands oder aber kognitiv und moralfrei konzipiert. Daher ist bei entsprechenden Modellierungen zu beachten, wie a) Fakteninterpretation gedeutet wird, b) die Rolle von Intersubjektivität interpretiert wird und c) Vertrauen selbst als Faktum interpretiert und welche Funktion ihm zugedacht wird. Funktionalisierungen sind dahingehend zu untersuchen, ob es sich bei ihnen um a) Funktionalisierungen von Vertrauen oder b) Funktionalisierungen von Vertrauensmodellierungen handelt. Im Falle von a) wird Vertrauen in funktionalistischer Absicht konzeptualisiert, im Falle von b) werden Vertrauensmodellierungen in funktionalistischer Absicht verwendet, bewertet bzw. verwertet. In den folgenden Kapiteln werden die „Perspektiven auf Vertrauen" und „Perspektiven auf instrumentelle Funktionen von Vertrauen" zugeordneten Vertrauensmodellierungen entsprechend den vorgestellten exemplarischen Fragen pointiert und im Hinblick auf die in ihnen erkennbaren Geltungsansprüche weiter differenziert.

3.3.1 Perspektiven auf Vertrauen – Überblick und Einordnung

Vertrauen wird häufig als praktische Einstellung (Hartmann), Haltung (Govier), Zustand (Gambetta), psychischer Zustand (Dunn), Leidenschaft (Hobbes), mentaler Zustand (Bateson), mentales Phänomen (Baier) sowie überwiegend im Zusammenhang mit einem Risiko- oder Unsicherheitsszenario modelliert.[12]

Im Kontext der Untersuchung der Zusammenhänge von Ökonomisierungsprozessen und der Modellierung von interpersonalem Vertrauen sind insbesondere Unterschiede im Hinblick auf Konzeptualisierungen von Rationalität, Anerkennung, Subjektivität/Intersubjektivität, Handlungsalternativen sowie die Differenzierung nach Vertrauensnehmer/-geber erkennbar. Die Untersuchung hat gezeigt, dass ökonomistisch geprägte Modellierungen von Vertrauen insbesondere *Perspektiven auf instrumentelle Funktionen von Vertrauen* zugeordnet werden können.

Die Perspektiven wiederum können Geltungsansprüchen idealtypisch zugeordnet werden:

- Perspektiven auf Vertrauen: Vertrauen wird im Hinblick auf Zustände, Leistungen und Eigenschaften *an* Personen bzw. Systemen modelliert und bewertet.
  → *Geltungsanspruch: „Vertrauen ist ..."*

---

12 Vgl. etwa O. Lagerspetz: Trust. The Tacit Demand und M. Hartmann: Die Praxis des Vertrauens für einen Überblick sowie eine historische Einordnung von Vertrauensbegriffen.

- Perspektiven auf instrumentelle Funktionen von Vertrauen: Vertrauen wird im Hinblick auf funktionale Eigenschaften bzw. Funktionen, die es *für* Personen bzw. Systeme erfüllen soll, modelliert und bewertet.
  → *Geltungsanspruch: „Vertrauen soll …"*

Wissen (als Ergebnis der Erforschung von Wirklichkeit) kann stets auch als Anspruch auf Geltung verstanden werden. In Abhängigkeit von Begründungsstandards kann sich dieser Anspruch in Modellierungen erfüllen und reproduzieren. Die funktionalistische Modellierung eines ökonomisierten Vertrauens, das einer kommerzialistischen Verwertung zugeführt werden soll, wird auf den Geltungsanspruch „Vertrauen soll …" pointiert. Hier steht nicht im Fokus, was „Vertrauen ist …", sondern welche Funktionen es erfüllen soll und wie es im Rahmen der Kompensation mangelnden/fehlenden Wissens bzw. der Bewertung mangeln-der/fehlender Informationen bzw. der entscheidungsrelevanten Kalkulation kontingenter Unsicherheiten auf eine argumentative Ebene gehoben werden kann, die mathematisch-naturwissenschaftlichen Begründungsstandards ebenso wie ökono-mistisch-kommerzialistischen Verwertungsstandards entspricht. Für den Zusammenhang von Ökonomisierung und Vertrauen bedeutet dies, dass Perspektiven auf instrumentelle Funktionen von Vertrauen dahingehend von Perspektiven auf Vertrauen abgegrenzt werden können, welches Wissen von Vertrauen sie ermöglichen – also was a) unter Vertrauen *verstanden* werden kann und was b) als entsprechende Modellierung überhaupt *in Geltung kommen kann.*

Hier folgt nun zunächst eine Pointierung einschlägiger zeitgenössischer Konzepte, die Vertrauen im Hinblick auf Zustände, Leistungen und Eigenschaften *an* Personen bzw. Systemen modellieren und bewerten.

3.3.1.1 Geltungsanspruch „Vertrauen ist …"

In diesem Kapitel werden die untersuchten Konzepte pointiert sowie die für die Bearbeitung der Forschungsfrage relevanten (zu kritisierenden) Punkte hervorgehoben.

Luhmann modelliert Vertrauen als *„riskante Vorleistung"*.[13] Seine funktionale Theorie des Vertrauens hat die wissenschaftliche Auseinandersetzung entscheidend geprägt. Seines Erachtens erfordern unüberblickbare Möglichkeiten und Wirklichkeiten der modernen Welt Generalisierungen sowie die Bildung von Systemen als Selektionsleistung. „Wo es Vertrauen gibt, gibt es mehr Möglichkeiten des Erlebens und Handelns, steigt die Komplexität des sozialen Systems, also die Zahl der Möglichkeiten, die es mit seiner Struktur vereinbaren kann, weil im Vertrauen eine wirksamere Form der Reduktion von Komplexität zur Verfügung

---

13 Vgl. N. Luhmann: Vertrauen. Ein Mechanismus der Reduktion sozialer Komplexität.

steht."[14] Je komplexer die Sozialordnung, desto notwendiger ist die Vermittlung zwischen dieser Komplexität und der Aktualität des Erlebens. Der Bedarf der Festlegung der Zukunft und damit der Bedarf an Vertrauen wachsen. Da Vertrauen prinzipiell auf Zukunft hin ausgerichtet ist, ist es auf das Fehlen „erinnerbarer Erfahrung" spezialisiert und bezieht sich somit zwangsweise auf Systeme selbst (Systemvertrauen).[15] Nach Luhmann bezieht sich Vertrauen sowohl auf soziale Systeme als auch auf personale Systeme (Menschen). Personales Vertrauen ist seines Erachtens begrenztes Vertrauen; erst Systemvertrauen in personale Systeme kann genügend Komplexität aufnehmen und verarbeiten. Die Erfassung und Abarbeitung von Komplexität bezeichnet Luhmann als Rationalität. Abarbeitung kann situationsbedingt Reduktion oder aber auch Steigerung von Komplexität bedeuten. Vertrauen stellt für ihn eine Möglichkeit der Reduktion von Komplexität dar und ist insofern rational. Der Begriff der Komplexitätsreduktion ist in Luhmanns funktionaler Theorie des Vertrauens zentral. Es ist das Ausblenden von Risiken, das Kalkulation überflüssig werden lässt. Die zunehmende gesellschaftliche Differenzierung macht die Orientierung an Personen und Systemen zur Generierung sozialen Vertrauens notwendig.[16] Denn auch wenn Vertrauen Luhmann zufolge stets eine riskante Vorleistung mit normativen Konsequenzen darstellt, gewährt es Chancen auf Rationalität.[17] In einer komplexen Welt müssen Entscheidungen (Zukunftsbezug) unter Unsicherheit getroffen und in Handlungen überführt werden. Vertrauen ist seines Erachtens eine Einstellung, die erlernt werden kann, um Erwartungen zu generalisieren und so Komplexität ordnen und abarbeiten zu können. Luhmann beschreibt Vertrauen letztlich vom Standpunkt einer *dritten Person* aus als *Instrument zur Bewältigung abstrakten Entscheidungs- und Handlungsdrucks*.[18] Darüber hinaus grenzt Luhmann Zuversicht (asymmetrische

---

14 Ebenda, S. 9.

15 Vgl. ebenda, S. 24.

16 Vgl. ebenda, S. 59.

17 Vgl. ebenda, S. 27f.

18 Luhmann weist darauf hin, dass der (soziologische) Begriff der Handlung (im Gegensatz zu Verhalten) Entscheidung einschließt. Einem seiner Einschätzung nach verbreiteten Verständnis von Entscheidung im Sinne einer eine *Präferenz* ausdrückenden Auswahl (choice) setzt er den Begriff der *Entscheidung als prozesshafte Erwartungsreaktion* entgegen (*Verhaltenserwartung* statt Präferenz). „Der Vorschlag lautet: eine Handlung immer dann als Entscheidung anzusehen, wenn sie auf eine an sie gerichtete Erwartung reagiert. […] Erst die Prognose eines Verhaltens macht das Verhalten zur Entscheidung." N. Luhmann: Soziologische Aspekte des Entscheidungsverhaltens, S. 278. In diesen Fällen gerät eine Handlung unter Erwartungsdruck (wird Erwartung entsprochen? Ja/Nein). Wichtig ist hier Luhmanns Abgrenzung der Begriffe *Präferenz* (Besser-

Beziehungen, es werden keine Alternativen erwogen, Hintergrund: Kontingenz/Gefahr) von Vertrauen (symmetrische Beziehungen, Hintergrund: Risiko) ab.[19] Insbesondere für komplexer und somit riskanter werdende Gesellschaften unterstreicht er die Bedeutung des *Vorhandenseins von Alternativen* im Vertrauen, da dort etwa im Unterschied zu rationaler Kalkulation der Schaden größer als der Gewinn sein kann. „Trust remains vital in interpersonal relations, but participation in functional systems like the economy of politics is no longer a matter of personal relations. It requires confidence, but not trust."[20] Luhmann analysiert treffend, wie der politische und der ökonomische Liberalismus zunehmend von Zuversicht zu

---

Schlechter-Differenz), *Entscheidung* (Ereignis) und *Erwartung* (Struktur). Die Theorie rationaler Entscheidung fungiert Luhmann zufolge als Erwartungssubstitut. Durch Ersatzorientierungen wird modelliert, was „man" vernünftigerweise erwarten kann. Dabei geht es nach Luhmann um den Versuch der *Ermittlung von Bedingungen rationalen Entscheidungsverhaltens*. In Bürokratien im Sinne von Organisationen, in denen Entscheidungsverhalten erwartet wird, besteht entsprechend die Erwartung, dass dienstliches Verhalten sich als Entscheidung darstellen lässt. Darum besitzt die Theorie rationaler Entscheidung ihren hohen Stellenwert. Nach Luhmann soll jedoch Entscheiden auf das Erwarten von Handlungen zurückgeführt werden. Der Erwartungsdruck moderner Gesellschaften entsteht nach Luhmann durch bestimmte Formen der Kanalisierung und Kommunikation von Erwartungen. Ein auf Präferenzen verengter Entscheidungsbegriff fokussiert ausschließlich auf die Ermittlung von Bedingungen rationalen Entscheidungsverhaltens. „Die neuere Semantik der Rationalität trägt dem Rechnung, indem sie mit weitgehend fiktiven Ausgangsannahmen arbeitet, indem sie sich an Differenzschemata wie rational/irrational orientiert, indem sie Rationalitätsschäden in Rechnung stellt, indem sie auf ,bounded rationality' zurückgenommen wird, und vor allem: indem sie Zweifel an sich selbst mitlaufen läßt. Solche Vorstellungen werden insbesondere in den Wirtschaftswissenschaften als ,Theorie' des Entscheidens behandelt. […] Und der Verdacht liegt dann nahe, daß die Semantik der Rationalität wie ein Singen und Pfeifen im Dunkeln praktiziert wird, um Unsicherheit und Angst zu vertreiben." N. Luhmann: Soziologische Aspekte des Entscheidungsverhaltens, S. 297f.
Vor diesem Hintergrund kann auch das ökonomistische bzw. ökonomistisch geprägte Interesse an Vertrauen verständlich werden. Denn die Theorie rationaler Entscheidung fokussiert mit ihren reduktionistischen Begriffen von Handlung (Verhalten) und Entscheidung (choice) ausschließlich auf Bedingungen rationalen Entscheidungsverhaltens, wobei der Begriff des Vertrauens hier ebenso reduktionistisch verkürzt wird wie der Begriff der Handlung.

19 Vgl. N. Luhmann: Familiarity, Confidence, Trust: Problems and Alternatives, S. 94-107.

20 Ebenda, S. 102.

Vertrauen driften, was dazu führt, dass der Aspekt der *Teilhabe an der Gesellschaft*, der *durch Zuversicht möglich* ist, außer Acht gerät. Vertrauen kann Partizipation erhöhen und für das System als Einflussbedingung für die beste Verwertung von Chancen und Möglichkeiten fungieren. Zuversicht ist eine Voraussetzung für die Teilhabe an funktionalen Systemen ebenso wie für Vertrauen. Ein Mangel an Zuversicht ebenso wie eine mangelhafte Verfügbarkeit vertrauenswürdiger Partner kann den Handlungsspielraum des Systems verringern. Diese wichtige *Unterscheidung von Vertrauen und Zuversicht* ist auch für die Bewertung der Konsequenzen reduktionistischer Perspektiven auf Vertrauen relevant.

Hartmann erweitert Luhmanns Ansatz, indem er Vertrauen selbst als komplexen Prozess beschreibt, der sich wesentlich durch eine spezifische Rationalität und Normativität auszeichnet.[21] Hartmann modelliert Vertrauen als „*spezifische Einstellung im Rahmen einer sozialen Praxis*". Gleichgültigkeit identifiziert er als das Gegenteil von Vertrauen (nicht Misstrauen, wie häufig angenommen). Vertrauen ist seines Erachtens eine wesentlich instrumentelle, evaluative rationale Einstellung, die im Rahmen einer sozialen Praxis zur Geltung kommt. Als Praxis bezeichnet Hartmann lebensweltliche Selbstverständlichkeiten, die von reflexiven Vergewisserungsmechanismen entlasten sollen.[22] In einem gegenseitigen Anerkennungsakt wird auf ein Vermögen vertraut; die Wert- oder Geringschätzung von Vermögen basiert auf einer Praxis.[23] „Verzichten wir im Vertrauen darauf, weitere Details über den anderen zu erfragen, dann nicht, weil wir unter einem zu großen Handlungsdruck stehen und deswegen eine Entscheidung fällen müssen, sondern weil wir keine weiteren Informationen wollen, weil wir es nicht für nötig halten, Äußerungen und Handlungen des Vertrauensempfängers wie ein Buchhalter fortlaufend zu registrieren. Die Entscheidungsspielräume, die wir dem anderen im Vertrauen zubilligen und uns selbst zumuten, entspringen folglich nicht epistemischer Endlichkeit oder zeitlichem Druck, sie entstehen vielmehr aus einer genuinen normativen Einstellung heraus, für die der Verzicht auf Zusatzinformationen und überwachende Maßnahmen an sich wertvoll ist."[24] Im Rahmen einer Vertrauenspraxis, in der Vertrauen zu einer zweiten Kultur geworden ist, wird Vertrauen als intrinsisch wertvoll erachtet, also als ein Wert an sich, zu dem sich nicht (ausschließlich) instrumentell verhalten wird. Hartmann arbeitet als zentrale Merkmale von Vertrauenshandlungen heraus, dass die Vertrauenspartner Vertrauen einen *intrinsischen Wert* beimessen und eine *Handlungsalternative* zur Verfügung

---

21 Vgl. insbesondere M. Hartmann: Die Praxis des Vertrauens.

22 Vgl. M. Hartmann: Vertrauen. Die Grundlage des sozialen Zusammenhalts, S. 26.

23 Vgl. M. Hartmann: Die Praxis des Vertrauens, S. 34ff.

24 Ebenda, S. 206f.

haben müssen. Die Art der Vertrauenserfüllung verbleibt in der Freiheit der Interaktionspartner. Diese kooperative Autonomie, wie Hartmann sie nennt, *verwirklicht sich ausschließlich im Vertrauen*, wobei Vertrauen nicht immer den Status
der kooperativen Autonomie verwirklichen muss. Kooperative Autonomie enthält
als wesentliches Element die Freiheit der Ausgestaltung, da sich Vertrauensnehmer und -geber den *Status vertrauenswürdiger Personen* und somit einen *normativen Status* zuerkennen. Das bedeutet, dass Akteure im Rahmen einer Kooperation für sie wichtige Ziele und Zwecke selbstgesetzgebend verwirklichen können,
die sie alleine nicht oder nicht in dieser Weise verwirklichen können.

„Wollen wir kooperativ autonome Wesen sein, müssen wir Vertrauen und Vertrauenswürdigkeit hochschätzen und mit Empörung auf Vertrauensbrüche reagieren. [...] Damit wir
ein Gut intrinsisch wertvoll hochschätzen können, müssen wir annehmen, dass unsere Einstellung kollektiv geteilt wird, da wir *unter der Voraussetzung verbreiteter instrumenteller
Haltungen kaum in der Lage wären, dauerhaft kooperative Autonomie zu etablieren.*"[25]

Die normative Dimension des Vertrauens zeigt sich daran, dass Teilnehmer einer
Vertrauensbeziehung im Vertrauen Bezug auf ihre normativen Selbstverständ-
nisse nehmen. Sie unterstellen sich gegenseitig eine gemeinsame normative Basis.
Auf der übergeordneten Ebene sozialer Praxis vertrauen Individuen Hartmann zufolge darauf, Teil einer geteilten und als stabil interpretierten Praxis zu sein. In
diesem sogenannten Praxisvertrauen[26] wird sichtbar, welche Praxis als stabil interpretiert und was als gemeinsame normative Basis anerkannt wird. Das bedeutet,
dass dauerhafte, verlässliche Kooperationen nur im Rahmen einer Praxis möglich
sind, die nicht rein instrumentell ist und Vertrauen als intrinsischen Wert erachtet.
Eine ausschließliche Orientierung an instrumenteller Rationalität kann hingegen
dazu führen, dass es als rational erachtet werden kann, nicht zu vertrauen. „Um
ihren kollektiven Nutzwert zu behalten, muss die Praxis gleichsam allen an ihr
beteiligten Subjekten verbieten, genau diesen Nutzwert zur Grundlage individueller Entscheidungen zu machen."[27] Hartmann kritisiert, dass der überwiegende Teil
politologischer und soziologischer Literatur mit äußerst reduzierten Vertrauensbegriffen arbeitet (so etwa Levi, Offe, Hardin oder auch die Rational-Choice-Theorie). Da Vertrauen in diesen Theorien an die Bedingung eines, wenn auch unvollständigen, Wissens gebunden wird, tritt die Problematik des Vertrauens in Fremde

---

25 Ebenda, S. 197, Herv. d. Verf.

26 Praxisvertrauen impliziert Hartmann zufolge ein Vertrauen darauf, Teil einer kol-
    lektiven Vertrauenspraxis (basierend auf den Selbstverständnissen der beteiligten Sub-
    jekte) zu sein. Siehe hierzu weiterführend ebenda S. 25ff.

27 Ebenda, S. 235.

unverhältnismäßig in den Vordergrund. Intersubjektivität wird dabei ausgeblendet sowie Vertrauen und Risiko derart korreliert, dass bereits vertrauensvoll erscheint, wer ein Risiko eingeht.

Hubig arbeitet die Funktion von Vertrauen sowie den Zusammenhang von Vertrauen und Lebenswelt in deinstitutionalisierten Gesellschaften heraus.[28] Er modelliert Vertrauen als *„faktische Herausbildung von Handlungswelten"*. Die Lebenswelt (Wissens- und Handlungsumgebung) dieser Gesellschaftsform ist im Gegensatz zu klassisch modernen Gesellschaften durch den Verlust von Vertrautheit, Gemeinschaftsbindungen, Traditionen, orientierenden Organisationsgedächtnissen und Selbstverständlichkeiten geprägt. Mechanismen anonymer Vergemeinschaftung treten an die Stelle von auf wechselseitiger Anerkennung basierenden personalen Strategien. In dieser Situation ist traditionelles Vertrauen nach Hubig zwar kaum mehr möglich, jedoch Vertrauen – in modifizierter Form – erforderlich, um *Erwartbarkeit und Handlungsfähigkeit* unter schwer kalkulierbaren bzw. kontrollierbaren Bedingungen zu konstituieren. Im Vertrauen wird Unsicherheit bewusst zugelassen. Dies soll in *deinstitutionalisierten Gesellschaften* durch *Systemvertrauen* sowie *Parallel- bzw. Metakommunikatives Vertrauen* (neben bzw. anstatt personalen, Institutionen-, Organisationenvertrauens) möglich werden. Vertrauen erlaubt eine komplexere Handlungsrationalität und setzt, im Gegensatz zu Kalkulation, auf eine „faktische Herausbildung von Handlungswelten, die für das Handeln insgesamt, also den Gesamtlebensvollzug, das Gelingen erwartbar machen."[29] Vertrauen ist seines Erachtens a) eine Haltung/Tugend, b) ein Zustand/eine Verfasstheit oder c) eine (höherstufige) Handlung zugunsten a) des Erhalts einer Lebensform, b) einer Handlungsermöglichung, c) einer Vorteilssteigerung von einem Gegenüber als a) Person, b) Institution, c) Organisation, d) System, eine bestimmte a) Kompetenz, b) Absicht, c) Leistung zu erwarten.[30] *In traditionellen (starken) Vertrauenskonzepten ersetzt Vertrauen Hubig zufolge eine fehlende Wissensbasis* und konstituiert Erwartbarkeit und Handlungsfähigkeit überhaupt. In *spieltheoretisch geprägten (schwachen) Vertrauenskonzepten* hingegen soll diese fehlende Wissensbasis durch Maßnahmen zur Erhöhung der Kalkulation von Handlungserfolgen (Rationalität) kompensiert werden. Im starken Konzept entwickelt sich Vertrauen in der Lebenswelt heraus, im schwachen Konzept wird es, was Hubig kritisiert, als Entscheidung konzeptualisiert. Jedoch soll nach Hubig nicht die *Nützlichkeit von Vertrauen* im Fokus stehen, da dies den Schluss nahelegt, Vertrauen oder auch Reputation seien monokausal herstellbar.

---

28 Vgl. insbesondere C. Hubig: Benötigen deinstitutionalisierte ‚postmoderne' Gesellschaften Vertrauen?

29 Vgl. ebenda, S. 7.

30 Vgl. ebenda, S. 6.

Daher gerät das ökonomische Nutzenkalkül an seine Grenze, sobald Vertrauen gemessen, operationalisiert oder als Entscheidungsfall von Modellen (wie dem Homo Oeconomicus) simuliert werden soll. Hubig weist darauf hin, dass die Grenzen der Entscheidungstheorie zunehmend erkannt werden, was sich beispielsweise darin zeigt, dass Nutzerverhalten vermehrt unter Realbedingungen ökonomisch untersucht wird.[31] Es ist der *zentrale Aspekt der Anerkennung im Vertrauen*, der die Grenze zwischen Modell und Wirklichkeit, formaler Vertrauenswürdigkeit (aus strategisch-taktischem Interesse vertrauens- und glaubwürdig scheinen) und faktischem Vertrauen (vertrauens- und glaubwürdig sein als Baustein menschlicher Gemeinschaft und Welt überhaupt) markiert.[32] Hubig begründet treffend, dass Vertrauen keine Kontrollrechtsübertragung darstellt, sondern das *Überflüssigwerden von Kontrolle* markiert.

Baier modelliert Vertrauen als *„geistiges Phänomen und moralische Leistung"*. Sie will die ihres Erachtens bisher vernachlässigte allgemeine Darstellung der relevanten Moralität des Phänomens Vertrauen in den Mittelpunkt der moralphilosophischen Forschung rücken, da Moral nach ihrer Ansicht unter Vertrauen gedeiht.[33] Sie sieht Vertrauen als durch die Abhängigkeit vom Wohlwollen des anderen bestimmt. Dadurch entsteht eine Verletzbarkeit, die im Vertrauen bewusst akzeptiert wird. Da diese Akzeptanz auf guten Gründen beruhe, sei Vertrauen als rational zu bezeichnen. Akteure räumten sich im Vertrauen bestimmte Ermessensspielräume ein. Baier bestimmt Vertrauen als beabsichtigtes geistiges Phänomen, das als solches nicht zweckhaft sein müsse.[34] Vertrauen als geistiges Phänomen fuße auf Wohlwollen, Kompetenz und Anerkennen. Vertrauen bezieht sich nach Baier auf natürliche und juristische Personen (z.B. Firmen, Nationen).[35] In Absetzung zu Entscheidungstheorien betont Baier, dass Vertrauen oftmals eben gerade keinen Entschluss darstellt, sondern unmerklich beginnt bzw. wächst. Das freiwillige Versprechen als eine Art Sonderfall könne kurzfristig künstlich gesicherte Vertrauensverhältnisse etablieren, müsse jedoch sozial eingebettet und sozial wirksam sein. Versprechen seien soziale Einrichtungen, Vertrauen hingegen sei

---

31 Vgl. Hubig, Christoph: „Informationsselektion und Wissensselektion", in: Hans Dietmar Bürgel (Hg.), Wissensmanagement. Schritte im intelligenten Unternehmen, Berlin: Springer 1998, S. 3-18.

32 Vgl. C. Hubig/O. Simoneit: Vertrauen und Glaubwürdigkeit in der Unternehmenskommunikation.

33 Vgl. Baier, Annette C.: „Vertrauen und seine Grenzen", in: Martin Hartmann/Claus Offe (Hg.), Vertrauen. Die Grundlage des sozialen Zusammenhalts, Frankfurt a.M.: Campus Verlag 2001, S. 37-84.

34 Vgl. ebenda, S. 44.

35 Vgl. ebenda, S. 51.

eine „komplexe und anspruchsvolle moralische Leistung".[36] Ein Vertrauensklima fördere das Vermögen, zu vertrauen; dies könne etwa durch soziale Einrichtungen (z.b. Versprechen, Eigentum, Rechte, Pflichten) unterstützt werden. Vertrauen kann jedoch nicht hergestellt werden. Nach Baier wird in der klassischen Moraltheorie von relativ gleichen (gleich mächtigen) freien Erwachsenen ausgegangen, allerdings sollte sie ihres Erachtens Antworten auf Situationen unter nicht Gleichen finden. „Das Vertrauen ist dann rational, wenn nichts dafür spricht, in der Person, der Vertrauen entgegengebracht wird, starke und wirksame Motive zu vermuten, die mit der Forderung nach Vertrauenswürdigkeit kollidieren, so wie der Vertrauende diese Forderung versteht."[37] Vertrauen sei außerdem moralisch anständig, wenn die Gründe für das Vertrauen offengelegt werden könnten, ohne das Vertrauensverhältnis zu gefährden. Sollte sich ein Akteur beispielsweise dazu bekennen, sich rein instrumentell zu dem Vertrauensverhältnis zu verhalten, wäre dieses Vertrauen moralisch unanständig, das Vertrauensverhältnis würde an diesem Punkt höchstwahrscheinlich zerbrechen. Lagerspetz' berechtigte Kritik an Baiers Argumentation lässt die Bedeutung der Intersubjektivität sowie die der Unterscheidung zwischen 1.- und 3.-Person-Perspektive noch stärker hervortreten und verständlich werden.

Lagerspetz kritisiert Baier insbesondere dahingehend treffend, dass Vertrauen als geistiger Zustand von der Perspektive (des Handelnden oder des Beobachters) abhängt. „‚Vertrauen' wäre etwas anderes, wenn es die Regel wäre, dass die Leute ‚vertrauensvoll' sind, weil sie es sich bewusst vorgenommen haben. Dies würde eher dem entsprechen, was das Wort in der technischen Sprache der Ökonomie oftmals bedeutet."[38] Lagerspetz modelliert Vertrauen nicht wie Baier als (strategische) Absicht, sondern als „*eine intersubjektive Form, zu begründeten Urteilen zu kommen*". Der Aspekt der Intersubjektivität wird bei Baier ausschließlich in Bezug auf Wohlwollen und Verletzungsrisiko modelliert. Allerdings beschreibt Wohlwollen die Haltung des Vertrauensgebers, wobei Baier nicht zwischen Geber und Nehmer differenziert. Der *intersubjektive Anerkennungsakt, bei dem sich Individuen in ihrem Sosein aufeinander beziehen*, bleibt in Baiers Perspektive unberücksichtigt. Dass Vertrauen kein Gegenstand einer (vertragsähnlichen) Entscheidung ist, die einem Vertrauenstest zu unterziehen ist, wird erst dann ersichtlich, wenn Vertrauensgeber und -nehmer als innerhalb eines Anerkennungsprozesses aufeinander bezogen bestimmt und Vertrauen als Rationalitätsform erkannt wird. Die Berechnung, Beschreibung oder Kalkulation von Betrugsrisiken oder aber

---

36 Vgl. ebenda, S. 61.

37 Ebenda, S. 74.

38 Lagerspetz, Olli: „Vertrauen als geistiges Phänomen", in: Martin Hartmann/Claus Offe (Hg.), Vertrauen, Frankfurt a.M.: Campus Verlag 2001, S. 110.

Verlassen-auf und Reputation sind *Bewertungen aus der 3.-Person-Perspektive* heraus. Lagerspetz betont, dass überwiegend Rechtfertigungen von Vertrauen im Zentrum philosophischer Forschung stehen. Da jedoch Vertrauen eine Rationalitätsform darstellt, muss keine „Rationalität des Vertrauens" nachgewiesen werden.

Auch *Hertzberg* kritisiert Baiers Fokusverengung auf den Vertrauensgeber.[39] In Bezug auf die Rationalität des Vertrauens stellt er fest: „[T]he more explicitly those external considerations enter into the relation, the less it comes to have a character of trust. This means that the more a relation conforms to the philosophers' conception of rational trust, the less trustlike it becomes."[40] Für Baier fußt Vertrauen auf Gründen, für Hertzberg ist Vertrauen gerade nicht bzw. wenig auf Gründe angewiesen. Hier ist Hertzberg allerdings dahingehend zu kritisieren, dass keine Gründe für einen Zweifel zu haben, nicht dafür ausreichend ist, von Vertrauen zu sprechen. Hertzberg betont die Wichtigkeit des Einflusses des (potenziellen) Vertrauensnehmers auf die Gründe des Vertrauensgebers. Das im Vertrauen nicht vorhandene Risikobewusstsein formuliert Herzberg ebenso treffend wie die Notwendigkeit der *Trennung von Geber und Nehmer*.

Offe definiert Vertrauen als *„Überzeugung"*. Er modelliert Vertrauen als Gegenstand der (riskanten) Entscheidung eines (transaktionskostensensiblen, jedoch stets beobachtenden und prüfenden) Subjekts. „Vertrauen ist ein durch und durch kognitives Phänomen. Es hängt ganz wesentlich von meinem Wissen und den Überzeugungen ab, die ich mir von anderen bilde."[41] Ihm zufolge können Individuen Institutionen mit zuversichtlicher Gewissheit entgegentreten. Vertrauen können sie jedoch nur bestimmten Akteuren entgegenbringen. *Offe übersieht allerdings den intersubjektiven Anerkennungsprozesses im Vertrauen.* Mit Bezug auf Humes Unterscheidung öffentlichen/eigennützigen und privaten/uneigennützigen Vertrauens weist Hartmann treffend darauf hin, dass es insbesondere für das Reflexionspotenzial der Politikwissenschaften problematisch ist, dass rationale Vertrauensmodelle die normativen Infrastrukturen (z.B. Nicht-Enttäuschungserwartung) politischer Gemeinschaften aus dem Blick verlieren. Ein derart verkürztes

---

39 Vgl. Hertzberg, Lars: „On being trusted", in: Arne Grøn, Claudia Welz (Hg.), Trust, Sociality, Selfhood (=Religion in Philosophy and Theology, Band 52), Tübingen: Mohr Siebeck 2010, S. 193-204.

40 Ebenda, S. 5.

41 Ebenda, S. 261.

rational-kontraktuelles und als stets eigennützig modelliertes Vertrauen schadet seines Erachtens der demokratischen Idee.[42]

Holton modelliert Vertrauen als *„charakteristische Art von Haltung "*. Er weist darauf hin, dass Individuen, die sich vertrauen, sich *nicht in jeder Hinsicht vertrauen* müssen.[43] Vertrauen geht seines Erachtens mit einer praktischen teilnehmenden Haltung einher. Wird ein Individuum dazu eingeladen, zu vertrauen, kann es Gegenstand einer Entscheidung sein. *Holton ist in seiner Einschätzung zu kritisieren, dass Vertrauen das kausale Produkt einer Aufforderung oder guter Gründe sei.* Holton verkennt den intersubjektiven Anerkennungsprozess sowie, dass Vertrauen eine Rationalitätsform darstellt.

Smolkin modelliert Vertrauen politiktheoretisch als *„eine Art von Zuversicht "*. Er betont, dass *Vertrauen nicht willentlich herstellbar* ist, sowie, dass *Vertrauen und Misstrauen keine Gegensätze* bilden. Allerdings geht er davon aus, dass Vertrauen, als eine Art von Zuversicht, das Risikobewusstsein der möglichen Zuversichtsenttäuschung involviert.[44] Als großes instrumentelles Gut, wie er es nennt, baut sich Vertrauen seines Erachtens in Abhängigkeit von Risiken auf: je geringer das Risiko, desto mehr Vertrauen, wobei kein Risiko auch kein Vertrauen bedeutet. Nach Smolkin gibt es ohne Risiko keinen Grund, zu vertrauen; gibt es hingegen Risiken, kann es Vertrauen in Abhängigkeit von Gründen geben oder nicht geben. Smolkin betont, dass Vertrauen, als eine Art von Zuversicht, in Abhängigkeit von Arten von Beziehungen variiert. Als ein Beispiel führt Smolkin an, dass, wenn Untreue strafbar und damit Trennung unmöglich ist, die Zuversicht einer lebenslang haltenden Ehe nicht als Vertrauen bezeichnet werden kann. Bei dem Beispiel der „alternativlosen" Treue klingt zwar treffend der relevante Aspekt der Handlungsalternative an, allerdings *bleibt der zentrale Punkt des Anerkennungsprozesses im Kontext von Smolkins Modellierung von Vertrauen und Risiko unberücksichtigt.* Vielmehr wird die Beziehung von Smolkin daher nicht als Vertrauensbeziehung bezeichnet, weil das Risiko der Untreue nicht besteht – kein Risiko, kein Vertrauen. Vertrauen bedeutet jedoch, wie bereits mit Lagerspetz erläutert, dass in der Perspektive der Beteiligten kein Risiko besteht (Vertrauen). Dritte Personen können als Außenstehende (Risiko-)Bewertungen z.B. in Bezug auf Beziehungen Dritter vornehmen (Reputation). Oder man verlässt sich begründetermaßen

---

42 Vgl. Hartmann, Martin: „Aussichten auf Vorteile? Grenzen rationaler Vertrauensmodelle in der Politikanalyse", in: Österreichische Zeitschrift für Politikwissenschaft 31/4 (2002), S. 379-395.

43 Vgl. Holton, Richard: „Deciding to trust, coming to believe", in: Australasian Journal of Philosophy 72/1 (1994), S. 63-76.

44 Vgl. D. Smolkin: Puzzles about Trust.

ßen auf eine zweite Person oder gibt Gründe an, weshalb man als verlässlich eingeschätzt werden kann (Verlässlichkeit). Vertrauen steht hingegen in der 1.- und 2.-Person-Perspektive nicht kompensatorisch oder als Grund in Anbetracht einer riskanten Situation unter Handlungsdruck, sondern die Beteiligten sind im Vertrauen auf Basis des Anerkennungsprozesses intersubjektiv zu ihren begründeten Urteilen gekommen. Smolkins Warnung vor erwartungskalkulatorischen Fehlschlüssen (erwartungsstabil = Vertrauensbeziehung) ist zwar korrekt, sie beruht allerdings auf der problematischen Prämisse, Vertrauen involviere Risikobewusstsein. An seinem Beispiel, dass die *Berufung auf einen einklagbaren Vertrag im Privaten Vertrauen zerstören würde*, kann gezeigt werden, dass eine Vertrauensbeziehung, in der ein Betrugsrisiko involviert ist, nicht als Vertrauensbeziehung bezeichnet werden kann, sondern dass Situationen des Verlassens-auf, wie etwa eine Vertragssituation, Risikohandlungen explizit rechtfertigen und absichern.

Horsburgh modelliert Vertrauen als *„absolute Zuversicht oder Verlässlichkeit"*. Er modelliert für interpersonales Vertrauen Kriterien von Verlässlichkeit für einen weiteren (Kriterium absolute Zuversicht: A vertraut B als Bestandteil der Beziehung) oder engeren Begriff von Vertrauen (Kriterium Verlässlichkeit: A vertraut B, x zu tun). Spezifische Verlässlichkeiten sind durch ihren Umgang mit Zweifel strukturiert. Im Vertrauen der absoluten Zuversicht gibt es keinen Zweifel und somit keine Entscheidung; im Vertrauen auf Verlässlichkeit (Handlung von B wird als mehr oder weniger wahrscheinlich erachtet) ist der Zweifel hingegen involviert. Horsburgh grenzt Sich-Verlassen und Vertrauen anhand des Risikobewusstseins voneinander ab.[45] Bei Horsburgh ist zu beachten, dass seinem Verständnis nach nur ein Vertrauen mit dem Kriterium der absoluten Zuversicht kein Risiko involviert. Alle übrigen Formen des Vertrauens können, wenn man der Terminologie der vorliegenden Untersuchung folgt, als Verlassen-auf verstanden werden. Andererseits ist zu beachten, dass seine Gegenüberstellung von Vertrauen und Misstrauen im Kontext von geschäftlicher Kooperation (Misstrauen: weniger Geschäfte, Vertrauen: mehr Geschäfte) den falschen Eindruck erwecken kann, Misstrauen sei das Gegenteil von Vertrauen. Verhält man sich so, als ob man sich auf ein Versprechen verlassen würde, obwohl man nicht erwartet, dass es gehalten wird, verlässt man sich nicht auf das Versprechen, handelt aber auf Basis des Versprechens. Nach Horsburghs Auffassung kann man dadurch, dass man so handelt, als würde man erwarten, dass ein Versprechen gehalten wird, die Wahrscheinlichkeit, dass es gehalten wird, beeinflussen. Er bezeichnet diesen Fall als *therapeutisches Vertrauen*, das darauf abzielt, eine Steigerung von Vertrauenswürdigkeit zu erreichen. Für therapeutisches Vertrauen entscheidend ist nach Horsburgh, dass

---

45 Vgl. Horsburgh, H. J. N.: „The Ethics of Trust", in: Philosophical Quarterly 10/41 (1960), S. 343-354.

die Person, in die vertraut wird, die Gründe für das in sie gesetzte Vertrauen kennt. Dies soll in Beziehungen von Loyalität und Zuneigung moralische Chancen einräumen oder aber ein rein moralischer Aufruf sein können. Da Vertrauen nach Horsburgh Vertrauenswürdigkeit affiziert, sollen sogenannte Moralvertreter ihre Bereitschaft, zu vertrauen bzw. ehrliche Geschäfte zu machen, ausbauen.

3.3.1.2 Zusammenfassung und Bilanzierung

In diesem Kapitel werden die bisher geleisteten Pointierungen zum Geltungsanspruch „Vertrauen ist …" zusammengefasst und bilanziert.

Vertrauen ist eine intersubjektive Form, zu begründeten Urteilen zu gelangen: eine Form des intersubjektiven Zustandekommens von Objektivität. Vertrauen ist eine rationale Perspektiveinnahme mit moralischer Dimension und Bedeutung für intersubjektiv sich konstituierende Individuen. Vertrauen ist kein Entscheidungsgegenstand, keine Entscheidung, keine strategische Absicht, kein kausales Produkt einer Aufforderung oder „guter Gründe", sondern intersubjektive Begründungsform selbst. Mit Lagerspetz kann Vertrauen als Rationalitätsform und (wie auch mit Hegel) die Bedeutung von Vertrauensbeziehungen als Anerkennungsbeziehungen verständlich werden. Baier, Offe, Holton und Smolkin vernachlässigen die Bedeutung des intersubjektiven Anerkennungsprozesses im Vertrauen und dienen insofern als Beispiele für Modellierungen, die in strategischer Hinsicht eine Rationalität des Vertrauens nachweisen bzw. in risikokalkulatorischer Hinsicht sicherstellen wollen. Hier ist eine einseitige Fokussierung auf die 3.-Person-Perspektive erkennbar. Hertzberg ist dahingehend interessant, als er Baiers Fokusverengung auf den Vertrauensgeber kritisiert.

Auch wenn Luhmann im Rahmen der Argumentation der vorliegenden Untersuchung als ambivalent zu bewerten ist, da er Vertrauen funktional verengt und im Hinblick auf die Möglichkeit der Komplexitätsreduktion *als rational* erachtet, ist er dennoch in zentralen Punkten anschlussfähig. Mit ihm wird insbesondere verständlich, dass im Vertrauen keine Risikokalkulation erforderlich ist und die zunehmende Komplexität einer modernen Welt reduziert werden kann. Zudem wird deutlich, dass Vertrauen aus der 3.-Person-Perspektive heraus betrachtet als Instrument zur Bewältigung abstrakten Handlungs- und Entscheidungsdrucks dienen kann.

Auch Hartmanns Begriff der kooperativen Autonomie ist in besonderer Weise anschlussfähig, da er verdeutlicht, dass es eine spezifische Qualität von Handlungen gibt, die sich nur im Vertrauen verwirklichen lässt. Eine Vertrauensbeziehung erhält durch die Freiheit von Vertrauensgeber und -nehmer ihre normative Dimension. Beiden muss eine handlungsrelevante Alternative zur Verfügung stehen.

Dazu gehört insbesondere, dass sich die Vertrauenspartner den Status vertrauenswürdiger Personen zuweisen.

Der zentrale Aspekt der Anerkennung im Vertrauen markiert die Grenze zwischen dem strategisch-taktischen Kalkül, vertrauenswürdig oder vertrauensvoll zu erscheinen (Kalkulation, kein Vertrauen), und tatsächlicher Vertrauenswürdigkeit und tatsächlichem Vertrauen (vertrauenswürdig oder vertrauensvoll sein, Vertrauen). Hubigs Pointierung der Unterscheide starker und schwacher Vertrauenskonzepte ist für die vorliegende Untersuchung anschlussfähig, da sie ein differenzierteres Verständnis des zentralen Aspekts des Anerkennens im Vertrauen im Unterschied zu bloßem Erkennen ermöglicht. Dadurch kann z.b. auch verständlich werden, weshalb vertrauensbildende Maßnahmen im Zusammenhang eines ökonomischen Nutzenkalküls scheitern. Hubigs Konkretisierungen dienen etwa der Unterscheidung von Vertrauens- und Kreditbeziehungen. Horsburghs Begriff des therapeutischen Vertrauens eignet sich als Beispiel für Strategien der Einleitung bzw. Etablierung von Abhängigkeitsverhältnissen, die sich dadurch auszeichnen, dass Gründe für ein sogenanntes Vertrauen explizit genannt werden.

Lebenswelt als Reflexionsbestimmung ist Ausdruck eines Verhältnisses, das sich im Falle von Vertrauensbeziehungen/Vertrauenshandlungen interpersonal konstituiert. Mit Hubig wird verständlich, dass Lebenswelt als Kontext von Begründungsstandards verstanden werden kann, die für Wissen und Handlungen gelten. So kann etwa in der vorliegenden Untersuchung identifiziert werden, dass es Geltungsansprüche sind, die sich im Rahmen von Vertrauensmodellierungen ausdrücken. So können die Geltungsansprüche „Vertrauen ist …" und „Vertrauen soll …" erkannt und unterschieden werden.

Im Vertrauen kann eine spezifische Qualität von Handlungen möglich und praktisch werden, die dadurch charakterisiert ist, dass die Vertrauenspartner intersubjektiv und im Rahmen einer Anerkennungsbeziehung zu begründeten Urteilen kommen, sich die Freiheit, selbstbestimmt und autonom zu handeln, sowie den Status vertrauenswürdiger Personen zuerkennen und Vertrauen als einen intrinsischen Wert erachten. So sind ihnen Handlungen möglich,[46] die unter Kontrollerfordernissen nicht möglich wären und die, gegenüber (ausschließlich) instrumentalistischen oder strategischen Handlungen, eine relative Stabilität besitzen. Im Vertrauen wird ein normativer Status zuerkannt, die Anerkennenden erkennen sich als Anerkennende an. Es existieren weder Risiko noch Betrugsverdacht, oder anders formuliert: Risiko/Betrugsverdacht auf der einen und Anerkennung auf der

---

46 Vertrauen besitzt zwar eine solche Ermöglichungsfunktion, allerdings wird es nicht darauf reduziert. Unter Vertrauen sind instrumentelle Handlungen möglich, Vertrauenspartner verhalten sich jedoch im Vertrauen nicht ausschließlich instrumentell zu ihrer Vertrauensbeziehung.

anderen Seite schließen sich gegenseitig aus.[47] Vertrauenden stehen von außen (3.-Person-Perspektive) und unter Risikoperspektive betrachtet Alternativen zur Verfügung, die sie jedoch nicht ergreifen, da für sie kein Risiko existiert. Wird Vertrauen hingegen, wie dies verbreitet der Fall ist, als Einstellung, Leidenschaft, Gefühl, Disposition etc. modelliert, gerät ein solchermaßen modelliertes Vertrauen unter Druck, seine Rationalität zu begründen; insbesondere dann, wenn einseitig auf den Vertrauensgeber fokussiert wird, der die Vertrauenswürdigkeit des Vertrauensnehmers entsprechend dessen Motiven, Interessen, Wohlwollen usw. zu identifizieren bzw. beeinflussen und seine Entscheidung bzw. Bereitschaft, zu vertrauen, zu begründen versucht. Der Vertrauensnehmer wird in vielen Modellierungen erst dann interessant, wenn es darum geht, das Risiko, das von ihm ausgeht, zu kalkulieren bzw. zu minimieren. Oder aber die Beziehung von Vertrauensnehmer und -geber wird vom Standpunkt eines Dritten von außen betrachtet und in ihrem Umgang in Abhängigkeit von festgelegten Variablen untersucht und typisiert. Wird die intersubjektive Rationalitätsform des Vertrauens insbesondere funktional im Hinblick auf ihren positiven Beitrag zu interpersonalen Beziehungen und Interaktionen interessant und entsprechend zweckrational modelliert, entstehen inhaltliche und terminologische Unschärfen, die im weiteren Verlauf anhand ausgewählter einschlägiger Beispiele herausgearbeitet werden. Problematisch ist hier, dass Vertrauen innerhalb des rechnenden Denkens nicht als Rationalitätsform erkannt, sondern als ein Beitrag zur Wertschöpfung modelliert werden kann. Ökonomistische Anschauungslücken können sich auf Modellierungsebene ausprägen und auf Möglichkeiten einer spezifischen Qualität rationalen Denkens und Handelns auswirken.

Die herausgearbeiteten Ergebnisse bilden die Kontrastfolie zu den ökonomistisch-funktionalistisch geprägten Vertrauensmodellierungen, die nun in ihrer spezifischen Perspektive auf Funktionen von Vertrauen untersucht werden sollen.

---

47 Dies ist nicht mit blindem Vertrauen zu verwechseln. Der Ausdruck „blindes Vertrauen" beschreibt etwas davon grundsätzlich Verschiedenes. Aus der Perspektive eines Dritten bewertet, bezeichnet „blind" die Einstellung eines Vertrauensgebers dem Vertrauensnehmer gegenüber. Hier stellt die Einstellung einen absoluten Handlungsgrund dar, der keinerlei intersubjektiven Bezuges bedarf, sondern eine Frage individueller Einstellung und subjektiven Urteilens ist.

3.3.2 Perspektiven auf instrumentelle Funktionen von Vertrauen – Überblick und Einordnung

Im Hinblick auf die effektive und effiziente Implementation von Ökonomisierung und Kommerzialisierung auf Mikro-, Meso- oder auch Makroebene wird „Vertrauen" überwiegend:

- als strategisches und prognostisches Instrument zur Risikoabsicherung und -einschätzung konzeptualisiert;
- als koordinatives Instrument zur Herstellung/Sicherstellung von (strategischen) Kooperationen sowie zur Ausübung bzw. Erzielung von Steuerung und Kontrolle konzeptualisiert;
- als begründungspflichtige Handlungsentscheidung (im Sinne von „Vertrauen")/als begründungspflichtiges Entscheidungshandeln (im Sinne einer „Vertrauens"-Handlung) konzeptualisiert;
- als Legitimationsinstrument im Hinblick auf Handlungsentscheidungen, die sich auf begründetes Vertrauen berufen, konzeptualisiert.

Der Vergleich mit den insbesondere im vorherigen Kapitel herausgearbeiteten Pointierungen zeigt, dass *der Begriff des Vertrauens hier nicht gerechtfertigt ist.* Was als „Vertrauen" bezeichnet wird, lässt sich insbesondere als Reputation, Verlassen-auf, Kooperation oder auch als Verpflichten-auf (vgl. hierzu insb. Kapitel 3.3.2.2) übersetzen. Solche meist ökonomistisch geprägten und funktionalistisch ausgerichteten Modellierungen dienen insbesondere der Prognose von Vertrauenswürdigkeit (zumeist in riskanten oder unsicheren Situationen und strategischen bzw. anonymen Zusammenhängen) und/oder der Begründung riskanten (aber nützlichen und in diesem Sinne rationalen) „vertrauensvollen" Verhaltens (zumeist in strategischen bzw. anonymen Zusammenhängen). Ihr Schwerpunkt liegt daher überwiegend auf der 3.-Person-Perspektive.

Ökonomisiertes Vertrauen wird strategisch/funktionalistisch eingesetzt. Dabei wird es

- im Hinblick auf ein Entscheidungshandeln begründet („Das Vertrauen/die Vertrauenshandlung ist rational, weil ...");
- zur Legitimation von Entscheidungshandeln genutzt („Diese Entscheidung ist durch begründetes Vertrauen legitimiert").

Vor diesem Hintergrund ist die an mathematisch-naturwissenschaftlichen Begründungsstandards orientierte (prognostische) Kalkulation bzw. (dokumentationsfähige) Darstellung von Chancen und Risiken, Interessen und Erwartungen, Leistung und Gegenleistung, Aufwand und Ertrag, Eigenschaften von Geber und Nehmer usw. im Hinblick auf die involvierten Personen[48] von Bedeutung.

Die untersuchten funktionalistisch geprägten Modellierungsperspektiven auf Vertrauen lassen sich idealtypisch nach ihren Zugängen zum Begriff „Vertrauen" unterscheiden:

- Ein im weitesten Sinne *gesellschaftswissenschaftlich (zumeist auch ökonomistisch) geprägter Zugang* nimmt Funktionen von Vertrauen im Hinblick auf (veränderte bzw. sich verändernde) Voraussetzungen und Möglichkeiten gesellschaftlicher Koordination in den Blick.
- Ein im weitesten Sinne *ökonomistisch geprägter Zugang* nimmt Funktionen von Vertrauen im Hinblick auf die Entwicklung und Legitimation von Strategien für eine kommerzialistisch verwertbare instrumentell-rationale Steuerung koordinativer Prozesse in den Blick.
- Ein im weitesten Sinne *ökonomistisch-naturalistisch geprägter Zugang* nimmt Funktionen von Vertrauen im Hinblick auf naturwissenschaftliche Voraussetzungen von bzw. Einflussmöglichkeiten auf Entscheidungsverhalten für eine kommerzialistisch verwertbare instrumentell-rationale Steuerung koordinativer Prozesse in den Blick.

Neben der Ökonomie befassen sich insbesondere auch Neuroökonomie, Empirische Wirtschaftsforschung, Soziologie, Politikwissenschaften, Managementtheorie, (Organisations-) Psychologie und Philosophie mit Vertrauen. Empirische und naturwissenschaftliche Forschungsergebnisse, aber auch etwa die Rational-Choice-Theorie,[49] fundieren darüber hinaus beispielsweise entscheidungstheoretische Ansätze und nehmen Interpretationen bzgl. anderer Wissens- und gesellschaftlicher Gebiete vor.

---

48 Personen können auch personale Systeme (Luhmann) oder Personen in Organisationen und Institutionen sein. In diesem Zusammenhang ist auch Hubigs Konzept der Mandatierung interessant, das Möglichkeiten der Zuschreibung von Verantwortung in (in räumlicher und zeitlicher Hinsicht) zunehmend abstrakten interpersonalen Bezügen beschreibt, siehe hierzu C. Hubig: Benötigen deinstitutionalisierte ‚postmoderne' Gesellschaften Vertrauen?

49 Diese Theorie wird in Kapitel 3.3.2.1 erläutert.

Eine sogenannte „Rationalität von Vertrauen" (zutreffend formuliert: Die Rationalität der Entscheidung, zu „vertrauen", bzw. von „Vertrauens"-Handlungen oder Entscheidungen, die sich auf begründetes „Vertrauen" berufen) wird insbesondere anhand Kosten/Nutzen-Kalkulationen, Simulationen (hier vor allem in spieltheoretischen Versuchsanordnungen) oder etwa neuroökonomischer Untersuchungen nachgewiesen, berechnet bzw. dargestellt. Akteure nehmen demnach in meist als alternativlos modellierten Situationen fehlenden oder mangelnden Wissens bzw. fehlender oder mangelnder Kontrolle begründetermaßen/erklärtermaßen hin, den potenziellen Risiken einer nicht vollständig kalkulierbaren Interaktion/Kooperation mit Dritten ausgeliefert zu sein. Definierte Institutionen (z.b. Verträge, Sanktionsbedingungen) können Betrugsrisiken nicht ausschließen. Durch die Kalkulation von Vertrauenswürdigkeit bzw. die Herstellung von Vertrauen sollen sich rationale Eigennutzenmaximierer den Verzicht auf Betrugsmöglichkeiten unterstellen sowie miteinander kooperieren können. Allerdings kann ein reduktionistisches Verständnis instrumenteller Vernunft nicht kohärent erklären, weshalb Akteure auf opportunistisches Verhalten verzichten sollen.[50]

---

50 Vgl. Koslowski, Peter: Prinzipien der Ethischen Ökonomie. Grundlegung der Wirtschaftsethik und der auf die Ökonomie bezogenen Ethik, Tübingen: Mohr Siebeck 1988. Koslowski fordert, dass Ökonomie und Ethik sich zu einer umfassenden Theorie rationalen Handelns vereinigen sollen, da ihr Gegenstand der handelnde Mensch und die Koordination vernunftgeleiteten Handelns sei. Auf S. 207 fasst er zusammen: „Eine umfassende Theorie des menschlichen Handelns muß Theorie der Ökonomie der Zielverfolgung und Theorie des Verstehens und Beurteilens von Zwecken und Werten in ihrer ethischen, ästhetischen, politischen und kulturellen Bestimmtheit sein." Ein solches Vorhaben erfordert jedoch zunächst eine Reflexion auf zugrunde liegende Rationalitätsverständnisse. Koslowskis Definition von Vertrauen als einer (mitunter alternativlosen) gewollten wechselseitig vorteilhaften Steigerung von Kooperation oder seine Definition von Ethik als Transaktionskostensenker, der Vertrauen fördere und dadurch Kooperation erleichtere, zeigt, dass eine *umfassende* Theorie rationalen Handelns ihrem Anspruch kaum gerecht werden kann, solange sie mit instrumentell verengten Rationalitätsbegriffen operiert.

Vgl. B. Bievert/M.Held: Ökonomische Theorie und Ethik. Die Autoren vollziehen historisch nach, wie sich ökonomische Theorie und Ethik auseinanderentwickelt haben. Die Autoren kritisieren die paradigmatische Bedeutung des Utilitarismus für die moderne Ökonomie, die in der Gleichsetzung des Guten mit dem ökonomisch Effizienten mündet, als normativ geprägte instrumentelle Verkürzung praktischer Rationalität. Auf den Utilitarismus kann hier nicht weiter eingegangen werden, siehe hierzu D. Birnbacher: Analytische Einführung in die Ethik, der Utilitarismus als eine Variante der konsequenzialistischen Ethik definiert. Seines Erachtens hat sich eine grundlegende

Funktionalitätserwartungen werden mathematisch in Erwartungswerten ausgedrückt und in ihrer Abhängigkeit von Wahrscheinlichkeitsverteilungen stochastisch ermittelt. Ob zur Untersuchung von Bedingungen und Möglichkeiten gesellschaftlicher Koordination oder zur Herleitung, Entwicklung, Erklärung, Beweisführung oder Legitimation der Steuerung gesellschaftlich-koordinativer Prozesse – eine von Funktionalitätserwartungen geprägte Vertrauensforschung operiert mit zu berechnenden Wahrscheinlichkeiten bzw. verwertet entsprechende Datenzulieferungen. Die Datenerhebung bzw. -verarbeitung dient der Kalkulation von Zufallsvariablen, um Prognosen bzw. Begründungen für Handlungen bzw. Handlungserfolge unter unsicheren oder riskanten Rahmenbedingungen formulieren und belegen zu können. Methoden und Verfahren der Befragung, Beobachtung und Messung spielen hierbei eine entscheidende Rolle.[51] Hartmann weist insbesondere in seiner Kritik an Fragebogenerhebungen bzgl. Vertrauen treffend darauf

---

Verschiebung der Wertbasis des Utilitarismus vollzogen. Im von ihm kritisierten Präferenzutilitarismus werden Wünsche und Interessen beliebig und auf beliebige Gegenstände projizierbar. Im Gegensatz zum herkömmlichen Utilitarismus soll Nutzen nicht mehr nur erlebt, sondern erstrebt werden. Dadurch tritt die maximale Intensität des Erlebens hinter die maximale Erfüllung von Wünschen und Interessen zurück. Moralisches Ziel ist Birnbacher zufolge nun nicht mehr die Herstellung bestimmter subjektiver Zustände, sondern die Herstellung bestimmter Weltzustände.

Becker etwa sieht den ökonomischen Ansatz als auf alles menschliche Verhalten anwendbar an, wobei Menschen als Akteure auftreten, die ihren Nutzen bezogen auf ein stabiles Präferenzsystem maximieren (vgl. G.S. Becker: Der ökonomische Ansatz zur Erklärung menschlichen Verhaltens, insb. S. 15). „Rationales Verhalten ist die konsistente Maximierung einer wohlgeordneten Funktion, etwa einer Nutzen- oder Gewinnfunktion" (S. 167). Becker beschreibt irrationales Verhalten u.a. als frei von Präferenz oder Nutzen.

Diese ausgewählten Beispiele unterstreichen die Notwendigkeit einer Reflexion auf die Vertrauensmodellierungen zugrunde liegenden Rationalitätsbegriffe.

51 Für eine Übersicht von Methoden und Verfahren der empirischen Vertrauensforschung (Schwerpunkt empirische Psychologie) vgl. etwa Schweer, Martin K. W./Thies, Barbara: Vertrauen als Organisationsprinzip, Bern: Huber 2003. Siehe hier z.B. die klassische Testtheorie der empirischen Psychologie, Interviewstudien (narrativ, problemzentriert, fokussiert), Fragebogenanalysen (standardisierte Verfahren wie etwa die Interpersonal Trust Scale von Rotter, die Vertrauen als generalisierte Erwartungshaltung modelliert [vgl. Rotter, Julian B.: „A new scale for the measurement of interpersonal trust", in: Journal of Personality 35/1967, S. 651-665]), oder heuristische Verfahren, experimentelle Verfahren (z.B.spieltheoretische Anordnungen wie das Gefangen-

hin, dass häufig nur eine Frage mit einem nicht weiter erläuterten Vertrauensbegriff formuliert wird (sogenannte One-Item-Erhebungen), die zu entsprechend unklaren Antworten und kritisch zu hinterfragenden Ergebnissen wie etwa „Deutschland ist eine Misstrauensgesellschaft" führen kann. Vertrauen zeigt sich jedoch in Handlungen und bleibt meist implizit. Befragungen und Untersuchungen lassen dies unberücksichtigt. Ihnen fehlt meist ein theoretischer Überbau sowie die entsprechend begriffliche Schärfe und Transparenz im Hinblick auf die Formulierung von Fragen sowie die Auswertung von Antworten. Zudem werden in diesem Zusammenhang häufig problematische Interpretationen vorgenommen (z.B. fehlendes Vertrauen = Misstrauen, Vertrauensbedarf $\triangleq$ vorangegangener Vertrauensverlust). Hartmann merkt treffend an, dass ein Vertrauensbegriff nötig ist, der über (etwa institutionell gewährleistete) Erwartungsstabilität hinauszugehen vermag. Vor dem Hintergrund des Transformationsprozesses von Ökonomisierung und Kommerzialisierung wird Vertrauen vermehrt Gegenstand von bzw. Variable innerhalb naturwissenschaftlicher und mathematischer Beweis- und Begründungsverfahren (insbesondere stochastischer Berechnungen) im Hinblick auf die wirtschaftliche Koordination und Steuerung in ökonomisch ebenso wie lebenspraktisch bedeutsamen gesellschaftlichen Handlungsbereichen. Vertrauen gewinnt so-

---

endilemma), Beobachtungsverfahren, Critical-Incident-Methode (möglichst exakte Erlebnisschilderung in Interviews und Fragebögen) oder One-Item-Skalen. Generell ist zu beachten, dass Vertrauen sowohl Gegenstand von Meinungsforschung (insbesondere One-Item-Skalen) als auch von Vertrauensforschung ist. Zugrunde liegende Annahmen darüber, was unter Vertrauen verstanden wird, wie es beobachtbar sein oder operationalisiert werden soll, sind sehr unterschiedlich und bleiben meist intransparent. Vgl. Held, Martin/Kubon-Gilke, Gisela/Sturn, Richard (Hg.): Normative und institutionelle Grundfragen der Ökonomik (=Jahrbuch 4: Reputation und Vertrauen), Marburg: Metropolis 2005 für eine Übersicht als problematisch einzustufender Beispiele oder Putnam, Robert D.: Democracies in Flux. The Evolution of Social Capital in Contemporary Society, New York: Oxford University Press 2002 (Schwerpunkt soziale Ungleichheit im internationalen Vergleich) oder auch Zak, Paul J./Knack, Stephen: „Trust and Growth", in: The Economic Journal 111 (2001), S. 295-321 (Schwerpunkt Profit durch Vertrauen im internationalen Ländervergleich). Zu einer Kritik empirischer Vertrauensforschung siehe Hartmann, Martin: „Vertrauen", in: Gerhard Göhler/ Matthias Iser/Ina Kerner (Hg.), Politische Theorie. 22 umkämpfte Begriffe zur Einführung, Wiesbaden: Springer VS 2004, S. 385-401, M. Hartmann: Die Praxis des Vertrauens, insb. S. 90ff. sowie Brodbeck, Karl-Heinz: Die fragwürdigen Grundlagen der Ökonomie. Eine philosophische Kritik der modernen Wirtschaftswissenschaften, Darmstadt: Wissenschaftliche Buchgesellschaft 2013.

mit an Wert für die Kalkulation von Wahrscheinlichkeiten erwartbaren Verhaltens. Sein in Zahlen übersetzter Wert wird durch Befragung, Beobachtung und Messung ermittelt, berechnet und im Hinblick auf Handlungen bzw. Handlungserfolge unter unsicheren oder riskanten Rahmenbedingungen bewertet bzw. verwertet. Vertrauen wird zu einem Berechnungswert innerhalb einer Kalkulation (z.B. der Handlungseintrittswahrscheinlichkeit x, die als rationaler Spielzug im Rahmen festgelegter Wahlmöglichkeiten modelliert wird). Parallel wird ihm ein Wert als positive Einflussgröße beigemessen.

In Rahmen dieser kalkulativen und reduktionistischen Zugänge zu Vertrauen kann die interpersonale Rationalitätsform des Vertrauens jedoch weder sachlich angemessen modelliert noch operationalisiert werden. Denn als ökonomisch und insbesondere kommerzialistisch verwertbar gilt unter mathematisch-naturwissenschaftlichen Begründungsstandards nur, was dem Eigennutzenaxiom im Sinne einer Wertschöpfung zugeordnet werden kann. Insbesondere Hartmann weist in diesem Zusammenhang treffend darauf hin, dass Verlassen-auf ohne einen Bezug auf Motive auskommt, hingegen Vertrauen auf Motive rekurriert, die auf Vertrauen Bezug nehmen.[52] Im Gegensatz zu rationalen Kooperationsgründen hat Vertrauen als Rationalitätsform eine normative Dimension.

---

52 Vgl. Hartmann, Martin: „Die Komplexität des Vertrauens", in: Matthias Maring (Hg.), Vertrauen. Zwischen sozialem Kitt und der Senkung von Transaktionskosten (=Schriftenreihe des Karlsruher Instituts für Technologie, Band 3), Karlsruhe: Universitätsverlag Karlsruhe 2010, S. 15-25. Eine hierzu unterschiedliche Position nimmt etwa Deutsch ein, wenn er Risikoverhalten und Vertrauen anhand des Grades der Eintrittswahrscheinlichkeit und emotionalen Konsequenz unterscheidet. Lagerspetz hat Deutschs noch immer populäres Studierendenexperiment treffend kritisiert, vgl. Deutsch, Morton: „Trust and Suspicion", in: Journal of Conflict Resolution 2 (December 1958), S. 265-279. bzw. O. Lagerspetz: Trust. The Tacit Demand. Kritikwürdig sind auch etwa Kollers sozialpsychologische Ausführungen, vgl. Koller, Michael: „Sozialpsychologie des Vertrauens. Ein Überblick über theoretische Ansätze", in: Bielefelder Arbeiten zur Sozialpsychologie, psychologische Forschungsberichte 153 (Juli 1990), S. 1-12. Vertrauen zeigt sich nach Koller in der Entscheidung für eine risikoreiche Verhaltensweise, also etwa an einem kooperativen Spielzug (Spieltheorie). Da aktuelles Vertrauen seines Erachtens auf Zukunft übertragen werden kann, stellt es für ihn einen „leicht messbaren Indikator" für Grade des Vertrauens dar. Mit Bezug auf Deutschs Vertrauensursachen (z.B. Zuversicht, Ungewissheit, Verzweiflung, Impulsivität) beschreibt er die Entstehung von Vertrauen als einen rationalen und erfahrungsabhängigen psychologischen Prozess. Deutsch und Koller modellieren Vertrauen im Kontext von Risiko und Ungewissheit als berechenbar, messbar sowie einseitig herstellbar.

Vertrauen wird überwiegend im Hinblick auf organisationale Funktionen untersucht.[53] Es soll hier vor allem zur kostensensiblen, pragmatischen, kooperativen und nicht moralischen Lösung sozialer Dilemmata beitragen, die aufgrund divergierender (Wettbewerbs-)Interessen bzw. Rationalitäts-, Informations- und Kontrolldefizite entstehen. Vertrauen wird dem Paradigma der Nutzenorientierung zugeordnet und soll in riskanten oder unsicheren Situationen kurz- oder längerfristige Kooperationen durch die bestmögliche Kalkulation erwartbaren Verhaltens ermöglichen.

Im „Handwörterbuch Unternehmensführung und Organisation" etwa wird Vertrauen als Beziehungsphänomen zwischen spezifischen Organisationen oder Personen definiert, welches nur in Situationen besonderer Unsicherheit oder allgemeiner Kontingenz zum Tragen komme.[54] Interaktion und Handlungsfähigkeit werden als Voraussetzungen für Vertrauen genannt. Vertrauensbereitschaft wird als eine Einstellung beschrieben, Vertrauenswürdigkeit hingegen als eine Einschätzung. Für Vertrauen sollen riskante Vorleistungen oder gegenseitige Ressourcentransfers konstitutiv sein, die mit einer Nichtausbeutungserwartung einhergehen. Es wird zwischen kalkulatorischen Ansätzen (Spieltheorie, Institutionenökonomie, Transaktionskostentheorie, Theorie sozialen Kapitals), persönlichkeitsorientierten Ansätzen (Schwerpunkt Vertrauensbereitschaft und Vertrauenserwartung als Disposition oder auch Sozialisationseffekt, z.B. die in der zugehörigen empirischen Forschung maßgebliche Vertrauensskala von Rotter[55]) und interaktionistischen Ansätzen (Vertrauen als emotional bedingt intrinsisch motivierte Attribution bzgl. Beziehungsqualität) unterschieden. Für die Managementtheorie wird zusammengefasst, dass Vertrauen Koordination zwar effektiv fördern und einen strategischen Wettbewerbsvorteil darstellen kann, aber nicht

---

53 Hier geht es insb. um die Herbeiführung bzw. die Abschöpfung des Profits kostengünstiger intra- und interorganisationaler Kooperationseffekte. Nach Dasgupta etwa ist Vertrauen eine für alle Transaktionen zentrale fragile Ware. Vertrauen bedeutet für ihn, korrekte Erwartungen bzgl. Disposition, Motivation und Verhalten seines Gegenübers bilden und sich daraufhin verhalten zu können. Im Sinne einer Erwartungskalkulation soll Vertrauen abdecken, was nicht explizit vereinbart werden kann. Vgl. Dasgupta, Partha: „Trust as a Commodity", in: Gambetta, Diego (Hg.), Trust. Making and Breaking Cooperative Relations, Oxford/Massachusetts: Basil Blackwell 1990, S. 49-72.

54 Vgl. Eberl, Peter: „Vertrauen", in: Georg Schreyögg/Axel van Werder (Hg.), Handwörterbuch Unternehmensführung und Organisation, Stuttgart: Schäffer-Pöschel 2004, Sp. 1596-1604. In diesem Kontext wird etwa *Zuversicht* als Erwartung mit Systemvertrauen verglichen und *Zutrauen* als Vertrauen in Kompetenz beschrieben.

55 Vgl. weiterführend J.B. Rotter: A new scale for the measurement of interpersonal trust.

hergestellt, eingesetzt oder institutionalisiert werden kann. Für Vertrauensbeziehungen als „Ausfluss informeller Prozesse in Organisationen" ließen sich bestenfalls Rahmenbedingungen verbessern.[56]

Diese Definition ist dahingehend zu kritisieren, dass Vertrauen ausschließlich funktionalistisch als individualistische Einstellung definiert und nicht als Rationalitätsform erkannt wird, in der Individuen intersubjektiv und auf ihr jeweiliges Sosein bezogen zu begründeten Urteilen gelangen. Vertrauen wird stattdessen als ein Beziehungsphänomen beschrieben, das einen Leistungs- oder Ressourcentausch im Zuge einer nutzenorientierten Erwartungskalkulation ermöglichen können soll. Vertrauen wird als Entscheidung unter Unsicherheit oder Kontingenz erachtet, die von Präferenzen und Restriktionen gerahmt ist. Vertrauen soll Funktionen erfüllen, die Erwartungen, Erwartungsdispositionen, Einstellungen, Emotionen und Interessen entspringen. In der Definition wird weniger Vertrauen als vielmehr Kooperation, Verlassen-auf bzw. Reputation für spezifische Kontexte von Leistungs- oder Ressourcentransfers definiert.

Dass die ökonomische Vertrauensforschung überwiegend auf Organisationsmanagement fokussiert und Vertrauen in diesem Sinne ausschließlich kalkulativ begreift, kritisiert beispielsweise Gilbert.[57] Er systematisiert sozioökonomische Studienergebnisse bzgl. funktionaler Wirkungen von Vertrauen in Unternehmen. Seines Erachtens wirkt sich Vertrauen insbesondere auf den ökonomischen Erfolg unternehmerischer Akteure aus. Dies geschehe dadurch, dass sie vor allem ihr Verhalten bzgl. Kommunikation, Koordination, Kooperation und Konfliktregelung veränderten. Gilbert definiert Vertrauen als Komplexitätsreduktion durch bewusste Kalkulation riskanter Handlungsalternativen. Diese Kalkulation unterliegt seines Erachtens allerdings auch nicht-ökonomischen Einflüssen, die er als unbewusste Motive und Emotionalität beschreibt, weshalb Vertrauen für ihn kein rein kognitiv begründbares Phänomen darstellt. Die Erfolgswahrscheinlichkeit, Effektivität und Effizienz kooperativer Beziehungen steigt seiner Ansicht nach bei vorhandenem Vertrauen. Gilbert beschreibt Vertrauen als generell leistungsfähiges Medium der Koordination. „[U]m Effizienz und Effektivität in ökonomischen Transaktionsbeziehungen weiter zu steigern,"[58] helfe die Formulierung von Handlungsempfehlungen für unternehmerische Akteure, um Transaktionskosten zu

---

56 Ebenda, Sp. 1603.

57 Vgl. Gilbert, Dirk U.: „Entwicklungslinien der ökonomischen Vertrauensforschung", in: Matthias Maring (Hg.), Vertrauen. Zwischen sozialem Kitt und der Senkung von Transaktionskosten (=Schriftenreihe des Karlsruher Instituts für Technologie, Band 3), Karlsruhe: Universitätsverlag Karlsruhe 2010, S. 181-184.

58 Ebenda, S. 189.

senken und flexibler (als etwa mit expliziten Verträgen)[59] auf Umweltbedingungen reagieren zu können. Zutrauen in Kompetenzen und Glaube an Handlungsmotivationen beschreibt Gilbert als hinreichende Bedingungen für Vertrauen. Wer kontrolliert entscheidungs- und handlungsfähig sein will, soll dies durch das Werben um Zutrauen in Kompetenz und Motivation erreichen können. Vertrauen wird hier im Sinne von Verlassen-auf und als herstellbar konzeptualisiert.

Es gibt Vorschläge zur begrifflichen Differenzierung von Verlassen-auf und Vertrauen, die jedoch zum Teil mit stark vereinfachten (Vertrauens-)Begriffen operieren. So etwa Nooteboom, der Verlässlichkeit als Abschreckung beinhaltend und Vertrauen im Sinne von Güte als darüber hinausgehend modelliert. Dies deutet jedoch an, dass die Drohung und Ausübung von Sanktionsgewalt im Falle des Vertrauensbruchs in beiden Fällen als berechtigt konzeptualisiert wird. In dieser Modellierung scheint der Vertrauensgeber aus Güte darauf zu verzichten, es bleibt jedoch im Ungewissen, ob sich der Vertrauensnehmer der Erteilung einer solcherart motivierten Gnade (die über Abschreckung hinausgeht) sicher sein kann. Vertrauen wird demnach als für beide Akteure riskant modelliert. Allerdings gibt es im Vertrauen, als einer intersubjektiven Rationalitätsform, weder ein Risikobewusstsein noch ein Sanktionsinteresse.

Ökonomistisch-funktionalistisch ausgerichtete Modellierungen setzen Vertrauen auch häufig mit Kooperation gleich, die insbesondere in globalisierten Gesellschaften immer notwendiger und zugleich immer riskanter bzw. unsicherer werde. Jedoch ist Kooperation auch ohne Vertrauen möglich; so kann sie beispielsweise aufgrund Sanktionsangst zustande kommen. Albachs Differenzierungsversuch bzgl. der ökonomischen Vertrauensforschung dokumentiert, dass Vertrauen auf problematische Weise kompensatorisch unterbestimmt ist. Albach differenziert ökonomische Vertrauenstheorien als 1) Vertrauen in der Theorie des unvollkommenen Marktes (a. Vertrauen als Goodwill in der Kunden-Lieferanten-Beziehung, z.B. US-Marketing-Theorie oder Informationsökonomie, b. als Frage des Vertrauens unter Konkurrenten) und 2) Vertrauen in der experimentellen Wirtschaftsforschung (a. Erklärung von Vertrauen z.B. als Ergebnis eines Verhandlungsprozesses in Geschäftsbeziehungen, b. Vertrauen als „Proxy-Variable", die Information oder Macht bei begrenzter Rationalität ersetzt).[60]

---

59 Verträge werden in explizite und implizite Verträge untergliedert. In expliziten Verträgen erkennen Vertragspartner konkrete juristische Bedingungen an. Ein impliziter Vertrag definiert hingegen keinen rechtlichen Status.

60 Vgl. Albach, Horst: „Vertrauen in der ökonomischen Theorie", in: Zeitschrift für die gesamte Staatswissenschaft 136 (1980), S. 8.

Im folgenden Kapitel werden einschlägige zeitgenössische Konzepte pointiert, die Vertrauen im Hinblick auf funktionale Eigenschaften bzw. Funktionen bestimmen, die es *für* Personen bzw. Systeme erfüllen soll.

3.3.2.1 Geltungsanspruch „Vertrauen soll ..."

Hardin etwa modelliert Vertrauen als *„risikobasierte Kalkulation der Motivation"* anderer[61] und stellt fest, dass in der Vertrauensforschung vorwiegend Vertrauenswürdigkeit, nicht aber Vertrauen (im Sinne einer Erwartung aus den richtigen Gründen) untersucht wird. Seines Erachtens gründet Vertrauenswürdigkeit in 1) dem Interesse an der Vertrauensbeziehung, 2) moralischen Zugeständnissen oder 3) einer psychischen bzw. charakterlichen Disposition. Für Hardin stellen der Zugang zu Informationen und dabei insbesondere die Möglichkeit, die Anreizstruktur eines Gegenübers einschätzen zu können, zentrale Elemente einer rationalen Wahl dar. An den Experimentalbedingungen der Spieltheorie kritisiert er etwa, dass Spielpartnern der Zugang zu Informationen etwa dadurch genommen wird, dass sie nicht miteinander kommunizieren können.[62] Hardins Kritik trifft nicht den Punkt, dass Vertrauen auf intersubjektiver Anerkennung beruht und Vertrauensbeziehungen Anerkennungsbeziehungen sind. Hardin geht es um die Frage, warum Spieler kooperieren; dafür sieht er die vorhandenen empirischen Methoden als unzureichend an. Seine Kritik an Umfragen zu interpersonalem Vertrauen ist etwa dahingehend gerechtfertigt, dass Fragen und Antworten aufgrund ungeklärter Komplexbegriffe unterbestimmt sind.[63] Hardin spricht in Abgrenzung zu Theorien sozialen Kapitals beispielsweise von Coleman, Fukuyama oder der Politischen Theorie, von interpersonalem Kapital, um zu verdeutlichen, dass es die Beziehungen zu anderen sind, die Kooperation und Zielerreichung ermöglichen. Interpersonales Kapital stellt für ihn die menschliche (interessengebundene) Beziehungsfähigkeit dar, die in Vertrauen münden kann, jedoch nicht muss. Es ist zutreffend, dass im Kontext etwa von Netzwerken, Organisationen oder Institutionen Vertrauen entstehen kann. Jedoch können Kooperation und Zielerreichung

---

61 Vgl. R. Hardin: Trust. Key Concepts in the Social Sciences.

62 Vgl. hierzu Lagerspetz' treffende Kritik des sogenannten Gefangenendilemmas in O. Lagerspetz: Trust. The Tacit Demand.

63 Zu einer ausführlichen Kritik quantitativer und qualitativer Methoden empirischer Vertrauensforschung siehe M. Hartmann: Die Praxis des Vertrauens, C. Hubig/O. Simoneit: Vertrauen und Glaubwürdigkeit in der Unternehmenskommunikation und O. Lagerspetz: Trust. The Tacit Demand. In seiner Kritik an Umfragen zu sinkendem Regierungsvertrauen verwendet Hardin einen reduzierten Zuversichtsbegriff. Für eine Unterscheidung von Vertrauen und Zuversicht siehe insb. N. Luhmann: Vertrauen. Ein Mechanismus der Reduktion sozialer Komplexität.

auch ohne Vertrauen innerhalb dieser Kontexte möglich sein. Hardin modelliert Vertrauen als risikobasierte Kalkulation, die als eingekapseltes Interesse nur in personenbezogenen bzw. wiederholten Tauschbeziehungen möglich sein soll. Vertrauen als Risikokalkulation setzt für Hardin persönlichen Kontakt voraus (dieser kann auch, wie etwa bei der E-Mail-Kommunikation, vermittelt sein), um Wissen über Motivationen und Interessen erlangen und ggf. zusätzlich über Reputationsmechanismen absichern zu können. Hardins wissens- und risikobezogene Modellierung ist instrumentell-strategisch geprägt. Vertrauenswürdigkeit selbst stellt für Hardin keinen moralischen Wert dar, weil stets das Eigeninteresse das stärkste und nützlichste Motiv darstellt. Kooperation erachtet er als effektivitätssteigerndes Mittel für Gesellschaften. Hardins Modellierung ist ein Beispiel dafür, wie Vertrauen innerhalb des rechnenden Denkens als ein Beitrag zur Wertschöpfung verstanden wird. Nicht die Untersuchung von Vertrauen, sondern die Untersuchung der Funktionen von Vertrauen steht hier im Vordergrund. Moderne Gesellschaften stellen für Hardin eine komplexe Herausforderung in Bezug auf den Ausgleich bzw. die Verwertung von Interessen dar. Demnach können Individuen etwa aufgrund Zeit- und Wissensmangels Interessenlagen innerhalb persönlicher und anonymer Kontexte immer schwerer kalkulieren. Die Einschätzung von Vertrauenswürdigkeit im Sinne der Einschätzung von Interessenlagen soll der Ermöglichung und Stabilisation kooperativer Zielerreichung mit geringem Risiko dienen.

Hardwig modelliert Vertrauen als *„Reputationsmechanismus und Unsicherheitskompensation".*[64] Am Beispiel des Betrugsrisikos in der Wissenschaft beschreibt er Situationen, in denen Rationalität außerhalb der individuellen Kontrolle liegt. Für den Umgang mit Aussagen anonymer Dritter entwirft er zwei Strategien: 1) die Befragung eines Dritten, der z.B. die Arbeitsqualität des zu Beurteilenden kennt, und 2) das Einholen einer zweiten Meinung bzgl. der Wahrheit der Aussage des zu Beurteilenden. Wissenschaftliche Institutionen sollen die Aufgabe erfüllen, die riskante Validierung von Wissensbeständen durch professionelle, nachprüfbare Verfahren abzusichern. Hardwig liefert Kontrollstrategien für sogenannte epistemische Kooperationen, also die Beurteilung wissenschaftlichen Wissens vor dem Hintergrund, dass Betrugsrisiken niemals völlig ausschließbar sind. Die Verlässlichkeit epistemischer Kooperation lässt sich nach Hardwig weder durch Abschreckungsmaßnahmen noch durch etwa die Einschätzung moralischer Charakterfestigkeit sicherstellen. Seines Erachtens gibt es daher häufig keine Alternative zum Vertrauen. An Hardwigs Vertrauensmodellierung kann das Problem

---

64 Vgl. Hardwig, John: „The Role of Trust in Knowledge", in: The Journal of Philosophy 88/12 (Dezember 1991), S. 639-708.

aufgezeigt werden, dass im ausschließlich kalkulativen Zugang Vertrauen als einziger Grund in Anbetracht eines Risikos konzeptualisiert wird. Demnach wird unter Entscheidungs- und Handlungsdruck die Entscheidung getroffen, zu vertrauen, da man keine andere Alternative hat. Jedoch zeichnet sich eine Vertrauenshandlung dadurch aus, dass die Vertrauenspartner vor dem Hintergrund möglicher Alternativen intersubjektiv zu begründeten Urteilen über ihr jeweiliges Sosein gekommen sind. Ein Risiko einzugehen, bedeutet noch nicht, zu vertrauen. An Hardwigs Beispiel zeigt sich, dass in ausschließlich kalkulativ geprägten Vertrauensmodellierungen Vertrauensbeziehungen nicht als intersubjektiv geprägte Anerkennungsbeziehungen, in denen Vertrauen als intrinsischer Wert anerkannt wird, konzeptualisiert werden können.

In der *Spieltheorie* wird Vertrauen als *„Handlungsentscheidung"* konzeptualisiert, die von einem mehr oder weniger rationalen, nutzenorientierten Akteur getroffen wird.[65] In dieser Theorie werden Dilemma- und Interaktionssituationen simuliert, bei denen die Entscheidungen mehrerer Personen wechselseitig voneinander abhängen und nur insofern als rational gelten, als sie erwartungswertmaximierend sind.[66] Kritikwürdig ist hier insbesondere der Rückschluss von einem kooperativen Spielzug auf die Existenz von Vertrauen. Kooperation und Vertrauen sind hier unzutreffend gleichgesetzt. Ein kooperativer Spielzug kann beispielsweise durch Austesten oder Taktieren motiviert sein. Rationalität wird in der spieltheoretischen Standardkonzeption als individuelle Optimierung konzeptualisiert.[67] Nida-Rümelin zufolge schließen sich eine ökonomische Rationalität, die auf individueller Optimierung beruht, und Kooperation aus. Eine erfolgreiche

---

65 Vgl. M. Deutsch: Trust and Suspicion. Deutsch modelliert eine uneingeschränkte Rationalität von Akteuren. Inzwischen haben sich abgeschwächte Konzepte durchgesetzt, siehe hier etwa A. Ockenfels: Abschied vom Homo Oeconomicus.

66 Der spieltheoretische Ansatz und insbesondere das sogenannte Gefangenendilemma sind vielfach analysiert und kritisiert worden, siehe hier insbesondere O. Lagerspetz: Trust. The Tacit Demand. Homann, Karl/Suchanek, Andreas: Ökonomik. Eine Einführung, Tübingen: Mohr Siebeck 2000 beschreiben Wettbewerb und Individualisierung als neue Dilemmastrukturen, in denen soziale Kontrolle nur durch anreizgesteuerte Selbstkontrolle stabil sei, da moralisches Verhalten stets ausbeutbar sei. Vertrauen wird die Funktion der nicht moralischen Selbstbindung von Akteuren zugewiesen und es soll Kooperationsgewinne ermöglichen.

67 Für eine ausführliche Kritik an dieser Konzeptualisierung siehe J. Nida-Rümelin: Die Optimierungsfalle.

ökonomische Praxis ist jedoch auf Kooperation angewiesen und nicht über Optimierung allein zu definieren, da sie sonst instabil wird.[68] Für Weimann stellt Vertrauen, im Kontext des Versuchs der Kalkulation erwartbaren Verhaltens unter Unsicherheit, eine besondere Form der Kalkulation nicht rationalen Verhaltens dar. Wenn im sogenannten Vertrauensspiel der Erstziehende Vertrauen durch Auszahlungen schenkt, tut er dies Weimann zufolge daher, weil er mit einer gewissen Wahrscheinlichkeit darauf setzt, dass der Mitspieler sich nicht rational verhält. Vertrauen wird hier auf die strategische Kalkulation eines erwartbaren Verhaltens reduziert, die auf ein Rationalitätsdefizit des Gegenübers setzt.[69] Nach Fandel et al. bildet sich Vertrauen langfristig dadurch, dass von einer Strategie gefahrlos abgewichen werden kann.[70] Dadurch, dass Informationsasymmetrien nicht ausgenutzt werden, würden sich Vorstufen von Kooperation entwickeln, die zur Bildung von Vertrauen führen. Fandel et al. versuchen, am Beispiel des sogenannten Inspektionsspiels zu zeigen, wie Unternehmen ihre Kontroll- und Überwachungsmaßnahmen (in Bezug auf Angestellte im Allgemeinen und Controller im Besonderen) so optimieren können, dass legales Verhalten (Vertragstreue und Nicht-Opportunität) zur optimalen Entscheidung wird. Um den kostenintensiven

---

68 Vgl. Nida-Rümelin, Julian: „Kommunikation, Kooperation und Regeln in der ökonomischen Praxis", in: Wolf D. Enkelmann/Birger P. Priddat (Hg.), Was ist? Wirtschaftsphilosophische Erkundungen. Definitionen, Ansätze, Methoden, Erkenntnisse, Wirkungen (=Wirtschaftsphilosophie Band 3.1.), Marburg: Metropolis 2014, S. 279-296.

69 Vgl. Weimann, Joachim: „Kooperation, Koordination und Reziprozität. Die Rolle der Spielstruktur", in: Martin Held/Gisela Kubon-Gilke/Richard Sturn (Hg.), Normative und institutionelle Grundfragen der Ökonomik (=Jahrbuch 2: Experimente in der Ökonomik), Marburg: Metropolis 2003, insb. den Fußnotentext auf S. 88. Eine Auswahl weiterer spieltheoretischer Untersuchungen zu Vertrauen aus ökonomischer Sicht findet sich bei Eichhorn, Wolfgang: „Vertrauen aus ökonomischer spieltheoretischer Sicht", in: Matthias Maring (Hg.), Vertrauen. Zwischen sozialem Kitt und der Senkung von Transaktionskosten (=Schriftenreihe des Karlsruher Instituts für Technologie, Band 3), Karlsruhe: Universitätsverlag Karlsruhe 2010, S. 257-264.

70 Vgl. Fandel, Günter/Trockel, Jan: „Der Einfluss von Vertrauen in einem Inspektionsspiel zwischen Disposition und Controlling", in: Tristan Nguyen (Hg.), Mensch und Markt. Die ethische Dimension wirtschaftlichen Handelns, Wiesbaden: Gabler 2011, S. 451-479. Hier wird die Bildung von Vertrauen in Unternehmen am Beispiel des Inspektionsspiels (meist vertikale Konfliktsituationen zwischen mindestens zwei Vertragspartnern, in denen ein Inspektor anhand vertraglich festgelegter Überwachungsmaßnahmen die Einhaltung der Vertragsbedingungen prüft) analysiert. Die Definition von Vertrauen entspricht Peter Eberls Wörterbuchdefinition in P. Eberl: Vertrauen.

so genannten Mußegewinn vertragsbrüchiger Mitarbeiter als Anreiz auszuschalten, soll die Unternehmensleitung opportunistischem Verhalten etwa durch Strafen oder auch über Bonuszahlungen die Attraktivität nehmen. Das Inspektionsspiel, am Beispiel von Disponent und Controller durchgeführt, soll anhand unbestimmt häufig wiederholter Spielrunden zeigen, unter welchen Umständen es sich für die Unternehmensleitung auszahlt, dass der Disponent gegenüber dem Controller und der Controller gegenüber der Unternehmensleitung die Informationsasymmetrie nicht ausnutzt. Vertrauen wird hier mit einer Nichtausbeutungserwartung gleichgesetzt, die durch die strategische Einflussnahme auf Präferenzen und Restriktionen (durch Anreize bzw. Anreizstrukturen) die stets vorhandenen Sicherheitslücken von Verträgen überbrücken helfen soll. Was hier gefördert werden soll, sind Kooperationen, in denen es nicht oder wenig rational (im Sinne von nutzenmaximierend) ist, einander auszubeuten. Mit Vertrauen hat dies allerdings nichts zu tun. Ob überhaupt eine vertrauensvolle Beziehung zwischen dem Individuum Disponent und dem Individuum Controller bestehen kann, ist in einem solch strategischen und auf Kontrolle ausgerichteten Umfeld zu bezweifeln. Sollte eine solche dennoch bestehen, dann trotz dieses Umfelds.

In der *(Neuen) Institutionenökonomik* sollen Institutionen vor dem Hintergrund einer komplexen arbeitsteiligen Moderne, in der Menschen zunehmend wirtschaftlich mit ihrem Vertrauen verfahren sollen, *risikoreduzierend* wirken.[71] Vertrauen beschreibt Dunn als „[...] unreflective confidence in the efficiency and decency of existing institutions: party, government, union, or firm."[72] Vertrauen erfüllt demnach die Funktion einer unreflektiert zuversichtlichen gesellschaftlichen Teilhabe. Nach Dasgupta etwa sind Institutionen Interessenvertreter und Garanten sozialen Wohlergehens, die wirtschaftlich mit dem Problem der Abhängigkeit vom Verhalten anderer (wenn Verhalten nicht beobachtet werden kann oder Wissen nicht kontrolliert/überprüft werden kann) umgehen können sollen. Institutionen sollen Kontingenz in wirtschaftlicher Weise bewältigen helfen und die Zuversicht, dass sie diese Funktion effizient und anständig erfüllen, Kooperation und Wohlergehen auf gesellschaftlicher Ebene ermöglichen.[73] Die Institutionenökonomik basiert auf der Annahme, dass moralische Vorstellungen mentale Modelle prägen, die wiederum die Funktionsfähigkeit von Institutionen sichern und

---

71 Vgl. beispielsweise Dunn, John: „Trust and Political Agency", in: Diego Gambetta (Hg.), Trust. Making and Breaking Cooperative Relations, Oxford/Massachusetts: Basil Blackwell 1990, S. 73-93. Institutionen beschreibt er z.B. auf S. 84 als „trust-economizing".

72 Ebenda, S. 90.

73 Vgl. Dasgupta, Partha: Human Well-Being and the Natural Environment, Oxford: Oxford University Press 2004.

so, über Sozialkapitalanreize (Reputation) und Humankapitalanreize (Selbstachtung), eine Nichtausbeutungserwartung (Vertrauen) bzgl. institutioneller Lücken ermöglichen.[74] Der institutionenökonomische Ansatz interpretiert Vertrauen als eine risikoabsorbierende Nichtausbeutungserwartung, die rationale Eigennutzenmaximierer durch Human- und Sozialkapitalanreize kontrollieren kann. Die Neue Institutionenökonomik geht von begrenzter menschlicher Rationalität aus und konzeptualisiert Akteure als stets opportunistisch handelnd. Dies sowie endogene Risiken sollen nur über Vertrauen und Kontrolle koordiniert bzw. absorbiert werden können.[75] Im Fokus steht die Rolle von Vertrauen als Transaktionskostensenker insbesondere in intra- und interorganisationalen Beziehungen. Vertrauen wird als effiziente Strategie des Umgangs mit begrenzter Rationalität modelliert. Unternehmen sollen Vertrauenskulturen aufbauen und Vertrauen soll über ein Anreiz- und Sanktionssystem selbstverstärkend hergestellt werden. Im Rahmen des *Transaktionskostenansatzes* (jede Transaktion ist z.b. mit Anbahnungs-, Opportunitäts- oder Kontrollkosten verbunden) oder *Transaktionswertansatzes* (hier wird z.b. auch der Wert von Ressourcen und Fähigkeiten eingerechnet) wird Vertrauen als wirkungsvollstes Koordinationsinstrument zur Kostensenkung konzeptualisiert. Im Gegensatz zu Versprechen oder Planungen soll es eingeschränkte Rationalität bzw. Ressourcen sowie das Opportunitätsproblem kostengünstig als *Selbstbindung* der Akteure abfedern können und sich so beispielsweise günstig auf Verhandlungsdauer und -qualität, Kontrollkosten oder auch Vertragstreue auswirken. Ripperger etwa interpretiert Vertrauen als Erwartung, die sich ausschließlich auf die Handlungsabsicht eines Akteurs bezieht (Erwartungsnutzenkriterium).[76] Vertrauen könne das aus begrenzter Rationalität resultierende Risiko opportunistischen Verhaltens absorbieren. Mit Bezug auf Luhmann schreibt Ripperger: „Vertrauen ist die freiwillige Erbringung einer riskanten Vorleistung unter Verzicht auf explizite vertragliche Sicherungs- und Kontrollmaßnahmen gegen opportunistisches Verhalten in der Erwartung, daß sich der andere, trotz Fehlen solcher Schutzmaßnahmen, nicht opportunistisch verhalten wird."[77] Ripperger bezeichnet die grundsätzliche Vertrauensbereitschaft als generalisiertes Vertrauen, das eine wesentliche und ökonomisch positive Funktion des sozialen Systems darstellt.[78] Ihre „Ökonomik des Vertrauens" formuliert die als gesellschaftsökonomisch notwendig erachtete Aufgabe, moralische Handlungsintentionen durch

---

74 Vgl. M. Held/G. Kubon-Gilke/R. Sturn: Normative und institutionelle Grundfragen der Ökonomik, S. 59ff.

75 Vgl. T. Ripperger: Ökonomik des Vertrauens, S. 20ff.

76 Vgl. ebenda, S. 121.

77 Ebenda, S. 45.

78 Vgl. ebenda, S. 102ff.

ökonomische Handlungsanreize zu ersetzen. Begründet wird dies damit, dass das Vertrauen in den Vertrauensmechanismus selbst eine gefährdete ökonomische Ressource darstelle. „Dort, wo explizite Verträge immer weniger Raum für Vertrauen und die Möglichkeit seiner Rechtfertigung lassen, erodiert das Vertrauen in den Vertrauensmechanismus und damit Vertrauen selbst."[79] Reziprozität erhalte hier einen zentralen Stellenwert, da sie Sozialkapital bzw. soziale Verschuldung erzeugen und daher auch für Egoisten altruistisches Verhalten rational werden lassen könne.[80] So soll der Zugriff auf das Human-, Sach- und Informationskapital Dritter möglich werden (Sozialkapital). In Kapitel 4.2.1 wird die ökonomistisch-reduktionistische Konzeptualisierung von Reziprozität erörtert.

Im Kontext der Modellierung von Vertrauen sowie insbesondere auch der Konzeptualisierung von Reziprozität ist das *Homo-Oeconomicus-Modell* zentral, das zunehmend weiterentwickelt wird und ein zentrales Fundament ökonomischer Theorie bzgl. menschlicher Verhaltensannahmen darstellt. Insbesondere entscheidungstheoretische Ansätze erweitern das Modell, um etwa auch moralische Gefühle im Entscheidungsverhalten nicht vollständig rationaler Eigennutzenmaximierer identifizieren zu können.[81] Insbesondere Ockenfels gehört zu einem der populären Vertreter der neueren Homo-Oeconomicus-Forschung. Er versucht seine These, dass sich der Mensch nicht grundsätzlich opportunistisch und rational verhalte, mit Laborexperimenten zu untermauern.[82] Seines Erachtens ist es die Qualität der Anreize (z.B. kluge Marktregeln), die beeinflusst, ob fair, wettbewerbsorientiert oder kooperativ agiert wird, da der Mensch systematisch (und somit prognostizierbar) auf Anreize reagiere. Ockenfels plant im Zuge einer Langzeitstudie die Erarbeitung eines Modells, mit dem Märkte und Anreizsysteme so gestaltet werden sollen, dass sie z.B. Reziprozität einschließen. Kritikwürdig ist hier, dass menschliches Verhalten generell als systematisch vorhersagbar und somit deterministisch als über Anreize gesteuert bzw. steuerbar modelliert wird. Ockenfels' Verhaltensannahmen sind auch im Zusammenhang seiner Mitentwicklung des E-Bay-Bewertungssystems zu sehen. Mit der Möglichkeit der Bewertung

---

79 Ebenda, S. 51.

80 Vgl. ebenda, S. 155.

81 Siehe z.B. zur Erweiterung um moralische Gefühle Frank, Robert H.: „If Homo Economicus could choose his own utility function, would he want one with a conscience?", in: American Economics Review 77 (1987), S. 593-604.

82 Vgl. Jasner, Carsten: „Prof. Dr. Axel Ockenfels. Die Vermessung der Menschlichkeit", in: Forschungspreis 2007 der Philip Morris Stiftung, Preisträger 2007, S. 14-30. Ockenfels' Laboruntersuchungsergebnisse werden als Beweis für das nicht grundsätzlich opportunistische und rationale Verhalten von Menschen präsentiert.

von Transaktionen soll der Anreiz für Verkäufer gesetzt werden, eine gute Reputation aufzubauen, dadurch Käufer anzuziehen und so das Risiko bzw. den Verdacht opportunistischen Verhaltens zu reduzieren. Da Verkäufer und Käufer von den im Bewertungssystem abgebildeten Bewertungen Dritter profitieren können, sei es sehr wahrscheinlich, dass sie ihr Verhalten daran orientierten. Es ist zutreffend, dass ökonomische Anreize Risiken insbesondere anonymer Transaktionen reduzieren können; Reputationsmechanismen können hier z.b. als Ersatzmöglichkeit für personales Vertrauen konstruiert werden.[83] Eine Begründung für Ockenfels' Annahme, dass Menschen sich nicht grundsätzlich opportunistisch oder rational verhalten, liefert das Setzen eines ökonomischen Anreizes nicht. Es lässt zunächst nur den Schluss zu, dass in einer bestimmten Weise konstruierte ökonomische Anreize (positive Bewertungen können zu Reputationsgewinnen führen) Wirkung (Bewertungssystem wird genutzt, Transaktionen kommen zustande) zeigen. Ockenfels' Argumentation (sowie die positive Resonanz, die seine Experimente hervorrufen) lässt eine Parallele zu Korsgaards Kritik am Dogma des instrumentellen Egoismus erkennen: dass der Grund, die Mittel zu einem Ziel zu ergreifen, aus der Tatsache der Zielverfolgung abgeleitet wird. Auf Ockenfels' Argumentation am Beispiel der Verkäuferposition übertragen würde das bedeuten: Das Ziel des E-Bay-Verkäufers, einen ökonomischen Gewinn im Internethandel zu erwirtschaften, ist der Grund, eine gute Reputation zu erwirtschaften, was bedeutet, auf opportunistisches Verhalten zu verzichten. Das Gewinnziel leitet sich dem Dogma zufolge also nicht vom vernunftgeleiteten selbstbestimmt und autonom Handelnden, der sich auch als solcher versteht, ab. Die Entscheidung (Handeln = Entscheidungshandeln), sich nicht opportunistisch zu verhalten, ist für den Verkäufer nützlich und somit rational, da unter dem Dogma des instrumentellen Egoismus nur nützliche Handlungen als rational gelten (und diese zugleich als gut, da das Nützliche mit dem Guten gleichgesetzt ist). Wenn Homo Oeconomicus als ein rational Handelnder konzeptualisiert ist und die Entscheidung zum Ver-

---

83 Für eine empirische Untersuchung von Vertrauensprofilen der E-Commerce-Plattform Ebay siehe Brinkmann, Ulrich: „Face to Interface: Zum Problem der Vertrauenskonstitution im Internet am Beispiel von elektronischen Auktionen", in: Zeitschrift für Soziologie 30/1 (2001), S. 23-47. Ockenfels' Ebay-Beispiel zeigt, dass Entscheidungsverhalten durch ein entsprechendes Design von Märkten und Anreizsystemen beeinflusst werden kann. Was seine Konzeptualisierung von Handlung jedoch verkennt, ist, dass Handlung und Vernunft Formen der Selbstbestimmung sind. Menschliches Handeln ist weder kausalistisch determiniert noch systematisch vorherzusagen. Die Tatsache, dass z.B. eine gute Verkäuferreputation Kaufentscheidungen begründen kann, erklärt noch nicht, warum ein Verkäufer sich auch entsprechend verhält bzw. verhalten sollte.

zicht auf opportunistisches Verhalten nützlich ist, ist sie als rationale Entscheidung mit der Homo-Oeconomicus-Verhaltensannahme vereinbar. Homo Oeconomicus kann nicht zuwiderhandeln, wenn sein Handeln (als Entscheidungswahlfreiheit verstanden) rational sein soll. Fairness und Kooperationsbereitschaft sind Ockenfels zufolge Folgen einer systematischen Anreizsteuerung, die auf einen determinierten und somit steuerbaren Menschen angewendet wird. Homo Oeconomicus reagiert systematisch auf (nützliche) Anreize; er ist vom Dogma des instrumentellen Egoismus und nicht von Vernunft oder einem freien Willen geleitet. Homo Oeconomicus wird unter dem beschriebenen Dogma nur in auf Nützlichkeit bzw. Eigennutzenmaximierung reduzierter Form als rational oder auch sozial konzeptualisiert. Dies zeigt sich auch an entsprechend reduktionistischen Konzeptualisierungen von Vertrauen, was sich z.b. anhand dieses Satzes verdeutlichen lässt: „Success needs society, and society needs trust."[84] Dogmatisch interpretiert bedeutet dies: Vertrauen ist für ökonomischen Erfolg nützlich, also ist Vertrauen rational und gut. So erklärt sich auch, warum es, wie häufig formuliert, keine Alternative zu Vertrauen geben soll. Wird eine Vertrauensentscheidung als nützlich bewertet, ist keine Zuwiderhandlung möglich, dann muss die Entscheidungswahlfreiheit zur Vertrauensentscheidung und -handlung führen, da das Verhalten sonst weder als rational noch als gut bzw. legitim gelten kann. Wird Vertrauen unter dem beschriebenen Dogmatismus, dem nur nützliche Handlungen als rational gelten, im Hinblick auf ein Entscheidungshandeln begründet oder zur Legitimation von Entscheidungshandeln genutzt, entsteht der infinite Regress, Vertrauen durch Vertrauen begründen zu müssen. In ökonomistisch geprägten Modellierungen mit dem Geltungsanspruch „Vertrauen soll ..." ist Vertrauen zumeist als „Grund haben" konzeptualisiert. Was hier als „Vertrauen" bezeichnet wird, beschreibt jedoch Begründungen (nützlicher/legitimer Risikoentscheidungshandlungen) und ist daher als Reputation zu bezeichnen.

Häufig wird Vertrauen auch als *Organisationsprinzip* für (insbesondere Netzwerk-)Organisationen konzeptualisiert.[85] Als Mechanismus und übergeordnetes

---

84 Blackburn, Simon: „The Growth of Trust", in: Simon Blackburn (Hg.), Ruling Passions. A Theory of Practical Reasoning, Oxford: Clarendon Press 1998, S. 198.

85 Vgl. z.B. Böhle, Fritz/Huchler, Norbert/Neumer, Judith/Sauer, Stefan: „Vertrauen zur Organisation des Informellen. Neue Herausforderungen und Perspektiven in Unternehmen", in: Edith Hammer/Nino Tomaschek (Hg.), Vertrauen. Standpunkte zum sozialen, wirtschaftlichen und politischen Handeln (=University, Society, Industry. Beiträge zum lebensbegleitenden Lernen und Wissenstransfer, Band 2), Münster: Waxmann 2013, S. 63-78. Hier wird Vertrauen als Appell, Steuerungsmodus oder auch Koordinationsprinzip für Unternehmen bezeichnet. Vgl. auch T. Ripperger: Ökonomik des Vertrauens.

Organisationsprinzip soll es unsichere Erwartungen stabilisieren und Komplexität reduzieren. Ripperger etwa modelliert Vertrauensbeziehungen als sogenannte Prinzipal-Agent-Beziehungen.[86] Im Gegensatz zu juristisch mit Entschädigungsleistungen einklagbaren expliziten Verträgen werden hier implizite Verträge geschlossen, die eine (nutzenorientierte) Vertrauenserwartung erfüllen sollen. Der implizite Vertrag soll Situationen absichern, in denen Komplexität, die vom kontingenten Verhalten anderer Akteure ausgeht (Verhaltensunsicherheit), weder reduziert noch juristisch abgefedert werden kann. Organisationen sollen nach innen und außen erkennbar in Vertrauensorganisationen umgewandelt werden, um schwindendes (Bürger-)Vertrauen in Organisationen und Institutionen wiederherzustellen, aber auch und insbesondere, um Kosten zu sparen. Im Rahmen dieser Modellierungen wird Vertrauen als Kriterium für Verlässlichkeit, das Reputationseffekte erzielen soll, sowie als Instrument zur Implementation prozessualer Kontrollmechanismen konzeptualisiert.

Dem *Sozialkapitalansatz* zufolge stellen sogenannte informelle Normen und Werte Formen von Kapital dar, die soziale Kooperation ermöglichen sowie gehandelt und ökonomisch eingesetzt werden können sollen.[87] Sozialkapital, wie

---

Es werden etwa auch prozessuale Implementationsmaßnahmen zur Organisationsentwicklung (z.B. Status-Quo-Analysen oder auch Evaluationsschleifen) auf der Basis von Vertrauen als einem sogenannten „übergeordneten Organisationsprinzip" empfohlen. Vgl. Schweer, Martin K. W./Thies, Barbara: „Vertrauen durch Glaubwürdigkeit – Möglichkeiten der (Wieder-)Gewinnung von Vertrauen aus psychologischer Perspektive", in: Beatrice Dernbach/Michael Meyer (Hg.), Vertrauen und Glaubwürdigkeit. Interdisziplinäre Perspektiven, Wiesbaden: Springer VS 2005, S. 60ff. Als zentrale inhaltliche Anforderungen an bzw. Merkmale von Vertrauensorganisationen erachten die Autoren Glaubwürdigkeit, Kommunikation, Orientierung an ethisch-moralischen Grundsätzen und Verteilungsgerechtigkeit. Intra- und extraorganisationales Vertrauen sollen als erwiesenermaßen kostensparende Faktoren problemlos in moderne Managementtheorien implementiert werden können.

Zu Vertrauen, Kooperation und Kontrolle in sogenannten „strategischen Wissensnetzwerken" (Institutionen, die aus mindestens zwei rechtlich selbstständigen Unternehmen bestehen) siehe auch Weibel, Antoinette: Kooperation in strategischen Wissensnetzwerken. Vertrauen und Kontrolle zur Lösung des sozialen Dilemmas, Wiesbaden: Deutscher Universitätsverlag 2004. Hier soll Vertrauen als Steuerungsmechanismus implementiert werden und soziale Dilemmata durch Selbstorganisation stabil lösen.

86 Vgl. T. Ripperger: Ökonomik des Vertrauens.

87 Vgl. etwa R.D. Putnam: Democracies in Flux. The Evolution of Social Capital in Contemporary Society. Zur Entwicklungsgeschichte des Sozialkapitalansatzes vgl.

etwa Vertrauen, soll Transaktionskosten effizient senken. „Vertrauen wirkt wie ein Schmiermittel, welches das Wirken jeder Gruppe oder Organisation effizienter macht."[88] Vertrauen wird auch hier mit Verlässlichkeit gleichgesetzt und ausschließlich ökonomistisch-funktionalistisch konzeptualisiert. Anhand empirischer Untersuchungen soll gemessen werden können, in welchem Umfang Sozialkapital in einer Gesellschaft vorhanden ist bzw. ob es zu- oder abnimmt. Fukuyama beschreibt eine sogenannte Natur des Menschen u.a. als Prozess der spontanen Selbstorganisation.[89] Durch das Setzen von ökonomischen Anreizen soll dieser Prozess auf privaten und marktwirtschaftlichen Märkten künstlich erzeugt werden können. Auch hier zeigt sich die deterministische Modellierung menschlichen Verhaltens, die sich ausschließlich an mathematisch-naturwissenschaftlichen Begründungsstandards orientiert. Vertrauen und Vertrauenswürdigkeit sollen sich als Investition lohnen und zu einem späteren Zeitpunkt rechnen können. Ripperger beklagt die „Erosion der Ressource Sozialkapital in den westlichen Industrienationen" und führt dies auf eine zunehmende Kommerzialisierung zurück.[90] Diese sei Ursache und Lösung zugleich. Ihres Erachtens sinkt der Bedarf an Vertrauen in kommerzialisierten Gesellschaften, da Menschen weniger in Abhängigkeiten leben würden, wodurch das Vertrauen in den Vertrauensmechanismus selbst reduziert werde. Um die Produktion von Sozialkapital als öffentliches Gut zu erhalten, und da vertrauensgestützte Kooperation dies mit einem intrinsischen Gewissen garantiere, soll der ökonomische Ansatz Ripperger zufolge auf moralische Fragen angewendet werden, da er auch „bei Egoisten wirkt".[91] Vertrauen soll daher als effiziente Strategie des wirtschaftlichen Umgangs mit begrenzter Rationalität eingesetzt und über Institutionen generiert bzw. geschützt werden.[92] Diese Auffassung entspricht den im Rahmen der vorliegenden Untersuchung als Ökonomisierung und Kommerzialisierung problematisierten gesellschaftlich wirkmächtigen Prozessen, die eine Trennung von marktlichen und nichtmarktlichen Bereichen aufheben. Der ökonomische Ansatz soll Ripperger zufolge koordinativ wirken und vor moralischer Überforderung bewahren, also moralische Handlungsintentionen durch ökonomische Handlungsanreize ersetzen und die Gestaltung institutioneller Rahmenbedingungen vornehmen.[93] Rationalität wird dabei

---

Fukuyama, Francis: Der grosse Aufbruch. Wie unsere Gesellschaft eine neue Ordnung erfindet, Wien: Paul Zsolnay Verlag 2000.

88 F. Fukuyama: Der grosse Aufbruch, S. 32.

89 Vgl. ebenda.

90 Vgl. T. Ripperger: Ökonomik des Vertrauens, S. 169ff.

91 Vgl. ebenda, S. 250.

92 Vgl. ebenda, S. 258.

93 Vgl. ebenda, S. 249.

explizit als alleinige Domäne der Ökonomie bezeichnet. Als rational gilt nur, was einem Nutzenkalkül zugeordnet werden kann. Handlungsmotive, die nicht zweckrational, berechenbar, kausal herzuleiten oder herzustellen sind, gelten demnach nicht als rational. Vertrauen, als Handlung bzw. Handlungsmotiv konzeptualisiert, gilt als rational, nicht normativ und selbstbindend, da es ausschließlich im Hinblick auf Nützlichkeitsaspekte konzeptualisiert wird. Auch Schüßler erachtet eine moralfreie „individuelle Wertbindung" als möglich und für die Funktionstüchtigkeit moderner Gesellschaften wichtig.[94] Allerdings geht er bei seiner Suche nach Mechanismen, die egoistische Kooperation auf freien Märkten gegen Betrug und Gewalt absichern können, einen Schritt weiter. Kapitalistische Systeme sind seiner Auffassung nach von der Dynamik freier Märkte bedroht, da sie die für sie konstitutive Vertrags- und Vertrauenssicherheit untergraben können.[95] Soziale Ordnung soll daher auch ohne Moral und normative Sozialisation hergestellt werden können. „Es liegt nicht zu fern anzunehmen, daß der beschriebene Mechanismus der Selbststabilisierung auch im modernen Kapitalismus wirkt, obwohl nur seine potenzielle und idealtypische Wirksamkeit von der spieltheoretischen Analyse nachgewiesen wird."[96] Wertfreie bzw. wertschwache Gesellschaften brechen seiner Meinung nach nicht zusammen, auch wenn das Verhalten des Menschen im Kapitalismus „bis in Bereiche der ‚Lebenswelt' hinein ökonomisiert" ist.[97] Dilemmasituationen, mit denen rationale Egoisten konfrontiert sind, könnten durch „eine sanktionierende Zentralinstanz" gelöst werden.[98] Die „strukturelle Bösartigkeit sozialer Dilemmata" sei zwar in der Realität weniger ausgeprägt, als dies die entsprechende vorwiegend computergestützte Forschung simuliere, jedoch könnten die Dilemmata kapitalistischer Systeme nur durch die Androhung des sozialen Ausschlusses von der Möglichkeit der Nutzung kollektiver Güter gelöst werden.[99] „Nur der Einsatz von Macht, Gewalt oder Drohungen kann unter rationalen Egoisten eine Lösung herbeiführen."[100] Allerdings sieht Schüßler das Problem, dass rationale Egoisten sich dadurch entziehen können, dass sie im Falle drohender Sanktionierung schnell und anonym aus Kooperationen auszusteigen versuchen, um ihre sogenannte Hit-and-Run-Strategie in neuen Kooperationen fortzuführen.

---

94   Vgl. Schüßler, Rudolf: Kooperation unter Egoisten: Vier Dilemmata, München: Oldenbourg 1997.

95   Vgl. ebenda, S. 7.

96   Ebenda, S. 140.

97   Vgl. ebenda, S. 139.

98   Vgl. ebenda, S. 134.

99   Vgl. ebenda, S. 139.

100   Ebenda, S. 144.

In der entscheidungstheoretischen *Rational-Choice-Theorie (Theorie der rationalen Wahl)* werden Vertrauensbeziehungen als Transaktionen (nicht im klassischen Modell eines perfekten Marktes) verstanden.[101] Im Fokus steht die Untersuchung von Risiko-, Unsicherheits- und Interaktionssituationen. Vertrauen wird im Verständnis der Rational-Choice-Theorie als soziale Vereinbarung und als Risikokalkulation im Rahmen einer Handlungsentscheidung konzeptualisiert. Vertrauenshandlungen sind demnach eine Untergruppe von Risikohandlungen; ihre Spezifika sind die Handlungsermöglichung sowie die Leistungsabhängigkeit von einem anderen Akteur.[102] Handlungen gelten als rational, wenn sie dem „Postulat der Nutzenmaximierung unter Risiko" entsprechen.[103] Je Gewinn/Verlust-Verhältnis sowie -Ausmaß soll ein Informationsdefizit durch Vertrauen kompensiert werden. Wenn etwa eine durch Verzweiflung ausgelöste Notwendigkeit zur Vertrauensvergabe besteht, gilt diese ausnahmsweise noch als rational. Wenn etwa ein Vertrauensmissbrauch eine Nutzenmaximierung ermöglicht, kann dieser beispielsweise durch eine moralische Norm, nicht jedoch durch eine rationale Entscheidung verhindert werden. So ist letztlich einzig die Nutzenmaximierung rational.[104] Reputation wird als relevante Zuschreibung von Vertrauenswürdigkeit durch Dritte definiert und mit Vertrauen synonym gesetzt.[105] Eine individuelle rationale, handlungsermöglichende, reputative Elemente einbeziehende Entscheidung unter Unsicherheit wird hier als „Vertrauen" bezeichnet. Normen, Gesetze und Sanktionen sollen als soziale Institutionen Entscheidungen, die unter Vertrauen oder Misstrauen stattfinden können, absichern. Nida-Rümelin kritisiert treffend eine konsequenzialistische Interpretation rationaler Wahl und weist darauf hin, dass das Rational-Choice-Paradigma an seine Grenzen stößt, wenn es um Interaktionssituationen geht, in denen angenommen wird, dass alle Interaktionspartner rational entscheiden, oder aber bei kollektiven Entscheidungen, also wenn Entscheidungen voneinander abhängen, während diese wiederum von den jeweiligen Handlungswahlen der Akteure abhängen. Handlungsentscheidungen sind

---

101 Vgl. Coleman, James S.: Grundlagen der Sozialtheorie. Handlungen und Handlungssysteme (=Scientia Nova, Band 1), München: Oldenbourg 1991, S. 114-147.

102 Vgl. ebenda, S. 115. Auf S. 123 wird der Begriff der Kalkulation im Rahmen der Vertrauensdefinition verwendet: „Normalerweise wird bei der Entscheidung für oder gegen die Beteiligung an der Handlung das Risiko mit einkalkuliert. Dies lässt sich allgemein unter den Begriff des ‚Vertrauens' fassen."

103 Vgl. ebenda, S. 125.

104 Vgl. ebenda, S. 137.

105 Vgl. ebenda, S. 141ff.

seines Erachtens als in eine Struktur individueller oder gesellschaftlicher Handlungen eingebettet zu verstehen (strukturelle Rationalität).[106] Nida-Rümelin fasst das Rationalitätsverständnis des Rational-Choice-Paradigmas, das seines Erachtens etwa die theoretische Ökonomie, die politische Theorie, die theoretische Geschichtswissenschaft und die Soziologie prägt, wie folgt zusammen: „Eine Person handelt rational, wenn ihre Handlungen im Hinblick auf die Ziele dieser Person sinnvoll erscheinen. Handlungen sind im Hinblick auf die Ziele einer Person sinnvoll, wenn sie als ein gutes Mittel gelten können, diese Ziele zu erreichen."[107] Handlungsleitende Motivationen oder Wertzuschreibungen von Akteuren bleiben hier, wie Nida-Rümelin kritisiert, unberücksichtigt. „Das *rational-choice*-Paradigma geht von konsequentialistisch optimierenden Einzelindividuen aus."[108] Das bedeutet, dass die konsequenzialistische Optimierungstheorie ein bestimmtes Verständnis von praktischer Rationalität besitzt: Das Denken und Handeln wird nicht als an Handlungsmaximen wie etwa dem kategorischen Imperativ orientiert modelliert, sondern ausschließlich als an Konsequenzen. Insbesondere neurowissenschaftlich geprägte Theorien entwerfen bzw. bestätigen deterministische Menschenbilder: „Es gilt inzwischen als gesichert, dass *jedes* ‚Bewusstsein' die *Folge* von zuvor stattfindenden automatischen und nicht-kontrollierbaren neuronalen Prozessen ist. [...] [A]ls der Spezialfall eines Programms [...]."[109] Demgegenüber ist nach Nida-Rümelins Theorie der strukturellen Rationalität eine Handlung dann rational, „wenn es einen guten Grund gibt, diese Handlung zu wählen".[110] Dann wären also nicht Konsequenzen (entsprechend der Output-Orientierung von Ökonomisierung und Kommerzialisierung), sondern Gründe und Kriterien entscheidend. Eine individuelle Handlung fügt sich in eine individuelle rationale Gesamtstruktur sowie in eine kollektiv gewünschte Struktur von Handlungen ein. Menschliches Verhalten in kollektiven Situationen wird nicht nur durch Sanktionen, Rollenmuster usw. bestimmt, wie es das Rational-Choice-Paradigma und sein

106 Vgl. hierzu insb. Nida-Rümelin, Julian: „Die Macht der Reflexion", in: Information Philosophie 2 (Juni 2016), S. 8-19 und Nida-Rümelin, Julian/Meggle, Georg (Hg.): Praktische Rationalität. Grundlagenprobleme und ethische Anwendungen des Rational-Choice-Paradigmas, Band 2: Perspektiven der Analytischen Philosophie, Berlin/New York: De Gruyter 1994.

107 J. Nida-Rümelin: Praktische Rationalität, S. 3.

108 Ebenda, S. 21, Herv. i.O.

109 Esser, Hartmut: „Rationalität und Bindung. Das Modell der Frame-Selektion und die Erklärung des normativen Handelns", in: Martin Held/Gisela Kubon-Gilke/Richard Sturn (Hg.), Normative und institutionelle Grundfragen der Ökonomik (=Jahrbuch 4: Reputation und Vertrauen), Marburg: Metropolis 2005, S. 91, Herv. i.O.

110 Vgl. J. Nida-Rümelin: Praktische Rationalität, S. 23.

zugrunde liegendes Menschenbild suggerieren. Der Mensch trifft freie Entscheidungen und die Strukturen des Handelns sind prinzipiell formbar. Für einen ethischen Zugriff auf das konsequenzialistische Rational-Choice-Paradigma sieht Nida-Rümelin es als notwendig an, Kriterien für ethisch wünschbare Strukturen sowie Kriterien für die Einfügung menschlicher Handlungen in diese Strukturen zu entwerfen.

In ökonomistisch geprägten (insbesondere in von der Theorie der rationalen Wahl geprägten) Vertrauensmodellierungen soll Vertrauen die Funktion nicht normativer Selbstbindung erfüllen. Hier scheinen diese Fragen im Zentrum zu stehen, a) warum rationale, nutzenorientierte und eigeninteressierte Individuen kooperieren, obwohl normative Selbstbindung irrational ist, b) wie Selbstbindung naturwissenschaftlich zu erklären ist, c) wie Selbstbindung die notwendige, jedoch nie lückenlos mögliche Kontrolle strategischer Kooperationen unterstützen kann. Vertrauen wird dort auf unterschiedlichen Ebenen untersucht:

- Vertrauen als Grund bzw. Ursache einer Selbstbindung, die als nicht normativ und rational gilt;
- Vertrauen als Begründung im Rahmen von Erklärungsmodellen für (Möglichkeiten der Herbeiführung von) auf Selbstbindung beruhende(n) koordinative(n) Handlungen/Entscheidungen;
- Vertrauen als strategisches Instrument zur Herbeiführung von auf Selbstbindung beruhenden koordinativen Handlungen/Entscheidungen;
- Vertrauen als Objekt der empirischen Messung (hier insbesondere der prognostischen Kalkulation), Dokumentation, Legitimation von auf Selbstbindung beruhenden koordinativen Handlungen/Entscheidungen;
- Vertrauen als Objekt der empirischen Messung bzw. von spieltheoretischen Versuchsanordnungen im Rahmen der Untersuchung/Simulation sozialer Dilemmasituationen.

Dem Dogma des instrumentellen Egoismus entsprechend wird Vertrauen in diesem Kontext zum Grund bzw. zur Ursache einer nützlichen Selbstbindung, die etwa im Gegensatz zu moralischen Normen als rational gelten bzw. rationale (= nützliche) Handlungen ermöglichen soll. Der Begriff des Vertrauens erfüllt hier insbesondere auch die Funktion der Erklärung bzw. Herbeiführung von koordiniertem Handeln vor dem Hintergrund der Notwendigkeit, Entscheidungen im Einklang mit mathematisch-naturwissenschaftlichen Begründungsstandards begründen, berechnen, legitimieren, dokumentieren usw. zu können.

Ein Aufsatz von 2016, der für sich in Anspruch nimmt, Basiswissen aus Psychologie und Philosophie zu Vertrauen zu bündeln, gibt exemplarisch Aufschluss darüber, was als aktueller Forschungsstand der (insbesondere) *sozialpsychologischen Vertrauensforschung* zu gelten scheint und wie sich ökonomistisch und naturalistisch geprägte Verständnisse von Rationalität und Vertrauen als scheinbar fraglos haben durchsetzen können.[111] Neser fokussiert auf Funktionen eines interpersonellen Vertrauens, das sie (mit Bezug auf Rotters bis heute in der empirischen Vertrauensforschung maßgebliche „Interpersonal Trust Scale" von 1967, Schlenkers „Vertrauensdefinitionenliste" von 1973 sowie Rippergers „Ökonomik des Vertrauens") als generalisierte Verhaltenserwartung (Status eines Persönlichkeitsmerkmals) und Risikokalkulation bezeichnet. Misstrauen bezeichnet sie als Gegenteil von Vertrauen und bezieht sich dabei auf Ergebnisse bildgebender Verfahren neurobiologischer Forschung, wonach Vertrauen und Misstrauen unterschiedlichen und mitunter gleichzeitig lokalisierbaren Hirnaktivitäten zuzuordnen sei.[112] Differenzierungen wie etwa nach Geber und Nehmer unterbleiben hier, was darauf zurückzuführen ist, dass Vertrauen als rationale Entscheidung modelliert und die Bedeutung von Intersubjektivität und Anerkennung somit ausgeblendet wird. Als theoretische Grundlagen der Vertrauensforschung erachtet Neser Luhmanns Vertrauenstheorie im Hinblick auf die Funktion der Komplexitätsreduktion, psychosoziale (hier insb. die frühkindliche Entwicklung betreffende) und neurobiologische Forschungen (insb. von genetischen und hormonellen Einflussfaktoren, bildgebende Verfahren) sowie die Bedeutung des Vertrauens als Unternehmenswert. An Nesers sogenanntem Basiswissen zeigt sich exemplarisch die Problematik, dass Konzeptualisierungen von Vertrauen unter rationaler Kultur auf die Geltung „Vertrauen soll …" reduziert sind.

Dies zeigt sich vor allem auch in der *neuroökonomischen Forschung*. Dort werden Verhaltensforschungs- und neurobiologische Daten insbesondere als Beleg dafür gewertet, dass Entscheidungen in finanziellen und sozialen Settings auch von Emotionen beeinflusst werden.[113] Neben Untersuchungen zu entsprechenden

---

111 Vgl. S. Neser: Vertrauen. In diesem Aufsatz finden sich zahlreiche Beispiele empirischer Vertrauensforschung sowie problematischer reduktionistischer Annahmen, wie etwa jene, dass Haustierbesitzer eine größere Vertrauensbereitschaft besäßen, oder dass Menschen vertrauensbereiter wären, wenn das Gesicht ihres Gegenübers ihrem eigenen ähnele. Auf diese kann hier nicht näher eingegangen werden.

112 Das Gegenteil von Vertrauen ist nicht Misstrauen, sondern Gleichgültigkeit. Auf neurobiologische Fehlschlüsse kann hier nicht eingegangen werden. Vgl. hierzu exemplarisch die Kritik an der Debatte um menschliche Willensfreiheit im Kontext der Libet-Experimente von Bieri, Peter: Das Handwerk der Freiheit, Darmstadt: Wissenschaftliche Buchgesellschaft 2001.

113 Vgl. Engelmann, Jan B.: „Measuring Trust in Social Neuroeconomics. A Tutorial", in: Andreas Hunziker/Simon Peng-Keller: Vertrauen verstehen (=Hermeneutische

genetischen Prädispositionen werden in der Neuroökonomie insbesondere neuronale Aktivitäten beispielsweise während spieltheoretischer Versuche über Oxytocin-Konzentrationen im Blut oder anhand bildgebender Verfahren gemessen. Entscheidungsverhalten und soziale Präferenzen gelten als u.a. neuronal oder auch genetisch verursacht.[114] Die Rationalitätsform des Vertrauens, die auf Intersubjektivität und Anerkennung beruht, ist jedoch weder naturalisierbar noch messbar. Experimentelle Messmethoden bzw. -ergebnisse, die Vertrauen dennoch zu identifizieren, zu quantifizieren oder zu prognostizieren suchen, greifen an Vertrauen vorbei. Mit Husserl formuliert bedeutet dies, dass eine Abstraktion stets Idealisierung bleibt und (hier im Falle des Vertrauens) ihren Gegenstand verfehlen kann. Wird sogenanntes Vertrauen als Entscheidung modelliert und soll es in Spielanordnungen gemessen, anhand Aktivitätsmustern im Gehirn lokalisiert, durch Verabreichung von Oxytocin stimuliert oder durch Verabreichung von Testosteron gedämpft werden, bedeutet dies, dass es *als Entscheidungsverhalten* möglichst isoliert beobachtet werden muss. „In order to investigate trust experimentally, researchers have to reduce this complex concept to observables, that is, facets of behavior that can be measured quantitatively. […] Therefore, experiments that ensure anonymity between players and employ one-shot games provide the cleanest measure of trust […]."[115] Was als sogenanntes Vertrauens-Entscheidungsverhalten gemessen werden soll, wird also durch Gestaltung der Rahmenbedingungen möglichst isoliert, um zu verhindern, dass externe Einflussfaktoren wie etwa freundschaftliche Verbundenheit, Kommunikation (etwa im Falle des Gefangenendilemmas) oder Orientierung am Entscheidungsverhalten des Gegenspielers anhand wiederholter Spielzüge (etwa durch Bildung von Erwartungserwartungen) das Messergebnis verzerren. Was hier gemessen wird, ist ein spezifisch strategisches Entscheidungsverhalten (das anhand von Spielzügen sichtbar wird) unter spezifisch vorgegebenen Bedingungen (entsprechend der Spielanordnung). Vertrauen ist jedoch weder eine Entscheidung noch strategisch ausgerichtet. Engelmann spricht von einer Neurobiologie des Vertrauens, weil unter Oxytocin, das insbesondere in der Amygdala als Region sozialer Wahrnehmung und affektiver Verarbeitung wirkt, die Vertrauens-, nicht aber die Risikobereitschaft steigen soll. Diesen Schluss leitet er von der Beobachtung ab, dass Oxytocin im Risikospiel gegen einen Computer keine risikosteigernde Wirkung erziele. Im Risikospiel mit einem menschlichen Gegenspieler zeige Oxytocin eine Wirkung. Allerdings kann

---

Blätter 1/2), Zürich: Institut für Hermeneutik und Religionsphilosophie 2010, S. 225-242.

114 Hier wird erneut die Freiheit des Menschen problematisch, sobald angenommen wird, dass Verhalten im Gehirn verursacht wird.

115 J.B. Engelmann: Measuring Trust in Social Neuroeconomics. A Tutorial, S. 231.

dies auch ein (von Vertrauen gänzlich unabhängiges) Anzeichen dafür sein, dass sich Oxytocin im Zusammenspiel mit der Region sozialer Wahrnehmung und affektiver Verarbeitung auf soziale Interaktionen auswirkt und die Interaktion mit einem Computer nicht als eine solche wahrgenommen und verarbeitet wird. Oxytocin, das populärwissenschaftlich auch mitunter als Bindungshormon bezeichnet wird, scheint im weitesten Sinne die Bereitschaft zu sozialem Austausch zu begünstigen. Jedoch ist der Mensch ein komplexes soziales Wesen und Vertrauen eine intersubjektive und anerkennungsbasierte Form seiner Rationalität. Die Reduktion menschlichen Handelns auf biologische Prozesse bzw. die Reduktion von Handeln auf Verhalten, die Reduktion von Verhalten auf Entscheidungsverhalten und die Reduktion von Vertrauen auf eine riskante Entscheidung und Ähnliches sind deterministische Reduktionismen, die auf die ausschließliche Fokussierung einer Erforschung der Wirklichkeit des Daseins zurückzuführen sind. Auch wenn etwa Homo Oeconomicus als nicht grundsätzlich rational oder opportunistisch modelliert wird, schließen diese auf dem Methodologischen Individualismus basierenden Modellierungen dennoch weiterhin und kategorisch die Rolle von Intersubjektivität und Anerkennungsprozessen aus. Dass Oxytocin das Spielverhalten von Spielern in Spielsituationen verändert, beschreibt zunächst nur ein spezifisch verändertes individuelles Verhalten unter spezifischen (meist kompetitiven) Bedingungen. Eine Häufung kooperativer Züge wird unter Oxytocin als erhöhte Betrugsaversion und Vertrauensbereitschaft interpretiert. Diese Interpretation zeigt, dass Vertrauen im Zusammenhang mit einem Risikobewusstsein sowie als individualistisch kognitives Phänomen modelliert wird. Dass strategische Spielzüge mitunter sogenannte kostspielige Kooperationen einschließen können, ist jedoch entgegen neuroökonomischen Aussagen kein Indiz für eine Vertrauensbereitschaft. Die Annahme, dass der Verzicht auf Wettbewerbsvorteile im Rahmen strategischen (Entscheidungs-)Verhaltens eine Vertrauensbereitschaft anzeige, bedeutet, dass Vertrauen als „Grund haben" modelliert und nicht als Rationalitätsform erkannt wird. Auch gelten Vertrauenshandlungen nicht als Handlungen kooperativer Autonomie, sondern als Handlungen, die auf individuelles Entscheiden in Abhängigkeit mentaler Zustände bzw. Verfasstheit in Anbetracht eines zu kalkulierenden Risikos zurückzuführen sind. So schreibt etwa Engelmann, „[G]enerating a model of the other player's mental state plays an important role in producing cooperative behavior."[116] Kooperation komme demnach im Sinne einer Verhaltenserwartungskalkulation zustande, die sich im Falle von Vertrauensbereitschaft darin von reiner Risikokalkulation unterscheide, dass sie die Theoriebildung über soziale Präferenzen eines Gegenübers einschließe. Im Spiel gegen einen

---

116 Ebenda, S. 235.

Computer seien hingegen keine solchen Theoriebildungen sichtbar/messbar gewesen. Dies zeigt jedoch zunächst nur, dass der Mensch ein soziales Wesen ist,
das zudem in der Lage ist, zu unterscheiden, ob er mit einem anderen sozialen
Wesen oder mit einer Maschine interagiert. Erwartungserwartungen sind ein Aspekt sozialer Interaktion, jedoch ist weder kooperatives Verhalten auf soziale Interaktion noch Vertrauen auf kooperatives Verhalten reduzierbar. Soziale Interaktion muss sich nicht in Kooperation ausdrücken und Vertrauenshandlungen basieren auf Anerkennungsbeziehungen. Es ist zudem kritisch zu betrachten, dass Verhalten auf neuronale Prozesse reduziert bzw. Rückschlüsse von neuronalen Prozessen auf eine „Natur des Menschen" gezogen werden. Eine ausschließliche Erforschung der Wirklichkeit des Daseins führt Erkenntnisverluste und das Risiko
von Kategorienfehlern mit sich.[117] In Spielsituationen, die Entscheidungssituationen konstruieren, kann ein Spielzug als Entscheidung gewertet werden. Es ist jedoch ein konstruiertes Setting, in dem Handeln als Entscheidungsverhalten, das
neuronal verursacht ist, reduktionistisch modelliert wird. Erkenntnisse über
menschliches Handeln, menschliche Eigenschaften usw. sind im Zuge einer Erforschung der Wirklichkeit des Daseins als nicht vollständig zu werten, da die
Wirklichkeit von Sinnlichkeit, Subjekt und Leben ausgeschlossen ist. Solche Konzeptionen unterscheiden mitunter explizit nicht zwischen Vertrauen und Verlassen-auf, da ihren Annahmen nach beides ohnehin nicht getrennt voneinander auftritt.[118] Diese Haltung lässt sich dadurch erklären, dass Vertrauen im Sinne des
ökonomischen Modells individuellen Entscheidungsverhaltens als Entscheidung
modelliert wird, die das menschliche Gehirn generiert. Wird jedes Entscheidungsverhalten als vom Gehirn verursacht modelliert, wird, unter dem Fokus auf die
Vorhersagbarkeit von Entscheidungen unter Risiko, eine Unterscheidung von
Vertrauen und Verlassen-auf dahingehend überflüssig, da beides als Ergebnis einer im Gehirn produzierten Entscheidung aufgefasst wird. Von der Untersuchung
neuraler und affektiver Mechanismen verspricht sich die Neuroökonomie, über
„Was-wäre-wenn-Szenarien" hinauszukommen und die gegenseitige Beeinflussung beider Mechanismen zu verstehen. Vertrauen bleibt jedoch auch in dieser
Lesart weiterhin auf einen individuellen biologischen bzw. affektiven Mechanismus reduziert, der, auch wenn neuronale und affektive Mechanismen Entscheidungen in einem Wechselspiel generieren sollen, individuell-biologisch kausal
verursacht sein und somit kalkuliert, prognostiziert, gemessen, konstruiert usw.

---

117 Vgl. P. Bieri: Das Handwerk der Freiheit.

118 Vgl. Fehr, Ernst/Fischbacher, Urs/Kosfeld, Michael: „Neuroeconomic Foundations of
      Trust and Social Preferences: Initial Evidence", in: The American Economic Review
      95/2 (May 2005), S. 346-351.

werden können soll. Von solchen Modellierungen verspricht sich die neuroökonomische Forschung eine Klärung der Ursachen von Entscheidungsverhalten und Präferenzbildungen, um Empfehlungen für den nutzenoptimierten Umgang mit ökonomischen Ressourcen, als solche wird etwa Vertrauen begriffen, ableiten zu können. Beispielsweise das interdisziplinäre Projekt „Vertrauen verstehen. Grundlagen, Formen und Grenzen des Vertrauens" an der Universität Zürich widmet sich diesem Schwerpunkt unter Beteiligung der Disziplinen Neuroökonomie/Empirische Wirtschaftsforschung, Sozial- und Wirtschaftsgeschichte, Soziologie, Psychologie, Religionsphilosophie, Theologie und Religionswissenschaft. Ernst Fehr untersuchte die neuroökonomischen, kognitiven und emotionalen Ursachen von Vertrauen in mehreren Teilprojekten zusammen mit Jan B. Engelmann (Schwerpunkt: quantitative Messung von Vertrauen im Vertrauensspiel sowie emotionale Simulationen unter funktioneller Kernspintomographie) und Thomas Epper (Schwerpunkt: vergleichende ökonomische Experimente zur individuellen Risikoneigung in Mensch-Mensch- und Mensch-Computer-Interaktionen sowie Untersuchung kausaler Effekte der Gesellschaft auf individuelles Vertrauen anhand von Reputationsinstrumenten). Fehr hat seine Erkenntnisse in zehn „Thesen zur Ökonomie und Biologie des Vertrauens" zusammengefasst.[119] Vor dem Hintergrund seiner Definition von Vertrauen als Erwartung eines reziproken Leistungsaustauschs lässt sich demonstrieren, wie die biologische Erforschung von Vertrauensursachen mit ökonomischer Theorie bzw. ökonomischen Interessen im Hinblick auf Funktionen von Vertrauen verwoben ist. Fehrs Thesen werden daher im Folgenden ausführlich zusammengefasst, kritisiert und eingeordnet:

These 1: Im Vertrauen wird eine kritische Vorleistung in der Erwartung bzw. Hoffnung erbracht, dafür eine explizit vereinbarte oder implizite Gegenleistung zu erhalten.

Hier ist zunächst zu kritisieren, dass Fehr den Vertrauensnehmer marginalisiert. Er modelliert vor allem den Geber als Träger einer über eine Leistung vermittelten Erwartung, die beinhaltet, etwas Gleichwertiges zu erhalten. Es ist der Begriff der Gegenleistung, der die Erwartung einer Gleichwertigkeit der Leistung impliziert, die der Geber im Hinblick auf seine eigene Vorleistung bewertet. So geht es hier um einen reziproken Ausgleich zwischen einem Geber und einem auf eine Gegenleistung Verpflichteten. Das Begriffspaar Erwartung/Hoffnung kann nicht darüber

---

119   Vgl. Fehr, Ernst: „Thesen zur Ökonomie und Biologie des Vertrauens", in: Vertrauen interdisziplinär (=Hermeneutische Blätter 1/2), Zürich: Institut für Hermeneutik und Religionsphilosophie 2013, S. 31-32.

hinwegtäuschen, dass der Geber in der Position der Beurteilung der Angemessenheit der Leistung ist. Durch seine Vorleistung leitet er einen Erfüllungsanspruch im Hinblick auf eine Gegenleistung ein. Hier geht es um ein leistungsbezogenes/ -abhängiges strategisch-kalkulatives „Vertrauen". Fehr bezeichnet Vertrauen als im ökonomischen und sozialen Austausch allgegenwärtig. Es ist der kommerzialistische Austausch, der im Mittelpunkt von Fehrs Modellierung steht. Vertrauensakte werden als Tauschakte modelliert, Intersubjektivität und Anerkennung bleiben hier unberücksichtigt. Was Fehr als Vertrauen bezeichnet, stellt eine leistungsbezogene Erwartungs- bzw. Anspruchshaltung dar, nicht Vertrauen.

These 2: Die Vertrauensfähigkeit psychisch gesunder Menschen wird durch Neurohormone beeinflusst.

Hier steht die Fähigkeit des Gebers zur (leistungstauschorientierten) Erwartungsbildung entsprechend seiner individuellen kognitiven Voraussetzungen im Vordergrund. Auch hier bleiben Intersubjektivität und Anerkennung unberücksichtigt und die „Fähigkeit", zu vertrauen, wird im Zusammenhang mit biologischen Mechanismen modelliert. Problematisch ist auch, dass Fehr weder sein Verständnis von psychisch gesund noch von psychisch krank erläutert.

These 3: Eine Vertrauenshandlung wird auf individuell-psychologischer Ebene von Risiko- und Betrugsaversion und Wahrscheinlichkeitseinschätzung entscheidend beeinflusst.

Vertrauen wird als individuelle Risikokalkulation und Vertrauenshandlungen werden als erwartungsbezogene individuelle Vertrauensentscheidungshandlungen modelliert. Fehr verwendet einen Vertrauensbegriff, der auf Risikokalkulation reduziert ist, und einen Handlungsbegriff, der Handeln auf (neuronal beeinflusstes) Verhalten reduziert.

These 4: Diese individuell-psychologische Risiko- und Betrugsaversionsneigung wird durch biologische und gesellschaftliche Prozesse bestimmt. Die Neigungen Erwachsener sind relativ stabil.

Fehr reduziert Vertrauen zunächst auf die neuronal beeinflusste individuell-psychologische Fähigkeit, Risiken oder ungleiche Leistungsverteilungen zu erkennen, Erwartungen und Erwartungserwartungen zu bilden und entsprechende Handlungen durch entsprechende Entscheidungen einzuleiten. Mit gesellschaftlichen Prozessen sind vermutlich Sozialisationsprozesse gemeint, was Fehr jedoch nicht weiter spezifiziert. Vertrauenshandlungen werden als individuell-psychologisch und -biologisch verursacht verstanden. Ein Verständnis von Intersubjektivität und Anerkennung ist im Rahmen von Fehrs mechanistischen Modellierungen ausgeschlossen. Zudem lässt sich in Fehrs Argumentation die Anlehnung an das ökonomistische Präferenzmodell erkennen, das eine relative Präferenzstabilität postuliert. Fehr formuliert den Anspruch, durch neuroökonomische Forschung langfristig über ökonomistische Spekulationen hinauszukommen. Ziel scheint also im Hinblick auf die Kalkulation bzw. Beeinflussung von Präferenzen zu sein, Entscheidungen unter Ungewissheit in Entscheidungen unter Gewissheit zu verwandeln.

These 5: Will man Vertrauen von Menschen und Gruppen beeinflussen, muss dies vor allem über die Beeinflussung der Erwartungen, das heißt der Wahrscheinlichkeitseinschätzung über die Gegenleistung, geschehen.

Fehr leitet aus seiner Vertrauensdefinition ab, dass Vertrauen aufgrund seiner Eigenschaft als (Gegenleistungs-)Erwartung anreizgesteuert über rationale Gründe beeinflussbar ist. Vertrauen als Erwartung wird mit der Wahrscheinlichkeitseinschätzung über die Gegenleistung übersetzt. Fehr überträgt das Ökonomieprinzip von Präferenz und Restriktion auf Vertrauen, erweitert es dabei aber um das Element der Leistungsreziprozität. Die Frage der Beeinflussbarkeit entspricht dem Methodologischen Individualismus, weil die Erwartungsbeeinflussbarkeit über die individuell-psychologische Ebene eingeführt wird. Dies entspricht der Vorstellung, dass Gruppenpräferenzen über Individualpräferenzen ansteuerbar sind (Individuen verfügen demnach über Präferenzen, Kollektive nicht). Vertrauensentscheidungen und -handlungen sollen dadurch beeinflusst bzw. möglich werden, dass spezifische Gegenleistungserwartungen begründet werden können. Vertrauen soll durch die Beeinflussung der Erwartungsbildung herstellbar werden.

These 6: Es gibt drei Quellen von Vertrauenswürdigkeit: Die Existenz von expliziten Vorschriften, Gesetzen, Regeln mit positiven/negativen Sanktionen, die Existenz von informellen Regeln und Reputationsanreizen für vertrauenswürdiges Verhalten und die individuelle Moral von Menschen.

Hier wird das Ökonomieprinzip erkennbar, das Verhalten als von Präferenzen und Restriktionen abhängig (im Sinne von verursacht oder begründet) modelliert. Das Risiko, zu vertrauen (also eine strategische „Vertrauens"-Entscheidung zu treffen), soll (aus der 3.-Person-Perspektive heraus betrachtet) anhand von Gründen im Hinblick auf die Risiko- und Betrugsaversion eines Gegenübers kalkuliert werden. Unter den Methodologischen Individualismus fällt hier auch die sogenannte individuelle Moral.

These 7: Gesetze und Vorschriften: Der Staat setzt Verträge durch geeignete Institutionen durch und erhöht so die Bereitschaft zum Tausch, also zur Erbringung kritischer Vorleistungen.

Fehr setzt Vertrauen mit einem (riskanten) reziproken Leistungsaustausch und zugleich mit Verlassen-auf gleich. Den Staat sieht er in der Rolle des Garanten für die Möglichkeit stabiler Erwartungsbildungen, da er institutionell risikoabsichernde Rahmenbedingungen für das Tauschhandeln vorgeben und durchsetzen sowie eine entsprechende Rechtssicherheit definieren kann. Staatliche Regulierung wird in diesem Zusammenhang unterschiedlich bewertet, so sieht etwa Ockenfels die intrinsische Motivation zu Fairness und Vertrauen als langfristig durch Reglementierungen gefährdet.[120] Fehr beschreibt am Beispiel der Steuergesetzgebung seine Auffassung eines Zusammenhangs zwischen staatlicher Kontrolle und systematisch prognostizierbarem Verhalten. Seines Erachtens führen schärfere Kontrollen und Sanktionen (etwa in Folge des Steuerbetrugs Einzelner) dazu, dass „eigentlich ehrliche" Bürger ihre intrinsische Motivation zu Fairness und Vertrauen verlieren und ebenfalls aus selbstsüchtigen finanziellen Gründen Schlupflöcher zu suchen beginnen. Im Zuge einer Gleichsetzung von gesellschaftlicher und marktlicher Koordination wird hier eine staatliche Regulierung als Vertrauenshindernis konstruiert.

These 8: Reputation erhöht Tausch- und Gewinnmöglichkeiten und wird dadurch zum Vertrauensanreiz.

Die Entscheidung, zu vertrauen und den erwarteten spezifischen reziproken Leistungsaustausch zu eröffnen, soll auch über Reputation individuell begründbar werden können. Reputation gilt hier als ökonomischer Anreiz für Vertrauen. Die Kalkulation des Risikos bzw. der Wahrscheinlichkeit von Entscheidungshandlungen ist von ökonomischen Interessen strukturiert. Reputation wird hier als rationale Begründung für eine Entscheidung modelliert, die auf reziproken Leistungsaustausch fokussiert sein soll. Die Möglichkeit, eine gute Reputation zu erlangen, kann, wie etwa Untersuchungen zu E-Bay-Bewertungssystemen zeigen, Tausch-

---

120 Vgl. Ockenfels, Axel: „Das Ende des Homo Oeconomicus", in: UmweltDialog 5 (2007), S. 1-3.

und Gewinnmöglichkeiten steigern und so einen Anreiz setzen, etwa auf Betrugsmöglichkeiten zu verzichten.[121] Der Verzicht auf eine Betrugsmöglichkeit oder die Bereitschaft, ein Risiko einzugehen, stellt jedoch noch kein Vertrauen dar. Was als Vertrauensanreiz bezeichnet wird, stellt eher einen Kooperationsanreiz dar. Vertrauen wird hier mit Kooperation gleichgesetzt.

These 9: Vertrauenswürdig ist, wer trotz Nettovorteil eines Versprechensbruchs Versprechen einhält.

Vertrauen und Vertrauenswürdigkeit werden stets mit Bezug auf die Kategorie des kalkulierten Nutzens (Nettovorteil) definiert. Fehr modelliert Vertrauenswürdigkeit als individuelle Moral, die Selbstbindung jenseits ökonomischer Interessen möglich machen soll. Vertrauen und Moral werden im Sinne des Methodologischen Individualismus individualistisch konzeptualisiert. Im Kontext seiner ökonomistisch geprägten Modellierung des risikokalkulatorischen reziproken Leistungsaustauschs konzeptualisiert er Vertrauenswürdigkeit als Verzicht auf opportunistisches Verhalten. Vertrauensgeber und -nehmer sind in dieser Konzeptualisierung nicht intersubjektiv als einander Anerkennende in einer Vertrauensbeziehung miteinander verbunden, sondern werden von ihren je individuellen (durch Präferenzen, Sanktionen und Anreize strukturierten) Entscheidungen gesteuert. Sie vereint die riskante vertragsähnlich modellierte Abhängigkeit eines Leistungsgebers (Geber) gegenüber dem Entscheidungsverhalten eines Gegenleistungsgebers (Nehmer).[122]

These 10: Der Vertrauensakt hat häufig selbst eine nutzenerhöhende Wirkung. Vertrauen ist dauerhaft, wenn es institutionell gesichert ist. Nicht so sehr das gesellschaftliche Vertrauen, sondern die Vertrauenswürdigkeit von Menschen und Institutionen hat Auswirkungen auf die gesamtgesellschaftliche Wohlfahrt.

---

121 Siehe hierzu weiterführend U. Brinkmann: Face to Interface: Zum Problem der Vertrauenskonstitution im Internet am Beispiel von elektronischen Auktionen und Brinkmann, Ulrich/Meifert, Matthias: „Vertrauen bei Internet-Auktionen. Eine kritische Stellungnahme", in: Kölner Zeitschrift für Soziologie und Sozialpsychologie 55/3 (2003), S. 557-565.

122 Zum Begriff des Versprechens siehe weiterführend etwa Moran, Richard: „Testimony, Illocution and the Second Person", in: Aristotelian Society Supplementary Volume 87/1 (2013), S. 115-135 oder auch H.J.N. Horsburgh: The Ethics of Trust.

Insbesondere diese letzte These verdeutlicht, dass Vertrauen in dieser Modellierung ausschließlich als Funktionalität im Hinblick auf ökonomische Nutzenmaximierung bewertet wird. Wird Vertrauen als reziproker Leistungsaustausch definiert und sollen Tausch- und Gewinnmöglichkeiten eröffnet werden, muss der Geber in einem nicht vollständig kontrollierbaren Vertragsverhältnis entsprechend seiner kognitiven/neuronalen Voraussetzungen die Wahrscheinlichkeit der Vertragstreue des Nehmers kalkulieren. Dadurch, dass Versprechen gehalten werden, sollen gewinnorientierte Leistungstausche, also auch sogenannte kritische Vorleistungen wie Vertrauen, möglich werden. Mit Bezug auf Lagerspetz wurde bereits erörtert, dass Vertrauen im Gegensatz zu Verlassen-auf keine Kosten/Nutzen-Abwägung ist, in der potenzielle Gewinne oder Verluste durch einen Vertrauensmissbrauch in Bezug auf das potenzielle Verhalten einer dritten Person kalkuliert werden. Fehr interessieren die Entstehungsbedingungen des reziproken Leistungsaustauschs sowie die Voraussetzungen von Tausch und Gewinn mit einem kalkulierbaren und ökonomisch verantwortbaren Risiko. Fehrs Vertrauensmodellierung ist kritikwürdig, da er Vertrauen als eigennutzenorientierte Erwartung eines reziproken Leistungsaustauschs modelliert, die von den neuronal beeinflussten Fähigkeiten zur Erwartungsbildung abhängt. Fehrs Gleichsetzung von Vertrauenswürdigkeit mit Verlässlichkeit macht die Kalkulation von Betrugsrisiken zur zentralen Grundlage seiner Modellierung. So kann er jedoch die Notwendigkeit von Verlässlichkeit, wie er sie in seiner letzten These betont, nur im Hinblick auf die Bildung einer in ökonomischer Hinsicht (sich in Tausch und Gewinn ausprägenden) rationalen Leistungserwartung erkennen. Etwa der gesellschaftlich bedeutsame Zusammenhang von Institutionen, Zuversicht und Teilhabe lässt sich jedoch nicht mit ökonomistisch oder biologistisch geprägten Konzepten, die an mathematisch-naturwissenschaftlichen Begründungsstandards orientiert sind, erkennen. Insbesondere an Fehrs 10. These zeigt sich das Dogma des instrumentellen Egoismus: Das Nützliche ist mit dem Guten gleichgesetzt; so wird etwa gesamtgesellschaftliche Wohlfahrt mit der Orientierung an ökonomischem Nutzen begründet. Da eine stabile Nutzenorientierung für Wohlfahrt und hierfür wiederum ein Verzicht auf opportunistisches Verhalten erforderlich ist, steht für die neuroökonomische Forschung die Klärung von Ursachen von Entscheidungsverhalten und Präferenzbildungen im Fokus, um ökonomische Ressourcen wie etwa Vertrauen besser nutzen zu können. Vertrauenswürdigkeit gilt hierbei als über Kontroll- und Anreizmechanismen herstellbar, was Vertrauen und somit Möglichkeiten ökonomischen Gewinns und kommerziellen Tauschs generieren soll.

Ähnliche auf *biologistisch-reduktionistischen Begriffen und Aussagen* beruhende Empfehlungen für den nutzenoptimierten Umgang mit ökonomischen Ressourcen wie etwa Vertrauen formuliert auch etwa Beckert.[123] Er sieht, insbesondere für Vertrauen im Kontext von Marktbeziehungen, die Notwendigkeit, potenziellen Vertrauensgebern Hilfen an die Hand zu geben, damit sie erkennen können, ob ein Vertrauensnehmer tatsächlich vertrauenswürdige Qualitäten besitzt. Hier bezieht er sich u.a. auf spieltheoretische Forschungsergebnisse von Bacharach und Gambetta, die Merkmale für vertrauenswürdige Qualitäten (wie z.b. „honesty" oder „good nature") zu bestimmen suchten.[124] Beckert führt in diesem Zusammenhang „biologische Signale" wie etwa Rasse oder Hautfarbe auf, die kritisch zu betrachten sind. Im Namen der Herstellung, Identifikation, Begründung oder auch Kontrolle von Vertrauenswürdigkeit werden biologistische Konzeptualisierungen vorgenommen (sowie vielfach unkritisch bzw. unkommentiert übernommen), die nicht nur sachlich falsch, sondern rassistisch sind.

Bateson begreift Vertrauen, *evolutionsbiologisch* betrachtet, als Voraussetzung für effektive Kooperation. Auch hier wird im Zuge eines naturalistischen Zugriffs eine Kausalität konstruiert, die der Komplexität der Rationalitätsform des

---

123 Vgl. Beckert, Jens: „Trust and Markets", in: Reinhard Bachmann/Akbar Zaheer (Hg.), Handbook of Trust Research, Cheltenham/Massachusetts: Edward Elgar Publishing 2006, S. 322. Das Handbook of Trust Research weist eine Auswahl von Aufsätzen auf, die mit äußerst reduzierten funktionalistischen Vertrauensbegriffen operieren und Vertrauen mit Risiko und ökonomischem Gewinn korrelieren. Vgl. auch den Ausdruck „die Natur der sozialen Welt" in D. Good: Individuals, Interpersonal Relations, and Trust, S. 31-48. Etwa sein Bezug auf Seligmans Elektroschockversuche mit Hunden von 1971 zeigt, wie sehr Vertrauen (insbesondere biologistisch) noch immer mit Risiko und Erwartung assoziiert wird.

124 Vgl. Bacharach, Michael/Gambetta, Diego: „Trust in Signs", in: Karen S. Cook (Hg.), Trust in Society (=Russel Sage Foundation Series on Trust, Band 2), New York: Russel Sage Foundation 2003, S. 148-184. Mit Bezug auf Spiel- und Zeichentheorie versuchen die Autoren, Vertrauenswürdigkeit nachahmendes Verhalten zu entziffern, da Vertrauensgeber dem Risiko ausgesetzt seien, dass potenzielle Vertrauensnehmer aufgrund erhoffter Kooperationsgewinne Vertrauenswürdigkeit vortäuschen könnten. Daher sollen Identifizierungsmerkmale wie etwa beobachtbare physiognomische Merkmale (z.B. ein kräftiges Kinn) und Verhaltensmerkmale (z.B. entspannte Schultern oder ein offener Blick) bewertet und eine Taxonomie für alltägliche Vertrauensentscheidungen entworfen werden. Ihre Untersuchung sogenannter Fehlsignale ist kritisch zu betrachten, da sie nicht nur Vertrauen mit Risiko und Unsicherheit assoziiert und Vertrauen als Entscheidung modelliert, sondern menschliches Verhalten naturalistisch (z.B. auf biologische Signale wie etwa „Rasse") reduziert.

Vertrauens nicht gerecht wird bzw. diese nicht erfassen kann.[125] Bateson geht davon aus, dass Ursachen von Vertrauen durch eine Untersuchung der Bedingungen, unter denen Kooperationsverhalten auftritt, bestimmt werden können. Abgesehen davon, dass Bateson Vertrauen nicht näher definiert, bestätigen seine Erkenntnisse letztlich nur, dass der Mensch ein soziales Wesen ist. Seines Erachtens soll erst Vertrauen Kooperation, im Zuge stetiger evolutionärer Optimierung, zu effektiver Kooperation machen können. Seiner mechanistischen Argumentationsweise liegt ein auf Verhalten reduzierter Handlungsbegriff zugrunde. Effektives Kooperationsverhalten ist seines Erachtens eine Reaktion auf natürliche Bedingungen. So gebe es effektivitätsbezogene Gründe, die Vertrauen evolutionsbiologisch haben entstehen lassen. Batesons Erkenntnis, dass der Mensch ein soziales Wesen ist, ist weder neu noch originell. Es ist vielmehr als Kategorienfehler zu bezeichnen, mechanistische Ursache-Wirkungs-Zusammenhänge auf eine komplexe Rationalitätsform übertragen. Die Fokussierung auf Funktionalitäten von Vertrauen im Zuge einer ausschließlichen Erforschung der Wirklichkeit des Daseins verhindert ein Verständnis von Vertrauen als Rationalitätsform sowie der spezifischen Qualität von Vertrauenshandlungen.

---

125 Vgl. Bateson, Patrick: „The Biological Evolution of Cooperation and Trust", in: Diego Gambetta (Hg.), Trust. Making and Breaking Cooperative Relations, Oxford/Massachusetts: Basil Blackwell 1990, S. 14-30. Beispiele für evolutionistisch-naturalistische Verkürzungen sind etwa auch bei Niemann, Hans-Joachim: Die Nutzenmaximierer. Der aufhaltsame Aufstieg des Vorteilsdenkens, Tübingen: Mohr Siebeck 2011 zu finden. Auf S. 98 des Kapitels „Vertrauen: Das Risiko eingehen, betrogen zu werden" schreibt er: „Es gehört nicht viel Phantasie dazu sich auszumalen, wie Vertrauen evolutionär entstanden ist: Nur wenn ich darauf setzen kann, dass der Jagdgenosse nicht davonläuft, wenn ein Löwe auftaucht, sondern von der anderen Seite her den Speer wirft, sind Gewinne möglich, von denen die Gefangenen des Gefangenendilemmas nicht einmal träumen können." Niemann beschreibt Vertrauen als Charakterhaltung, die effektive Kooperation ermöglichen soll. Niemann verkürzt Vertrauen funktionalistisch, auch wenn er das Modell des ökonomistischen Eigennutzenmaximierers kritisiert und den Nutzenmaximierer (Eigennutzenmaximierer mit gutem Gewissen) als überlegen ansieht. Es sei Aufgabe der Moral, das individuelle und das kollektive Zusammenleben, etwa mit Hilfe von „moraltypischen Mitteln" wie z.B. Charakterhaltungen, zu verbessern. Vertrauen setzt er mit Verlassen-auf gleich und begründet es vor dem Hintergrund eines Risikos evolutionistisch als (präferenzbezogenes) Mittel der Nutzenmaximierung.

Für einen allgemeinen Überblick biologischer Modelle von Kooperation und Altruismus siehe Hirshleifer, Jack: „Economics from a Biological Viewpoint", in: Journal of Law and Economics 20 (April 1977), S.1-52.

3.3.2.2 Eine spezifische Konzeptualisierung von Vertrauen: Verpflichten-auf

Im Zuge der Untersuchung ökonomistisch geprägter Vertrauensmodellierungen konnte eine Konzeptualisierung von Vertrauen in der Managementforschung identifiziert werden, die mit Begriffen wie Reputation oder Verlassen-auf nicht angemessen beschrieben werden kann. Daher wird hier die Einführung des Begriffs *„Verpflichten-auf"* vorgeschlagen.

Für die Managementforschung lässt sich zunächst allgemein feststellen, dass sie Vertrauen insbesondere im Hinblick auf seine Funktionen im Kontext von Beziehungen zwischen Führungs- und Mitarbeiterebene untersucht. Eberl fasst im Handwörterbuch Unternehmensführung und Organisation für die Managementforschung zusammen, dass Vertrauen eine effiziente Lösung zur Koordination inter- und intraorganisationaler Netzwerke darstelle und so zu einem strategischen Wettbewerbsvorteil werden könne.[126] Neben Einsparpotenzialen bei kostenintensiven Kontrollmaßnahmen soll Vertrauen etwa funktionale spontane Selbstabstimmungsprozesse initiieren und Arbeitszufriedenheit, Commitment und Koordinationseffizienz fördern helfen.

Neben koordinations- und transaktionskostensenkenden Vorteilen wird Vertrauen insbesondere als *Gestaltungsinstrument für Abhängigkeitsbeziehungen* konzeptualisiert. Gabarro etwa führte Interviewstudien mit Personen der Management- und Führungsebene zu Fragen des Nutzens und der Herstellbarkeit von Vertrauensbeziehungen durch und leitete daraus Empfehlungen für Manager in Organisationen ab, die bis heute maßgeblich sind.[127] Vertrauen zu (insbesondere neuen) Vorgesetzten soll sich demnach im Sinne eines Interpersonal Contract dadurch entwickeln können, dass Erwartungen bezüglich Performance, Rollen, Vertrauen und Einfluss vereinbart, kommuniziert und symbolisch ausgedrückt werden. Als Basis für Vertrauen gelten nach Gabarro insbesondere Charakter (Integrität, Motive, Verhaltenskonsistenz, Offenheit, Diskretion), Kompetenz (spezifische Kompetenz, interpersonale Kompetenz, Geschäftssinn) und Urteilsfähigkeit (wiederum von Charakter und Kompetenz abhängig). Manager sollen Mitarbeitern insbesondere dann vertrauen können, wenn Integrität, Kompetenz und Verhaltenskonsistenz gegeben sind. Mitarbeiter hingegen sollen Managern insbesondere dann vertrauen können, wenn Integrität, Motive und Offenheit erkennbar sind. Vertrauen soll Einflussmöglichkeiten fördern. Gabarro bezeichnet Vorgesetzten-

---

126 Vgl. P. Eberl: Vertrauen.

127 Vgl. Gabarro, John J.: „The Development of Trust, Influence, and Expectations", in: Anthony G. Athos/John J. Gabarro (Hg.), Interpersonal Behavior. Communication and Understanding in Relationships, Englewood Cliffs, NJ: Prentice-Hall 1978, S. 290-303.

Untergebenen-Beziehungen als Beziehungen der Abhängigkeit, in denen man sich nach Ermessen Grade der Abhängigkeit zugesteht. Im Rahmen eines gut ausgearbeiteten Interpersonal Contract, als eines stabilen Sets gegenseitiger Erwartungen, könnten diese gestaltet werden.

Lahno etwa definiert Vertrauen als einen Mechanismus, der es Menschen erlauben können soll, mit Unsicherheit umzugehen.[128] Er stuft strategische Unsicherheit als grundlegendes Merkmal von Situationen wechselseitigen Vertrauens ein. Vertrauensentscheidungen stellen für ihn die Wahl einer Risikohandlung und Vertrauenshandlungen entsprechend Risikohandlungen dar. Lahno modelliert Vertrauensprobleme als Entscheidungsprobleme unter Risiko bzw. Unsicherheit. Er kritisiert Lagerspetz dahingehend, dass es nicht schlüssig sei, auszublenden, dass ein Vertrauender keine Sicherheit hinsichtlich des Verhaltens des Vertrauensnehmers besitzen könne. Die Argumentationen unterscheiden sich dahingehend, dass Lahno Vertrauen als Entscheidung auffasst. Lagerspetz hingegen bestimmt Vertrauen als Rationalitätsform, die intersubjektiv im Zuge eines Anerkennungsprozesses zu begründeten Urteilen führt. Aus diesem Grund beinhaltet Vertrauen, wie Lagerspetz treffend erkennt, kein (Betrugs-)Risiko und keine Unsicherheit. Wer vertraut, kalkuliert kein Risiko, entsprechend stellt sich im Vertrauen kein Entscheidungsproblem. Beide Autoren unterscheiden sich auch in ihren Konzeptionen des Begriffs der Alternative. Lahno geht davon aus, dass nur sinnvoll von Vertrauen gesprochen werden könne, wenn die Alternative des Vertrauensbruchs bewusst und vorhanden sei. Hier lässt sich zunächst anmerken, dass nicht alle Situationen, die Alternativen aufweisen, automatisch auch Entscheidungssituationen darstellen. Für Vertrauen ist zwar die Bedeutung der Handlungsalternative wesentlich, z.B. weil unter Zwang nicht sinnvoll von Vertrauen gesprochen werden kann, jedoch nicht im Hinblick auf eine Entscheidung eines potenziellen Vertrauensgebers. Lahnos Annahme, dass Vertrauen nur im Hinblick auf ein Betrugsrisiko sinnvoll bestimmt sei, fokussiert auf einen Vertrauensgeber, der eine Risikokalkulation vornimmt und auf dieser Grundlage zu einer Entscheidung kommt. Solche Modellierungen fokussieren auf Gründe für Vertrauensentscheidungen. Vertrauen (oder eine Vertrauenshandlung) basiert jedoch nicht auf Gründen („Grund haben"). Lahno führt als Beispiel für seine Interpretation an, dass ein Kunde, der einem Metzger trotz BSE-Skandal Rindfleisch abkauft, als im Vertrauen handelnd beschrieben werden kann, weil er weiß, dass der Metzger ihn im Hinblick auf die Fleischqualität prinzipiell auch betrügen könnte.[129] Lahno

---

128 Vgl. Lahno, Bernd: Der Begriff des Vertrauens, Paderborn: Mentis 2002.

129 Hier ist mit Malik anzumerken, dass der marktwirtschaftliche Kundenbegriff durch das Vorhandensein einer Wahl definiert ist. Eine solche ist etwa in Lahnos Beispiel

konzeptualisiert Vertrauen als Verlassen-auf, denn in seiner Modellierung ist sich der Käufer eines Risikos bewusst und er trifft seine Kaufentscheidung in diesem Bewusstsein. In Lahnos Beispiel verlässt sich der Käufer also – im Bewusstsein des BSE-Skandals und eines damit verbundenen prinzipiell möglichen Betrugsrisikos – darauf, dass er nicht vom Metzger betrogen wird. Als Vertrauender würde der Käufer kein Betrugsrisiko bedenken bzw. kalkulieren. Dies würde bedeuten, dass beide in einer Vertrauens- und somit in einer Anerkennungsbeziehung miteinander verbunden sind. Es ist nicht der mögliche Betrug, der als Alternative im Vertrauen relevant ist, wie Lahno annimmt. Im Vertrauen ist relevant, überhaupt eine Handlungsalternative zu haben, da sonst auch Handlungen unter Zwang als Vertrauen beschrieben werden könnten. Lahno nimmt in seiner sozialkapitalistisch geprägten Vertrauensmodellierung eine moralische Erweiterung vor. Er beschreibt Vertrauen als „moralisch gut, weil es einerseits Gutes bewirkt und andererseits selbst ein notwendiger Bestandteil eines guten und erfüllten Lebens ist."[130] Wer niemandem vertraue, werde nicht nur bedauert, sondern getadelt. Die fehlende Bereitschaft, zu vertrauen, stellt im Sinne des Sozialkapitalansatzes eine *Investitionsverweigerung* in das Sozialkapital Vertrauen dar. Das bedeutet, wer niemandem vertraut, verhindert, dass Gutes bewirkt und gut gelebt werden kann. Lahno lädt Vertrauen als investitionsfähiges Kapital moralisch auf. (Gute) Gründe für Vertrauen, das laut Lahno selbst „arational" sein soll, gebe es; eine moralische Rechtfertigung für fehlendes Vertrauen hingegen nicht. Werde Vertrauen benötigt, solle es durch Wahrnehmungsmanipulation potenzieller Vertrauensgeber, etwa dadurch, dass man sich so verhält, als würde man vertrauen, generiert werden können. Lahno modelliert Vertrauen im Hinblick auf seine Funktion als Sozialkapital indirekt als eine *moralische Verpflichtung*.

Es ist nicht nur die effektive Produktivitätssteigerung von Organisationen, die die Managementtheorie hier interessiert. Denn wie bereits in den vorangegangenen Kapiteln gezeigt wurde, gibt es eine Vielzahl ökonomistisch geprägter Theorien, die Funktionen von Vertrauen profitabel zu verwerten versuchen. Es ist vielmehr die Identifikation von Möglichkeiten der Einflussnahme auf das Verhalten anderer – und dies im Hinblick auf Abhängigkeitsverhältnisse. Bei Böhle et al. etwa wird explizit formuliert, was im folgenden Abschnitt exemplarisch anhand

---

vorhanden; der Kunde hat etwa eine Wahl im Hinblick auf das Produkt und den Anbieter. Vgl. Malik, Fredmund: Richtig denken – wirksam managen. Mit klarer Sprache besser führen, Frankfurt a.M./New York: Campus 2010, S. 146. Wie bereits am Beispiel der Inanspruchnahme gesetzlich zugesicherter Sozialleistungen beschrieben, kann eine Verwendung des Kundenbegriffs im Kontext öffentlicher Güter Verfügbarkeiten von Alternativen suggerieren, wo keine vorhanden sind.

130 B. Lahno: Der Begriff des Vertrauens, S. 399.

konkreter Managementtheorien erörtert werden soll: Vertrauen wird als Appell an
bzw. Einlassen auf ein „besonderes Moment sozialer Verpflichtung" modelliert.[131]
Diese spezifisch managementtheoretische ökonomistisch geprägte Konzeptualisierung von Vertrauen lässt sich anhand der Texte von Malik weiter exemplarisch herausarbeiten.[132] Vertrauen ist für Malik als Grundlage robuster Führung
im Zusammenhang mit der Effektivität von Menschen in Organisationen interessant. Management stellt für ihn die wichtigste Funktion von Gesellschaft, insb.
des 21. Jahrhunderts, dar, nicht nur, weil Management Wissen in Ergebnisse transformieren könne, sondern weil Gesellschaften aufgrund ihrer Komplexität in keinem Bereich mehr ohne Organisation und Management auskämen. Die Entstehung des Managements stelle daher die logische Folge einer natürlichen Entwicklung dar. Im Rahmen seines „kybernetischen Managements" erforscht Malik
Funktionsbedingungen komplexer Systeme und orientiert sich dabei an „perfekt
funktionierenden biologischen Systemen".[133] Neben Vertrauenswürdigkeit fördernden Führungseigenschaften beschreibt Malik vor allem, wie Führungskräfte
ihre Untergebenen so durch Vertrauen motivieren können sollen, dass Organisationen die Brücke zwischen Effektivität und Effizienz schlagen und Kulturen der
Nutzenmaximierung schaffen können. Unter dem Motto „Vertraue jedem, so weit
Du nur kannst und gehe dabei sehr weit an deine Grenze", rät er, ein Manager
solle sicherstellen, dass:

- er jederzeit erfahren wird, wenn sein Vertrauen missbraucht wird,
- die Mitarbeiter und Kollegen wissen, dass er das erfahren wird,
- jeder Vertrauensmissbrauch gravierende und unausweichliche Folgen haben
  wird,
- die Mitarbeiter auch das unmissverständlich wissen.[134]

In der frühkindlichen Erziehung wisse das Kind, dass der Vater das Recht und die
Pflicht habe, es „ein bisschen zu beobachten" und zu kontrollieren. „Als Folge
dessen werden wir sehr gut und sehr vertrauensvoll miteinander auskommen."[135]
Die Freiheiten und Spielräume erweiterten sich so zunehmend und das Kind werde
Fehler gestehen und um Rat bitten, weil es wisse, dass es seinem Vater vertrauen

---

131 Vgl. F. Böhle/N. Huchler/J. Neumer/S. Sauer: Vertrauen zur Organisation des Informellen. Neue Herausforderungen und Perspektiven in Unternehmen.
132 Vgl. insb. Malik, Fredmund: Führen Leisten Leben. Wirksames Management für eine
     neue Zeit, Frankfurt a.M./New York: Campus 2006.
133 Vgl. ebenda, S. 132.
134 Vgl. ebenda, S. 153f.
135 Ebenda, S. 155.

könne. In funktionierenden Ehen, Freundschaften sowie in Organisationen zwischen Mitarbeitern und Vorgesetzten und zwischen Kollegen sei dies nicht anders. Malik modelliert Vertrauen als Folge eines erzieherischen Verhaltens, das auf expliziter (scheinbar allmächtiger) Kontrolle und der Androhung von Sanktionsmaßnahmen beruht. Risiken, Betrug oder problematische Realitätsbeurteilungen sollen dadurch vermieden werden. Ziel ist die Sicherstellung des richtigen Ergebnisses durch Ausschluss von Betrug und Fehlverhalten bzw. -leistungen. In Maliks Modellierung geht es nicht um gegenseitige Anerkennung, sondern darum, dass eine Person Kontrolle über das Verhalten einer anderen Person zu erlangen versucht bzw. ausübt. Malik beschreibt hier Maßnahmen des Überwachens und Strafens bzw. Reaktionen darauf, die an eine paternalistische Disziplinierung zu Gehorsam erinnern. Maliks strategische Erziehungsmaßnahmen ebenso wie das erwartete reaktive Verhalten können nicht als Vertrauen bezeichnet werden. Es mag Beziehungen geben, die durch Macht und Gehorsam strukturiert sind; diese sind jedoch keine Beziehungen gegenseitiger Anerkennung. Malik geht hier deutlich über Gambettas Interpersonal Contract hinaus, da hier nicht die gemeinsame Erarbeitung und Fixierung von leistungsbezogenen Verhaltenserwartungen im Vordergrund steht. Vielmehr wird die Erweiterung von Freiheitsräumen in Abhängigkeit von verhaltenskonformem Verhalten in Verbindung mit einer nicht weiter definierten allmächtigen Kontrollfähigkeit und Strafandrohung in Aussicht gestellt. So scheint es nicht darum zu gehen, potenziellem Vertrauen Raum zu geben, sondern ein spezifisches Klima zu schaffen, in dem eine *Erziehung zum Gehorsam* fruchtbar werden kann. Untergebenen wird nicht der Status vertrauenswürdiger Personen zuerkannt, sondern dieser vielmehr aberkannt, da sie nicht nur implizit, sondern auch explizit mit einem Betrugsrisiko assoziiert und daher als potenziell disziplinierungswürdig eingestuft werden. In diesem asymmetrischen Verhältnis hat der Manager grundsätzlich und langfristig die Rolle des Erziehers inne. Sein Erziehungsobjekt kann sich zwar durch regelkonformes Verhalten Freiräume erarbeiten, die Definitions- und Kontrollmacht bleibt jedoch bei dem Manager. Was Erwartungsstabilität konstruieren zu können scheint bzw. solche mit Vertrauen gleichzusetzen scheint, ist jedoch ein asymmetrisches Verhältnis, in dem eine Disziplinierungsmacht einen Anspruch auf Gehorsam erhebt. Disziplinierung und Gehorsam können nicht mit Vertrauen gleichgesetzt werden, da gegenseitige Anerkennung dort explizit ausgeschlossen ist. Das strategische Vertrauen des Managers ist ebenso wenig Vertrauen wie das strategische Verhalten des Untergebenen. Vertrauen wird vielmehr *rhetorisch* zur Strukturierung des Verhältnisses genutzt. Im Betrugsfall drohen nicht nur Strafen, sondern auch der Entzug des strategischen Vertrauens und der Verlust der zugebilligten Freiräume. Würde der Krisenfall eintreten, könnte im Rahmen dieser Rhetorik von einer Vertrauenskrise oder einem Vertrauensbruch gesprochen werden; allerdings belegt das nicht, dass tatsächlich Vertrauen vorhanden war. Wo Vertrauen verloren gegangen sein soll, muss es vorher vorhanden gewesen sein.

Wird sogenanntes Vertrauen explizit vergeben bzw. in Aussicht gestellt, um beste Ergebnisse (mit einem geringer werdenden Kontrollaufwand) zu erzielen, und werden diese jedoch nicht erreicht (aufgrund von Fehlern, Betrug etc.), sind explizite Vereinbarungen gebrochen worden. Wie in einem Vertragsbruch zieht dies Vertragsstrafen nach sich. Die Nichterfüllung eines Vertrages, der als auf Disziplin und Gehorsam ausgerichtet definiert wurde, wird als Ungehorsam interpretiert und kann daher mit disziplinarischen Maßnahmen beantwortet werden. Die Vertragspartner sind nicht gleichberechtigt. Vielmehr kommt „Vertrauen" in diesem Konstrukt die Funktion zu, eine konkrete Person auf ein konkretes Ergebnis hin explizit zu verpflichten (*Verpflichten-auf*). Vertrauen als eine Anerkennungsbeziehungen ermöglichende Rationalitätsform hingegen ist kein Grund, keine Verpflichtung, keine Vereinbarung oder Ähnliches. Im Vertrauen kommen gleichberechtigte Personen, die sich einen Status als vertrauenswürdige Personen zuerkennen, intersubjektiv zu begründeten Urteilen und sind in einem Anerkennungsverhältnis miteinander verbunden. Hier wird kein Anspruch erhoben oder explizit gemacht, sondern kooperative Autonomie möglich.

Ein wichtiges Spezifikum genuiner Vertrauenshandlungen und -beziehungen ist: *Vertrauen ist wesentlich implizit*. Es wird in Vertrauensbeziehungen und Vertrauenshandlungen nicht explizit thematisch. Es kann zwar vorkommen, dass der Begriff verwendet wird, er wird jedoch nicht als Begründung für die Handlung oder Beziehung selbst expliziert. Werden hingegen „Gründe für Vertrauen" explizit gemacht, wird eine Handlung oder Beziehung, die auf Reputation beruht, beschrieben, jedoch nicht Vertrauen. Gerade daran, dass Vertrauen implizit bleibt, dass es ist, ohne sich rechtfertigen oder als Gabe darstellen zu müssen, zeigt sich, dass es hier nicht um einen reziproken Austausch von Leistungen geht. Der Begriff „Verpflichten-auf" soll hier daher den häufigen Konzeptualisierungen von Vertrauen (Reputation, Verlassen-auf, Kooperation) zur Seite gestellt werden. Vertrauen, als Verpflichten-auf konzeptualisiert, ist an konkrete Bedingungen geknüpft. Ziel des Gebers ist die effektive und risikoarme Ergebnissicherung und seine rationale Erwartung zielt auf den Gehorsam des Nehmers. Das Ziel und die rationale Erwartung des Nehmers ist die Sanktionsvermeidung. Der Verpflichtete hat im Kontext der asymmetrischen Verpflichtung weder eine echte Alternative, das strategische Vertrauen abzulehnen, noch, seinerseits Vertrauen entgegenzubringen. Er befindet sich in einem *alternativlosen Abhängigkeitsverhältnis*, nicht in einer Anerkennungsbeziehung. Im Vertrauen als Verpflichten-auf kann keine Rolle von Geber und Nehmer sinnvoll konstruiert werden, da einseitig und explizit festgelegt wird, wem eine Pflicht auferlegt wird. Bei Malik werden nicht, wie in Lahnos Interpersonal Contract, Erwartungen fixiert, sondern Vertrauen wird aktiv und explizit als Instrument der subjektivierenden Leistungsverpflichtung eingesetzt bzw. strategisch-rhetorisch zur Legitimation der Anwendung von Sanktionsmitteln verwendet. Vertrauen wird als (Vor-)Leistung inszeniert, die zu einer Gegenleistung verpflichtet. Die Reziprozität von Leistungen steht hier wie in einem monetären Saldenausgleich im Vordergrund. Dieser inszenierten Vorleistung könnte nur durch Zurückweisung entkommen werden. Für den Fall des Vertrauensbruchs (richtig: des Nichterfüllens der einseitig eingeleiteten Verpflichtung) werden Sanktionen bzw. Sanktionsbedingungen expliziert. Denn der (moralisch aufgeladene) Begriff „Vertrauen" *macht den Vertragsbruch zum Vertrauensbruch.* Der Begriff des Vertrauens wird hier als normativ gestützte Implementation, Kontrolle und Steuerung von Verbindlichkeiten instrumentalisiert. Ein solches „Vertrauensverhältnis" konstruiert einseitig ein normativ aufgeladenes Schuldverhältnis, das als solches verpflichtet und im Falle eines fehlenden Ausgleichs der Verbindlichkeiten Sanktionen legitimiert.

Für Malik stellt Kontrolle das zentrale Moment dar, um Vertrauen rechtfertigen zu können, und umgekehrt. Selbst wenn Selbstkontrolle die beste Kontrolle darstellen würde, wäre auch hier Kontrolle nötig. Manager kontrollieren nach Malik dort, wo nicht mehr gemessen werden kann, durch Urteilen. Auch wenn Messen und Urteilen letztlich nie objektiv sein könnten, müsste „solch philosophisches Gestrüpp" nach Malik durch Entscheidungen aus der Welt geschafft werden.[136] Malik versteht Management als Praxis, die sich am Erfolg des Handelns messen lassen müsse. Seines Erachtens besitzen die Funktionsgesetze der Kybernetik für die Organisation der Wirtschaft ebenso wie der Nicht-Wirtschaft „so und nicht anders" gleichermaßen Geltung.[137] Der Begriff der Komplexität ist hier zentral für Malik. Innerhalb des Managements von Komplexität wird Vertrauen als *Leistungs-Verpflichtungsinstrument* modelliert.

3.3.2.3 Zusammenfassung

In diesem Kapitel werden die bisher geleisteten Pointierungen zum Geltungsanspruch „Vertrauen soll …" idealtypisch systematisiert und tabellarisch zusammengefasst. Vertrauensforschung wird auf verschiedenen wissenschaftlichen Gebieten betrieben und sie soll Erkenntnisse für unterschiedliche praktische Anwendungsfelder liefern. Die folgende Übersicht ist nach Vertrauensforschung bzw.

---

136 Ebenda, S. 232.

137 Vgl. F. Malik: Führen Leisten Leben. Wirksames Management für eine neue Zeit, S. 369.

theoretischen Anleihen, die in der Vertrauensforschung Anwendung finden, Anwendungsfeldern, Rationalitätsannahmen bezüglich der Akteure sowie Vertrauensverständnis bzw. -funktion untergliedert. Da Vertrauen insbesondere quantitativ bestimmt wird, werden Schwerpunkte von wissenschaftlichen Disziplinen, Datenerhebung und -verarbeitung empirischer Vertrauensforschung separat zusammengefasst.

Tabelle 2: Ökonomistisch geprägte Vertrauenskonzepte – eine Systematisierung

Vertrauens-forschung/ theoretische Anleihen	Rationalitäts-annahme	Anwendungs-feld	Vertrauens-verständnis/ -funktion
Spieltheorie (neoklassisch)	Unbegrenzte Rationalität, rationale Nutzenmaximierung des Homo Oeconomicus	Soziale Dilemmata (unter Laborbedingungen), insb. Entscheidungen unter Unsicherheit, Wertschöpfung	Entscheidung Vertrauen = insb. Kooperation
Rational-Choice-Theorie (neoklassisch, entscheidungstheoretisch)	Unbegrenzte Rationalität, rationale Nutzenmaximierung des Homo Oeconomicus	Risikokalkulationen im Rahmen von Handlungsentscheidungen (z.B. Wette, Spiel, Transaktion), Wertschöpfung	Entscheidung Vertrauen = insb. Reputation
Vertrauen als Organisationsprinzip (institutionen-ökonomisch)	Begrenzte Rationalität, opportunistisches Verhalten	Organisationale Zusammenhänge, insb. strategische Wissensnetzwerke, Wertschöpfung	Organisationsprinzip, Human-Ressource Vertrauen = insb. Kooperation

Transaktions-kostenansatz (institutionen-ökonomisch)	Begrenzte Ratio-nalität, opportu-nistisches Ver-halten	Begründung von Institutio-nen sowie ihrer Anreiz-, Sankti-ons-, Kontroll-mechanismen, Wertschöpfung	Steuerungs-mechanismus Vertrauen = insb. Kostenreduktion
Transaktions-wertansatz (institutionen-ökonomisch)	Begrenzte Ratio-nalität, opportu-nistisches Ver-halten (Wert interorganisatio-naler Beziehung, z.b. Ressourcen und Fähigkeiten, eingerechnet)	Begründung von Institutio-nen sowie ihrer Anreiz-, Sankti-ons-, Kontroll-mechanismen, Wertschöpfung	Steuerungs-mechanismus Vertrauen = insb. Kostenreduktion
Sozialkapitalan-satz (institutionen-ökonomisch)	Begrenzte Ratio-nalität, opportu-nistisches Ver-halten	Wertschöpfung mithilfe infor-meller Normen und Werte als ökonomische und soziale Ressourcen	Ökonomische Ressource Vertrauen = insb. soziales Kapital
(neuro-, evolutions-)bio-logisch/neuro-ökonomisch ge-prägte Vertrau-ensforschung	Begrenzte Rationalität, biologisch deter-miniertes Ver-halten	Untersuchung (der Wirkungen bzw. Wechsel-wirkungen) neuronaler und affektiver Mechanismen als Ursachen von Präferenzen sowie Entschei-dungsverhalten unter Risiko, Wertschöpfung	Entscheidung/Er-wartung eines reziproken Leis-tungsaustauschs, biologisch verur-sachte Bereit-schaft zu riskan-tem/ kooperati-vem Verhalten Vertrauen = Me-chanismus

Management-forschung (insb. nach Lahno und Malik)	Begrenzte Rationalität, opportunisti-sches Verhalten	Abhängigkeits-beziehungen, Begründung/ Legitimation von Entschei-dungen, Wert-schöpfung	Entscheidung, effizientes diszi-plinarisches Leis-tungs-Verpflich-tungsinstrument (Leistung/Gegen-leistung) Vertrauen = in-vestitionsfähiges, -pflichtiges, -ver-pflichtendes Ka-pital innerhalb ei-nes Leistungs-vertrags

Tabelle 3: Empirische Vertrauensforschung – Schwerpunkte

Vertrauens-forschung	Insb. Empirische Psychologie, Sozialpsychologie. Fokus: Vertrauen als personale Eigenschaft, Vertrauensgenese, Entscheidungen unter Unsicherheit/Risiko, Zuschreibung vertrauenswürdiger Eigenschaften; Interviewstudien, Fragebogenanalysen (insb. Interpersonal Trust Scale), experimentelle Verfahren (insb. spieltheoretische Versuchsanordnungen), Beobachtungsverfahren, Critical-Incident-Methode, One-Item-Skalen
	Insb. Ökonomie, Experimentelle Wirtschaftsforschung, empirische Sozialforschung. Fokus: Vertrauen als Entscheidung/Erwartung, Vertrauen und Organisationen bzw. Institutionen, Entscheidungen unter Unsicherheit/Risiko, Identifikation von Vertrauenswürdigkeit; Interviewstudien, Fragebogenanalysen (insb. Interpersonal Trust Scale), experimentelle Verfahren (insb. spieltheoretische Versuchsanordnungen), Beobachtungsverfahren, Critical-Incident-Methode, One-Item-Skalen
	Insb. Neuroökonomie. Fokus: Insb. neuronale, affektive und genetische Ursachen von bzw. Einflussfaktoren auf Entscheidungen/Erwartungsbildungen/Präferenzbildungen/Vertrauenswürdigkeit insb. in finanziellen und sozialen Settings. Vertrauen als Entscheidung/Erwartung unter Unsicherheit/Risiko. Identifikation von Vertrauen und Vertrauenswürdigkeit sowie Möglichkeiten ihrer Beeinflussung; Datenerhebung: Insb. durch experimentelle Verfahren wie etwa spieltheoretische Versuchsanordnungen (u.a. kombiniert mit Mensch-Computer-Spielanordnungen), Bildgebungsverfahren (insb. Hirnscans) sowie naturwissenschaftliche Versuche z.B. durch Verabreichung hormoneller Präparate (u.a. kombiniert mit experimentellen/spieltheoretischen Verfahren); Datenverarbeitung: Bezug auf bzw. Auswertung von (z.B. evolutionsbiolog.) Verhaltensforschungs- und neurobiolog. Daten
Meinungs-forschung	Begriffe wie Vertrauen und Misstrauen werden befragten Personen häufig nicht erläutert, Schwerpunkte: Vertrauenskrisen und Vertrauen in gesellschaftliche Institutionen (z.B. World Values Survey); Insb. One-Item-Befragung

Vertrauensmodellierungen können weiter idealtypisch differenziert werden:

- Vertrauensmodellierungen („*Vertrauen ist...*")
  o untersuchen Vertrauen i.d.R. als Einstellung, personale oder interaktionistische Variable, Entscheidung, Erwartung, Emotion, Phänomen, Zustand, Leistung/Vermögen, Rationalitätsform
  o erachten Vertrauen als rational, nicht rational oder irrational
- Funktionalistisch geprägte Vertrauensmodellierungen („*Vertrauen soll...*") (die wiederum anhand Funktionalitätserwartungen idealtypisch zu unterscheiden sind nach im weitesten Sinne gesellschaftswissenschaftlich [häufig ökonomistisch] geprägten, ökonomistisch geprägten bzw. ökonomistisch-naturalistisch geprägten Zugängen)
  o befassen sich aus strategischer (i.d.R. ökonomischer) Sicht mit Vertrauen
  o kategorisieren Vertrauen als empirisch nachweisbare Größe
  o erachten Vertrauen als kalkulierbar/herstellbar/beeinflussbar
  o erachten Vertrauen als rational, nicht rational oder irrational
  o nehmen (z.b. normativ entscheidungstheoretisch) Interpretationen bzgl. anderer Wissens- und gesellschaftlicher Gebiete vor
  o verwenden Vertrauen als Erklärungsmodell, als strategisches Analyse-, Prognose-, Mess- oder Managementinstrument (hier insbesondere als Verpflichtungsinstrument)
  o Vertrauen soll insb. Kompensations-, Entlastungs- oder strategische Funktionen (als intendierte Wirkungen/Nebenwirkungen) erfüllen

Vertrauensmodellierungen liegen (z.b. ausschließlich auf zweckdienliche Gründe verengte) Rationalitätsannahmen zugrunde, z.b.:

- bzgl. idealtypischer Akteure (z.B.: „Homo Oeconomicus handelt nicht grundsätzlich opportunistisch und rational")
- bzgl. Vertrauenshandlungen (z.B.: „Die Handlung eines Vertrauensgebers/ -nehmers ist rational, weil ...")
- bzgl. Vertrauen (z.B.: „Vertrauen ist rational, weil ..." [„*Grund haben*"], „Vertrauen ist eine Rationalitätsform" [„*Grund sein*"])

Vertrauensmodellierungen können Handlungskonzepten[138] zugeordnet werden, so z.B.:

- Handeln als Nutzenmaximierung modelliert (Interaktion ≙ Transaktion)
- Handeln als Zielverwirklichung modelliert (Interaktion ≙ Konflikt)
- Handeln als Reproduktion von Lebenswelt modelliert (Interaktion ≙ Erzeugung einer intersubjektiv geteilten Welt)
- Handeln als Sinnkonstruktion modelliert (Interaktion ≙ Kommunikationsvorgang)
- Handeln als moralische Sinnkonstruktion modelliert (Interaktion ≙ Herausbildung von gemeinsam geteilten Maßstäben der Gerechtigkeit, wie z.b. im Vertrauen Wohlwollen, Eigennutz, intrinsischer Wert der Vertrauensbeziehung)

Vertrauensmodellierungen können unterschiedliche gesellschaftliche Ebenen adressieren:

- Mikroebene (Subjekt)
- Mesoebene (Organisation)
- Makroebene (Gesellschaft)

Instrumentalistisch verkürzte Rationalitätsannahmen und stark idealisierte methodologische Typisierungen, wie etwa des (trotz Kritik und Überarbeitungen) noch immer populär angewandten Homo Oeconomicus, reduzieren menschliches Handeln auf Verhalten und Motive auf Gründe. Deterministische Verhaltensannahmen oder etwa auch Reduktionen von Rationalität auf instrumentelle Rationalität blenden beispielsweise menschliche Kreativität, Willens- und Handlungsfreiheit aus. Schüßler schreibt treffend: „Regeln wie ‚Kooperiere immer!', ‚Defektiere immer!' oder ‚Kooperiere bis dein Partner defektiert, dann kooperiere nie mehr!' geben den strategischen Einfallsreichtum der Spezies Mensch kaum hinreichend wieder."[139] Menschliches Handeln erschöpft sich nicht in strategischen Entscheidungen.

---

138 Vgl. Münch, Richard: Soziologische Theorie, Band 2: Handlungstheorie, Frankfurt a.M.: Campus 2002, wobei darauf hinzuweisen ist, dass der Handlungsbegriff insbesondere in funktionalistischen Modellierungen bzw. unter instrumenteller Rationalität stark reduziert modelliert wird (Handeln ≙ Verhalten).

139 R. Schüßler: Kooperation unter Egoisten: Vier Dilemmata, S. 22 und S. 32ff. Insbesondere in spieltheoretischen Experimenten wird Vertrauen mit Kooperation gleichgesetzt. Vertrauen muss jedoch nicht immer zu Kooperation führen und Kooperation

Aussagen bezüglich der Berechenbarkeit menschlichen Verhaltens leiten sich häufig aus der Übertragung idealisierter mathematischer Abstraktionsverfahren auf idealisierte Experimentalbedingungen ab. Scheinbar objektive Ableitungen und Übertragungen, ob auf weitere abstrakte Settings oder aber auf reale Bedingungen, verbleiben stets ihrem (kausalistischen) Theoriedesign verhaftet oder, mit Husserls Worten formuliert: unerkannte subjektive Leistung. Dies wirkt sich umso mehr auf die Untersuchung von Vertrauen aus, das in seiner Eigenschaft als Rationalitätsform intersubjektiv konstituiert ist und auf gegenseitiger Anerkennung beruht. In einer Vertrauensbeziehung weisen Menschen sich den Status vertrauenswürdiger Personen zu. Ein Status ist weder verhandelbar noch berechenbar, verwertbar oder konsumierbar, da er auf das Subjekt bezogen ist. So besteht ein *qualitativer Unterschied* zwischen einer Anerkennungsbeziehung, wie etwa einer Vertrauensbeziehung, und einer riskanten Handlung, die etwa auf Verlässlichkeit beruht. Eine Differenzierung von Vertrauen und Verlassen-auf stellt also keine, wie einige Kritiker vermuten, überflüssige Differenzierung dar, weil beides ohnehin stets in den gleichen Kontexten auftrete.[140] Vertrauenshandlungen sind Handlungen bestimmter Qualität, die unter Kontrollerfordernissen in Anbetracht eines Risikos nicht bzw. nicht in dieser Qualität möglich sind. Unter einem reduktionistischen Verständnis von Ökonomie und instrumenteller Rationalität wird Vertrauen *ausschließlich quantitativ* als funktional verengter Grund, Verlassen-auf, Verpflichten-auf, Kooperation, Reputation, riskante Entscheidung, Nichtausbeutungserwartung, Selbstbindung, Wertschöpfungsinstrument usw. konzeptualisiert. Dies führt zu den Fragen, was im Zusammenhang eines verbreiteten reduktionistischen Ökonomie- und Rationalitätsverständnisses unter Vertrauen verstanden werden kann und welche Verständnisse von Vertrauen überhaupt in Geltung kommen können.

---

kann auch ohne Vertrauen gelingen. Vertrauen liegt als Rationalitätsform auf einer anderen begrifflichen Ebene als Kooperation.

Schüßler scheint Vertrauen indirekt als individuelle Wertbindung zu interpretieren, auf die ökonomisierte Gesellschaften auch verzichten könnten.

140   Vgl. etwa E. Fehr: Thesen zur Ökonomie und Biologie des Vertrauens.

3.4 ÖKONOMISIERUNG, VERTRAUENS-MODELLIERUNGEN UND DER WERT DES EIGENINTERESSES

Da Ökonomisierung als Erkenntnishaltung sowie als Institutionalisierung von Effizienzorientierung und Wettbewerb potenziell alle gesellschaftlichen Bereiche betrifft, können Subjektrelativität und Lebenswelt potenziell auch in allen gesellschaftlichen Bereichen negiert werden. Das auf Mathematisierung beruhende und ausschließlich auf Instrumentalität ausgerichtete Ökonomieprinzip lässt nur als rational gelten, was innerhalb des rechnenden Denkens begründet, begründbar, quantifizierbar und im Hinblick auf kapitalistische Wertschöpfung nützlich ist.

Der unter Ökonomisierung und instrumentellem Egoismus maßgebende Wert des Eigeninteresses (oder auch Eigennutzens) jedoch stellt einen Wert dar, der absolut gesetzt (Eigennutzenaxiom, Ökonomieprinzip) und einem angeblich wertfreien naturalistischen Objektivismus bzw. einer entsprechenden Ökonomisierung sowie den sich auf sie berufenden (Entscheidungs-)Handlungen als maßgebend vorangestellt ist. Das Verhalten des Homo Oeconomicus ist nicht als wertfrei, sondern als normativ zu beschreiben. Das explizite Interesse an Vertrauen als einer *nicht normativen Form der Selbstbindung* ist ein Beispiel für die Rhetorik des dogmatischen instrumentellen Egoismus, die den Wert des Eigeninteresses absolut setzt (*rational = nützlich = gut*) und zugleich eine wertfreie Objektivität entsprechend mathematisch-naturwissenschaftlicher Begründungsstandards vorgibt (objektiv = mathematisch-naturwissenschaftlichen Begründungsstandards entsprechend = nicht normativ). Da Selbstbindung (neben der Setzung von Anreizen) rationale Egoisten, deren opportunistisches Verhalten keine Normen kennt, zu Kooperation befähigen und Vertrauen Selbstbindung ermöglichen soll, gilt Vertrauen als ein Instrument, das mathematisch-naturwissenschaftlichen Begründungsstandards entspricht und quantitativ bestimmt werden kann. In dieser Hinsicht gilt Vertrauen als legitimer Handlungsgrund. Homo Oeconomicus orientiert sein Denken und Handeln ausschließlich an Gründen, die der Maximierung bzw. Optimierung des Wertes des Eigennutzens dienen. Werte, die über ein Eigeninteresse hinausgehen, wie etwa Solidarität oder Gemeinwohl, gelten für ihn nur insofern, als sie ihm nutzen können. Die Modellierung des Homo Oeconomicus sieht einen Verzicht auf opportunistisches Verhalten nur in Fällen vor, in denen Anreize vorhanden sind, die einen gleich- oder höherwertigen ökonomischen Nutzen versprechen. Das Verhalten des Homo Oeconomicus wird als wertfrei bezeichnet, zutreffend ist jedoch, dass es *ausschließlich auf den Wert des Eigeninteresses bezogen* ist.[141]

Im Rahmen einer dominanten ökonomistischen Bestimmung von Rationalität werden auf Eigennutzenmaximierung ausgerichtete zweckdienliche Gründe maßgebend für die Bewertung, Berechnung, Realisierung, Legitimität und Prognostik von Entscheidungen unter Erwartungsdruck.[142] Es ist dieser Fokus auf Gründe bzw. Legitimationen für riskante oder unsichere Entscheidungen (insbesondere im Rahmen von Handlungsdilemmata), der das ökonomistisch-effizienzbezogene Interesse an Vertrauen hervorruft.

Wird Vertrauen bzw. werden die auf ihm basierenden Handlungen in zweckdienlicher Hinsicht begründet, gelten sie als gerechtfertigt („Vertrauen/die Vertrauenshandlung ist rational, weil …"). In der Folge müssen Handlungen, die sich auf begründetes Vertrauen berufen, nicht gerechtfertigt werden, da begründetes Vertrauen als rational gilt („Diese Entscheidung ist durch begründetes Vertrauen legitimiert").

Vertrauen (als Vorleistung konzeptualisiert) gilt mit Bezug auf die Reziprozität von Leistungen als rational. Die Erbringung einer Leistung soll demnach dann rational/nützlich sein, wenn eine ausgleichende Gegenleistung erbracht wird. Die Reziprozitätsnorm wird ökonomistisch als gerechter Leistungsausgleich und Vertrauensbeziehungen werden als vertragsähnliche Beziehungen konzeptualisiert.[143] Honneth zeigt etwa am Beispiel traditionell-liberalistischer Modellierungen sozialer Gerechtigkeit, welche Konsequenzen bis heute gültige individualistisch verkürzte Konzeptualisierungen von persönlicher Autonomie aufweisen können. Er weist treffend darauf hin, dass Theorien sozialer Gerechtigkeit erst intersubjektive Anerkennungsprozesse konzeptualisieren müssen, um Gerechtigkeit nicht länger

---

141 In diesem Buch werden mögliche praktische Auswirkungen identifiziert; es wird keine Kritik ethischer Theorien vorgenommen.

142 Für eine Unterscheidung der Begriffe „Entscheidung" und „Erwartung" vgl. N. Luhmann: Soziologische Aspekte des Entscheidungsverhaltens.

143 Vgl. hier auch Graeber, David: Schulden. Die ersten 5000 Jahre, Stuttgart: Klett-Cotta 2012, der im Rahmen seiner Untersuchung des Schuldbegriffs problematische Gleichsetzungen etwa von Gerechtigkeit mit Reziprozität, finanzieller Schuld mit moralischer Schuld oder auch menschlichen Beziehungen mit Tauschbeziehungen herausarbeitet.

auf Güterdistribution zu reduzieren.[144] In ökonomistischen Vertrauensmodellierungen wird Vertrauen als reziproker Leistungstausch konzeptualisiert. In Vertrauensbeziehungen geht es jedoch nicht um einen reziproken Leistungsaustausch. Im Vertrauen drückt sich ein intersubjektiver Anerkennungsprozess aus, in dem sich Vertrauenspartner gegenseitig den Status vertrauenswürdiger Personen zuweisen. Im Vertrauen, als einer auf Intersubjektivität und Anerkennung beruhenden Rationalitätsform, konstituieren sich begründete Urteile intersubjektiv in einer subjekt-relativen Welt („Rationalitätsform sein"). Die Vertrauensbeziehung ist nicht vertragsähnlich von Leistungs- und Gegenleistungserwartungen („Grund haben") strukturiert. Ökonomisches Handeln profitiert von gesellschaftlichen Normen, die das Denken und Handeln der Wirtschaftssubjekte orientieren. Wären alle Wirtschaftssubjekte ausschließlich an der Maximierung ihres Eigennutzens interessiert und in keiner Weise durch Werte, die über Eigeninteresse hinausgehen (wie etwa Gemeinwohl oder Solidarität) geprägt und orientiert, wären sie nur eingeschränkt kooperativ handlungsfähig, da z.b. rechtliche oder soziale Normen nur in Situationen bzw. nur so lange eingehalten würden, wie sie einen Vorteil versprechen.[145] Wirtschaftssubjekte, auch jene, die ausschließlich an der Maximierung ihres Eigennutzens interessiert sind, können sich darauf verlassen, dass andere Wirtschaftssubjekte rechtliche oder soziale Normen einhalten. So können rationale Eigennutzenmaximierer etwa für sie profitable Kooperationen eingehen, solange sie ihnen nutzen, ohne selbst kooperativ, normgebunden oder verlässlich zu agieren (sogenannte „Hit-and-Run-Strategie"). Oder sie können andere Wirtschaftssubjekte manipulativ auf die Einhaltung sozialer Normen verpflichten, ohne diesen selbst zu folgen. Wie Hartmann treffend schreibt, kann eine soziale bzw. normative Praxis langfristig durch Lüge Schaden nehmen.[146]

Im institutionalisierten Wettbewerb kann es im Sinne des Ökonomieprinzips „rationaler" sein, sich z.B. nicht auf die Selbstbindung anderer Akteure zu verlassen oder nicht zu vertrauen. Ein von Präferenzen und Restriktionen gerahmtes

---

144 Vgl. Anderson, Joel/Honneth, Axel: „Autonomy, Vulnerability, Recognition, and Justice", in: John Christman/Joel Anderson (Hg.), Autonomy and the Challenges to Liberalism, New Essays, Cambridge: Cambridge University Press 2005, S. 127-149.

145 Vgl. hier etwa auch Hartmann, Martin/Saar, Martin: „Bernard Williams on Truth and Genealogy", in: European Journal of Philosophy 12/3 (2003), S. 386-398, die instrumentalistische und intrinsische Haltungen zu Wahrheit und Vertrauenswürdigkeit unterscheiden.

146 Vgl. M. Hartmann: Die Praxis des Vertrauens. Siehe weiterführend für den Zusammenhang von Vertrauen und Lüge etwa S. Bok: Truthfulness, Deceit and Trust (Schwerpunkt amerikanische Außen- und Sicherheitspolitik).

Entscheidungsverhalten steht unter Ökonomisierungs- und Kommerzialisierungsbedingungen unter einem strategisch-kalkulativen Begründungsdruck. Instrumentelle Rationalität und damit ihre instrumentell-rationalen und zu quantifizierenden Begründungspflichten werden so zum Ideal und Maßstab sämtlicher Modellierungsgegenstände und ihrer Anwendungsbereiche. Kategorienfehler und Anschauungslücken entstehen, wenn nicht länger erkannt werden kann, dass instrumentelle Rationalität eine *Perspektive auf einen Ausschnitt* von Rationalität darstellt. Wird diese Perspektive nicht länger als eine mögliche Perspektive auf Rationalität, sondern als Rationalität konzeptualisiert, werden ihre Begründungsstandards bzw. -pflichten in nicht sachgerechter Hinsicht idealisiert. In der Aussage „Es ist rationaler, sich nicht auf die Selbstbindung anderer Akteure zu verlassen", verbirgt sich die Bedeutungszuweisung einer Begründungspflicht im Hinblick auf Verhaltens- bzw. Entscheidungsrationalität. Eine individuelle Entscheidungssituation kann im Hinblick auf einen Entscheidungsgegenstand aus dieser instrumentell-rationalen Perspektive durchaus sachlich zutreffend beschrieben werden. Geht es allerdings um Beschreibungen der Rationalitätsform des Vertrauens, entbehrt die Formulierung „… ist rational" jeden Sinns, da eine Rationalitätsform oder auch eine Vertrauenshandlung sich nicht selbst als rational begründen kann (infiniter Regress). Vertrauen ist eine *spezifische Form*, zu begründeten Urteilen zu kommen, kein (Entscheidungs-)Grund. Ökonomisierung als institutionalisierter Wettbewerb zeichnet sich insbesondere durch die *Öffnung unterschiedlicher Interessenssphären* aus. Wird Vertrauen etwa mit Verlassen-auf oder Kooperation und Handeln mit Entscheidungsverhalten gleichgesetzt, steht die individuelle Entscheidung eines Akteurs für eine in der Zukunft liegende Handlungsoption in Abhängigkeit des Verhaltens eines anderen Akteurs im Zentrum einer Risikokalkulation. Im Vertrauen hingegen, das, wie Hartmann treffend beschreibt, wesentlich instrumentell ist, erachten die Vertrauenspartner Vertrauen jedoch als intrinsisch wertvoll.

Im Vertrauen wird den Teilnehmern einer Vertrauensbeziehung eine spezifische Qualität von Handlungen möglich. Diese Möglichkeit ist eine Folge des Vertrauensverhältnisses, kein Grund für das Vertrauensverhältnis. Vertrauensnehmer/-geber unterstellen sich die Teilhabe an einer gemeinsamen und als stabil interpretierten normativen Praxis. Im Falle des Vertrauensbruchs offenbart sich, dass kein gemeinsames Verständnis normativer Praxis gegeben war.

Verlässt sich ein Akteur auf einen anderen oder auf etwas, ist er daran interessiert, Handlungsfähigkeit trotz eines Risikos herzustellen („Ich verlasse mich auf die Kompetenz des Arztes"). Hier kann Praxisvertrauen im Hintergrund wirken; das würde beispielsweise bedeuten, dass der Akteur nicht davon ausgeht, dass der

Arzt in seinen Entscheidungen ausschließlich von impliziten ökonomischen Interessen geleitet ist.[147]

Verpflichtet ein Akteur einen anderen im Namen des Vertrauens, definiert er Handlungsoptionen unter Bezug auf eine auf Leistungsreziprozität reduzierte Reziprozitätsnorm und bestimmte restriktive Bedingungen (ein Vorgesetzter überträgt z.b. definierte Handlungsfreiheiten unter Ankündigung von Kontroll- und Sanktionsmaßnahmen im Falle betrügerischen Verhaltens). Hier wird eine Verpflichtung unter Bezug auf „Vertrauen" normativ aufgeladen. Der (mögliche) Verstoß gegen die Reziprozitätsnorm legitimiert (Kontroll- und) Sanktionsmaßnahmen.

Damit Transaktionen und kooperative Handlungen insbesondere auch unter einander fremden oder anonym agierenden Wirtschaftssubjekten möglich sind, wird die Investition in eine gute *Reputation* zunehmend wichtig und zu einem „Kapitalgewinn".[148]

Nach Husserl stellt Wissenschaft keinen Selbstzweck dar, sondern sie soll für den Menschen betrieben werden. Wird jedoch im Zuge einer rationalen Kultur die spezifische Lebensbezüglichkeit im Denken und Handeln sowie der geschichtliche und kulturelle Kontext von Begründungsstandards negiert, werden das Leben selbst und der Mensch ausschließlich zweckdienlichen Gründen untergeordnet.

Der Mensch steht in einem Verhältnis zum Leben, er verleiht erfahrend und erkennend Bedeutungen, Geltungen und Sinn. Es ist dieses spezifische Verhältnis, das im Zuge der Dominanz mathematisch-naturwissenschaftlicher Begründungsstandards einer rationalen Kultur (der Ökonomisierung und Kommerzialisierung zugeordnet werden können) negiert wird.

---

147 Mit Bezug auf Arzt-Patienten-Verhältnisse im Allgemeinen ist auch Steinfaths Artikel zu Autonomie und Vertrauen interessant. In seiner Untersuchung von Ermöglichungsbedingungen von Autonomie begründet er, warum das Selbstbewusstsein von Patienten nicht nur im Sinne der Trägerschaft von Autonomierechten zu stützen sei, damit, dass das Verhältnis zwischen medizinischem Personal und Patienten sonst auf ein bloßes Vertragsverhältnis schrumpfen würde. Vgl. Steinfath, Holmer: „Das Wechselspiel von Autonomie und Vertrauen – eine philosophische Einführung", in: Claudia Wiesemann/Holmer Steinfath (Hg.), Autonomie und Vertrauen: Schlüsselbegriffe der modernen Medizin, Wiesbaden: Springer VS 2016, S. 11-68.

148 Vgl. P. Dasgupta: Trust as a Commodity, S. 62.

4 Konsequenzen reduktionistischer Perspektiven auf Vertrauen

Unter rationaler Kultur kann weder Vertrauen adäquat bestimmt werden noch können alternative Vertrauenskonzepte in Geltung kommen. Mögliche Konsequenzen reduktionistischer Perspektiven auf Vertrauen können epistemisch und ethisch bewertet werden.

Auf *epistemischer Ebene* kann die Möglichkeit ökonomistisch geprägter Vertrauensmodellierungen, dem husserlschen Sachlichkeitsanspruch genügende Konzeptualisierungen von Handlungsfreiheit und Vertrauen vorzunehmen, als eingeschränkt bewertet werden. Am Beispiel ökonomistisch geprägter Begriffe von Handlungsfreiheit und Vertrauen kann sich zeigen, dass ein auf die Erforschung der Wirklichkeit des Daseins beschränkter Wissensbestand zu Vertrauen Verständnisdefizite aufweist. Hier stellen sich etwa folgende Fragen: Was kann unter Handlungsfreiheit und Vertrauen verstanden werden? Was wird als Vertrauen bezeichnet?

Auf *ethischer Ebene* kann die Möglichkeit, dass Verständnisse von Vertrauen in Geltung kommen können, die nicht dem Dogma des instrumentellen Egoismus sowie mathematisch-naturwissenschaftlichen Begründungsstandards entsprechen, als eingeschränkt bewertet werden. Am Beispiel der maßgeblichen Konzeptualisierung von Reziprozität als einer Reziprozität von Leistungen und Ressourcen in ökonomistisch geprägten Vertrauensmodellierungen kann sich zeigen, dass Vertrauensverhältnisse in Kreditverhältnisse umgedeutet sowie Kreditbedingungen und hier insbesondere Kreditausfallsanktionen moralisch legitimiert werden können. Hier stellen sich etwa folgende Fragen: Welchen Zwecken sollen ökonomistisch geprägte Vertrauensbegriffe als Gründe dienen? Wie ist es möglich, sogenanntes Vertrauen als rhetorisch-strategisches Instrument zur Entscheidungslegitimation und kommerzialistischen Wertschöpfung einzusetzen? Wie können mit auf die Wirklichkeit des Daseins beschränkten Konzeptualisierungen von Vertrauen Situationen bewertet werden, in denen Vertrauen bzw. sogenanntes Vertrauen kritisch bzw. scheinbar problematisch wird?

Grenzen reduktionistischer Vertrauensmodellierungen können sich an der *Nahtstelle von Modellierung und Wirklichkeit* z.b. als mangelndes Reflexionsvermögen im Umgang mit sogenannten Vertrauenskrisen zeigen. Mit ihren reduzierten Begriffen können beispielsweise Gegenstände („Ist Vertrauen in der Krise? Was wird unter Vertrauen verstanden?"), Ursachen („Warum gibt es eine [Vertrauens-]Krise?"), Auswirkungen („Wie und auf wen wirkt sich die [Vertrauens-]Krise aus?"), Bedeutungen („Welche Problematiken zeigen sich an der [Vertrauens-]Krise?") oder auch Lösungswege („Welche Gegenmaßnahmen können ergriffen werden?") nur in reduzierter Weise erkannt und aufgearbeitet werden.

4.1 EPISTEMISCHE EBENE: DIE MÖGLICHKEIT EINES VERSTÄNDNISSES VON VERTRAUEN IST EINGESCHRÄNKT

Am Vertrauen zeigt sich beispielhaft die intersubjektive Konstitution menschlicher Vernunft. Dass Vertrauen eine Rationalitätsform ist, lässt sich insbesondere auch mit Husserl begründen. Objektive Sinnbildung vollzieht sich intersubjektiv und ist geschichtlich und kulturell konstituiert. Die ökonomistisch-individualistische Konstruktion des Menschen als eines Homo Oeconomicus verkennt dies. In seiner Isolation kann sich der rationale Eigennutzenmaximierer zwar in seinem Bewusstsein mit sich und seiner Umwelt auseinandersetzen, jedoch kann er seine Welt weder als individuelle konstruktive Leistung noch als Kulturwelt begreifen. Dadurch, dass ihm die Möglichkeit fehlt, in ein wechselseitiges Anerkennungsverhältnis einzutreten, kann er keine objektive Erkenntnis erlangen. Er kann weder seinem eigenen Dasein noch dem Dasein insgesamt einen vernünftigen Sinn verschaffen. Handlungsfreiheit wird ökonomistisch als individuelle Entscheidungswahlfreiheit im Hinblick auf den maximalen ökonomischen Nutzen konzeptualisiert. Hier ist ausgeblendet, dass Subjekte die Möglichkeit haben, sich nicht nur im Hinblick auf Eigennutzenmaximierung zu verstehen, sondern sich und ihrem Dasein einen vernünftigen Sinn zu verschaffen und ihr *begründetes Wollen* und *überlegtes Entscheiden* entsprechend zu verwirklichen. *Objektivität ist dem Menschen intersubjektiv als Möglichkeit gegeben.* Wie bereits mit Hegels Begriff der Anerkennung erläutert, stellt das Leben den Bezugspunkt und Objektivität das Produkt eines intersubjektiven Prozesses dar, wobei Objektivität im husserlschen Sinne eine Möglichkeit darstellt, die auf den Menschen und das Leben verwiesen ist. Eine rationale Kultur reduziert Objektivität auf eine von Seiendem, Leben und Geschichte bzw. der Wirklichkeit von Sinnlichkeit, Subjekt und Leben abstrahierende Methode und übersieht dabei, dass diese Objektivität nicht nur subjektiver Erkenntnis entspringt, sondern vor allem erst dadurch als Objektivität angemessen beschrieben werden kann, dass sie sich in ihren Begriffen intersubjektiv bewähren kann. „Ich muß erst das Eigene als solches auslegen, um zu verstehen, daß im Eigenen auch Nichteigenes Seinssinn bekommt [...]."[1]

Am unter Ökonomisierung und Kommerzialisierung verbreiteten dominanten Wissensbestand zu „Vertrauen" können die Defizite eines funktionalistisch verkürzten Geltungsanspruchs aufgezeigt werden. Vertrauen wird weder als Rationalitätsform erkannt noch können insbesondere Intersubjektivität, Anerkennung, Rationalität, Reziprozität, Handlungsfreiheit sowie der Begriff des Vertrauens sachlich angemessen konzeptualisiert werden. Der Geltungsanspruch ökonomistisch geprägter Vertrauensmodellierungen, Vertrauen entsprechend mathematisch-naturwissenschaftlichen Begründungsstandards erklären, quantifizieren sowie als rationales und legitimes kommerzialistisches Kalkulations- und Koordinationsinstrument einsetzen zu können, basiert auf dem Kategorienfehler „Grund haben" statt „Rationalitätsform sein". Im Rahmen des Alleinvertretungsanspruchs rationaler Kultur ist dieser Anspruch ebenso wie seine Grundlagen jedoch gegenüber kritischer Reflexion *immunisiert*. Werden Methode und Sein verwechselt, also für Sein genommen, was eigentlich Methode ist, und sind normative Bezogenheit und das Ringen um Wahrheit in dieser rationalen Kultur nicht angelegt, werden Husserl zufolge Restbegriffe produziert, die nichts über Sinn oder Sinnlosigkeit des menschlichen Daseins aussagen können.

Im Hinblick auf die Möglichkeit objektiver Vertrauensbegriffe bedeutet dies:

- Eine „restriktive Vernunft" (Husserl), die Vertrauen entsprechend einem reduzierten Verständnis von Ökonomie und Rationalität modelliert, missversteht Vertrauen als „Grund haben". Ihre Konzeptualisierungen etwa von Vertrauen, Rationalität, Reziprozität und Handlungsfreiheit sind im husserlschen Sinne als Restbegriffe zu bezeichnen.
- Die Rationalitätsform des „rechnenden Denkens" (Brodbeck) negiert andere Rationalitätsformen wie etwa die des Vertrauens. Unter ihr können nur solche Vertrauensmodellierungen in Geltung sein bzw. kommen, die dem Geltungsanspruch „Vertrauen soll ..." sowie mathematisch-naturwissenschaftlichen Begründungsstandards entsprechen.

---

1 E. Husserl: V. Meditation: Enthüllung der transzendentalen Seinssphäre als einer monadologischen Intersubjektivität, S. 153f.

Vertrauen steht exemplarisch für das, was eine ökonomistisch-formalistische Vernunft nicht nur mit Restriktionen belegt, sondern negiert: die Möglichkeit einer normativen Bezogenheit auf Wahrheit, Subjektrelativität, Bezogenheit auf Subjekte in ihrem Sosein als geschichtliche Subjekte der Freiheit der Vernunft in Form gegenseitiger intersubjektiver Anerkennungsprozesse sowie die Möglichkeit der Bezugnahme auf Lebenswelt als Ausdruck eines Verhältnisses zum Erfahrenen bzw. entsprechend Erfassten als Erfahrungswelt bzw. Perspektiveinnahme. Tragisch hierbei ist, dass das geschichtliche Subjekt der Freiheit der Vernunft, das sich selbst mit Restriktionen belegt hat, diese *restriktive Vernunft auf die Rationalitätsform des Vertrauens anwendet*, was nicht nur zu Verständnisverlusten, sondern auch zu Verlusten im Hinblick auf die *Möglichkeit eines Verständnisses der Freiheit des Menschen* führt. Nach Husserl leitet sich die „absolute Selbstverantwortung des Menschen" unmittelbar aus seiner Freiheit ab:

„Verantwortlich bin ich für mein Handeln, und Handeln bedeutet ein Ergreifen von Möglichkeiten. Diese Möglichkeiten sind Möglichkeiten-in-der-Welt, d.h., sie liegen als Vermöglichungen des Horizontbewußtseins bereit: So sind die Horizonte Erfahrungsspielräume, die sich darin und dadurch eröffnen, daß jemand handelt; sie sind vom Menschen als verantwortlich handelndem Subjekt nicht ablösbar."[2]

Dass der Mensch das Subjekt der Freiheit der Vernunft ist, bedeutet, dass der Mensch das Telos der Geschichte kraft der Vermöglichkeit, sich und seinem Dasein vernünftigen Sinn zu verschaffen, verwirklichen kann. Vernünftiger Sinn als ein an Vernunft orientierter Sinn bedeutet hierbei, dass Sinn innerhalb des Spielraums des Wahrnehmbaren uneingeschränkt und im Verweisungszusammenhang mit dem Seienden insbesondere intersubjektiv verschafft wird. Ein solcher *vernünftiger Sinn* kann nicht in einem abstrakt methodischen Raum konstruiert werden, da der Mensch ihn sich im Ringen um seine Wahrheit intersubjektiv verschafft. Im Rahmen einer Geschichte des Menschen und der Menschheit ringt der Mensch um seine Wahrheit, die immer eine relative bleibt. Der husserlsche Begriff des Verschaffens drückt dieses Ringen, das Abringen von Wahrheit durch *Erfahrung und Erkenntnis*, treffend aus. Sinn ist nicht einfach da, er ist auf das Leben und den Menschen in seiner Geschichtlichkeit verwiesen und in dieser Hinsicht stets relativ, wandelbar und zu verantworten, da es stets Menschen sind, die ihn sich verschafft haben. Was Husserl treffend kritisiert, ist die Durchsetzung eines einseitigen Rationalitätsbegriffs, unter dem Erkenntnis und Freiheit der Vernunft zwar möglich sind, jedoch nur eingeschränkt – am Beispiel von Vertrauensmodellierungen wird etwa sichtbar, dass Vertrauen weder als Rationalitätsform

---

2   E. Husserl: Phänomenologie der Lebenswelt, S. 47.

erkannt werden kann noch Vertrauensbeziehungen als eine spezifische Qualität von Anerkennungsbeziehungen.

Die Verantwortung des Menschen für sein bzw. der Menschheit für ihr Handeln leitet sich Husserl zufolge aus der Möglichkeit ab, sich vernünftigen Sinn zu verschaffen und danach zu handeln. Husserl kritisiert, dass Mensch bzw. Menschheit dieser Verantwortung infolge einer Krise rationaler Kultur, die zu einer Sinnkrise führt, nicht gerecht werden. Sein Begriff der Krise weist auf die Möglichkeit einer Katharsis hin, die darin bestehe, *von einem positivistischen Rationalitätsbegriff abzurücken* und sich um eine Einheit des Wissens zu bemühen.[3]

4.1.1 Vertrauens-Substitute und ihre Problematik

Gegenwärtig maßgebliche ökonomistisch geprägte Konzeptualisierungen von Vertrauen sind nicht nur als reduktionistische Perspektiven auf Vertrauen, sondern auch als Substitute für ein Vertrauen zu bewerten, das unter Ökonomisierungs- und Kommerzialisierungsbedingungen als notwendig erachtet wird, Risiken unumgänglicher menschlicher Abhängigkeitsverhältnisse zu kompensieren. Solche ausschließlich auf monetäre Wertschöpfung ausgerichtete Ersatzleistungen sind im Unterschied zu Vertrauen im Hinblick auf *Reziprozität* modelliert. Diese Reziprozität ist als *Leistungs- und Ressourcenreziprozität* konzeptualisiert. Wird ökonomisiertes Vertrauen (explizit) als kalkulativ-strategisches Instrument zur Verpflichtung auf eine reziproke Leistungserbringung oder einen reziproken Ressourcenaustausch modelliert, erhebt ein Geber gegenüber einem Nehmer einen Anspruch in Form einer kommerzialistisch geprägten Forderung. Diese Forderung kann in moralischer Hinsicht als *Schuldverhältnis* inszeniert und im Falle einer Verletzung der auf Leistung und Ressourcen beruhenden Reziprozitätsnorm mit *Sanktionsmaßnahmen*, die durch das Dogma des instrumentellen Egoismus *legitimiert* werden können, belegt werden.

Unter Ökonomisierungs- und Kommerzialisierungsbedingungen besteht Erwartungsdruck und Entscheidungen müssen zweckdienlich nutzenmaximierend

---

3 Hier sieht Husserl die Philosophie als strenge Wissenschaft (im Unterschied zu exakten Wissenschaften) in der Pflicht, die Sinnkrise aufzuarbeiten und die Vernunft von positivistischen Restriktionen zu befreien. Zu Husserls Philosophieverständnis bzw. -kritik siehe weiterführend E. Husserl: Die Krisis der europäischen Wissenschaften und die transzendentale Phänomenologie und Husserl, Edmund: Philosophie als strenge Wissenschaft, hrsg. von Edmund Marbach (Philosophische Bibliothek, Band 603), Hamburg: Felix Meiner Verlag 2009.

begründet werden.[4] Sich in Entscheidungen auf das ökonomisierte Vertrauen eines anderen zu verlassen bzw. selbst als ökonomisiert vertrauenswürdig zu gelten, birgt für die beteiligten Kooperationspartner das Risiko, dass das Kooperationsverhältnis enden kann, sobald die Eigennutzenmaximierung auf anderem Wege optimaler realisiert werden kann. Ökonomisiertes Vertrauen und ökonomisierte Vertrauenswürdigkeit sind erforderlich, um kooperatives Verhalten möglichst erwartbar (und dies kostengünstig) zu ermöglichen sowie zu begründen.

Hier ist etwa Lahno exemplarisch anzuführen, der betont, dass sich in Sozialkapital (z.b. Vertrauen) ebenso investieren lasse wie in Kapital und es sich nur in einer Gesellschaft mit vertrauensvollem Umgang „wirklich gut leben" lasse.[5] Einige Autoren untersuchen etwa Möglichkeiten, wie Anreize für Vertrauen und Vertrauenswürdigkeit gesetzt werden können bzw. wie eben durch jene Anreize evoziertes, aber nur vorgetäuschtes Vertrauen und vorgetäuschte Vertrauenswürdigkeit entlarvt werden können.[6]

Um die Wirkungen, die Vertrauen zugeschrieben werden, genießen zu können, werden in der ökonomistisch geprägten Vertrauensforschung – vor dem Hintergrund der Tatsache, dass interpersonales Vertrauen unsachgemäß als Risikokalkulation modelliert wird – „*Vertrauens-Substitute*" kreiert. Mit dem Begriff „Vertrauens-Substitut" soll die Problematik beschrieben werden, dass das Verständnis von Vertrauen und die Möglichkeit, zu vertrauen, unter Ökonomisierungs- und Kommerzialisierungsbedingungen reduziert sein können und diese Verluste zugleich durchaus als Verluste wahrgenommen, wenn auch nicht in ihren Spezifika und Zusammenhängen erkannt, werden. Der Zusammenhang von Ökonomisierung (Rationalitätsbestimmung), Kommerzialisierung (verengte operative Umset-

---

4   Die soziologischen Aspekte des Entscheidungsverhaltens problematisiert Luhmann anhand des Begriffs der Entscheidung in der Präferenztheorie. Luhmann beschreibt Erwartungen als Strukturen, nicht etwa als Ereignisse, auf die sie z.B. die Präferenztheorie reduziert. Die Theorie der rationalen Entscheidung stuft Luhmann treffend als Erwartungssubstitut ein, da Standarderwartungen für Erwartungskonflikte unter Bedingungen eines künstlichen Entscheidungsdrucks in modernen insb. bürokratischen Gesellschaften modelliert werden. Siehe hierzu weiterführend N. Luhmann: Soziologische Aspekte des Entscheidungsverhaltens, insb. S. 272-301.

5   Vgl. B. Lahno: Der Begriff des Vertrauens, insb. S. 398f.

6   Vgl. ebenda sowie M. Bacharach/D. Gambetta: Trust in Signs oder auch Becker, Lawrence C.: „Trust as Noncognitive Security about Motives", in: Ethics 107/1 (Oktober 1996), S. 43-61. Diese Ansätze konzeptualisieren Vertrauen als Einstellung bzw. besondere Meinung und berufen sich dabei insbesondere auf den Rational-Choice-Ansatz, die Spiel- und die Zeichentheorie.

zung) und diesen Verlusten wird ebenso wenig verstanden wie Vertrauen als Rationalitätsform. *Kooperation, Verlassen-auf, Verpflichten-auf und Reputation sind nicht nur problematische Gleichsetzungen von Vertrauen, sondern sie dienen als Substitute für ein Vertrauen, das unter Ökonomisierungs- und Kommerzialisierungsbedingungen zunehmend reduziert, jedoch als notwendig erachtet wird, um Risiken unumgänglicher menschlicher Abhängigkeitsverhältnisse zu kompensieren.*

Diese Substitute können auch als Ersatz-*Leistungen* beschrieben werden, da sie unter dem Label „Vertrauen" in kommerzialistischer Hinsicht Effektivität, Effizienz und monetäre Wertschöpfung bzw. Kostenersparnis ermöglichen sollen. Wo kein Vertrauen vorhanden ist (oder wo es nicht möglich oder nicht nötig ist), sollen Vertrauens-Substitute das leisten, was Vertrauen als (einer riskanten Vor-)Leistung zugesprochen wird: etwa Beziehungs- bzw. Erwartungsstabilität, Verlässlichkeit (von Personen, Informationen etc.), symmetrische Kommunikation, Verhaltens- oder auch Ergebnisvorhersagbarkeit, verminderte Transaktionskosten usw. Die Problematik der Vertrauens-Substitute kulminiert in der häufig formulierten Frage, wann es rational sei, zu vertrauen. Daran zeigt sich, dass Vertrauen als eine Art kontrollierte Abhängigkeit unter riskanten, jedoch unter Effektivitäts-, Effizienz- und monetären Wertschöpfungskriterien begründbaren bzw. zu begründenden Umständen modelliert wird.

Unter instrumenteller Rationalität leisten Vertrauens-Substitute ihre Dienste: (Implizite) Verträge können z.B. geschlossen und auf dieser Grundlage Kooperationen möglich werden, Kunden und Anbieter können Risikoabwägungen etwa bzgl. ihrer jeweiligen Kompetenzen und Absichten vornehmen (bzw. diese zusätzlich auf externe Bewertungsinstanzen bzgl. Eigenschaften von Institutionen, Gütern, Prozessen oder Geschäftssubjekten stützen) und entsprechend als verlässlich erachtete (bzw. bewertete) vertragliche bzw. vertragsähnliche Bindungen eingehen oder Vorgesetzte können ihre abhängig Beschäftigten z.B. im Namen des Vertrauens auf Leistung und Gehorsam verpflichten. *Allerdings können diese Vertrauens-Substitute Vertrauen niemals vollständig ersetzen, die Bedeutung von Vertrauen können sie nicht vollständig kompensieren. Denn in genuinen Vertrauensbeziehungen in ihrer spezifischen Qualität können Handlungen möglich werden, die unter Kontrollerfordernissen nicht praktiziert werden können.*[7] Der Unterschied zwischen Vertrauen und seinen Substituten besteht insbesondere darin, dass unter Vertrauen bzw. unter Kontrollerfordernissen auf jeweils andere Rationalitätsformen zugegriffen wird (Vertrauen/ Rationalitätsform des Vertrauens vs. Vertrauens-Substitut/Rationalitätsform des rechnenden Denkens) sowie dass das

---

7 Die spezifische Qualität von Vertrauensbeziehungen wird in Kapitel 4.1.2 zusammengefasst.

Verhältnis, in dem die beteiligten Akteure zueinander stehen, unterschiedlich konzeptualisiert ist (Subjekt/intersubjektive Anerkennungsbeziehung vs. Individuum/vertragsähnliche Zweckbeziehung).

Mit Bezug auf Komplexitätsreduktion schreibt Luhmann über „Vertrauensäquivalente":

„Vertrauen ist kein auswählbares Mittel zu bestimmten Zwecken und erst recht keine optimierungsfähige Zweck/Mittel-Struktur. Vertrauen ist auch keine Prognose, deren Richtigkeit am Eintreffen des vorausgesagten Geschehens gemessen und nach einigen Erfahrungen auf Wahrscheinlichkeitswerte gebracht werden könnte. Derartige im Rahmen von Kalkülmodellen des Entscheidens sinnvolle Techniken haben, wie das Vertrauen auch, die Funktion, Komplexität zu reduzieren. Sie sind funktionale Äquivalente des Vertrauens, nicht aber Vertrauensakte im eigentlichen Sinne. Soweit sie reichen, ist Vertrauen unnötig. Sie können Vertrauen ersetzen [...]. Vertrauen ist aber etwas anderes als die begründbare Annahme, richtig zu entscheiden, und deshalb greifen die Kalkülmodelle für richtiges Entscheiden an der Vertrauensfrage vorbei."[8]

Mit Luhmann kann pointiert werden, dass die Prognose und Kalkulation von in zweckrationaler Hinsicht „richtigen" Entscheidungen weder Vertrauen erfordert noch mit Vertrauen gleichgesetzt werden kann.

4.1.2 „Vertrauen" als ökonomisches Gut: Handlungskontingenzkontrolle versus Handlungsfreiheit

Vertrauen ist insbesondere dann als ökonomisiertes Vertrauen zu bezeichnen, wenn es als ökonomisches Gut modelliert wird.[9] Diese Zuordnung zu einer ökonomischen Kategorie lässt unberücksichtigt, dass Vertrauen und ökonomische

---

8 N. Luhmann: Vertrauen. Ein Mechanismus der Reduktion sozialer Komplexität, S. 116.

9 Güter können beispielsweise materielle (z.B. Rohstoffe) oder immaterielle Wirtschaftsgüter (z.b. geistiges Eigentum) oder aber öffentliche Güter (nicht marktlich, sondern staatlich regulierte Güter, z.B. Wasser) sein. Auf die unterschiedlichen wissenschaftlichen Ansätze im Hinblick auf Bestimmung bzw. Bestimmbarkeit von Waren- und Güterwerten soll hier nicht weiter eingegangen werden. Für die vorliegende Untersuchung, Kontextualisierung und Problematisierung einer Ökonomisierung des Vertrauens entscheidend ist, dass Vertrauen einer ökonomischen Kategorie zugeordnet und im Rahmen quantitativ kalkulatorischer Verfahren abstrahiert und in mathematische Verhältnisse gesetzt wird.

Güter unterschiedlichen Kategorien angehören. Vertrauen stellt eine Rationalitätsform dar, unter der Subjekte im Rahmen einer Anerkennungsbeziehung intersubjektiv zu begründeten Urteilen kommen können. Ein ökonomisches Gut stellt ein knappes Mittel zur Bedürfnisbefriedigung dar, das auf einem Markt gehandelt wird. In einer Vertrauensbeziehung betrachten die Vertrauenden Vertrauen als einen intrinsischen Wert (*Wert sein*). In einer ökonomischen oder kommerziellen Beziehung weisen Marktteilnehmer, Handels- oder Vertragspartner einem ökonomischen Gut einen entsprechenden auf (Eigen-)Nutzen bezogenen Wert zu (*Wert haben*).

Ökonomische Interessen und Verhältnismäßigkeiten werden im Zuge einer Zuweisung von Wert beziffert, abgebildet, verhandelt und der Verwertung zugänglich gemacht. Die Zuweisung von Wert kann Gegenstand möglicher z.b. kalkulatorischer, spekulativer oder anderer interessengeleiteter Möglichkeiten der Einflussnahme sein. Der Wert eines ökonomischen Gutes ist insofern nicht fixiert, sondern variabel und kann konjunkturellen Schwankungen unterliegen.

Unter der Rationalitätsbestimmung der Ökonomisierung und ihrer verengten operativen Umsetzung der Kommerzialisierung wird der rechnerische Wert eines ökonomisierten, als ein ökonomisches Gut konzeptualisierten Vertrauens daran gemessen, als in welchem funktionalen Verhältnis zu einer effizienz- und effektivitätsbezogenen Maximierung von (Eigen-)Nutzen und monetärem Gewinn stehend es modelliert wird. Anstelle der Anerkennung eines intrinsischen Wertes wird Vertrauen ein Wert in ökonomischer Hinsicht zugewiesen. So kann der Wert des ökonomischen Gutes „Vertrauen" in Kategorien, Formeln und Funktionen der Wertschöpfung übertragen werden. Insbesondere mit dem Instrumentarium der Wahrscheinlichkeitsrechnung werden Prognosen bzw. Verfahren zur Herstellung bzw. Sicherstellung von Wirtschaftlichkeit, Nutzen und (monetärem) Gewinn formuliert. Im Rahmen mathematischer Funktionen mit vielen Unbekannten werden (optimale) Entscheidungen im Kontext riskanter oder unsicherer Szenarien kalkuliert. Insbesondere die Spieltheorie berechnet potenzielles Verhalten in Spielzügen und Spielrunden. Da es sich um (in der Regel als riskant eingestufte) Interaktionen handelt, die in der Zukunft liegen, stehen Erwartungen (bestimmbar/beeinflussbar über Präferenzen) sowie Entscheidungen (bestimmbar/beeinflussbar über Präferenzen und Restriktionen) dabei im Fokus.[10]

---

10 Zu einer kritischen Auseinandersetzung mit dem Präferenzutilitarismus siehe etwa
    D. Birnbacher: Analytische Einführung in die Ethik, zu Präferenzen und Entscheidungen siehe C. Hubig: Möglichkeiten als Kandidaten der Bewertung und J. Nida-Rümelin:
    Die Optimierungsfalle. Zu den Begriffen „Entscheidung" und „Erwartung" siehe
    N. Luhmann: Soziologische Aspekte des Entscheidungsverhaltens.

Die Korrelation von Vertrauen und Risiko eignet sich, wie bereits gezeigt wurde, als zentrales Unterscheidungsmerkmal von Vertrauensmodellierungen. In ökonomistisch geprägten Modellierungen werden insbesondere opportunistisches Verhalten, Betrug, Ausbeutung und Informationsvorenthaltung als schwer kontrollierbare Risiken der Interaktion mit (anonymen bzw. fremden) anderen gewertet. Das kontingente und nicht lückenlos kontrollierbare Verhalten von Individuen steht dabei im Zentrum des Interesses. Da absolut sichere Vorhersagen oder totale Kontrolle weder möglich noch ökonomisch zu rechtfertigen sind, soll individuelles Verhalten, das entsprechend dem Methodologischen Individualismus auch kollektivem Verhalten zugrunde liegen soll, über Restriktionen und Präferenzen beeinflusst werden. Vertrauen soll in diesem Kontext als *Selbstbindung nicht normativer Art* fungieren und riskantes Verhalten minimieren bzw. erwartbar/kalkulierbar machen. Vertrauen ebenso wie Vertrauenswürdigkeit wird so zum Bestandteil strategischen Verhaltens von Vertrauensgebern, Vertrauensnehmern bzw. Akteuren (z.B. unternehmerischen Akteuren wie etwa Managern oder aber institutionellen Akteuren wie z.b. politischen Mandatsträgern), die für Dritte (z.b. spezifische organisatorische) Strukturen und Prozesse für Vertrauen bzw. Vertrauenswürdigkeit zu schaffen suchen. Der Begriff des Risikos ist im Kontext von Vertrauensbeziehungen ausschließlich aus einer *Beobachterperspektive* heraus sinnvoll zu beschreiben, da im Vertrauen Risiken ausgeblendet sind. Dass Vertrauen und Risiko korreliert werden, ist dadurch möglich, dass der Methodologische Individualismus auf Vertrauen angewendet wird. Dort wird das potenzielle Verhalten von Individuen, die dem Bild des Homo Oeconomicus entsprechen, als in ihren Bedürfnissen unabhängig von anderen modelliert.[11] Im Vertrauen geht es allerdings nicht darum, Gründe für Urteile zu benennen oder zu legitimieren. Gründe zur Rechtfertigung von Urteilen oder Entscheidungen sind z.B. für Reputationsdiskurse relevant. Es stellt einen Kategorienfehler dar, Vertrauen rationalen Gründen oder individuellen Entscheidungen zuzuordnen, die als unabhängig von anderen modelliert werden, da Individuen im Vertrauen intersubjektiv zu begründeten Urteilen kommen. Am Vertrauen zeigt sich die intersubjektive Konstitution des Menschen. Im Vertrauen weisen sich Menschen gegenseitig den Status vertrauenswürdiger Personen zu. Vertrauen beschreibt eine Perspektive auf menschliches Handeln.[12] Wird das Individuum als in seinen Bedürfnissen und in seinem Wesen von anderen Individuen unabhängig beschrieben, wird Subjektivität nicht als eine *Möglichkeit der Perspektiveinnahme* erfasst.

---

11 Vgl. O. Lagerspetz: Trust. The Tacit Demand.

12 Vgl. ebenda.

Die Kalkulation möglicher bzw. wahrscheinlicher Informations- und Kontrolldefizite ist im Hinblick auf monetäre Vorteile von ökonomisch-rationalem Interesse. Eine Kategorisierung von Vertrauen als ökonomisches Gut stellt einen Kategorienfehler im Hinblick auf Rationalität dar. Vertrauen ist eine intersubjektive Rationalitätsform,[13] Ökonomisierung hingegen wirkt als eine Rationalitätsbestimmung, nach der nur jene Urteile und Entscheidungen als (ökonomisch-)rational in Geltung kommen, die dem Ökonomieprinzip entsprechen sowie kalkulierbar und quantifizierbar sind. Ein ökonomisiertes Vertrauen soll im Zuge einer Risikokalkulation dem Ökonomieprinzip entsprechen, herstellbar, kalkulierbar, strategisch einsetzbar und ökonomisch verwertbar sein. Statt anzuerkennen, dass Vertrauen ein intrinsischer Wert in Vertrauensbeziehungen *ist* (Vertrauen), wird Vertrauen ein nutzenfunktionaler Wert für strategische Interaktionen zugewiesen (ökonomisiertes Vertrauen).

Am Vertrauen zeigt sich, dass die Vertrauenden den *universalen Anspruch des Menschen auf Respekt* anerkennen.[14] „[T]o recognise trust *is* to respect the demand that is made [...]. The demand of respect is universal."[15] Wenn man mit Lagerspetz Vertrauen als eine Perspektive auf menschliches Handeln beschreibt, bei der es darauf ankommt, dass der universale Anspruch auf Respekt geteilt wird, bedeutet das, dass sich am Vertrauen eine Haltung zeigt, die sich im Vertrauensverhältnis vollzieht. Lagerspetz' Begriff des universalen Anspruchs auf Respekt macht treffend deutlich, dass es nicht genügt, Vertrauen als etwa auf Wohlwollen (z.B. Baier), Rücksichtnahme (z.B. Hartmann) oder die Einbeziehung von Interessen (z.B. Hardin) Bezug nehmend zu konzeptualisieren. Im Gegensatz zu instrumentell-rationalen nutzenkalkulatorischen Modellierungen wird im Rahmen solcher Modellierungen zwar der Bezug auf Motive und damit auf Personen hergestellt. Lagerspetz' Konzeption zeigt jedoch, dass Vertrauen auf einen Anspruch bezogen ist, der allen Menschen gleichermaßen und prinzipiell zusteht. Im Vertrauen kann dieser verwirklicht werden. Die Empörung im Falle eines Vertrauensbruchs bezieht sich auf die Verletzung dieses universellen Anspruches. Es ist also keine Rücksichtnahme oder etwas Ähnliches, auf das Vertrauen Bezug nimmt. Vertrauen stellt die Form menschlicher Rationalität dar, die Menschen als soziale Wesen dadurch zu begründeten Urteilen kommen lässt, dass sie in einer intersubjek-

---

13 Die wechselseitige *Anerkennung* von Subjekten als *Subjekte* im Hegelschen Sinne unterscheidet sich kategorial von ökonomistischen Modellierungen, in denen ein Subjekt einen anderen wie ein sich verhaltendes *Objekt* erkennt.

14 „Demand" übersetze ich als Anspruch, der weder relativ noch verhandelbar, sondern für alle Menschen gleichermaßen gültig und normativ bindend ist.

15 O. Lagerspetz: Trust. The Tacit Demand., S. 162.

tiven Anerkennungsbeziehung verbunden sind und in Anerkennung des universalen Anspruchs auf Respekt in eine Vertrauensbeziehung, die sie als intrinsisch wertvoll erachten, eintreten können. Das bedeutet, dass diese Rationalitätsform das *Anerkennen des universalen Anspruchs des Menschen auf Respekt* im Rahmen einer Vertrauensbeziehung realisieren kann. Der Anspruch erfüllt sich im Rahmen der Vertrauensbeziehung, das gegenseitige Vertrauen steht für die gegenseitige Anerkennung bzw. Erfüllung dieses Anspruchs. Wer sich ausschließlich instrumentell zu einer Vertrauensbeziehung verhält, erkennt diesen Anspruch nicht an. Ein solches „Vertrauen" nimmt nicht auf den universalen Anspruch auf Respekt Bezug, sondern ausschließlich auf das Interesse an der Vertrauensbeziehung, die nützlich sein soll. Wird ihm als Vertrauensnehmer der Anspruch zuerkannt, kann er z.B. Vertrauen vortäuschen und von der Vertrauensbeziehung profitieren, ohne selbst den Anspruch anzuerkennen und als intrinsisch wertvoll oder normativ bindend zu erachten. Der Begriff des Anspruchs auf universalen Respekt verdeutlicht darüber hinaus, dass eine „angebliche" Erfüllung dieses Anspruchs, die sich als Gnade oder Wohlwollen oder Ähnliches seitens eines „angeblichen" Vertrauensgebers inszeniert, diesen Anspruch nicht erkennt bzw. instrumentalisiert und bewusst missachtet.

Hartmanns Begriff der kooperativen Autonomie weist treffend darauf hin, dass die Vertrauenden in der Art der Erfüllung des in sie gesetzten Vertrauens autonom sind. Hartmanns und Lagerspetz' Ansätze lassen sich dahingehend pointieren, dass sowohl die Anerkennung der Anerkennenden als Anerkennende als auch der universale Anspruch auf Respekt ihnen Handlungsfreiheit im Sinne positiver Freiheit ermöglichen. Als positive Freiheit wird „Freiheit zu" von negativer Freiheit als „Freiheit von" abgegrenzt.[16] Vertrauende können ihr begründetes Wollen und ihr überlegtes Entscheiden im Rahmen ihrer Anerkennungsbeziehung verwirklichen. Sie können sich in ihrem Handeln in diesem umfassenden Sinne als frei verstehen. Wie Hartmann treffend formuliert, verwirklicht sich im Vertrauen ein normativer Status. Allerdings ist sein Ansatz in dieser Hinsicht zu erweitern, dass Vertrauen nicht auf der Erwartung etwa einer Rücksichtnahme beruht.

Im Vertrauen wird also kein Verhalten vorhergesagt oder kalkuliert, sondern gegenseitig ein normativer Status anerkannt – der Status vertrauenswürdiger Personen, die in der Achtung des universalen Anspruchs auf Respekt und einem gegenseitigen Anerkennungsverhältnis verbunden sind. Vertrauen ist zwar, wie

---

16 Ein Überblick unterschiedlicher auch zeitgenössischer Freiheitskonzeptionen findet sich z.B. bei Ladwig, Bernd: „Freiheit", in: Gerhard Göhler/Matthias Iser/Ina Kerner (Hg.), Politische Theorie. 25 umkämpfte Begriffe zur Einführung, Wiesbaden: Springer VS 2011, S. 79-93.

Hartmann schreibt, wesentlich instrumentell, da mit ihm wichtige Ziele erreicht werden können; allerdings verhalten sich Vertrauenspartner im Vertrauen nicht ausschließlich instrumentell-rational zu ihrem Vertrauensverhältnis. Vertrauen darf also durchaus als nützlich angesehen werden, allerdings nicht ausschließlich. Die Empörung im Falle eines Vertrauensbruchs verweist auf die Verletzung des Status und des Anspruchs auf Respekt.[17]

Auf eine einfache Formel gebracht: *Werden Status, Anspruch und intrinsischer Wert in Handlungen nicht anerkannt, kann nicht von Vertrauenshandlungen gesprochen werden.*

Unter Ökonomisierung und Kommerzialisierung werden unterschiedliche auf Eigennutzenmaximierung ausgerichtete Interessenssphären institutionalisiert. Selbst wenn auch ein gemeinsames Interesse verfolgt wird, die jeweilige ökonomisch-rationale Maximierung des Eigeninteresses stellt den höchsten Zweck dar. Verhalten sich Individuen vor diesem Hintergrund ausschließlich instrumentell zueinander und sind sie entsprechend nicht in einem Anerkennungsverhältnis miteinander verbunden, kann nicht von einem Vertrauensverhältnis gesprochen werden. Die spezifische Qualität von Vertrauenshandlungen ist ihnen unter diesen Voraussetzungen nicht möglich. Vor dem Hintergrund des Ökonomieprinzips geht es vielmehr darum, Vertrauenswürdigkeit (im Sinne von Verlässlichkeit) seitens eines „Vertrauens"-Gebers kalkulieren zu können, um aus der Perspektive des Eigennutzens heraus die Risiken einer Kooperation möglichst zu minimieren. Reputation etwa wird für potenzielle „Vertrauens"-Nehmer zur lohnenden Investition, um aus der Perspektive des Eigennutzens heraus die Vorteile einer Kooperation genießen zu können. Da angenommen wird, dass das Risiko ökonomischer Nachteile durch Informations- und Kontrolldefizite unter instrumentell-rationalen Wettbewerbsbedingungen steigt, soll Vertrauen Informationszugänge und Kontrollmöglichkeiten schaffen. Fehlendes Wissen soll nicht wie im Vertrauen ersetzt, sondern durch Vertrauen kompensiert werden.[18] Diese von Hubig als Kompensationstheorien bezeichneten Vertrauensmodellierungen greifen nicht nur an Vertrauen vorbei, sondern z.b. strategische Überwachungs- und Kontrollmaßnahmen können sogar zu einem Abbau von Vertrauen führen. Ökonomistisch geprägte Vertrauensmodellierungen sind auf die Kalkulation von Wettbewerbssituationen zugeschnitten, die stets mit ökonomisch riskanten Auswirkungen verbunden sein können. Hier steht die Kalkulation von Vertrauenswürdigkeit (Fokus: 3.-Person-

---

17 Auch etwa verdeckte oder offene Kontroll- und Informationsgewinnungsmaßnahmen begründen ein empörtes Verhalten; sie zeigen, dass weder ein normativer Status noch ein intrinsischer Wert anerkannt werden.

18 Vgl. C. Hubig: Benötigen deinstitutionalisierte ‚postmoderne' Gesellschaften Vertrauen?

Perspektive) im Zentrum. Ein Verständnis von Handlungsfreiheit im beschriebenen weiten Sinne, von Vertrauen als Rationalitätsform sowie von Vertrauensbeziehungen als Anerkennungsbeziehungen ist jedoch unter den herausgearbeiteten spezifischen Konzeptualisierungen von Ökonomie und instrumenteller Rationalität sowie unter einem entsprechenden Wettbewerb nicht möglich.

Vertrauen soll, ökonomistisch verstanden, als nicht normative Form der Selbstbindung Kooperation unter Egoisten bzw. Opportunisten fördern. Jedoch erst die gegenseitige Anerkennung als Anerkennende, die Anerkennung des intrinsischen Werts des Vertrauens und die Bezugnahme des Vertrauens der Vertrauenspartner auf den universalen Anspruch auf Respekt, der ihnen den Status vertrauenswürdiger Personen verleiht, kann Subjekten (nicht als Homo Oeconomicus konzeptualisiert) die Möglichkeit des Handelns in kooperativer Autonomie im Rahmen einer *stabilen* (da nicht ausschließlich instrumentell-rational geprägten) Vertrauensbeziehung eröffnen. Wer sich ausschließlich instrumentell-rational zu einer Vertrauensbeziehung verhält, verhält sich strategisch im Rahmen einer Risikokalkulation, die einen dauerhaften Abwägungs- und Entscheidungsdruck mit sich bringt. Hier kann eine Historie von Risikoeinschätzungen und -reaktionen nachgezeichnet werden, jedoch keine Historie einer Vertrauensbeziehung, die sich intersubjektiv im Rahmen einer Anerkennungsbeziehung zwischen Subjekten entwickelt hat und als solche stabil und für die betreffenden Subjekte einzigartig ist. Instrumentell-rational geprägte kooperative Beziehungen sind stets defektionsanfällig und können etwa der sogenannten Hit-and-Run-Strategie (ein Vertrauensverhältnis so lange auszubeuten, wie es nützlich ist, und sich dann ohne Rechenschaft oder Verantwortungsübernahme zurückzuziehen) zum Opfer fallen. Der Bezug auf eine geteilte und als stabil interpretierte normative Basis kann unter der Rationalitätsbestimmung der Ökonomisierung nicht hergestellt werden. Diese Basis kann hingegen nur als ein „Nutzwert" der Bereit- und Sicherstellung institutioneller Voraussetzungen zur Erreichung von Wirtschaftlichkeit, Nutzen und monetärem Gewinn konzeptualisiert werden. Unter der spezifisch instrumentellen Rationalitätsbestimmung Ökonomisierung und ihrer verengten operativen Umsetzung, der Kommerzialisierung, bildet der Wettbewerb, als Öffnung unterschiedlicher Interessenlagen, die einzig stabile Konstante. Gewinn- und Verlustrisiken sind Konstitutionsmerkmale dieses Wettbewerbs. Es geht nicht nur um Konkurrenz, sondern darum, dass der Gewinn des einen Wettbewerbers für den anderen Wettbewerber den Verlust bedeutet. Dieses Risiko kann minimiert, jedoch niemals ausgeschaltet werden, da es konstitutiv für Wettbewerbssituationen ist. Kontingentes Verhalten stellt daher die zentrale Herausforderung bzw. das permanente Risiko von Wettbewerbssituationen dar.

Etwa im „Handbook of Trust Research" wird Vertrauen unter Wettbewerbsbedingungen diskutiert, jedoch wird Vertrauen stets mit Risiko bzw. Risikoabsorption und Effizienzsteigerung assoziiert.[19] Zudem werden zumeist weder Vertrauensgeber und -nehmer differenziert noch die Bedeutung von Wettbewerb als einer Öffnung unterschiedlicher Interessenlagen in seiner Bedeutung für Vertrauen erörtert. Der Zusammenhang von Wettbewerb und Vertrauen wird in zeitgenössischen Vertrauenstheorien insgesamt wenig bzw. wenig differenziert behandelt. Vertrauen kann instrumentelle Effekte zeitgen, jedoch nur, wenn sich die Vertrauenspartner nicht ausschließlich instrumentell zu ihrer Vertrauensbeziehung verhalten. Es gibt (neben Anerkennung usw.) ein gemeinsames Interesse an der Vertrauensbeziehung, das sich im Vertrauen verwirklichen kann und unterschiedliche Interessen nicht ausschließt. *Unter Ökonomisierung wird allerdings ein dem dogmatischen Egoismus entsprechender flächendeckender Wettbewerb institutionalisiert, der unterschiedliche Interessenlagen öffnet.* Die Kalkulation möglichen etwa opportunistischen Verhaltens kann Eigennutzenmaximierern rationaler erscheinen als die Unterstellung der Teilhabe (oder dem Interesse an einer Teilhabe) an einer gemeinsamen und als stabil interpretierten normativen Praxis.[20] Vertrauen kann als eigennutzenmaximierendes Instrument zur situativen Verwertbarkeit des Nutzwertes einer normativen Praxis modelliert bzw. missbraucht werden. Die Rationalitätsform des rechnenden Denkens ist unter ökonomistischen bzw. kommerzialistischen Interessenlagen dominant in Geltung. Vertrauen wird begründet bzw. begründungspflichtig modelliert (z.B. Reputation, Verlassen-auf) oder etwa rhetorisch-strategisch in Abhängigkeitsverhältnissen eingesetzt (z.B. Verpflichten-auf oder etwa „therapeutisches Vertrauen"). Vertrauen ist unter dem dominanten rechnenden Denken sowie einem potenziell flächendeckend institutionalisierten und kommerzialistisch ausgerichteten Wettbewerb nicht als Rationalitätsform denkbar. Interessante Anknüpfungspunkte bietet etwa Steinfaths Unter-

---

19 Vgl. exemplarisch Bachmann, Reinhard/Zaheer, Akbar (Hg.): Handbook of Trust Research, Cheltenham/Massachusetts: Edward Elgar Publishing 2006 oder Butler, John K. Jr.: „Trust Expectations, Information Sharing and Negotiation Effectiveness and Efficiency", in: Group and Organization Management 24/2 (Juni 1999), S. 217-238.

20 Hartmanns Formulierung der normativen Basis ist dahingehend zu ergänzen, dass die gegenseitige Unterstellung der Teilnahme an einer gemeinsamen normativen und als stabil interpretierten Basis durch die gegenseitige Zuweisung des Status als anerkennende, vertrauenswürdige, freie und autonome Personen sowie der geteilten Anerkennung des universalen Anspruchs des Menschen auf Respekt bereits gedeckt ist. Hartmann betont die „Rationalität des Vertrauens" und erkennt Vertrauen somit nicht als Rationalitätsform.

suchung zu Ermöglichungsbedingungen von Autonomie im Verhältnis medizinisches Personal/Patient.[21] Nach Steinfath verleiht das Recht auf Autonomie seinem Träger einen normativ-rechtlichen Status. Das Verhältnis von Autonomie und Vertrauen beschreibt er anhand von Situationen, in denen Patientenvertreter den autonomen Willen von Patienten beurteilen bzw. vertreten müssen. Steinfath problematisiert in diesem Kontext reduktionistische bzw. individualistische Autonomiekonzepte, die das Personal/Patient-Verhältnis auf ein Vertragsverhältnis reduzieren. Auch wenn Steinfaths Vertrauensdefinition hier nicht gefolgt werden soll, können Parallelen, auch im Hinblick auf Anderson und Honneth, gezogen werden.[22] Werden interpersonale Beziehungen im Zuge eines individualistischen Liberalismus nicht mehr als intersubjektive Beziehungen, sondern als Vertragsverhältnisse konzeptualisiert, werden beispielsweise Patienten zwar als Träger von Autonomierechten, nicht aber in ihrer Verletzlichkeit wahrgenommen. Ähnlich wie Lagerspetz betont Steinfath im Rückgriff auf Anderson und Honneth die Dimension des Respekts im Vertrauen, der nicht nur auf einem Vertragsverhältnis, sondern auch einem Selbstverhältnis und darüber hinaus zusätzlich insbesondere auf einem intersubjektiven Anerkennungsverhältnis beruht. Seines Erachtens reduziert die liberale Standardkonzeption, wie er am medizinisches Personal/Patient-Verhältnis zeigt, individuelle Autonomie auf die informierte Zustimmung oder Ablehnung medizinischer Maßnahmen. Die Frage nach Ermöglichungsbedingungen für Autonomie oder einem möglichst umfassenden Schutz von Autonomie liegt allerdings im blinden Fleck dieser Standardkonzeption. An Steinfaths,

---

21 Vgl. H. Steinfath: Das Wechselspiel von Autonomie und Vertrauen – eine philosophische Einführung.

22 Vgl. J. Anderson/A. Honneth: Autonomy, Vulnerability, Recognition, and Justice. Die Autoren kritisieren individualistisch-reduktionistische Konzeptionen von Autonomie, die die Verletzlichkeit von Autonomie unberücksichtigt lassen. Sie beleuchten hierfür den historischen Kontext des traditionellen Liberalismus, der persönliche Freiheit und Autonomie als ungehindertes persönliches Glücksstreben konzeptualisiert. Ein individualistischer Liberalismus bestimme demnach zunehmend die individuelle Realisierung von Autonomie als von Mitmenschen unabhängig, sodass im Zuge der Entwicklung moderner Theorien sozialer Gerechtigkeit Autonomie zunehmend mit einem Zuwachs an Wohlstand assoziiert wurde. Die Autoren formulieren treffend, dass die Bedingungen für eine autonome Lebensführung jedoch von der Etablierung von Beziehungen echter Anerkennung abhängen. Eine liberale Gerechtigkeitskonzeption, die Gerechtigkeit auf Distributionsgerechtigkeit reduziere, kann intersubjektive Verletzlichkeit weder adäquat beschreiben noch schützen. Daher erachten die Autoren es als erforderlich, zu untersuchen, wie soziale Bedingungen echter Anerkennung gesichert werden können.

Andersons und Honneths Untersuchungen wird deutlich, welche epistemischen Verluste individualistische Reduktionismen aufweisen können. Hinzu kommt, dass Patientenvertreter im Interesse des Patienten und nicht in ihrem eigenen Interesse handeln sollen. Eine Ausrichtung am Patienteninteresse kann jedoch im institutionalisierten Wettbewerb zunehmend unter den Druck ökonomischer Anreizstrukturen geraten, die etwa im Rahmen einer Kommerzialisierung des Krankenhauswesens zur Effizienzsteigerung eingeführt werden.

Zusammenfassend lässt sich festhalten:

Wenn Vertrauen als Rationalitätsform eine spezifische Qualität von Handlung und Wissen ermöglicht, die dadurch charakterisiert ist, dass

auf Basis von *Anerkennung* der *universale Anspruch auf Respekt*, der *Status der Vertrauenswürdigkeit* sowie *Handlungsfreiheit* im Rahmen einer intersubjektiv konstituierten und normativ geprägten Vertrauensbeziehung erlangt werden können,

unter Ökonomisierung als Rationalitätsbestimmung sowie als kommerzialistisch ausgerichtete Institutionalisierung des Dogmas des instrumentellen Egoismus jedoch

Subjektsein auf *Eigeninteressenmaximierung*, Handeln auf *Entscheidungsverhalten* und Handlungsfreiheit auf *Entscheidungswahlfreiheit* reduziert, das *Nützliche* mit dem Guten gleichgesetzt sowie *separate Interessenssphären* geöffnet werden,

kann dies zu

einer Reduktion der Möglichkeit eines Verständnisses von Vertrauen als Rationalitätsform, zur dominanten Geltung eines ökonomisierten Vertrauens sowie zu einer unter Kontroll- und Kalkulationserfordernissen reduzierten Handlungsfreiheit, Handlungs- und Wissensqualität

führen.

Unter Ökonomisierung wird

- Vertrauen reduktionistisch als Kompensation der unkontrollierbaren Entscheidungswahlfreiheit rationaler Eigennutzenmaximierer modelliert und
- Handlungsfreiheit auf Entscheidungswahlfreiheit reduziert.

Dies zieht theoretische (Erkenntnis-, Konzeptualisierungs- und Reflexions-) sowie praktische Verluste nach sich im Hinblick auf die Bedeutung der Qualität von Handlung und entsprechendem Wissen. Wenn der unter Ökonomisierung und Kommerzialisierung über Anreizstrukturen institutionell geförderte bzw. verankerte rationale Eigennutzenmaximierer dominant auf die kalkulative Rationalitätsform zugreift, schränken sich rationale Eigennutzenmaximierer gegenseitig in ihrer Handlungsfreiheit ein. Zwar kooperieren sie auf risikokalkulatorischer Grundlage, riskante Kooperationen stellen jedoch keine Vertrauensbeziehungen oder -handlungen, sondern nur vertragsähnliche kooperative Beziehungen oder Handlungen dar. Im Vertrauen, in dem Individuen im Rahmen einer Anerkennungsbeziehung intersubjektiv zu begründeten Urteilen kommen, werden Handlungen und Wissen einer spezifischen Qualität möglich, die unter Kontroll- und Kalkulationserfordernissen nicht möglich sind. Handlungsfreiheit ist nur kontrolliert bzw. eingeschränkt und nicht im weiten Sinne möglich bzw. konzeptualisierbar. Beziehungen, die auf Kooperation, Reputation, Verlassen-auf oder Verpflichten-auf basieren, sind zwar möglich. Strategische Beziehungen bzw. Verbindungen oder Vertragsverhältnisse können jedoch nicht die spezifische Qualität von Vertrauensbeziehungen, die insbesondere darauf beruht, dass Vertrauen ein intrinsischer Wert zukommt und der universale Anspruch auf Respekt anerkannt wird, erreichen. Die Orientierung an einer reduktionistischen Form instrumenteller Rationalität und Ökonomie kann gleichermaßen kooperatives wie ausbeuterisches Verhalten unter „Vertrauens"-Geber/„Vertrauens"-Nehmer im Hinblick auf die Maximierung bzw. Optimierung von Wertschöpfung und Eigeninteresse begründen.

Ökonomistische Vertrauensbegriffe haben nicht Vertrauen zum Gegenstand, sondern *Handlungskontingenzkontrolle* vertragsähnlicher Verbindungen zwischen Geldsubjekten. Freiheit ist auf Entscheidungswahlfreiheit reduziert, die Subjektivität des Geldsubjekts ist auf Eigeninteresse reduziert, rational kann es sein Selbstverständnis nicht im Hinblick auf andere Werte begründen. Vertrauensmodellierungen werden unter Ökonomisierungs- und Kommerzialisierungsbedingungen instrumentell-rationaler Rationalität untergeordnet, wodurch Konzeptualisierungen menschlicher Handlungsfreiheit sich in Kontrollerfordernissen auflösen.

4.1.3 „Vertrauen" und Geld: Anreiz versus Anerkennung

Vermarktlichung und monetäre Gewinnsteigerung bzw. -maximierung stellen die Hauptmerkmale von Kommerzialisierung dar. Vor dem Hintergrund ökonomischer Kosten/Nutzen-Erwägungen wird gesellschaftliche Koordination in veränderter Form, nämlich als einer unter kommerzialistischen und hier insbesondere monetären Gesichtspunkten als riskant bewerteten Form, zu einer unverzichtbaren Aufgabe für alle Akteure. Unter gesamtgesellschaftlicher Vermarktlichung wird jeder instrumentell-rational geprägte Akteur als Marktteilnehmer bestimmt, der seine Präferenzen in Abhängigkeit von Anreizen und Restriktionen ausbilden bzw. die Präferenzen anderer beeinflussen soll. Gesellschaftliche Koordination wird auf marktliche Koordination reduziert.[23] Rationale Eigennutzenmaximierer müssen sich von anderen rationalen Eigennutzenmaximierern abhängig machen können, wenn sie ihren Eigennutzen maximieren wollen. Die Entscheidung, einen Verzicht auf opportunistisches Verhalten zu unterstellen bzw. selbst auszuüben, sollen sie etwa mit ökonomisiertem Vertrauen begründen.

Nicht jeder, der eine Handlung vollzieht, die mit einem möglichen in der Zukunft liegenden zu kalkulierenden Schadensrisiko einhergehen könnte, vertraut → *Risikohandlung* ≠ *Vertrauenshandlung.* Konzeptualisierungen von Vertrauen bzw. ökonomisiertem Vertrauen lassen sich etwa so einander gegenüberstellen:

„Aus Mangel an exaktem Wissen gehe ich ein kalkuliertes Risiko ein. Wenn ich exaktes Wissen hätte, würde ich nicht vertrauen." = *Konzeptualisierung von ökonomisiertem Vertrauen*

versus

Konzeptualisierung von Vertrauen.

---

23 Reduzierte Modellierungen von Vertrauen als Instrument sozialer Koordination finden sich etwa bei D.U. Gilbert: Entwicklungslinien der ökonomischen Vertrauensforschung oder bei K. Homann/A. Suchanek: Ökonomik. Eine Einführung. Hier wird insb. der Zusammenhang zwischen Vertrauen und Anreizen als Formen gesellschaftlicher Kontrolle beschrieben. Zusammenhänge gesellschaftlicher Koordination und makroökonomischer Theorie beschreibt etwa Koslowski, Peter: Gesellschaftliche Koordination: Eine ontologische und kulturwissenschaftliche Theorie der Marktwirtschaft, Tübingen: Mohr Siebeck 1991.

Es gilt aber auch: Nicht jeder, der ein von Dritten als riskant eingestuftes Verhalten zeigt, vertraut nicht. Es kommt darauf an, welche Perspektive Akteure auf sich selbst oder andere Akteure haben. Die Entscheidung für ein durch einen Finanzberater empfohlenes riskantes Finanzprodukt kann beispielsweise durch die gute Reputation des Beraters, die mangelnde Informiertheit des Kunden oder dadurch begründet sein, dass der Kunde eine gemeinsame normative Basis unterstellt, die etwa ein betrügerisches oder ausschließlich eigennutzenorientiertes Verhalten des Beraters ausschließt. Es kann aber auch sein, dass sich im Zuge einer Vertrauensgenese eine Vertrauensbeziehung zwischen beiden Akteuren etabliert hat. Im Betrugsfall wären die gute Reputation des Beraters und der Informationsmangel des Kunden nicht länger als Entscheidungsbegründung zu rechtfertigen. Ein kalkuliertes Risiko würde in einem möglichen Schadensfall enden. Der Bezug auf eine gemeinsame und als stabil unterstellte normative Basis rechtfertigt eine moralische Empörung. Im Falle des Vertrauensbruchs ist eine moralische Empörung gerechtfertigt, die sich nicht nur auf eine Normverletzung bezieht, sondern darauf, dass keine wechselseitige Anerkennungsbeziehung bestand.

Unter Ökonomisierung und Kommerzialisierung werden Interaktionen auf Transaktionen reduziert, die sich auf einen (vor allem monetär) berechenbaren Austausch von Leistungen oder Gütern beziehen. Im institutionellen Wettbewerb werden Anreizstrukturen geschaffen, in denen sich instrumentell-rationales Verhalten auszahlt. Mathematisierungsprozesse (wie sie beispielsweise dem Instrument der Evaluation zugrunde liegen und von privatwirtschaftlichen externen Anbietern oder unternehmensintern im Rahmen von Ökonomisierungsprozessen durchgeführt werden) flankieren Ökonomisierungs- und Kommerzialisierungsprozesse, um Effizienzgewinne bzw. Optimierungspotenziale messen und vergleichbar machen sowie politische und ökonomische Entscheidungen begründen zu können. So erwirtschaften etwa Studierende Credit Points und Hochschulen Plätze in internationalen Rankings, erwerben politische Repräsentanten Stimmen bei Wahlen und Umfragen, legitimieren sich Nachrichtenanbieter anhand der Anzahl externer Internetzugriffe oder konkurrieren prekär Beschäftigte um die Überführung in unbefristete Beschäftigungsverhältnisse.[24] Es werden *Anreizstrukturen*

---

24 Hier kann nur flüchtig auf die Problematik eingegangen werden, dass wirtschaftliche Kriterien und Qualitätskriterien sich häufig widersprechen bzw. zu Verzerrungen führen können. So kann etwa eine Fokussierung auf Klickzahlen bei Online-Medien zu veränderten Themenauswahlen oder auch zu qualitativen Einbußen führen. Qualität ist relativ und erfordert eine Definition anhand Kriterien. Die Zahl von Internetzugriffen gibt keine Auskunft über journalistische Qualität. Ebenso wenig gibt der Markt Auskunft darüber, was ökonomisch sinnvoll ist und was nicht. Empirisches bzw. prognostisches Datenmaterial kann, wie etwa im Falle von Wahlumfragen, beispielsweise zur

statt Anerkennungsstrukturen etabliert. Vertrauensbeziehungen können dennoch in strategischen Umfeldern entstehen bzw. vorhanden sein, etwa in exklusiven Führungszirkeln oder unter Angestellten.[25] Dann verhalten sich die Vertrauenden allerdings nicht ausschließlich instrumentell zu ihrem Vertrauensverhältnis. Unter Bedingungen institutionalisierten Wettbewerbs ist insbesondere Reputation erforderlich, um anbieterseitig die Investitions- bzw. Risikopotenziale von Kunden sowie kundenseitig die Marktwerte von Anbietern verlässlich einschätzen und vergleichen zu können. Chancen und Gewinne sollen dabei im Sinne von Effizienz und Effektivität maximiert sowie Risiken und Verluste minimiert werden.

Es ist weniger die hochgradige Differenzierung und Anonymisierung komplexer kapitalistischer Gesellschaften, die die Etablierung genuiner Vertrauensbeziehungen etwa durch Defizite unmittelbaren personalen Vertrauens hemmt – vielmehr sind es insbesondere die bereits beschriebenen verengten Verständnisse von instrumenteller Rationalität und Ökonomie.

Der institutionalisierte Wettbewerb belohnt z.B. anhand dokumentationsfähiger instrumentell-rationaler Effizienzkriterien bzw. mathematisch-naturwissenschaftlicher Begründungsstandards rationales Eigennutzenmaximieren bzw. bestraft Leistungsdefizite. *In diesem Zusammenhang ist Geld zu einer maßgeblichen Form ökonomisierten Vertrauens geworden.* Martin erörtert, dass Geld ein soziales Phänomen im Sinne eines Kredit- und Verrechnungssystems darstellt.[26] Geld ist kein Warenaustauschmittel, sondern übertragbarer Kredit.[27] Es ist entgegen der

---

Legitimation politischer Agenden herangezogen oder Anreiz für inhaltliche Entscheidungen werden.

Zum Verhältnis von Wettbewerb und Vertrauen vertreten etwa Mark Casson und Marina Della Giusta im „Handbook of Trust Research" die Auffassung, dass Wettbewerb die Notwendigkeit von Vertrauen reduziere, siehe hierzu Casson, Mark/Della Giusta, Marina: „The economics of trust", in: Reinhard Bachmann/Akbar Zaheer (Hg.), Handbook of Trust Research, Cheltenham/Massachusetts: Edward Elgar Publishing 2006, S. 332-354.

25 Gambetta, Diego: „Mafia: the Price of Distrust", in: Diego Gambetta (Hg.), Trust. Making and Breaking Cooperative Relations, Oxford/Massachusetts: Basil Blackwell 1990, S. 158-175 hat etwa mafiöse Strukturen untersucht, wobei hier nicht von Vertrauen gesprochen werden kann, sondern vielmehr von Gehorsam in Anbetracht von Gewalt.

26 Vgl. F. Martin: Geld, die wahre Geschichte.

27 Für eine Erläuterung der Ursachen und Wirkungen der Finanzkrise mit Schwerpunkt auf Verbriefungen, also dem Verkauf von Krediten an außerbilanzielle Zweckgesellschaften, die nicht von Bankenaufsichten kontrolliert werden können, Interbankenhandel sowie die Rolle von Ratingagenturen bei deren Risikobewertung siehe Neubäumer,

nationalökonomischen Auffassung kein physisches oder natürliches Phänomen, sondern ein politisches Symbol gesellschaftlicher Beziehungen, das nur existiert, weil die Mitglieder einer Gesellschaft in die Stabilität seines (durch sie als Mitglieder selbst verliehenen) Wertes und die ihres Staates als eines Garanten seines stabilen Wertes vertrauen (Systemvertrauen im Hinblick auf Schadensregulation und Praxisvertrauen im Hinblick auf die Unterstellung einer gemeinsamen normativen Basis). Wird Geld auf ein natürliches Phänomen reduziert, geraten die mit ihm übertragenen sozialen Verpflichtungen aus dem Blick; diese werden durch Zahlen, Vermögenswerte und rechnerische Verbindlichkeiten ersetzt. Ein solcherart ausschließlich als ein ausschließlich monetäres Schuldverhältnis naturalistisch konzeptualisiertes Geldverhältnis, das durch einen Kaufakt entsteht, lässt ein abstraktes, versachlichtes Schuldverhältnis entstehen, in dem etwa der direkte Bezug zu Gütern (nicht nur Handelswaren), situativen Inhalten, sinnlichen Dingen sowie insbesondere sozialen Beziehungen nicht länger konzeptualisiert ist.[28] Martin betont treffend, dass staatliche Geldpolitik nicht ausschließlich das Ziel einer Geldwert- oder Finanzmarktstabilität, sondern insbesondere das Ziel gesellschaftlicher Koordination und sozialer Gerechtigkeit verfolgen sollte.

Unter Kommerzialisierung werden a) die Notwendigkeiten und Verpflichtungen sozialer Kooperation auf rechnerisch-monetäre Verbindlichkeiten, b) Vertrauen als ein ökonomisiertes Vertrauen auf ein natürliches Tauschmittel und c) soziale Gerechtigkeit auf einen monetären Saldenausgleich reduziert. Geld und Vertrauen werden unter den geltenden mathematisch-naturwissenschaftlichen Begründungsstandards als abstrakte Rechengrößen modelliert, die gesellschaftliche Koordination (als eine auf strategisch zu gestaltenden Abhängigkeiten basierende Gewinnchance) ermöglichen sollen. Mit Luhmann lässt sich in diesem Zusammenhang treffend pointieren:

„Im Rahmen derjenigen Bedürfnisse, die überhaupt mit Geld befriedigt werden können, erfüllt es [Anm. d. Verf.: Geld] die gleiche zeitüberspannende, Risiken absorbierende Funktion in präziserer, wirksamerer Form, da es ganz spezifisch auf diese Funktion zugeschnitten ist, und es gräbt dadurch dem Vertrauen das Wasser ab. Wer Geld hat, braucht insoweit

---

Renate: „Ursachen und Wirkungen der Finanzkrise. Eine ökonomische Analyse", in: Wirtschaftsdienst 11 (2008), S. 732-740. Neubäumer vollzieht insbesondere nach, wie sich im Finanzsektor ein Anreizsystem für riskante Aktionen hat etablieren können. Die Bedeutung ebenso wie die Bewertung von Kreditrisiken hat sich im Zuge von Ökonomisierung und finanzmarktlicher Deregulierung grundlegend verändert. Zum Begriff des Kredits, den Brodbeck als Auseinanderfallen von Leistung und Zahlung definiert, siehe K.-H. Brodbeck: Philosophie des Geldes, S. 45-76.

28 Vgl. K.-H. Brodbeck: Die Herrschaft des Geldes, insb. S. 874ff.

anderen nicht zu vertrauen. Das generalisierte Vertrauen in die Institution des Geldes ersetzt dann jene unzähligen einzelnen und schwierigen Vertrauenserweise, die nötig wären, um den Lebensbedarf in einer kooperativen Gesellschaft sicherzustellen, durch einen Globalakt."[29]

Geld erfüllt, aus der Perspektive des Ökonomieprinzips heraus betrachtet, als ökonomisiertes Vertrauen die Funktion prognostischer Erwartungsstabilität. Luhmann bezeichnet Geld auch als „Gewissheitsäquivalent".

Geld als Form ökonomisierten Vertrauens bzw. Vertrauens-Substitut lässt sich Vertrauen so gegenüberstellen:

„Ich vertraue in die Institution des Geldes. Um meinen Lebensbedarf sicherzustellen, muss ich nicht vertrauen. Ich habe Geld, also muss ich nicht vertrauen."
= Konzeptualisierung von ökonomisiertem Vertrauen

versus

Konzeptualisierung von Vertrauen.

Brodbeck weist treffend darauf hin, dass monetäre Vergesellschaftung ein kollektives Phänomen zirkulären Vertrauens ist, da jeder auf den Wert des Geldes vertraut und daher dieser Wert hervorgebracht und reproduziert werden kann. „In eine Geldökonomie verschwindet also nicht die moralische oder religiöse Ordnung der Gesellschaft; sie wird nur schrittweise transformiert in die Ordnung der Geldrechnung, die unterschiedliche kulturelle und moralische Reste durchaus gewinnbringend zu verwerten weiß."[30] So wie Aristoteles die Kunst des Gelderwerbs bzw. -geschäfts (Chrematistik), in der Güter in Waren und das funktionale natürliche Gut Geld in einen sich über Zinseinnahmen selbstvermehrenden Selbstzweck transformiert werden, verurteilt, kritisiert Brodbeck Zins und Kredit als Institutionalisierung bzw. insbesondere den Geldbesitz als Privatisierung der Geldgier.[31] Wo Vertrauen unter instrumenteller Rationalität prekär wird bzw. seine vorteilhaften Funktionen als notwendig erachtet werden, werden Vertrauens-Substitute, z.B. Geld, Kontrolle, Kooperation, Reputation, Verlassen-auf und Verpflichten-

---

29 N. Luhmann: Vertrauen. Ein Mechanismus der Reduktion sozialer Komplexität, S. 66.

30 K.-H. Brodbeck: Die Herrschaft des Geldes, S. 900.

31 Brodbeck analysiert in seinem Aufsatz insbesondere auch Krisen auf den Geld- und Finanzmärkten und ihre Auswirkungen auf die Realwirtschaft, siehe hierzu ebenda, S. 926ff. sowie S. 931.

auf, modelliert, um gesellschaftliche Koordination, Wertschöpfung, Erwartungsstabilität usw. herzustellen bzw. sicherzustellen.

Geldsubjekte sind unter instrumenteller Rationalität erhöhten Risiken und ver-
mehrter Unsicherheit ausgesetzt, da sie ihre Entscheidungen eigennutzenmaximierend und somit hochgradig variabel treffen und in ausschließlich zweckdienlicher Hinsicht begründen können müssen. Eine lückenlose Kontrolle der Geldsubjekte untereinander ist weder möglich noch wirtschaftlich begründbar. Sind
Denken und Handeln ausschließlich an zweckhaften Gründen orientiert, kann das
Risiko, betrogen, übervorteilt, ausgenutzt, hintergangen usw. zu werden, steigen.
Was als Defizit (insb. erhöhte Risiken und Unsicherheit im Kontext von Handlungen, die auf individuellen Entscheidungen beruhen bzw. von denen Dritter abhängig sind) aufgrund einer Rationalitätsbestimmung (Ökonomisierung) und einer
spezifischen Operationalisierung (Kommerzialisierung) heraus entsteht, ruft einen
Bedarf an strategischen Instrumenten bzw. Techniken zur Entscheidungsprog-
nose, -kalkulation, -dokumentation, -legitimation usw. hervor, um Planungssicherheit, verlässliche Informationsflüsse, stabile Geschäftsbeziehungen, Gewinn-
erwartungen usw. herstellen zu können. Im Vertrauen sind Handlungen möglich,
die unter Kontrollerfordernissen nicht möglich sind. Unter Kontrollerfordernissen
mögliche Handlungen können durch Vertrauens-Substitute zur Entscheidungs-
prognose, -kalkulation, -dokumentation, -legitimation usw. unterstützt werden,
um die genannten Vorteile der Planungssicherheit etc. erzielen zu können.

Das Homo-Oeconomicus-Modell, das Ökonomisierungs- und Kommerzialisierungsprozessen zugrunde liegt, *reduziert Subjektsein auf Individualität.* Es besteht ein Spannungsfeld zwischen 1) dem traditionellen Homo-Oeconomicus-Modell, 2) neueren Modellen und 3) einer nicht modellhaften Lebenswelt, zu der sich
Subjekte in ein Verhältnis setzen können: 1) Das traditionelle Modell dient der
Mathematisierung, Prognose, Bewertung, Steuerung usw. individuellen Entscheidungsverhaltens. 2) Erweiterte Modelle, die den Homo Oeconomicus daher als
nicht grundsätzlich opportunistisch definieren, entwerfen jedoch kein neues Menschenbild. Sie berücksichtigen empirisches Datenmaterial, das bestätigt, dass
Menschen nicht grundsätzlich die für sie nützlichste Entscheidungsvariante wählen oder erkennen. Auf dieser Grundlage werden weitere Risikolagen, strategische
Handlungspotenziale und Kontrollstrategien für die Berechnung, Verwertung, Bewertung, Steuerung und Vorhersage individuellen Entscheidungsverhaltens untersucht und entwickelt. Konzeptualisierungen von 1) und 2) werden auf institutionalisierte Anreizsysteme übertragen. 3) Es existieren darüber hinaus jedoch auch
andere Formen gesellschaftlicher Koordination (z.B. Anerkennungsbeziehungen
und-strukturen) oder Rationalität (z.B. die Rationalitätsform des Vertrauens). Al-

lerdings können Ökonomisierung und Kommerzialisierung potenziell und zunehmend auch diese Formen mit dem Dogma des instrumentellen Egoismus überdecken.

Unter Ökonomisierung und Kommerzialisierung wird Vertrauen insbesondere durch Geld, Kooperation, Reputation, Verlassen-auf und Verpflichten-auf ersetzt, um gesellschaftliche Koordination, die unter instrumenteller Rationalität mit steigenden Betrugsrisiken und erhöhten Kontrollerfordernissen konfrontiert ist, zu ermöglichen. Diese Vertrauens-Substitute sollen insbesondere Beziehungs- bzw. Erwartungsstabilität, Verlässlichkeit (von Personen, Informationen etc.), symmetrische Kommunikation sowie die Senkung von Transaktions- und Opportunitätskosten fördern, wodurch etwa implizite Verträge geschlossen, explizite Verträge abgesichert, Kooperationen ermöglicht, Risikoabwägungen vorgenommen oder Beschäftigte z.b. auf Leistung und Gehorsam verpflichtet werden können. Darüber hinausgehende Handlungen und Handlungsqualitäten, die sich nicht in Entscheidungswahlfreiheit erschöpfen, sind jedoch nur etwa unter Vertrauen möglich.

4.2 ETHISCHE EBENE: DIE MÖGLICHKEIT DES GELTUNGSANSPRUCHS ALTERNATIVER VERTRAUENSKONZEPTE IST EINGESCHRÄNKT

Die angestrebte Nützlichkeit von „Vertrauen" kann am Beispiel maßgeblicher Konzeptualisierungen von *Reziprozität und Schuld* herausgearbeitet werden. Beispiele aus der Managementforschung zeigen, wie „Vertrauen" als strategisches Wertschöpfungsinstrument und „Vertrauensbeziehungen" als Kreditbeziehungen inszeniert werden können und welche problematischen Auswirkungen dies haben kann.

Unter Ökonomisierung und Kommerzialisierung erlangen solche Vertrauenskonzeptionen dominant Geltung, die, etwa in Form von Vertrauens-Substituten, der *Koordination, Begründung und Legitimation strategischer und riskanter Entscheidungshandlungen zur kommerziellen Wertschöpfung, -steigerung und -sicherung unter Entscheidungsdruck* dienen. Dass nicht instrumentell-rationalen Konzepten von Vertrauen oder auch Vertrauenswürdigkeit keine (maßgebliche) legitime Geltung zugestanden wird bzw. sie nicht als Maßstäbe für legitimes Entscheidungshandeln (z.b. ökonomisches oder politisches) gelten, resultiert aus der impliziten einseitigen Moralvorstellung, nach der nützlich mit gut gleichgesetzt wird. Homo Oeconomicus wird als objektiv in seiner Entscheidungsbegründung modelliert. Diese Modellierung jedoch, nach der unter instrumenteller Rationalität ausschließlich zweckrationale und auf Eigennutzen bezogene Gründe gelten, ist keineswegs ethisch neutral, sondern definiert den Wert des Eigennutzens als höchstes Gut eines (ethisch) guten Lebens.

Entsprechend wird Vertrauen als Instrument zur Förderung bzw. Maximierung von Eigennutzen im Hinblick auf seine Funktionen bewertet. Eine Vertrauensbeziehung hingegen ermöglicht Handeln, sie bedarf keiner begründenden Erlaubnis oder Aufforderung.

Subjekte, denen Vermöglichungen des Horizontbewusstseins bewusst, denkbar und ergreifbar sind, können z.b.

a) Entscheidungsalternativen, Entscheidungsnotwendigkeiten, Entscheidungsbegründungen usw. infrage stellen, also Entscheidungslage und -bedarf einer konkreten Situation *historisch* kontextualisierend (z.b. im Kontext ihres Lebensvollzuges oder einer spezifischen Ereignishistorie) kritisch dahingehend hinterfragen, ob überhaupt eine Entscheidungsrelevanz vorliegt (das Vorhandensein von Alternativen allein begründet noch keine Entscheidungssituation bzw. ist Alternativlosigkeit eine Konstruktion, da etwa immer die Verweigerung einer Situation als Alternative besteht) oder welche Situationsform (z.B. eine Dilemmasituation, eine Zwangssituation oder eine intime Situation) gegeben ist,

b) in einer konkreten Situation unter einer bestimmten Rationalitätsform zu begründeten Urteilen kommen (z.b. im Vertrauen), oder

c) ihr Denken und Handeln in einer konkreten Situation an alternativen Gründen oder Werten orientieren (z.b. an Solidarität oder Gemeinwohl statt Eigennutzen).

Wird Vertrauen explizit als begründet bzw. begründungspflichtig formuliert oder an Bedingungen geknüpft, besteht entweder kein Vertrauen, sondern ein z.b. auf Reputation beruhendes Verhältnis („ich verlasse mich auf dich, weil …"), oder aber es war ein Vertrauen vorhanden, das nun jedoch nicht mehr besteht („ich vertraute dir, weil ..."). Wird Vertrauen explizit thematisch, kann etwa das Vertrauensverhältnis zwischen Vertrauensnehmer und -geber a) problematisch sein (z.B. durch ein Missverständnis oder einen Bruch, das Verhältnis wird bewertet) oder b) nicht existent (Nichtexistenz wird bewertet). Vertrauen explizit als solches zu bezeichnen, zu begründen, zu fordern, zu rechtfertigen usw. kann ein Anzeichen dafür sein, dass ein Vertrauens-Substitut strategisch eingesetzt und moralisch aufgeladen wird.

Vertrauens-Substitute, die sich infolge einer Ökonomisierung des Vertrauens als rational und legitim durchsetzen, können im Zusammenhang einer Reduktion von Reziprozität auf Leistungs- und Ressourcenreziprozität sowie der Gleichsetzung des Nützlichen mit dem Guten strategisch eingesetzt und moralisch aufgeladen werden, was als *Vertrauensinszenierung* beschrieben werden kann. Begründetes „Vertrauen" gilt als rational und legitim, es kann rechnerisch oder normativ bewertet und dadurch einer ökonomistischen bzw. kommerzialistischen Verwertung zugänglich gemacht werden. Wird Vertrauen normativ bewertet, also auf eine Norm bezogen, kann es nicht nur ökonomisch bzw. kommerziell verwertet, sondern auch in strategisch-moralischer Hinsicht inszeniert und somit funktionalisiert werden. Das bedeutet, dass – ohne dass Vertrauen tatsächlich vorhanden ist – dadurch eine Verpflichtung in normativer Hinsicht eingeleitet bzw. verbindlich legitimiert wird, dass in strategischer Hinsicht durch die Verwendung des Begriffs Vertrauen ein bindender Bezug zu einer normativen Praxis hergestellt wird. Dies wird dadurch möglich, dass ein Verhalten explizit mit dem Begriff Vertrauen bezeichnet bzw. begründet wird. Dem potenziellen Vertrauensnehmer werden dabei a) explizit positive Konsequenzen für den Fall benannt, dass das „Vertrauen" in ihn gerechtfertigt ist, bzw. b) explizit negative Konsequenzen für den Fall benannt, dass das in ihn gesetzte „Vertrauen" enttäuscht wird. Dies kann z.B. so geschehen, dass 1) ein vermeintlicher Vertrauensgeber Vertrauen in einen potenziellen Vertrauensnehmer vortäuscht, um sein Vertrauen zu gewinnen (z.B. „therapeutisches Vertrauen")[32], 2) ein vermeintlicher Vertrauensgeber gegenüber einem potenziellen Vertrauensnehmer regelmäßige stichprobenartige Kontrollmaßnahmen ankündigt, unter denen sich der Nehmer bewähren und damit das „Vertrauen" des Gebers bestätigen soll (z.B. Managementtheorie nach Lahno oder Malik), oder 3) politische Entscheidungen unter Berufung auf ein Systemvertrauen, demgegenüber Vertrauensnehmer und -geber als verpflichtet gelten, begründet werden. Politische Entscheidungen können als naturgesetzlich-alternativlos inszeniert und ausschließlich unter Berufung auf ein abstraktes Systemvertrauen begründet werden (z.B. als „Vertrauen der Märkte"). Diesen drei Varianten ist gemeinsam, dass Vertrauen als eine *explizite reziproke Leistungsverpflichtung* inszeniert wird: Ein potenzieller Geber begründet („Grund haben") oder legitimiert („Legitimation haben") mit Bezug auf die Leistung „Vertrauen" den Anspruch auf eine reziproke Gegenleistung. Auch wenn die neuere Homo-Oeconomicus-Forschung Individuen als nicht grundsätzlich rational und opportunistisch orientiert modelliert,[33] bleibt das ökonomische Menschenbild nicht nur weiterhin instrumentell-rational verkürzt, sondern gerade seine Erweiterung soll neue Anwendungsmöglichkeiten der strategischen Steuerung, Kontrolle und Manipulation individuellen Verhaltens eröffnen. Dies betrifft insbesondere die Kalkulation der Vertrauenswürdigkeit

---

32 Vgl. H.J.N. Horsburgh: The Ethics of Trust.

33 Vgl. etwa C. Jasner: Prof. Dr. Axel Ockenfels. Die Vermessung der Menschlichkeit.

Dritter bzw. die Inszenierung von „Vertrauen" und „Vertrauenswürdigkeit". Denn die Tatsache, dass Individuen mitunter Entscheidungen treffen, die dem Eigennutzenaxiom widersprechen, kann strategisch genutzt bzw. ausgenutzt werden. Für die Kalkulation von Entscheidungen bedeutet dies aus ökonomischer Sicht, dass Ursachen von Selbstbindung sowie Strategien zur Initiierung oder Förderung von Selbstbindung identifiziert werden können sollen, um Risiken zu vereiteln.

Vertrauen und Vertrauenswürdigkeit, als nicht normative Formen der Selbstbindung konzeptualisiert, sind von besonderem ökonomischen Interesse, da sie z.b. den Verzicht auf ausbeuterisches Verhalten bzw. eine Nichtausbeutungserwartung begründen sollen. Über den strategischen Einsatz von Vertrauensinszenierungen können ein solcher Verzicht bzw. eine solche Erwartung herbeigeführt werden. Dies wird durch die Konzeptualisierung von Reziprozität als einer Reziprozität von Leistungen und Ressourcen in ökonomistisch geprägten Vertrauensmodellierungen möglich. Durch diese Konzeptualisierung sowie eine Gleichsetzung des Nützlichen mit dem Guten können strategisch-politische Entscheidungen legitimiert bzw. moralisch immunisiert werden.

4.2.1 „Vertrauen" als Wertschöpfungsinstrument

Vertrauens-Substitute als Ersatzleistungen für Vertrauen zeigen an, dass ökonomisiertes Vertrauen als berechenbare riskante Vorleistung einen Anspruch auf eine reziproke Gegenleistung markieren soll.[34] Eine Ökonomisierung von Vertrauen bedeutet nicht nur, dass Vertrauen in Zahlen ausgedrückt und berechnet werden können soll, sondern dass es in kommerzialistischer Hinsicht unter Effizienz- und Effektivitätskriterien als eine *Ein- bzw. Auszahlung in monetärer Hinsicht* bewertet und verwertet wird. „Vertrauen" wird auf Geld und über Geld auf

---

34 Vgl. M. Kettner: Ein Vorschlag zur Unterscheidung von Ökonomisierung und Kommerzialisierung.

Kreditbeziehungen reduziert.[35] Für das „Engagement Vertrauen" (Eberl)[36] wird demnach eine Einnahmen-Ausgaben-Gegenüberstellung (Bilanzierung) im Sinne

---

35 In diesem Zusammenhang kommt Ratingagenturen als externen Bewertungssystemen für monetäre Risikokalkulationen im Hinblick auf die Reputation von Gläubigern und Schuldnern eine entscheidende Rolle zu. So kann etwa auch die Kreditwürdigkeit bzw. Zahlungsfähigkeit von Unternehmen oder Staaten (z.b. über Wetten auf Ausgänge zugehöriger Schiedsgerichtsurteile) zum Gegenstand finanzmarktlicher Spekulationen durch Investoren(-gruppen) (sogenannte „Märkte") werden, wobei im Kontext monetärer Risikokalkulationen die Verlässlichkeit, Reputation etc. externer Bewertungssysteme ebenfalls Risiken beinhalten kann. Es ist ein auf *monetären Kredit* reduziertes „Vertrauen", das (finanz-)politische Sach- bzw. Entscheidungszwänge bzw. einen (finanz-)politischen Entscheidungsdruck legitimieren und so etwa deliberative Diskurs- und Prüfverfahren blockieren kann. „Vertrauen" und „Vertrauens"-Entzug können neue Formen und Intensitäten von Abhängigkeitsverhältnissen (z.b. zwischen politischen Entscheidungsträgern und unternehmerischen oder finanzmarktlichen Investoren) schaffen. Diese Aspekte können hier nur angedeutet werden.

Vgl. weiterführend Kehnel, Annette (Hg.): Kredit und Vertrauen (=Wirtschaft und Kultur im Gespräch, Band 2), Frankfurt a.M.: F.A.Z.-Institut 2010. Hier finden sich Beispiele und Literaturhinweise für ökonomistisch geprägte Vertrauens- und Reziprozitätskonzeptualisierungen aus der Experimentellen Wirtschaftsforschung. Kehnels Ausführungen zu Kredit und Vertrauen ebenso wie die von ihr zusammengestellten Beispiele sind dahingehend kritisch zu betrachten, dass sie auf Vertrauens-Substituten basieren.

36 Vgl. P. Eberl: Vertrauen. Vertrauen als (reziproken) Leistungs- oder Ressourcenaustausch modellieren etwa auch Nieder, Peter: Erfolg durch Vertrauen. Abschied vom Management des Mißtrauens, Wiesbaden: Gabler 1997 („Erwartung einer Gegenleistung"); Beckert, Jens: Vertrauenskrise. Ökonomie und Vertrauen. Was schadet der Ökonomie? Manuskript zur Audiosendung SWR2 Aula vom 29.01.2012 („Vorleistung und Gegenleistung"); E. Fehr: Thesen zur Ökonomie und Biologie des Vertrauens („Vertrauen als Leistungsaustausch"); Osterloh, Margit/Weibel, Antoinette: Investition Vertrauen. Prozesse der Vertrauensentwicklung in Organisationen, Wiesbaden: Betriebswirtschaftlicher Verlag GWV Fachverlage 2006 („Investition Vertrauen verspricht hohe Rendite"); T. Ripperger: Ökonomik des Vertrauens („Leistungsverpflichtung des Nehmers"); P. Dasgupta: Trust as a Commodity (Dasgupta beschreibt die Verbindung von Vertrauen und Verpflichtung); J.J. Gabarro: The Development of Trust, Influence, and Expectations (Gabarro beschreibt die Verbindung von Abhängigkeit und Vertrauen); Offe, Claus: „Wie können wir unseren Mitbürgern vertrauen?", in: Martin Hartmann/Claus Offe (Hg.), Vertrauen. Die Grundlage des sozialen Zusammen-

einer Abwägung von Entscheidungsgründen vorgenommen, um 1) den ökonomisch-monetären Wert des Vertrauensengagements und 2) den Differenzbetrag (Saldo) zu errechnen, der für einen ökonomisch-monetären Ausgleich erforderlich ist. Das bedeutet, dass sich ein „Vertrauens"-Geber nur dann engagiert, wenn die Kalkulation von Einnahmen und Ausgaben ein für ihn (kurz-, mittel- oder langfristig) ökonomisch-monetär nutzenmaximierendes Ergebnis ergibt und er Art und Höhe der Forderungen, die auf den „Vertrauens"-Nehmer zukommen, beziffern sowie diese Forderungen bereits im Vorfeld oder spätestens im Schadensfall gegenüber dem Nehmer explizieren und geltend machen kann.

Im Rahmen der vorliegenden Argumentation wird der Begriff des Schadensfalls dem des Betrugsfalls vorgezogen. Das Vertrauensengagement wird stets prognostisch kalkuliert. Die gesamte Problematik des Betrugs soll hier nicht weiter vertieft werden; relevant ist, dass der Begriff des Betrugs eine in moralischer Hinsicht zu bewertende bewusste Täuschungsabsicht unterstellt. Demgegenüber erscheint der Begriff des Schadensfalls ein neutralerer Begriff zu sein. Als rationaler Eigennutzenmaximierer verhält sich Homo Oeconomicus stets strategisch.[37] Das bedeutet, dass 1) er stets mit dem strategischen Verhalten seines Gegenübers rechnen muss (die Kalkulation des Entscheidungsverhaltens seines Gegenübers stellt kein Risikoausschlussverfahren, sondern ein Prognoseinstrument dar, das die instrumentell-rationalen Gründe, nicht die Motive, von Geber und Nehmer bilanziert) und 2) die Verwendung des Begriffs des Betrugs einen Kategorienfehler darstellt, da strategisch agierende Homo-Oeconomicus-Akteure eigene und fremde Entscheidungen instrumentell-rational begründen, nicht moralisch. Potenziell trägt jeder Homo-Oeconomicus-Akteur das gleiche Schadensrisiko, was nicht auf etwa moralische Motive, sondern auf die stets instrumentell-rationalen Gründe für strategisches Handeln zurückzuführen ist. Der Begriff des Betrugsrisikos ist unter ausschließlich instrumentell-rationalen Akteuren unangemessen, da

---

halts, Frankfurt a.M./New York: Campus 2001, S. 241-293 (Offe beschreibt, wann Vertrauen „verdient ist"). F. Malik: Führen Leisten Leben. Wirksames Management für eine neue Zeit beschreibt Vertrauen indirekt als Verpflichtung und, wann Arbeit zu „Leistung" wird. Peng-Keller, Simon: „Vertrauensprobleme, Vertrauensformen und Vertrauensforschung", in: Andreas Hunziker/Simon Peng-Keller (Hg.), Vertrauen verstehen (=Hermeneutische Blätter 1/2), Zürich: Institut für Hermeneutik und Religionsphilosophie, 2010, S. 5-21 weist auf die in der Spieltheorie verbreitete Gleichsetzung von Vertrauen (*trust*) mit einem beobachtbaren und messbaren Ressourcentransfer (*entrusting*) hin.

37 Vgl. auch M. Hartmann: Die Praxis des Vertrauens, insb. S. 191f., der die Problematik, dass Akteure sich ausschließlich instrumentell zu einem vertrauensvollen Verhältnis verhalten können, aus philosophischer Sicht als egoistisch beschreibt.

sie nur mit sich ebenfalls instrumentell-rational verhaltenden Akteuren rechnen können. Hier zeigt sich ein Unterschied und damit ein Spannungsfeld zwischen Modell und Wirklichkeit: Nicht alle realen Akteure orientieren ihr Denken und Handeln ausschließlich an zweckbezogenen Gründen. Sie können sich in ihren Orientierungen und Wertungen auf ein breiteres Spektrum an Gründen, Motiven, Werten usw. beziehen. Diese realen Akteure können ihr Verhalten untereinander als Betrug oder Täuschung bezeichnen, da sie auch z.b. über Motive verfügen, die sie sich gegenseitig unterstellen und auf die sie sich beziehen können. Für den Umgang mit Betrug, Handlungsverantwortung, Verantwortungszuweisung usw. liefert das Homo-Oeconomicus-Modell keine für reale Akteure anwendbaren Bewertungskriterien oder Empfehlungen. Es stellt ausschließlich Risikokalkulationen für Entscheidungs- bzw. Kooperationsdilemmata unter idealen Laborbedingungen zur Verfügung. Umso problematischer ist es, dass unter Ökonomisierungs- und Kommerzialisierungsbedingungen an Homo-Oeconomicus-Modellierungen orientierte Anreizsysteme für instrumentell-rationales Verhalten institutionalisiert werden, die opportunistisches und instrumentell-rationales Verhalten gegenüber anderen Orientierungen des Denkens und Handelns begünstigen. Für reale Fälle etwa von Betrug oder Täuschung im Rahmen von entsprechend geschaffenen Anreizsystemen und den Umgang damit sieht sich die Homo-Oeconomicus-Forschung nicht zuständig. Denn ihr Modell liefert Szenarien und Prognosen zur gewinnbringenden Kalkulation riskanter Entscheidungen unter Abhängigkeit für strategische Akteure, die ihr Denken und Verhalten ausschließlich an instrumenteller Rationalität ausrichten.

Homo-Oeconomicus-Akteure können allerdings nicht nur Schaden durch Abhängigkeitsverhältnisse nehmen, sondern vor allem auch von ihnen profitieren, wenn sie auf ein nicht ausschließlich instrumentell-rationales Handeln realer Akteure setzen. Ökonomistische bzw. ökonomistisch geprägte Konzepte von Vertrauen können als Kalkulationsinstrument für sich ausschließlich instrumentell-rational verhaltende strategische Akteure dienen, um Schadenswahrscheinlichkeiten im Hinblick auf eigene Entscheidungen und Ausbeutungsoptionen oder auf Entscheidungen von nicht bzw. nicht ausschließlich instrumentell-rational handelnden Akteuren bestimmen zu können.

Das Engagement des „Vertrauens"-Gebers nach vorgenommener *Schaden-Nutzen-Bilanzierung* ist ausschließlich in Abhängigkeit von der Erfüllung der Forderung durch den Vertrauensnehmer instrumentell-rational begründbar. Würde der Geber etwa auf die Erfüllung der Forderung verzichten, wäre sein Verhalten dem Ökonomieprinzip entsprechend nicht als rational zu begründen bzw. bewerten. Mit seinem Engagement eröffnet der Geber eine *vertragsähnliche Geber-*

Nehmer-Abhängigkeit zwischen mindestens zwei Akteuren, wobei diese Abhängigkeit erst im Moment des Ausgleichs der (insb. monetär) bezifferbaren Forderung wieder aufgehoben werden kann. Begleitende Effizienzförderungsmaßnahmen (denn neben Risiken sollen vor allem [z.b. Transaktions-]Kosten durch Vertrauen reduziert werden) etwa in Form von Kontrollen, Stichproben, Gratifikationen (z.b. monetärer oder vertraglicher Art) fungieren als Anreiz- bzw. Sanktionssysteme, um die Erfüllung von Forderungen zu bewirken bzw. ihre Nichterfüllung zu verhindern.

Eine Ökonomisierung von Vertrauen kann der Einleitung und Formulierung monetär bezifferbarer und verpflichtender finanzieller Forderungen sowie deren Absicherung und Einziehung dienen. Das bedeutet, dass über ökonomisiertes Vertrauen (insbesondere monetär geprägte) Kreditverhältnisse, die als „Vertrauens"-Verhältnisse bezeichnet werden, initiiert, formuliert (Kreditforderungen ebenso wie Kreditbedingungen), abgesichert (z.b. gegen Ausfall oder Verzögerung) sowie entsprechende *Sanktionsmaßnahmen* für Schadensfälle begründet und legitimiert werden können.

Im Zuge einer potenziell in alle Lebensbereiche vordringenden institutionalisierten Ökonomisierung und Kommerzialisierung wäre die Etablierung und Stabilisierung genuiner vertrauensvoller Beziehungen unter instrumentell-rationalen Kriterien betrachtet ggf. weder dienlich noch wirtschaftlich. Denn interpersonales Vertrauen verpflichtet nicht auf einen reziproken Leistungs- oder Ressourcentausch; die Vertrauenspartner verhalten sich nicht ausschließlich instrumentell-rational und auch nicht strategisch zu der Vertrauensbeziehung; im Vertrauen gibt es weder ein Bewusstsein von Risiken noch von Ausbeutungsoptionen und Vertrauen lässt sich nicht beziffern, begründen, herstellen, explizieren oder monetär verwerten; auch, weil es sonst zerstört bzw. seine Genese vereitelt werden würde.

Unter Ökonomisierungs- und Kommerzialisierungsbedingungen kann ökonomisiertes Vertrauen als effizientes und effektives Instrument zur Initiierung, Formulierung, Absicherung, Begründung und Legitimation (insbesondere monetär geprägter) Kreditverhältnisse verwendet werden, mit dem Ziel der (insbesondere monetär) gewinnbringenden Berechnung und Verwertbarkeit von temporär nützlichen bzw. auszunutzenden Abhängigkeiten. Ökonomisiertes Vertrauen kann nicht nur genuines Vertrauen zunehmend durch Geld, Reputation, Kooperation, Verlassen-auf oder Verpflichten-auf ersetzen: Ökonomisiertes Vertrauen kann (über die Initiierung, Formulierung, Absicherung, Begründung und Legitimation insbesondere monetär geprägter Kreditverhältnisse) als ein *auf Tausch und Abhängigkeit beruhendes strategisches Wertschöpfungsinstrument* genutzt werden.

Ökonomisiertes Vertrauen und ökonomisierte Vertrauenswürdigkeit profitieren hierbei von der gesellschaftlich anerkannten *Reziprozitätsnorm*, nach der auf eine Leistung eine Gegenleistung zu folgen hat; wobei hier etwa mit Münch darauf hinzuweisen ist, dass die moderne Wirtschaft eine eigenartige Kombination einer religiös verwurzelten methodisch-rationalen Lebensführung mit der ökonomischen Daseinsvorsorge aufweist.[38] Münch beschreibt eine Interpenetrationszone zwischen Ökonomie und Moral als ein Bauprinzip der Moderne, in dem Zahlung und Achtung in spezifischer Weise miteinander verbunden werden. Dies führt er auf den industriellen Kapitalismus zurück, der die Achtungszuteilung von der sozialen Herkunft auf die individuelle Leistungserbringung verschiebt. Dadurch haben sich die moralischen Maßstäbe verändert, da es nun die individuelle Leistung und moralische Verantwortung des Einzelnen ist, ökonomisch und nun auch moralisch um Einkommen und Status zu konkurrieren. So hat sich die monetäre Leistungserbringung als Kriterium der moralischen Achtungszuteilung durchsetzen können. Diesen Einschätzungen entsprechen etwa auch Graebers Untersuchungen zu Geld und Schulden.[39] Wird Tausch auf monetäre Wertschöpfung reduziert, rückt mit der doppelten Buchführung die Reziprozitätsnorm in Form des *Saldenausgleichs* in den Vordergrund. Beziehungen von Liebe, Freundschaft oder etwa Vertrauen sind jedoch weder als Tauschbeziehungen noch als auf Reziprozität beruhend sachlich zutreffend bzw. vollständig konzeptualisiert. Vertrauen wird etwa im Handwörterbuch Unternehmensführung und Organisation mit gegenseitigen *Ressourcentransfers* gleichgesetzt.[40] Wie bereits am Kundenbegriff, der einen zentralen Bestandteil von Ökonomisierung und Kommerzialisierung darstellt, gezeigt wurde, werden (etwa gesetzlich zugesicherte) Ansprüche zunehmend begrifflich als Inanspruchnahmen von (Dienst-)Leistungen, die eine Gegenleistung erfordern, inszeniert. Wie weit die rhetorische Nutzung der (reduktionistisch verwendeten) Reziprozitätsnorm in öffentliche Debatten vorgedrungen ist, zeigt etwa der Ausspruch des deutschen Bundeswirtschaftsministers Sigmar Gabriel im Rahmen des Kongresses des Bundesverbands der Energie- und Wasserwirtschaft (BDEW) im Juni 2014: „Was aber der Kapazitätsmarkt auch nicht werden kann, ist sowas wie Hartz IV für Kraftwerke: Nicht arbeiten, aber Geld verdienen. Das geht nicht."[41] An diesem Ausspruch ist insbesondere erkennbar, dass eine Sozial-

---

38 Vgl. Münch, Richard: „Zahlung und Achtung. Die Interpenetration von Ökonomie und Moral", Zeitschrift für Soziologie 23/ 5 (Oktober 1994), S. 388-411.

39 Vgl. D. Graeber: Schulden. Die ersten 5000 Jahre.

40 Vgl. P. Eberl: Vertrauen.

41 A. Halbach/T. Münten/H. Rahms/A.M. Schuck: RWE in der Krise. Kommunen tragen Altlasten. Manuskript der ZDF-Fernsehsendung Frontal 21 vom 12. April 2016 O-Ton Sigmar Gabriel, Bundeswirtschaftsminister, BDEW-Kongress Juni 2014. Das Zitat soll hier nicht umfassend erörtert werden. Es dient als Beispiel dafür, wie ein gesetzlicher

leistung, auf die ein gesetzlicher Anspruch besteht, dennoch als durch eine individuelle Leistung *gegenleistungspflichtig* erachtet wird. Unter Ökonomisierung
kann strategisch-politisches Entscheidungshandeln unter Bezug auf eine gesellschaftlich anerkannte Reziprozitätsnorm in kommerzialistischer Hinsicht begründet und legitimiert werden, wobei Reziprozität auf Leistung und Ressourcen reduziert wird. Dass als moralisch gerechtfertigt gilt, was das Bruttoinlandsprodukt
steigen lässt, und öffentlich getadelt wird, was es zum Sinken zu bringen scheint,
kritisiert Münch als „moderne Ethik der Selbstverwirklichung und Selbstverantwortung".[42] Reziprozität (im Hinblick auf Leistungen und Ressourcen) spielt nur
für ökonomisiertes Vertrauen eine Rolle. In der ökonomistisch-funktionalisti-
schen Perspektive auf Vertrauen kommt „Vertrauen" nur in Situationen besonderer Unsicherheit zum Tragen, wobei das kontingente Verhalten anderer Personen
das größte Risiko darstellt. Als für „Vertrauens"-Beziehungen konstitutiv erachtet
werden riskante Vorleistungen und gegenseitige Ressourcentransfers, die sich
quantitativ kalkulieren und darstellen lassen können müssen.[43] Im „Vertrauen"
werden demnach Leistungen erbracht oder Ressourcen investiert, an die die Erwartung der Erbringung einer (explizit vereinbarten) *Gegenleistung bzw. Gegengabe* geknüpft ist.[44] Im Rahmen solcher Definitionen steht die Erwartung des
„Vertrauens"-Gebers auf Erfüllung und Nichtausbeutung im Vordergrund, da sein
Engagement dadurch begründet ist, den größtmöglichen Nettonutzen bei gerings-
tem Aufwand herzustellen. Die Abhängigkeit von dem kontingenten Verhalten
des Nehmers wird nur in Verbindung mit der Erfüllung dieser konkreten Erwartung akzeptiert. Der Geber erkennt demnach nur eine solche Gegenleistung bzw.
-gabe an, die er als gleich wertvoll zu seinem Engagement in Form von Leistung
bzw. Ressourcentransfer definiert. Der Geber erwartet explizit oder implizit einen
reziproken Leistungs- bzw. Ressourcenaustausch mit einem im Hinblick auf die
Erfüllung seines Interesses ausgewählten bzw. (etwa aus Mangel an Alternativen)
akzeptierten Nehmer. Das Engagement des Gebers, das Eberl mit Vertrauen
gleichsetzt und das mit einer Nichtenttäuschungserwartung einhergehen soll, bezieht sich jedoch weder auf das Sosein des Nehmers noch auf die Perspektive eines
Vertrauenspartners, sondern ausschließlich auf eine konkrete Leistung bzw. Ressource, die sich dem Geber nur in Abhängigkeit von dem potenziellen Nehmer
erfüllt bzw. offenbart. In dieser Konzeptualisierung steht eine monetäre bzw. monetär relevante Investition eines Gebers im Zentrum, die an eine bestimmte von

---

Anspruch rhetorisch mit Reziprozitätsnorm und Leistungsbegriff verknüpft werden
kann.

42 Vgl. R. Münch: Zahlung und Achtung. Die Interpenetration von Ökonomie und Moral.
43 Vgl. P. Eberl: Vertrauen.
44 Vgl. E. Fehr: Thesen zur Ökonomie und Biologie des Vertrauens.

ihm im Vorfeld kalkulierte bzw. definierte Forderung an den Nehmer gebunden ist. Mit seiner Investition, die auf der kalkulierenden Rationalitätsform beruht, kann der Geber auf einen Nehmer treffen, der ebenfalls kalkulierend zu einem Urteil über die Situation kommt, oder aber er kann, gezielt oder zufällig, auf einen Nehmer treffen, der im Vertrauen zu einem (falschen) Urteil über den Geber kommt.

Durch den Bezug auf die Reziprozitätsnorm kann ökonomisiertes Vertrauen, als Leistungs- und Ressourcentausch modelliert, *handlungsleitendes* (das Vertrauensengagement des Gebers leitet eine Forderung an den Nehmer ein; der Nehmer muss einen reziproken Ausgleich durch Gegenleistung, Ressourcentransfer oder Erfüllung von Kreditbedingungen/Sanktionen schaffen) *oder -kontrollierendes* (der Geber schafft ein Abhängigkeitsverhältnis mit definierten Bedingungen und nimmt entsprechend die Rolle des Gläubigers ein; der Nehmer hingegen wird zum Schuldner und kann der Abhängigkeit erst durch einen reziproken Ausgleich der vom Gläubiger definierten Kreditsumme bzw. -bedingungen entkommen) *Potenzial* entfalten. Wer einem potenziellen Nehmer in strategischer Absicht sein „Vertrauen" ausspricht, kann von der gesellschaftlichen Anerkennung der Reziprozitätsnorm profitieren bzw. gezielt auf deren Anerkennung spekulieren, um kommerzialistische Abhängigkeitsverhältnisse zu etablieren, zu begründen und moralisch zu legitimieren.[45] Fehr etwa schreibt, dass das Vertrauen von Menschen und Gruppen über die Beeinflussung der Wahrscheinlichkeitseinschätzungen über die zu erwartende Gegenleistung möglich sei.[46] Explizite Vorschriften/Sanktionen, informelle Regeln, Reputationsanreize sowie die individuelle Moral von Menschen könnten die Vertrauenswürdigkeit von Menschen und Institutionen erhöhen. Vertrauen wird hier vertragsähnlich und als Leistungsaustausch sowie individuelles Verhalten als über Präferenzen und Restriktionen determiniert konzeptualisiert. Vertrauenswürdigkeit, Vertrauen sowie eine sogenannte individuelle Moral konzeptualisiert Fehr als individuelle Entscheidungen im Hinblick auf die Kategorie des Nutzens. Nach Fehr ist Vertrauen nur von Dauer und auf gesellschaftlicher Ebene für die gesamtgesellschaftliche Wohlfahrt nützlich, wenn der Partner oder die Institution, der vertraut wird, vertrauenswürdig ist. Was Hubig treffend als problematisch inszenierte Repersonalisierung oder auch Symbolpolitik kritisiert, stellt sich bei Fehr als problematische Inszenierung von individueller moralischer Entscheidungstreue, die mit Vertrauenswürdigkeit gleichgesetzt wird,

---

45 Hartmann weist darauf hin, dass im Vertrauen keine Verpflichtungen angenommen werden müssen. Moralische Pflichten hingegen schon. Vgl. M. Hartmann: Aussichten auf Vorteile? Grenzen rationaler Vertrauensmodelle in der Politikanalyse, S. 77ff.

46 Vgl. E. Fehr: Thesen zur Ökonomie und Biologie des Vertrauens.

dar. Wohlfahrt wird so von der individuellen Entscheidungstreue Verantwortlicher abhängig. Damit setzt Fehr indirekt auch Nutzen und Wohlfahrt gleich, da individuelle Moral erst unter dem Konzept des Nutzens als individuelle Entscheidungstreue gewertet wird.[47] *Instrumentell-rational und ökonomistisch verkürzte Konzepte von Vertrauen führen zu der ethisch problematischen Konsequenz: Alternative Konzepte von Vertrauen scheinen nicht mehr denkbar, begründbar oder legitimierbar zu sein, wenn das Nützliche mit dem Guten gleichgesetzt wird.* Münch zufolge hat sich die Wachstumsökonomie in eine Wachstumsmoral verwandelt.[48] Ökonomische Akteure oder Grundsätze sind seines Erachtens insbesondere deshalb moralisch immunisiert, weil ihre Achtungszuteilung mit Zahlen belegbar ist. Mit Münch kann die (institutionelle) Bewältigung von (ökonomisch-monetärer) Knappheit, die als ein zentrales Argument in Ökonomisierungs- und Kommerzialisierungsprozessen dient, als ein moralisches Argument erkannt werden. Denn es ist die individuelle Leistung, die Wachstum ermöglicht, einer ökonomischen Knappheit entgegenwirken und so eine Zuteilung von Achtung ermöglichen kann. Den Liberalismus bezeichnet Münch als rationale Theorie des Wirtschaftens, als moralische Legitimation des kapitalistischen Wirtschaftssystems oder auch als Prinzip der Belohnung. Seines Erachtens hat die Wohlfahrtsökonomie als eine „normative Programmierung" die ökonomische Rationalität zu einer moralischen Kategorie werden lassen.[49] Auch Bievert problematisiert die Gleichsetzung des Guten mit dem ökonomisch Effizienten sowie die Gleichsetzung von Leistung und Tugend und betont treffend, dass letztlich alle rationalen Kalküle dennoch auf normativen Grundlagen beruhen, da als richtig gilt, was nützlich ist.[50]

---

47 Vgl. hier etwa auch B. Lahno: Der Begriff des Vertrauens, der Vertrauen als soziales Kapital als moralisch gut bewertet, da es Gutes bewirke und Bestandteil eines guten und erfüllten Lebens sei. Auch er setzt nützlich mit richtig bzw. gut gleich.

48 Vgl. R. Münch: Zahlung und Achtung. Die Interpenetration von Ökonomie und Moral, insbesondere S. 389ff.

49 Vgl. ebenda, S. 389ff. Münch erörtert u.a. das Eigentumsrecht, das Vertragsrecht und das Wirtschaftsrecht, welche die Interpenetrationszone von Moral, Recht und Wirtschaft formen.

50 Vgl. Bievert, Bernd/Held, Martin (Hg.): Das Menschenbild der ökonomischen Theorie. Zur Natur des Menschen, Frankfurt a.M./New York: Campus 1991, S. 8. Bievert vollzieht die Entwicklung des normativen Fundaments der Ökonomie historisch nach, beginnend mit der Einheit von Ethik und Ökonomie im 18. Jh., über ihre Trennung ab der Hälfte des 18. Jh., die Verknüpfung von angelsächsischer Ökonomie und Utilitarismus im 19. Jh. bis zur Zäsur im 20. Jh., als das Wertfreiheitspostulat, die Erfolge der Naturwissenschaften sowie das Homo-Oeconomicus-Konzept populär wurden und ein

Das Engagement „Vertrauen" kann durch seinen strategischen Bezug auf die Reziprozitätsnorm als Machtinstrument dafür genutzt werden, monetär geprägte Wertschöpfung ermöglichende Abhängigkeitsverhältnisse zu etablieren[51] und moralisch zu legitimieren. Dies kann etwa so durch einen Geber eingeleitet werden: Ein Geber offeriert „Vertrauen" gegenüber einem bestimmten Nehmer oder einer Nehmergruppe (ggf. öffentlich, sodass Dritte seine „Leistung" ebenso wie die an sie geknüpfte und sich auf die Reziprozitätsnorm beziehende Forderung bezeugen können).

Die Geber-Nehmer-Beziehung kann sich etwa so gestalten:

a) Der Nehmer erwidert das strategisch offerierte „Vertrauen" des Gebers nicht. Aus Sicht des Gebers verweigert er die Einwilligung in das Kreditverhältnis,

---

eng definierter ökonomischer Effizienzbegriff (Güterallokation statt Güterverteilung zentral) zum entscheidenden Wertbegriff wurde.

Interessant ist in diesem Zusammenhang auch die kritische Untersuchung des traditionellen Liberalismus im Hinblick auf ein Verständnis sozialer Gerechtigkeit. Siehe hierfür weiterführend J. Anderson/A. Honneth: Autonomy, Vulnerability, Recognition, and Justice.

Voswinkel etwa untersucht das liberale Leistungsprinzip als ein normatives Prinzip, vgl. hierzu S. Voswinkel: Formwandel von Institutionen der Anerkennung in der Sphäre der Erwerbsarbeit (er überträgt die mangelnde Anerkennungsproblematik auf die Sphäre der Erwerbsarbeit). Vgl. auch Thielemann, Ulrich: „Integrative Wirtschaftsethik als Reflexionsbemühung im Zeitalter der Ökonomisierung", in: Dietmar Mieth/Olaf J. Schumann/Peter Ulrich (Hg.), Reflexionsfelder integrativer Wirtschaftsethik, Tübingen/Basel: Francke 2004, S. 69-102, der problematisiert, dass unter Ökonomisierung Interaktion und Tausch im Sinne eines Prinzips von Leistung (Macht) und Gegenleistung (Gegenmacht) gleichgesetzt werden.

51 Dies kann etwa bedeuten, dass 1) Abhängigkeitsverhältnisse zwischen Akteuren etabliert werden können, die noch in keinem (Abhängigkeits-)Verhältnis zueinander standen, oder 2) bereits bestehende Abhängigkeitsverhältnisse um weitere Abhängigkeiten ergänzt werden. Dies trifft beispielsweise auf abhängig Beschäftigte zu, die von Vorgesetzten auf eine Leistungs- oder Ressourcenerbringung verpflichtet werden (vgl. Vertrauen als „Verpflichten-auf" bei Malik). Den betroffenen Akteuren steht dann die Alternative, das offerierte „Vertrauen" zu verweigern, nicht offen bzw. es würde bedeuten, dass eine Abhängigkeit nur dadurch vermeidbar wäre, dem gesamten Abhängigkeitsverhältnis vollständig durch Ausstieg zu entgehen. Durch die moralische Dimension des „Vertrauens" als eines reziproken Tauschs von Leistungen und/oder Ressourcen kann eine moralische Zwangslage entstehen, die Alternativen nimmt. Um von Vertrauen sprechen zu können, muss jedoch eine Alternative vorhanden sein.

das er dem Nehmer als Leistungsaustausch oder Ressourcentransfer zu bestimmten Kreditbedingungen ermöglicht hätte. Ein auf Abhängigkeit basierendes „Vertrauens"-Verhältnis kommt nicht zustande, es können keine Forderungen geltend gemacht werden. Der Geber kann sich jedoch moralisch legitimiert sehen, den potenziellen Nehmer (ggf. öffentlich) dafür zu rügen.

b) Der Nehmer erwidert das strategisch offerierte „Vertrauen" des Gebers. Er willigt in ein Kreditverhältnis ein, das ihm der Geber zu bestimmten Kreditbedingungen ermöglicht. Kreditforderungen, Kreditbedingungen und mögliche Sanktionen für den Schadensfall werden expliziert. Das auf Abhängigkeit basierende Kreditverhältnis endet mit Ausgleich der finanziellen Forderungen durch den Nehmer. Verstößt der Nehmer gegen die Kreditbedingungen, ist der Geber rechtlich und moralisch legitimiert, seine Forderungen geltend zu machen, den Nehmer (ggf. öffentlich) mit (rechtlichen und moralischen) Sanktionen zu belegen und (ggf. öffentlich) zu rügen.

Die Initiierung, Formulierung, Absicherung, Begründung und Legitimation von als Kreditverhältnisse konzeptualisierten „Vertrauens"-Verhältnissen kann etwa auch *deliberative Prozesse aushebeln bzw. bedrängen.* So kann etwa ein zu gewinnendes oder zu schützendes „Vertrauen der Märkte" als legitimer (weil nützlicher) Grund z.B. für wirtschafts- oder finanzpolitische Entscheidungen genannt werden, die so als nicht weiter begründungspflichtig, erklärungspflichtig usw. erklärt werden. Eine Interpenetration von Ökonomie und Moral lässt sich beispielsweise auch an medial unterstützten Inszenierungen politischer Entscheidungen im Kontext sogenannter Vertrauenskrisen ablesen, wobei oftmals ungeklärt bleibt, was etwa unter „Vertrauen" verstanden wird, wessen Vertrauen enttäuscht worden sein soll, welches oder wessen Vertrauen als gefährdet erachtet wird usw.[52]

---

52 Vgl. hierzu etwa die Studie des Instituts für Makroökonomie und Konjunkturforschung (IMK) der Hans-Böckler-Stiftung zur Medienberichterstattung im Kontext der griechischen Staatsschuldenkrise: Otto, Kim/Köhler, Andreas: „Die Berichterstattung deutscher Medien in der griechischen Staatsschuldenkrise. Studie im Auftrag des Instituts für Makroökonomie und Konjunkturforschung der Hans-Böckler-Stiftung", in: Study 45 (März 2016), S. 1-103. Die Studie fokussiert, anhand quantitativer Inhaltsanalysen ausgewählter Medien sowie teils auch unter Berufung auf demoskopische Daten, auf einen innerhalb des Jahres 2015 zu beobachtenden Meinungsumschwung in der deutschen Öffentlichkeit von einer hohen zu einer sinkenden Zustimmung zu finanziellen Hilfen gegenüber Griechenland. Die Studie stellt eine mangelnde Berücksichtigung journalistischer Qualitätskriterien fest, die sich insbesondere in einer (negativ geprägten) Meinungsorientierung, teilweise Personenfokussierung (insb. im Hinblick auf persönliches Verhalten von Mitgliedern der griechischen und der deutschen Regierung, wobei etwa sachliche als persönliche Konflikte beschrieben wurden) sowie vor allem

Ebenso wie Ökonomisierung und Kommerzialisierung kann auch eine Interpenetration von Ökonomie und Moral potenziell in alle Lebensbereiche vordringen.

4.2.2 „Vertrauen" als Disziplinierungsinstrument

Durch eine Gleichsetzung des Nützlichen mit dem Guten können strategisch-politische Entscheidungen legitimiert bzw. moralisch immunisiert werden. Hier spielen neben der spezifischen Konzeptualisierung von Reziprozität auch spezifische Konzeptualisierungen von Schuld eine zentrale Rolle.

Wird ökonomisiertes Vertrauen als kalkulativ-strategisches Instrument zur Verpflichtung auf eine reziproke Leistungserbringung oder einen reziproken Ressourcenaustausch modelliert, erhebt ein Geber gegenüber einem Nehmer einen Anspruch in Form einer monetär geprägten Forderung, der sich auf eine bestimmte Leistung oder Ressource bezieht. Die Perspektive von Vertrauenspartnern ist, im Unterschied zu ökonomisiertem Vertrauen, nicht ausschließlich instrumentell-rational geprägt, selbst wenn sich ihnen vorteilhafte Handlungsmöglichkeiten, die (nur) unter Vertrauen möglich sind, eröffnen können. Mit ökonomisiertem Vertrauen kann eine monetär geprägte Kreditbeziehung hergestellt oder abgesichert werden, wobei der Geber vor dem Hintergrund eines zu kalkulierenden Risikos in Vorleistung tritt und für den Nehmer so lange ein Schuldenstand besteht, bis er den Saldo mit einer Gegenleistung ausgeglichen hat.

Werden Leistung und Tugend liberalistisch gleichgesetzt, bedeutet dies, dass eine *Kreditschuld*, die sich auf die (reziproke) Erbringung einer Leistung (oder auch die Leistung, einen reziproken Ressourcenaustausch sicherzustellen) bezieht, eine diesbezügliche *moralische Schuld* darstellt. In nicht ökonomisierten genuinen Vertrauensbeziehungen hingegen gibt es diese (moralisch aufgeladene) Kreditschuld nicht, da diese kein (vertragliches, Risiken absicherndes) Kreditverhältnis mit festgelegten Kreditbedingungen, Gläubiger-Schuldner-Rollen etc. darstellen. Im nicht ökonomisierten Vertrauen steht die Achtung des universalen Anspruchs auf Respekt im Zentrum und diese liegt, ebenso wie die Perspektive auf Situation und Handeln, im Ermessen, in der Verantwortung und in der Freiheit der Vertrauenspartner. Sie sind Vertrauenspartner, keine Gläubiger und Schuldner im Rahmen eines auf Tausch und instrumenteller Rationalität basierenden riskanten Vertragsverhältnisses. Ein Vertrauensverhältnis beruht nicht darauf, dass eine reziproke Gegenleistung für eine quantifizierbare erbrachte Vorleistung gefordert wird. Es stellt kein auf einer Forderung beruhendes Schuldverhältnis dar. Ein Bruch von Vertrauen kann etwa offenbaren, dass einer der Partner im Rahmen

---

in einer mangelnden Befassung mit konkreten Reformvorschlägen der griechischen Regierung zeigt.

seiner Verantwortung und seiner Freiheit den universalen Anspruch auf Respekt nicht achtet bzw. nicht geachtet hat oder Vertrauen keinen intrinsischen, sondern einen ausschließlich instrumentellen Wert beigemessen hat. Das sagt etwas über seine Perspektive auf die Situation aus. Die Missachtung des universalen Anspruchs auf Respekt kann moralisch bewertet werden. Das Vertrauensverhältnis stellt jedoch kein moralisches Schuldverhältnis in dem Sinne dar, dass etwa eine Leistung als Tugend zu erbringen bzw. zu erwidern ist. Gebrochenes ökonomisiertes Vertrauen bedeutet, dass der Nehmer die sich aus der Vorleistung oder Gabe des Gebers ableitende explizite Forderung des Gebers nicht mit einer Gegenleistung oder Gegengabe erfüllt. Im Hinblick auf die konkrete Erfüllung der expliziten Forderung des Gebers und unter der Voraussetzung, dass Leistung als Tugend definiert wird, hat sich der Nehmer dann in ökonomistisch-moralischer Hinsicht a) der Missachtung der Tugend der reziproken Gegenleistungsverpflichtung im Hinblick auf eine erbrachte Leistung oder Gabe, b) der Verletzung der leistungsbezogenen Reziprozitätsnorm sowie darüber hinaus c) der Missachtung des universalen Anspruchs auf Respekt schuldig gemacht (der Anspruch ist in moralischer Hinsicht universal gültig).

Zusammenfassend lässt sich dies so darstellen:

Tabelle 4: Unterschiede zwischen Vertrauen und ökonomisiertem Vertrauen

Interpersonales Vertrauen	Ökonomisiertes interpersonales Vertrauen
Rationalitätsform (Vertrauenspartner kommen inter-subjektiv zu begründeten Urteilen)	*Instrument/Engagement* (Geber [Gläubiger] verpflichtet einen Nehmer [Schuldner] explizit auf eine reziproke Leistungserbringung oder einen reziproken Ressourcen-austausch)
Vertrauensbeziehung (tacit demand: sagt als *Perspektive* der Vertrauenden indirekt etwas über ihr Handeln und ihre Wahrnehmung der Situation aus); im Vertrauen sind Risiken ausgeblendet. Die Vertrauensbeziehung stellt eine Anerkennungsbeziehung dar, die einen gegenseitigen impliziten zu erfüllenden moralischen Anspruch beinhaltet.	*Kreditbeziehung* (demand: explizite [monetär ge-prägte] *Forderung* eines Gebers [Gläubiger] an einen Nehmer [Schuldner] zur reziproken Leis-tungserbringung und/oder zum rezi-proken Ressourcenaustausch); es gibt explizite Kreditbestimmun-gen/Sanktionen für den Schadensfall. Es besteht eine quantifizierbare Kreditschuld, die (aufgrund der Gleichsetzung von Leistung und Tu-gend) auch moralisch eingefordert werden kann.
Für Vertrauensgeber und -nehmer be-sitzt die Vertrauensbeziehung einen *intrinsischen Wert*.	Für Kreditgeber und -nehmer besitzt die Kreditbeziehung einen *ökonomischen Wert*.
Die Achtung des universalen An-spruchs auf Respekt liegt im Ermessen bzw. in der *Verantwor-tung/Freiheit* der Vertrauenspartner. Die Missachtung des tacit demand kann moralisch (z.B. als Schuld) bewertet werden.	Die Achtung der liberalen Tugend der reziproken Gegenleistungsver-pflichtung (Schuldner) und der leis-tungsbezogenen Reziprozitätsnorm ist in Kreditbedingungen *verbindlich* geregelt. Die Achtung des universa-len Anspruchs auf Respekt stellt eine moralische Pflicht dar, sie besteht un-abhängig von der Beziehungsform (etwa einer Gläubiger-Schuldner-Beziehung).

	Die Missachtung des demand kann beziffert (z.b. als monetäre Schuld), moralisch bewertet (z.b. als moralische Schuld) und sanktioniert (z.B. juristisch) werden.

Bei der Untersuchung des Zusammenhangs von ökonomisiertem Vertrauen und Schuld ist erneut die Bedeutung des Geldes zu beachten. Martin weist treffend darauf hin, dass Geld bei Aristoteles noch als etwas Politisches und nicht wie etwa in der Nationalökonomie als aus der Natur hervorgehend definiert wurde.[53] Im aristotelischen Sinne ist Geld eine gesellschaftliche Institution und Münzen symbolisieren gesellschaftliche Beziehungen. Die monetäre Gesellschaft, die Geld als physischen statt als sozialen Wert konzeptualisiert, bestimmt ökonomischen Wert als natürliche Tatsache und verkennt dadurch in struktureller Hinsicht, dass Geld als ein Kredit- und Verrechnungssystem auf Geldwertvertrauen basiert. Monetäre Kreditverhältnisse stellen *Schuldverhältnisse*, die über Geld als einer Form ökonomisierten Vertrauens definiert sein können, dar. Wird Geld auf einen physischen Gegenstand reduziert, werden die dahinterstehenden sozialen und politischen Beziehungen negiert. Nach Brodbeck kann mit Schuldformen (z.b. Forderungen) gehandelt werden, da sie soziale Beziehungen abstrahieren. Die Geldsubjekte, wie Brodbeck sie bezeichnet, erkennen sich nur als abstrakte Rechtssubjekte bzw. Eigentümer an, nicht mehr als Subjekte, die „im Vollzug mit anderen" kollektive Bedeutungen und Geltungen erzeugen.[54] Das Vertrauens-Substitut Geld stellt einen auf physische Natur reduzierten Geldbegriff dar. *Monetär geprägte Modellierungen von Schuld basieren auf Geld als einer Form ökonomisierten Vertrauens.* So wie Geld auf physische Natur reduziert ist, ist der zugehörige Schuldbegriff auf Tauschverhältnisse reduziert.

---

53 Vgl. F. Martin: Geld, die wahre Geschichte. Siehe hierzu auch K.-H. Brodbeck: Philosophie des Geldes.

54 Vgl. hier auch K.-H. Brodbeck: Die Herrschaft des Geldes, insb. S. 10.

4.2.2.1 Die Möglichkeit der ökonomistischen Inszenierung von Vertrauen und Schuld

Vertrauen stellt weder eine reziproke Leistungs- oder Ressourcenaustauschverpflichtung noch ein moralisches oder etwa monetäres Schuldverhältnis dar. Auf Vertrauens-Substituten basierende und als „Vertrauens"-Verhältnisse erscheinende Kreditverhältnisse können allerdings in Verbindung mit einer liberalen Auslegung der Reziprozitätsnorm, des Leistungs- sowie des Schuldbegriffs als (monetär geprägte) moralische Schuldverhältnisse inszeniert werden. Werden ökonomistische Vertrauensbeziehungen als auf einer leistungsbezogenen Reziprozitätsnorm basierende Tauschverhältnisse für ökonomische Werte modelliert und wird Leistung mit Tugend gleichgesetzt, werden ökonomisiertes Vertrauen und ökonomisierte Vertrauenswürdigkeit zu moralischen Pflichten und ihre Nichterfüllung bzw. Verletzung begründen bzw. beweisen eine moralische Schuld.

Exemplarisch und idealtypisch lässt sich

a) bei Lahno die Modellierung einer individuellen moralischen Pflicht („Vertrauen" ist moralisch gut und geboten. Der Untergebene hat der Führung „Vertrauen" zu *erweisen*)

und

b) bei Malik die Modellierung einer individuellen moralischen Schuld („Vertrauen" erzieht zu moralisch gutem Verhalten. Der Untergebene hat das „Vertrauen" der Führung in ihn als gerechtfertigt zu *beweisen*)

identifizieren.[55] In beiden Fällen wird „Vertrauen" als (ökonomistisch-moralisches) Disziplinierungs- und Anreizinstrument einer Führungsperson im Kontext der *Etablierung oder Sicherung von insb. monetär profitablen Abhängigkeitsverhältnissen* genutzt.[56]

a) Lahno beschreibt einen moralischen Charakter des Vertrauens im Hinblick darauf, dass sich in Sozialkapital ebenso investieren lasse wie in Kapital. „Das eine

---

55 Vgl. B. Lahno: Der Begriff des Vertrauens und F. Malik: Führen Leisten Leben. Wirksames Management für eine neue Zeit.

56 Lahno verdeutlicht seinen weitgefassten (also etwa über betriebliche Führung hinausgehenden) Führungsbegriff am Beispiel eines Flugzeugabsturzes, bei dem nur eine Person eine Rettung herbeiführen kann und die übrigen Personen die Pflicht teilen, den Erfolg der Führung zu ermöglichen.

soziale Struktur charakterisierende Geflecht an Vertrauensbeziehungen und die gesellschaftlichen Normen, die Vertrauen möglich machen, sind wertvolle Quellen sozialen Reichtums."[57] Lahno leitet daraus mit Blick auf die Möglichkeit kapitalistischer Wertschöpfung ab, dass es sich nur in einer Gesellschaft mit vertrauensvollem Umgang gut leben lasse. Er modelliert Vertrauen entsprechend nicht nur als ein auf geteilten Werten beruhendes Gefühl, das über eine moralische Basis verfüge, sondern auch als ein über einen moralischen Charakter verfügendes genuines Gut und einen grundlegenden Bestandteil eines guten Lebens. „In einem gewissen, durchaus moralischen Sinne ist es also insgesamt gut, wenn Menschen einander vertrauen."[58] Zudem sei Vertrauen *moralisch gut*, wenn es gerechtfertigt werden könne und auf akzeptablen Zielen und Werten beruhe bzw. weil es Gutes bewirke und selbst notwendiger Bestandteil eines guten und erfüllten Lebens sei. Dies lässt sich als liberale Leistungs- und Tugendformel pointieren: Moralisch gut ist, was als rational (= instrumentell-rational) gilt und was etwas Gutes (= entsprechend der instrumentellen Rationalität demnach Nützliches) bewirkt (= leistet).

„Moralisch zurechenbar ist Vertrauen nur insofern, wie es unmittelbar an die Person des Vertrauenden und ihre Charaktereigenschaften gebunden ist. [...] Wir rechnen es einer Person als moralischen Vorzug an, wenn sie anderen großes (aber nicht unvernünftig großes) Vertrauen entgegenbringt; und wir bedauern eine Person, die niemandem vertraut, nicht nur, wir tadeln sie."[59]

Die Leistung, instrumentell-rational begründet zu vertrauen und damit Sozialkapital verfügbar und verwertbar zu machen, sei eine *individuelle moralische Leistung* und eine *individuelle moralische Pflicht*. Dies macht insbesondere auch Lahnos Verwendung des Begriffs des (individuellen und moralischen) Tadelns deutlich.

b) Maliks empfohlene Kontroll- und Kommunikationsmaßnahmen sollen Leistungen der Untergebenen dadurch sichern, dass das Risiko eines Missbrauchs des Führungs-„Vertrauens" (hier des Managements) minimiert wird. Malik führt den Vergleich mit der kindlichen Erziehung an, bei der das Kind explizit wisse, dass es Pflicht und Recht des Vaters sei, (stichprobenartig) zu kontrollieren, ob es in der Schule wirklich so laufe, wie das Kind es auf Anfrage sage. Das zeigt, dass einerseits durch Kontrolle und Sanktionsandrohung sichergestellt werden soll,

---

57 B. Lahno: Der Begriff des Vertrauens, S. 398.

58 Ebenda, S. 298.

59 Ebenda, S. 400.

dass die vereinbarte Leistungsverpflichtung erfüllt wird, andererseits soll ein Betrugsrisiko (hier kann der Begriff des Betrugsfalls verwendet werden, da das Risiko bzw. die Wahrscheinlichkeit eines Schadensfalls moralisch bewertet wird) als durch eine explizit kommunizierte und strategisch durchgeführte Erziehungsmaßnahme im Hinblick auf eine explizit vereinbarte Leistungsschuld kalkulierbar werden. „Aber wenn etwas einmal vereinbart ist, dann muss es gelten. Man tut gut daran, diese Dinge auch gelegentlich zu kontrollieren, nachzuschauen, nachzufragen und eben sicherzustellen, dass Vertrauen nicht missbraucht wird."[60] „Vertrauen" soll hier als Disziplinierungs- und Erziehungsmaßnahme zur Herstellung von Gehorsam im Hinblick auf die Erfüllung einer expliziten Leistungsvereinbarung fungieren. *Der „Vertrauens"-Nehmer steht nicht nur in der (moralischen) Schuld, die Leistungsvereinbarung (Leistung=Tugend) zu erfüllen, sondern aufgrund der Risikomodellierung gibt es keine (moralische) Unschuldsvermutung.* Eine Unschuld kann nur in Bezug auf die konkrete vereinbarte Leistung bewiesen werden. Der väterliche „Vertrauens"-Geber verfügt demnach nicht nur über die Möglichkeit, das Recht und die Pflicht, den Schuldenausgleich bzgl. der vereinbarten Leistung auch mit Sanktionsgewalt sicherzustellen, sondern er bietet dem moralischen Schuldner auch die Möglichkeit, seine Unschuld im Verlauf eines erfolgreichen Erziehungsprozesses zu beweisen – diesen Beweis ist er der Führung gegenüber in Form der zu erbringenden Leistung schuldig. Beweisen hingegen die (Stichproben-)Kontrollen, dass die vereinbarte Leistung nicht oder unvollständig erbracht wurde, gilt der Einsatz der (zuvor explizit durch den Geber kommunizierten) *Sanktionsmaßnahmen als moralisch gerechtfertigt und geboten.* Die als „Vertrauen" explizierte Investition rechnet sich für den Geber/Manager in Form reduzierter Kontrollkosten sowie ggf. einer Produktivitätssteigerung. Der vollständige Ausgleich der als „Vertrauen" explizierten (moralisch-disziplinarischen) Verpflichtungsmaßnahme rechnet sich für den Nehmer/Untergebenen im Hinblick auf die Vermeidung von Sanktionen.

Ein Untergebener kann dem „Vertrauen" (der Leistungsverpflichtung sowie der zugehörigen Beweisschuld) überhaupt nur dadurch „entgehen", die Entstehung eines Verpflichtungsverhältnisses von vornherein zu verhindern. Hat er das „Vertrauen" jedoch angenommen, es also nicht von vornherein abgelehnt, muss er Leistung und Gehorsam erbringen bzw. beweisen oder aber die explizierten moralisch legitimierten Sanktionsmaßnahmen erdulden – denn der Missbrauch von „Vertrauen" (hier: Verpflichten-auf) stellt, vor dem Hintergrund, dass Leistung und Tugend gleichgesetzt sind, eine moralische Schuld sowie zusätzlich ein Eingeständnis der ohnehin vermuteten Schuld dar. „Vertrauen" fungiert in Lahnos

---

60 F. Malik: Führen Leisten Leben. Wirksames Management für eine neue Zeit, S. 155.

und Maliks ökonomistischen Modellierungen als Anreizsystem, über das das Verhalten von Akteuren hin zu instrumentell-rationalem Verhalten manipuliert wird. Die Entscheidungen des Nehmers werden dabei insbesondere dadurch gesteuert, in Anbetracht expliziter moralischer Schuld-Restriktionen die Präferenz zur moralischen Pflichterfüllung (= Leistungserfüllung) auszubilden.

4.2.2.2 Die Möglichkeit der moralischen Immunisierung von Entscheidungen

Ökonomistisch geprägte Vertrauensmodellierungen, die Vertrauensbeziehungen als monetär geprägte Kreditbeziehungen, individuelle Leistung als individuelle moralische Tugend, Geld als ein physisches Tauschmittel sowie das Nützliche als das Gute konzeptualisieren, können einen Zusammenhang von Vertrauen und Schuld inszenieren. So kann ein Gläubiger-Schuldner-Verhältnis initiiert, eine Kreditschuld beziffert und diese moralisch eingefordert werden. Ökonomistisch geprägte Konzepte von Vertrauen, Schuld oder auch Rationalität können darüber hinaus aufgrund ihrer begrifflichen Reduktionismen *moralisch immunisiert* werden. Denn ihrem scheinbar wertfreien Objektivitätsanspruch liegt die implizite Moralvorstellung „Leistung/nützlich = Tugend/gut" zugrunde. Bleibt diese implizite Moralvorstellung unreflektiert, kann sich das auf die *Möglichkeit der Reflexion* etwa dieser Fragen auswirken:

a) nach der Möglichkeit einer z.b. moralischen Bewertung von Inszenierungen von Vertrauen und Schuld,

b) nach der Möglichkeit einer z.b. moralischen Bewertung reduktionistischer Perspektiven auf Vertrauen,

c) nach der Möglichkeit einer umfassenden (ökonomistischen sowie interdisziplinären) wissenschaftlichen und gesellschaftspolitischen kritischen Auseinandersetzung über moralische, rationale und wissenschaftstheoretische Fundamente sowie Begriffe, Methoden und institutionelle Prozesse von Ökonomisierung und Kommerzialisierung,

d) nach der moralischen Bewertung möglicher Konsequenzen einer Individualisierung von Leistung und Schuld,

e) nach der moralischen Bewertung einer ökonomistischen Bewertung moralischer Schuld,

f) nach den Möglichkeiten bzw. Grenzen einer moralischen Bewertung ökonomischer Rationalität als einer moralischen Kategorie,[61]

g) nach den Möglichkeiten und Grenzen einer moralischen Bewertung ökonomischen Verschuldens oder

h) nach den Möglichkeiten und Grenzen einer Kritik ökonomisch-rationaler Begriffe wie etwa von Normativität, Objektivität und ihrer ethischen Konzepte.

4.2.2.3 Das Problem des unvollständigen Tauschs

Monetär geprägte Modellierungen von Schuld basieren auf Geld als einer Form ökonomisierten Vertrauens, wobei Geld auf physische Natur und Schuld auf Tauschverhältnisse reduziert ist. Stephan Grätzels Ausführungen können für eine Bewertung der geschichtlichen Dimension ökonomischen Verschuldens anschlussfähig sein.[62] Im Kontext seiner Untersuchung geschichtlicher Schuld bewertet er die Reduktion des Schuldbegriffs auf eine individuell nicht geleistete Rückgabe als nicht sachgerecht, da dieser Schuldbegriff die *subjektive Geschichtlichkeit des Menschen* negiere. Dies führt Grätzel auf eine Fehlkonzeption von Freiheit zurück, die Autonomie mit geschichtlicher Unverbindlichkeit gleichsetzt. Persönliche und individuelle Freiheit kann seines Erachtens jedoch erst dann gewährleistet werden, wenn sich das Subjekt gegenüber seiner Vorgeschichte gerechtfertigt und gegenüber seiner Nachgeschichte verantwortet hat. Weil der Mensch sein Dasein in seiner geschichtlichen Dimension erfassen kann, ist er ihm im Rahmen einer geschichtlichen Verbindlichkeit und in Form einer Daseinsschuld verbunden. Freiheit als Grundwert ist seines Erachtens nur zu erreichen, wenn geschichtliche Schuld gesühnt und Verantwortung für die Schuld gegenüber kommenden Generationen übernommen wird. Wird Schuld jedoch ausschließlich kausalistisch auf persönliche Verfehlungen des Einzelnen reduziert, erscheint sie als eine persönliche Angelegenheit. Grätzel erläutert dies etwa am Beispiel der Konzeptualisierung von Arbeit, die als ein „neues Schuld- und Schöpfungsprinzip" gilt, in dem „Müßiggang als schuldhaftes Laster" und „Arbeit als Erlösung" gewertet werden.[63] Dadurch verändert sich der Schuldbezug. Der Mensch ist dadurch nicht länger der Welt verpflichtet, sondern er ist eine Arbeitsleistung schuldig. Die monetäre Bezahlung seiner individuellen Arbeitsleistung stellt einen

---

61 Vgl. R. Münch: Zahlung und Achtung. Die Interpenetration von Ökonomie und Moral.

62 Vgl. Grätzel, Stephan: Dasein ohne Schuld. Dimensionen menschlicher Schuld aus philosophischer Perspektive, Göttingen: Vandenhoeck und Ruprecht 2004.

63 Vgl. ebenda, S. 89.

„unvollständigen Tausch" dar, da das „für den Tausch spezifische Geben und Neh-men von Geschichten" nicht in einem auf monetären Tausch reduzierten Begriff von Arbeit und Leistung enthalten ist.[64] Das moderne Ich kann seine Daseins-schuld nicht mehr kompensieren, da sein Dasein infolge einer Gleichsetzung von Freiheit mit Autonomie geschichtlich unverbindlich geworden ist. Grätzel zufolge ist die westliche Kultur ausschließlich einer gewissenlosen Ethik ihrer Interessen und nicht mehr der Ehrfurcht vor dem Leben und den Toten verpflichtet. Ein Da-sein ohne Schuld und eine ethische Haltung der Solidarität gegenüber vergange-nen und künftigen Generationen kann Grätzel zufolge erst dann möglich werden, wenn an die Stelle der Ethik der Interessen eine Verbindlichkeit gegenüber der Geschichte durch Schuld- und Verantwortungsübernahme tritt.[65]

Auf Ökonomisierung und Kommerzialisierung übertragen würde dies bedeu-ten, dass das *Dogma des instrumentellen Egoismus kritisch hinterfragt* werden sowie eine *Aufarbeitung* der zugehörigen normativistisch geprägten Konzeptuali-sierungen, die unter Ökonomisierungs- und Kommerzialisierungsprozessen wirk-mächtig werden/werden können, erfolgen müsste.

---

64 Vgl. ebenda, S. 100ff.
65 Vgl. ebenda, S. 277ff.

4.3 REFLEXIONSVERLUSTE AN VERTRAUENSMODELLIERUNGS-WIRKLICHKEITS-SCHNITTSTELLEN

Wenn etwa formuliert wird, dass Vertrauen in modernen komplexen Industrienationen schwinde bzw. einem Verlust entgegenzuwirken sei,[66] ist insbesondere zu klären, a) ob und wie Vertrauen im Rahmen von Diagnosen, Behauptungen, daraus abgeleiteten (z.b. wirtschaftspolitischen) Entscheidungserfordernissen usw. definiert wird, b) was unter Vertrauen verstanden werden kann bzw. welche Ver-

---

66 Vgl. beispielsweise Holtenmöller, Oliver/Knedlik, Tobias/Lindner, Axel: Die Europäische Schulden- und Vertrauenskrise: Ursachen, Politikmaßnahmen, Aussichten (=IWH Online, Band 3), Halle (Saale): Institut für Wirtschaftsforschung Halle 2013; im Hinblick auf Vertrauen, Misstrauen und Marktwirtschaft siehe M. Hartmann: Die Praxis des Vertrauens; im Hinblick auf eine Krise der Geldökonomie siehe K.-H. Brodbeck: Philosophie des Geldes; im Hinblick auf eine Kritik an zugehörigen Eliten siehe Rüther, Günther: „Vertrauen und Verantwortung. Zur Kritik an der Elite in Politik und Wirtschaft", in: Karl-Dietrich Bracher/Hans-Adolf Jacobsen/Volker Kronenberg/Oliver Spatz (Hg.), Politik, Geschichte und Kultur. Wissenschaft in Verantwortung für die res publica. Festschrift für Manfred Funke zum 70. Geburtstag, Bonn: Bouvier 2009, S. 336-344; im Hinblick auf Wirtschaftskrisen aus Sicht der Volkswirtschaftslehre siehe Braun, Eduard/Erlei, Mathias: „Über die Relevanz der Entstehungsgeschichte von Krisen", in: Martin Held/Gisela Kubon-Gilke/Richard Sturn (Hg.), Normative und institutionelle Grundfragen der Ökonomik (=Jahrbuch 13: Unsere Institutionen in Zeiten der Krise), Marburg: Metropolis 2014, S. 241-267; im Hinblick auf Ursachen und Wirkungen der (insb. US-)Finanzkrise siehe R. Neubäumer: Ursachen und Wirkungen der Finanzkrise. Eine ökonomische Analyse; im Hinblick auf den Zusammenhang von Finanz- und Vertrauenskrisen aus rechtswissenschaftlicher Sicht siehe Franke, Siegfried F.: Vertrauenserosion. Eine Gefahr für Politik, Gesellschaft und Wirtschaft, Marburg: Metropolis 2011; im Hinblick auf problematische empirische Datenerhebungen (Schwerpunkt One-Item-Fragen) bzgl. Institutionenvertrauen siehe Schupp, Jürgen/ Wagner, Gert G.: „Vertrauen in Deutschland: Großes Misstrauen gegenüber Institutionen", in: Wochenbericht des DIW Berlin 21 (2004), S. 311-313 oder auch Rosenberger, Sieglinde/Seeber, Gilg: „Politisches Vertrauen in der Krise?", in: Edith Hammer/Nino Tomaschek (Hg.), Vertrauen. Standpunkte zum sozialen, wirtschaftlichen und politischen Handeln (=University, Society, Industry. Beiträge zum lebensbegleitenden Lernen und Wissenstransfer, Band 2), Münster: Waxmann 2013, S. 141-152.

trauenskonzepte in Geltung kommen können, c) auf wen oder was sich (sogenannte) Vertrauenskrisen beziehen sollen und d) wie die Notwendigkeit eines als
wertvoll erachteten Vertrauens begründet wird.

Die Reduktion der Möglichkeit eines Verständnisses von Vertrauen und die
Reduktion der Möglichkeit der Geltung alternativer nicht ökonomistisch geprägter
Vertrauenskonzepte können bei der Erörterung der Koordinationserfordernisse
und -probleme komplexer Gesellschaften zu Perspektivverengungen, inhaltlichen
und begrifflichen Unklarheiten und eingeschränkter Kreativität führen.[67] Ökonomistisch und kommerzialistisch geprägte Gesellschaften können mit Reflexionsverlusten an Vertrauensmodellierungs-Wirklichkeits-Schnittstellen konfrontiert
sein. Denn mit Modellierungen, die Substitute oder auch strategische Inszenierungen von „Vertrauen" in Form eines ökonomisierten Vertrauens entwerfen, können
Ursachen, Gegenstände und Lösungsmöglichkeiten von Krisen im Zusammenhang mit Vertrauen bzw. ökonomisiertem Vertrauens nicht eindeutig erkannt bzw.
verlässlich bestimmt werden. So kann es bei der Identifikation, Analyse und Interpretation realer krisenhafter Situationen zu unerkannt bleibenden modellie-
rungsbedingten Reflexionsverlusten (es wird nicht reflektiert bzw. begrifflich differenziert), Fehlbestimmungen und Fehlinterpretationen kommen. Um dies zu
vermeiden, ist eine kritische Reflexion in epistemischer und ethischer Hinsicht
problematischer Anschauungslücken[68] ökonomistisch geprägter Vertrauensmodellierungen erforderlich. Die Grenzen reduktionistischer Vertrauensmodellierungen (die sich etwa auch in sich auf sie beziehenden politischen Entscheidungen
und Debatten zeigen) werden insbesondere an der Nahtstelle von Modellierung
und Wirklichkeit[69] als ein mangelndes Reflexions- und Reaktionsvermögen im
Umgang mit sogenannten Vertrauenskrisen offenkundig. Mit ihren Begriffen können beispielsweise Gegenstände („Was ist Vertrauen und ist es in der Krise?"),
Ursachen („Warum gibt es eine Krise? Was ist in der Krise?"), Auswirkungen
(„Wie und auf wen wirkt sich eine Vertrauenskrise aus?"), Bedeutungen („Welche
Problematiken zeigen sich an der Krise?") oder auch Lösungswege („Wie können

---

67 Für alternative Erörterungen im Hinblick auf gesellschaftliche Koordinationserfordernisse siehe etwa Habermas, Jürgen: Faktizität und Geltung. Beiträge zur Diskurstheorie
   des Rechts und des demokratischen Rechtsstaats, Frankfurt a.M.: Suhrkamp 1994
   (Strukturen gegenseitiger Anerkennung und Solidarität), J. Habermas: Im Sog der
   Technokratie (solidarisches Handeln in Modernisierungsprozessen) sowie J. Ander-
   son/A. Honneth: Autonomy, Vulnerability, Recognition, and Justice (soziale Bedingungen von Anerkennungsstrukturen).

68 Zu den Grenzen des vorstellenden Denkens im Ausgang von Husserl siehe auch C.
   Hubig: Technik und Lebenswelt, insb. S. 135f.

69 Wirklichkeit ist hier im Sinne individueller erfahrbarer Lebenswirklichkeiten gemeint.

diese Problematiken behoben werden?") nur in reduzierter Weise erkannt und auf-gearbeitet werden. *Ökonomistisch geprägte Modellierungen von Vertrauen (und Vertrauenskrisen) sind als Erscheinungen rationaler Kultur sowie im Hinblick auf das in ihnen angelegte spezifische Erkenntnispotenzial, Reflexionspotenzial und Geltungspotenzial zu betrachten.*

Mit Nida-Rümelin lässt sich die Problematik, dass reduktionistische Perspek-tiven auf Vertrauen zu Reflexionsverlusten an Modellierungs-Wirklichkeits-Schnittstellen führen können, im Hinblick auf die *Bewertung von Gründen* erläu-tern.[70] Nida-Rümelin untersucht die Bedeutung der Deliberation im Kontext des Abwägens von Handlungsgründen. Seines Erachtens wird insbesondere in Ratio-nal-Choice-Theorie und Utilitarismus die Vielfalt an Gründen für Handlungen re-duziert. Dass Gründe abgewogen werden können, bedeutet für Nida-Rümelin, al-ternative Handlungsoptionen zur Verfügung zu haben. Entsprechend dem *zeitge-nössischen deterministischen physikalischen Weltbild* wird ihm zufolge allerdings das *Vorhandensein von Alternativen negiert*, da die Welt als mechanistisch ge-schlossen gilt. Deliberation scheint vor dem Hintergrund dieser Alternativlosig-keit obsolet zu werden. Dem setzt Nida-Rümelin die Unvereinbarkeit mit der „von uns allen praktizierten Lebensform und der von uns allen praktizierten Zuschrei-bung von Verantwortung" entgegen.[71] „Wenn immer schon vor der Abwägung aller Gründe festläge, wie wir entscheiden, dann wären wir nicht verantwortlich, dann wären wir nicht frei."[72] Subjekte entscheiden auf Grundlage der Abwägung von Gründen, sie machen sich Gründe zu eigen und diese Gründe wirksam in der Welt. Auch wenn Nida-Rümelin Unterschiede zwischen theoretischen und prak-tischen Gründen nicht bestreitet, so kritisiert er doch allzu scharfe Trennungen zwischen theoretischen und praktischen Gründen, da dies nicht der „geteilten le-bensweltlichen Praxis des Gründe-Gebens und Gründe-Nehmens" entspreche.[73] Es gebe alternative Handlungen und Handlungsgründe. Moralische Akteure kön-nen andere Gründe für ihr Handeln haben als die Maximierung ihres Eigennut-zens. Dass Handlungsgründe nur in Bezug auf die Kalkulation eines zu maximie-renden bzw. zu optimierenden Erwartungsnutzens als rational erachtet werden, Deliberation also als obsolet erklärt wird, da Entscheidungen von Präferenzen und Restriktionen strukturiert und somit kalkulierbar und alternativlos konzeptualisiert

---

70 Vgl. J. Nida-Rümelin: Die Macht der Reflexion. Siehe weiterführend J. Nida-Rüme-lin/G. Meggle (Hg.): Praktische Rationalität. Grundlagenprobleme und ethische An-wendungen des Rational-Choice-Paradigmas

71 J. Nida-Rümelin: Die Macht der Reflexion, S. 12.

72 Ebenda, S. 12.

73 Vgl. ebenda, S. 14.

sind, widerspricht den Möglichkeiten und Erfahrungen praktizierter Lebenswirklichkeiten. In diesen ist weder Kontingenzkontrolle möglich oder erfahrbar noch gelten Entscheidungen und die auf ihnen beruhenden Handlungen als prinzipiell determiniert oder alternativlos.

Die Problematik des zeitgenössischen deterministischen physikalischen Weltbildes lässt die Diskrepanz zwischen Sein und Methode sichtbar werden als eine Diskrepanz zwischen a) dem dominanten deterministischen Wissenschaftsideal der zeitgenössischen Physik, das – etwa im Zuge entsprechend ökonomistischer Modellierungen – „Wirklichkeit" prägt und Individuen z.b. durch ökonomische Anreizsysteme in ihren Entscheidungen zu beeinflussen bzw. prognostizieren versucht, und b) einer sozialen Praxis, in der Subjekte eine Vielfalt von Gründen zur Verfügung haben, die sie abwägen und auf deren Grundlage sie Entscheidungen treffen, handeln, bewerten, ihr Handeln verantworten usw. können. Gründe für Handlungen und Entscheidungen oder auch eine Rationalitätsform wie etwa die des Vertrauens können unter instrumenteller Rationalität nur in reduktionistischer Hinsicht erkannt (epistemische Ebene) bzw. ausschließlich im Hinblick auf Nützlichkeit als gut bzw. richtig bewertet werden (ethische Ebene). Das zeigt sich etwa daran, dass Vertrauen als ökonomisiertes Vertrauen einseitig funktionalistisch, quantitativ usw. bestimmt, monetär bewertet, als Ersatzleistung konzeptualisiert und verwertet, als moralische Pflicht bzw. Schuld inszeniert usw. wird. Diese Modellierung von Wirklichkeit gerät allerdings an Grenzen, was die Reflexionsfähigkeit bzw. -bereitschaft bzgl. Irritationen außerhalb ihres Formalisierungsradius' betrifft.

Die Reflexion dessen, ob und welches Vertrauen in die Krise bzw. was ggf. sonst in die Krise geraten ist, wird durch die epistemische Problematik der beschriebenen Konzeptualisierungsverluste sowie der Modellierung von Vertrauenssubstituten und Vertrauensinszenierungen erschwert. So führen etwa fehlende Differenzierungen von Vertrauensnehmer und -geber (bzw. Marginalisierungen von Vertrauensnehmer oder -geber) zu Unklarheiten in Bezug darauf, wer wem einen Mangel oder Verlust an Vertrauen attestiert.

Außerdem ist kritisch zu betrachten, wie ein solcher Mangel oder Verlust quantitativ, aber auch qualitativ identifiziert werden soll. Das Fehlverständnis (einer Messbarkeit) von Vertrauen oder etwa der Möglichkeit von Vorher-Nachher-Vergleichen ist darauf zurückzuführen, dass Vertrauen als individuelle Entscheidung, Erwartung etc. modelliert und nicht als intersubjektive Rationalitätsform erkannt wird. Auch ist die Erhebung und Auswertung entsprechender empirischer Daten schon dadurch problematisch, dass reduktionistische Begriffe von Vertrauen bzw. deren Interpretation den intransparenten Begriffsverständnissen sowohl etwa von Befragten im Rahmen einer Erhebung als auch Rezipienten der abgeleiteten Kriseninformation überlassen bleiben.

Auch wäre zu fragen, wie und aus welcher *Motivation* heraus „Vertrauen" als notwendig und ein Verlust oder Mangel als zu vermeiden begründet werden. Da Vertrauen unter Ökonomisierung und Kommerzialisierung als „Grund haben" modelliert wird, steht etwa die Begründung und Legitimation von (z.b. als alternativlos kommunizierten) Entscheidungen, Maßnahmen usw. zur Herstellung, Koordination, Sicherung etc. kostengünstiger, risikoarmer usw. Transaktionen oder etwa monetär gewinnbringender Abhängigkeitsverhältnisse im Fokus des Interesses an einer Identifikation oder auch Inszenierung von (sogenannten) Vertrauenskrisen. Was als Vertrauenskrise bezeichnet wird, kann z.b. eine Krise von Reputation oder Zuversicht sein. Reputation bzw. entsprechenden Bewertungsinstanzen kommt insbesondere im Hinblick darauf Bedeutung zu, dass sie Leistung auf Basis der Kalkulation instrumentell-rationaler Gründe in Situationen von Unsicherheit erwartbar machen. Zuversicht betrifft insbesondere die (von Entscheidungsträgern angestrebte) Akzeptanz von Entscheidungen, die Risiken absorbieren bzw. Ungewissheit kompensieren können sollen.[74] Im Kontext ökonomistisch geprägter instrumentell-rationaler Modellierungen können Reputation

---

74 Zur Begriffsklärung von „trust" und „confidence" vgl. C. Hubig: Benötigen deinstitutionalisierte ‚postmoderne' Gesellschaften Vertrauen? Hubig bezieht „confidence" auf Systeme als medial verfasste Mechanismen der Risikoabsorption bzw. Ungewissheitskompensation. Da Hubig die Möglichkeit vertrauensbasierter Handlungsvollzüge auf der direkten Ebene interaktiven Handelns als in postmodernen Gesellschaften reduziert erachtet, führt er als höherstufige Vertrauenstypen Parallelkommunikation und Systemvertrauen ein. Zuversicht bezeichnet etwa nach R. Hardin: Trust. Key Concepts in the Social Sciences ein nicht ausschließlich am Eigennutzen orientiertes Regierungshandeln.

S. Bok: Truthfulness, Deceit and Trust verwendet den Begriff „confidence" im Zusammenhang mit dem Glauben an die Aufrichtigkeit öffentlicher Amtsinhaber.

Vershofen bezeichnet „confidence" in Anlehnung an Ferdinand Tönnies als „Zuversicht hegen" und erweitert es mit Bezug auf Geld als öffentliches Vertrauen auf Kreditschutz der öffentlichen Hand als einer Marktbehörde. Vgl. W. Vershofen: Vertrauen als wirtschaftspolitischer Faktor.

Siehe für weitere Begriffe von Zuversicht etwa auch D. Good: Individuals, Interpersonal Relations, and Trust; S. Neser: Vertrauen; D. Smolkin: Puzzles about Trust; T. Ripperger: Ökonomik des Vertrauens. Zur Problematik eines wachsenden Entscheidungsdrucks in modernen Gesellschaften siehe N. Luhmann: Soziologische Aspekte des Entscheidungsverhaltens.

und Zuversicht ein Vertrauen ersetzen, für das Unsicherheit und Ungewissheit nicht existieren. Sogenannte Vertrauenskrisen können dann *Reputations- oder Zuversichtskrisen* sein. Hier ist der von Luhmann formulierte Aspekt der *gesellschaftlichen Teilhabemöglichkeit* wichtig – Zuversicht ermöglicht Teilhabe. Eine Zuversichtskrise müsste entsprechend in Bezug auf die krisenhafte Möglichkeit der Teilhabe und gesellschaftlichen Koordination hinterfragt bzw. aufgearbeitet werden.

Komplexe Gesellschaften sind mit einem zunehmenden Kontrolldefizit konfrontiert,[75] das insbesondere durch Vertrauenssubstitute und Vertrauensinszenierungen ausgeglichen werden soll. Das Klagen über sogenannte Vertrauenskrisen scheint durch das *Kontrolldefizitproblem* begründet und motiviert zu sein, das durch Vertrauens-Ersatzleistungen nicht vollständig ausgeglichen werden kann. Hier wäre jedoch etwa die Frage zu stellen, wie ein Kontrolldefizit zustande kommt, wer wen oder was aus welchen Gründen überhaupt kontrollieren will und ob Kontrolle der Tatsache der *Kontingenz von Leben(swirklichkeiten)* angemessenes Konzept sein kann bzw. welche schwer kontrollierbaren Folgen ein auf Kontrolle beruhendes System selbst hervorrufen kann.

So drängt sich in diesem Zusammenhang etwa die Frage auf, ob eine *Zunahme von Kontrolldefiziten bei einer zeitgleichen Zunahme von Kontrollerfordernissen* (durch einen Anstieg bzw. neue Formen und Dimensionen von Risiken, Unsicherheit und Ungewissheit) nicht nur etwa durch Hochtechnologien, sondern vor allem auch durch eine sich über Ökonomisierungs- und Kommerzialisierungsprozesse etablierende *instrumentelle Rationalität bzw. durch das Dogma des instrumentellen Egoismus* begründet ist, das zwar eine eigennutzenmaximierende Steuerung über Anreize fördern *soll*, jedoch nicht vollständig etablieren *kann*.

Das könnte etwa bedeuten, dass *es eine rationale Kultur ist, die insbesondere über die ökonomistische Maximierung des Eigennutzens dazu führt, dass gesellschaftliche Koordination, der sie sich ja verpflichtet sieht, trotz Reputationsmaßnahmen, der Demonstration von Entscheidungskompetenz, vertrauensbildenden Maßnahmen usw. problematisch bleibt bzw. wird.* Die Annahme, dass eine insbesondere über Anreizsysteme herstellbare flächendeckende Eigennutzenmaximierung eine berechenbare Kontingenzkontrolle dahingehend ermöglichen könne, dass etwa insbesondere Unsicherheit erwartbar (Reputation) sowie Unsicherheit und Ungewissheit kompensierbar (Zuversicht) werden können sollen, ist mit einer Lebenswirklichkeit von Individuen konfrontiert, die sich einer Kontingenzkontrolle, entgegen strategisch-kalkulativer Modellierungen und Maßnahmen, entziehen zu können scheint.

---

75 Vgl. C. Hubig: Möglichkeiten als Kandidaten der Bewertung.

Dann würde allerdings rationale Kultur nicht nur an Modellierungs-Wirklichkeits-Schnittstellen scheitern, sondern die sozial-kooperativen Voraussetzungen gefährden, die sie benötigt, um gesellschaftliche Koordination sicherstellen (bzw. verwerten) zu können.

Die Möglichkeit der Zuversicht von Subjekten, die sich auf Systeme bezieht und daher eher als *System-Zuversicht* und nicht als System-Vertrauen bezeichnet werden könnte, scheint etwa in Bezug auf das risikoabsorbierende und ungewissheitskompensierende Handeln von Regierungsvertretern insbesondere auch von einer (deliberativ zu erschließenden) Vielfalt von (etwa gemeinwohlorientierten) Entscheidungsbegründungen abzuhängen. Dass flächendeckende ökonomische Anreizsysteme das Vertrauens-Substitut Reputation als eine ökonomische Ressource attraktiv machen und Akteure dazu verleiten können, sich im Schutz einer guten Reputation ausbeuterisch oder kriminell zu verhalten, um eigennutzenmaximierende Präferenzen zu verwirklichen, kann eine Herausforderung etwa für politische und soziale Praxis werden und ökonomische sowie nicht-ökonomische Werte gefährden.[76] Hier wäre beispielsweise zu fragen, was Krisen, die infolge der Aufdeckung ausbeuterischen oder kriminellen Verhaltens auftreten können, im Hinblick auf die *Möglichkeit gesellschaftlicher Teilhabe und Koordination* (z.b. auf Basis von Zuversicht oder Verlässlichkeit) bedeuten können.

Mit Bezug auf Nida-Rümelin kann diese Problematik vertieft werden: So bezeichnet er etwa die Weltfinanzkrise als Ausdruck einer fehlenden Kommunikationskultur, fehlender Wahrhaftigkeit, fehlenden Vertrauens und fehlender Verlässlichkeit. Er arbeitet treffend heraus, dass Kooperation, wenn ökonomische Rationalität als individuelle Optimierung konzeptualisiert wird, nicht rational sein kann. Kooperation stuft er allerdings als „Normalfall im normalen Leben" ein.[77] Hier zeigt sich die bereits herausgearbeitete Diskrepanz zwischen Modellierung und Wirklichkeit. Wenn eine als individuelle Optimierung konzeptualisierte ökonomische Rationalität mit Kooperation unvereinbar ist, lebt Ökonomie von Voraussetzungen, die sie selbst nicht garantieren kann bzw. gefährdet. Dann gerät jedoch dieses *Rationalitätsverständnis unter Begründungs- und Legitimationsdruck*, da es insbesondere über monetär geprägte Anreizsysteme gesellschaftliche Koordination, die etwa über Institutionen ermöglicht werden soll, gefährdet. Wenn nur als rational gilt, was nützlich ist, kann etwa die Zuversicht schwinden, dass eine Orientierung an anderen Gründen möglich sein bzw. gewährleistet werden kann. Das kann etwa zu Entscheidungsunsicherheit bzgl. der Verlässlichkeit von Personen führen, da (Personen in) Institutionen, Organisationen usw. als nicht mehr

---

76 Vgl. M. Hartmann: Die Praxis des Vertrauens.

77 Vgl. J. Nida-Rümelin: Kommunikation, Kooperation und Regeln in der ökonomischen Praxis, S. 87ff.

verlässlich gelten. Dieser Mangel kann sich negativ auf die Möglichkeit gesellschaftlicher Teilhabe auswirken.[78]

Die Reflexion dessen, ob und welches Vertrauen in die Krise geraten ist, wird zudem durch die Gleichsetzung des Nützlichen mit dem Guten erschwert. Das kann etwa bedeuten, dass nicht nur die Notwendigkeit bzw. Sinnhaftigkeit deliberativer Prozesse unter einem zeitgenössischen physikalischen Weltbild ignoriert wird, sondern auch, dass *Entscheidungen zunehmend moralisch immunisiert bzw. privatisiert* und deliberative Prozesse reduziert werden.[79] Habermas zeichnet diese Entwicklungstendenzen, die er als technokratischen Sog bezeichnet, insbesondere an der Problematik der europäischen Wirtschafts- und Schuldenkrise nach.[80] Die Legitimität eines demokratischen Rechtsstaats ist seines Erachtens nicht nur in Formen des Rechts, sondern gemäß demokratisch gesetztem Recht zu begründen. Habermas kritisiert „technokratische Regimes" einer „marktkonformen Demokratie", die etwa eine demoskopieabhängige werbewirksame Legitimationsbeschaffung betreiben.[81] Gemeinsam mit Vertrauenspersonen der Märkte könnten sie so etwa langfristig in der Europäischen Union eine technokratische Herrschaft ausüben, wenn es nicht gelingt, sie in einer politisch mobilisierbaren Gesellschaft zu verankern.

„Nie zuvor sind gewählte Regierungen so umstandslos durch Vertrauenspersonen der Märkte ersetzt worden […]. Während sich die Politik den Marktimperativen unterwirft und die Zunahme sozialer Ungleichheit in Kauf nimmt, entziehen sich systemische Mechanismen zunehmend der intentionalen Einwirkung demokratisch gesetzten Rechts."[82]

---

78 M. Hartmann: Die Praxis des Vertrauens beschreibt etwa, wie soziale Praxis durch Lüge Schaden nehmen kann. Siehe hier insb. S. 137ff.

79 Zur Rolle nicht demokratisch legitimierter politischer Akteure und Prozesse siehe auch S. Botzem: Globalisierte Finanzmärkte als Herausforderung für demokratische Gesellschaften; P. Richter: Ökonomisierung als gesellschaftliche Entdifferenzierung, E. Forster: „Kritik der Ökonomisierung", in: Widersprüche. Zeitschrift für Politik im Bildungs-, Gesundheits- und Sozialbereich 30 (März 2010), S. 9-23. Zur darüber hinausgehenden Bedeutung von Aushandlungsprozessen im Hinblick auf die Wahrung öffentlicher Güter vgl. etwa C. Hubig: Möglichkeiten als Kandidaten der Bewertung und M. Kettner: Kann Ökonomisierung gut und muss Kommerzialisierung schlecht sein?

80 Vgl. J. Habermas: Im Sog der Technokratie.

81 Vgl. ebenda, S. 79ff. und S. 92ff.

82 Ebenda, S. 133f.

Habermas betont die Notwendigkeit solidarischen Handelns in wirtschaftlichen Modernisierungsprozessen, um „überforderte Integrationsformen einer überrollten politischen Ordnung" erweitern zu können.[83] Nicht allein das Recht, sondern vor allem die Politik eines Gesetzgebers kann seines Erachtens für die „normativen Ansprüche einer demokratischen Bürgerschaft" empfindlich sein und aus Solidaritätsansprüchen „soziale Rechte im Sinne von *Teilhabegerechtigkeit*" machen.[84] Solidarität bezieht sich dabei auf politisch zu gestaltende Lebenszusammenhänge, auf das gemeinsame Interesse an der Integrität einer gemeinsamen politischen Lebensform.

Auch die Kritik einiger exemplarisch ausgewählter Autoren kann Ansätze für Antworten auf die Frage liefern, was in die Krise geraten ist. So kritisiert etwa Graeber (im Zusammenhang monetär-moralischer Inszenierungen von Schuldverhältnissen), dass in zeitgenössischen kapitalistischen Systemen Gerechtigkeit auf Reziprozität reduziert und nicht etwa als Teilhabegerechtigkeit umgesetzt wird.[85] Münch weist auf die Problematik hin, dass insbesondere Kommunikation und Diskurse von ökonomischen Begriffsprägungen durchsetzt sind und so von der instrumentell-rationalen Berechnung von Belohnung und Kosten dominiert sind.

„Die Herrschaft der ökonomischen Ideologie lässt uns an den Anspruch des ökonomischen Denkens glauben, unser gesamtes Leben zu erklären. Wie wir gesehen haben, gibt es aber mindestens drei wichtige Bereiche der sozialen Interaktion, die nicht von der ökonomischen Theorie abgedeckt werden: Diskurs und Argumentation, Gemeinschaft und Solidarität, Konflikt und Macht."[86]

Forster untersucht Ökonomisierungsprozesse an Universitäten und kritisiert, dass diese nicht Gegenstand von Diskursen sind, sondern dass Wissenschaftseliten, ökonomische Eliten und politische Repräsentanten politische Entscheidungen ohne direktes politisches Mandat und ohne demokratische Rechtfertigung treffen.[87] An den skizzierten Beispielen wird die Problematik offenkundig, dass öko-

---

83 Vgl. ebenda, S. 105.

84 Vgl. ebenda, S. 106 und S. 163, Herv. d. Verf.

85 Vgl. D. Graeber: Schulden. Die ersten 5000 Jahre.

86 R. Münch: Soziologische Theorie, S. 55.

87 Vgl. E. Forster: Kritik der Ökonomisierung. Für ein neutraleres Verhältnis von Politik und Wissenschaft plädiert etwa J. Nida-Rümelin: Die Macht der Reflexion, mit seinem Vorschlag der Gründung einer nationalen Akademie. O. Höffe: „Vom Nutzen des Nutzlosen. Zur Bedeutung der Philosophie im Zeitalter der Ökonomisierung", in: Deutsche

nomistisch instrumentell-rational orientierte Entscheidungen, die etwa auf reduktionistischen Konzeptualisierungen von Gerechtigkeit beruhen, gegen deliberative Prozesse immunisiert (weil moralisch legitimiert bzw. inszeniert) in Geltung kommen können. Dies kann etwa dazu führen, dass

a) z.b. aufgrund des eingeschränkten Spektrums an Entscheidungsgründen die Zuversicht von Akteuren einer lebensweltlichen Praxis (die nicht ausschließlich instrumentell-rational strukturiert ist) in das risikoabsorbierende und ungewissheitskompensierende Handeln von Regierungsvertretern abnimmt bzw. Entscheidungsgründe als unzulänglich erachtet werden,

b) alternative (nicht ökonomistisch instrumentell-rational orientierte und quantifizierbare) Entscheidungsmöglichkeiten nicht berücksichtigt oder nicht bedacht werden und somit auch nicht in Geltung kommen,

c) „Solidaritätsansprüche einer demokratischen Bürgerschaft"[88] nicht oder nur in reduzierter Weise gewahrt werden,

d) Solidaritätsbereitschaft (aufgrund reduktionistischer Konzeptualisierungen etwa von Gerechtigkeit, Reziprozität usw.) kaum/nicht mehr begründbar/legitimierbar ist bzw. erscheint oder auch

e) eine Zuordnung bzw. Zuweisung von Verantwortung dadurch erschwert wird, dass Entscheidungen statt mit deliberativ gewonnenen Argumenten etwa (dogmatisch) mit „natürlichen" Sachzwängen begründet werden.[89]

Zeitschrift für Philosophie 53 (2005), S. 667-678, betont im Hinblick auf ein ökonomistisches Denken, das nützliche von profitunfähigen Wissenschaften unterscheidet, dass insbesondere unter Ökonomisierungsbedingungen die Philosophie Begriffe und Argumente für ideen-, entwicklungs- und außenpolitische Debatten liefern könne und sich die Wissenschaften gegen die „Tyrannis der Ökonomie" solidarisieren sollten. C. Hubig: Kommerzialisierung von Forschung und Wissenschaft, erörtert die Rolle der Geisteswissenschaften als Reflexionswissenschaften. Die Methode der Philosophie sowie die Bedeutung von (schwindenden) Begründungsdiskursen untersucht etwa M. Frank: „Die mehreren Krisen der Philosophie und die Würde ihres Handwerks", in: Information Philosophie (11.05.2010).

88   Vgl. J. Habermas: Im Sog der Technokratie, S. 106.

89   Vgl. zu einer Unterscheidung von Ursachen, Motiven und freiem Handeln K.-H. Brodbeck: Die fragwürdigen Grundlagen der Ökonomie.

Ökonomisierung als Kulturform des Wissens kann als ein *Anzeichen des Versagens einer rationalen Kultur*, die (im untersuchten Fall im Hinblick auf Vertrauen) Leistungen konzeptualisiert und strategisch einsetzt, die Kontingenz durch Kontrolle ersetzen sollen, jedoch nicht können, gewertet werden. Der (Eigen-)Nutzen wird dabei zum moralisch legitimierten Selbstzweck. Vertrauens-Ersatzleistungen bzw. Vertrauensbeziehungs-Ersatzleistungen können weder den Zusammenhang von instrumenteller Rationalität und einer sich im Zuge von Ökonomisierung und Kommerzialisierung etablierenden Entscheidungsunsicherheit verständlich werden lassen noch diese Unsicherheit kompensieren. Was ein physikalistisches Weltbild verkennt bzw. aberkennt, ist, dass alternative Rationalitätsformen, wie etwa Vertrauen, Freiheit im Hinblick darauf ermöglichen können, dass Akteure Handlungen und Wissen einer spezifischen Qualität sowie Selbsterkenntnis und Selbstverantwortung erreichen können, was gesellschaftliche Koordination ermöglichen kann.

Die epistemischen Probleme im Kontext ökonomistischer Vertrauensmodellierungen potenzieren sich unter instrumenteller Rationalität, da nicht nur Ursachen und Folgen von Krisen (etwa Krisen von Verlassen-auf, Zuversicht, Reputation usw.) nicht erkannt oder fehlbestimmt werden, sondern das Versagen rationaler Kultur, das sich als Ökonomisierung und Kommerzialisierung fortsetzt und an der Geltung reduktionistischer Vertrauenskonzepte zeigt, unerkannt bleibt. Solange das Versagen rationaler Kultur nicht erkannt wird, können Gegenstände, Gründe, Folgen, Bedeutungen usw. sogenannter oder genuiner Vertrauenskrisen nicht (vollständig) verstanden und aufgearbeitet werden. Im Rahmen des zeitgenössischen physikalischen Weltbildes kann, wie sich am Beispiel ökonomistisch geprägter Vertrauensmodellierungen zeigt, *eine Form menschlicher Rationalität nicht verstanden werden.* Husserl betont mit Bezug auf das menschliche Selbstverständnis, dass die Notwendigkeit besteht, „uns in der Grundlosigkeit unseres Daseins selbst zu begründen."[90] Für diese *Selbstbegründung* ist der Mensch als Vernunftwesen Husserl zufolge absolut selbstverantwortlich. Verliert er den Glauben an sich selbst, kann er diese Selbstbegründung nicht mehr vollziehen. Als „denkender Lebendiger"[91] verfügt der Mensch über die Freiheit, seinem Dasein

---

90 S. Grätzel: „Die Horizonte der Lebenswelt", in: M. Signore (Hg.), Die Erweiterung des Horizonts der Rationalität. Eine neue Aufgabe für das europäische Denken, XXXV. internationales Seminar deutsch-italienischer Studien, Akademie deutsch-italienischer Studien Meran (6.-8. Mai 2010), Lecce: Pensa Multimedia 2011, S. 52.

91 Vgl. S. Grätzel/F. Seyler: Sein, Existenz, Leben. Michel Henry und Martin Heidegger, S. 233.

vernünftigen Sinn zu verschaffen, sich selbst zu erkennen, seine absolute Selbst-verantwortung wahrzunehmen und den Glauben an die Vernunft und sich selbst als ein Vernunftwesen wiederzugewinnen.[92]

„Wie gerade Henrys Barbarei-These aufzeigt, kann sich das Leben gegen sich kehren und danach trachten, in eine leblose und abstrakte Objektivität vor sich selbst zu fliehen. Dem-gegenüber gilt es das Leben als absolutes, d.h. als Ursprung und Gabe des sich in immanen-ter Affektivität vollziehenden individuellen Lebens, wiederzuentdecken und anzuerken-nen."[93]

Der *Abwertung des Lebens* wollen Husserl und Henry eine Wissenschaftsauffas-sung entgegensetzen, die nicht allein auf die Generierung von Nutzen ausgerichtet ist, sondern der „Menschheit zu wahrer Freiheit des Menschentums" verhelfen soll.[94] Die Erlangung dieser Freiheit setzt allerdings die Möglichkeit der Selbster-kenntnis und die Notwendigkeit der Selbstbegründung und Selbstverantwortung des Menschen voraus. Eine restriktive Vernunft, wie sie sich etwa an der Rationa-litätsbestimmung der Ökonomisierung zeigt, gewährt diese jedoch nur entspre-chend eingeschränkt.

4.4 RESÜMEE

Die Rationalitätsform des Vertrauens steht exemplarisch für das, was das maß-geblich geltende rechnende Denken nicht denken kann: die Möglichkeit einer nor-mativen Bezogenheit auf Wahrheit, Subjektrelativität, Bezogenheit auf Subjekte in ihrem Sosein als geschichtliche Subjekte der Freiheit der Vernunft in Form ge-genseitiger intersubjektiver Anerkennungsprozesse sowie die Möglichkeit der Be-zugnahme auf Lebenswelt als Ausdruck eines Verhältnisses zum Erfahrenen bzw. entsprechend Erfassten als Erfahrungswelt bzw. Perspektiveinnahme.

Die Aufarbeitung der Zusammenhänge von Ökonomisierung, Kommerziali-sierung, einem dogmatischen instrumentellen Egoismus sowie einem spezifischen Verständnis von interpersonalem Vertrauen und Handlungsfreiheit zeigt, dass ein

---

92 Vgl. ebenda, S. 233.

93 Ebenda, S. 233.

94 Zur Problematik einer Abwertung des Lebens siehe ebenda S. 10. Zu Husserls Philoso-phieverständnis als einer strengen Wissenschaft, die, im Gegensatz zu exakten Wissen-schaften, den „unverlierbaren Anspruch der Menschheit auf reine und absolute Erkennt-nis" vertritt, siehe E. Husserl: Philosophie als strenge Wissenschaft, S. XXI und S. 4.

einseitiger Rationalitätsbegriff zu Erkenntnis- und Reflexionsverlusten führen kann, die eine erhebliche Relevanz für Möglichkeiten und Grenzen gesellschaftlicher Koordination besitzen können.

Gesellschaftliche Teilhabe (z.b. Stichwort „Zuversicht"), gesellschaftliche Koordination (z.b. Stichwort „Anerkennungsstrukturen"), Erwartbarkeit (z.b. Stichworte „Verlässlichkeit", „Reputation") oder auch die Reputation des Vertrauensbegriffs selbst sind zunehmend prekär. In bzw. mit ökonomistisch geprägten Vertrauensmodellierungen wird zu Recht darauf aufmerksam gemacht, dass eine Erörterung der Koordinationserfordernisse und -probleme komplexer Gesellschaften notwendig ist. Allerdings zeigt sich an Modellierungs-Wirklichkeits-Schnittstellen, dass der Geltungsanspruch ökonomistisch geprägter Vertrauensmodellierungen, gesellschaftliche Koordination zu erklären bzw. kontrolliert herbeizuführen, nicht erfüllt werden kann. Dies belegen insbesondere die herausgearbeiteten Perspektivverengungen, inhaltlichen und begrifflichen Unklarheiten sowie Missverständnisse. Vertrauens-Ersatzleistungen bzw. Vertrauensbeziehungs-Ersatzleistungen können weder den Zusammenhang von instrumentellem Egoismus und einer sich im Zuge von Ökonomisierung und Kommerzialisierung etablierenden Entscheidungsunsicherheit verständlich werden lassen noch diese Unsicherheit kompensieren. Wie mit Husserl und Henry gezeigt werden konnte, kann die Rationalitätsform des Vertrauens im Unterschied zur Rationalitätsform des rechnenden Denkens Freiheit im Hinblick darauf ermöglichen, dass Handlungen einer spezifischen Qualität sowie Selbsterkenntnis und Selbstverantwortung möglich werden.

Dass komplexe kapitalistisch verfasste Industriegesellschaften durch ein erhöhtes Unsicherheitspotenzial belastet sind, liegt nicht allein an Eigenschaften und Folgen etwa von Globalisierungsprozessen und Hochtechnologien. Es hängt insbesondere auch mit dem dogmatischen Alleingeltungsanspruch von instrumentellem Egoismus und mathematisch-naturwissenschaftlichen Begründungsstandards zusammen. So ist nicht nur die Möglichkeit der Geltung der Wissens- und Handlungsqualitäten alternativer Rationalitätsformen eingeschränkt, sondern auch die Möglichkeit relativ stabiler verlässlicher Beziehungen und der Ermöglichung gesellschaftlicher Teilhabe. Marktmechanik kennt weder Verbindlichkeit noch Geschichtlichkeit, Selbstbestimmung, Verantwortung, Sinnhaftigkeit oder Ähnliches.

Die Lebenswirklichkeiten von Subjekten entsprechen nicht denen von Modellen wie etwa dem des Homo Oeconomicus. Sie sind nicht ausschließlich vom Wert des Eigennutzens strukturiert, in ihnen ist intersubjektive Anerkennung möglich, ihre Konzepte von Reziprozität sind nicht auf jene von Leistungen und Ressourcen begrenzt und ihre Entscheidungen sind nicht alternativlos. Im Gegenteil: In ihnen ist erfahrbar, dass Kontingenz nicht nur nicht kontrollierbar oder berechenbar ist, sondern durchaus kreatives Potenzial bergen kann.

Werden Akteure mit Infrastrukturen konfrontiert, in denen Beziehungen als kommerzialistisch-strategische moralisch legitime Kreditbeziehungen konzeptualisiert sind und wird Verhalten entsprechend kalkuliert, verglichen, prognostiziert, gesteuert, kontrolliert, bewertet, sanktioniert usw., treten sie dazu in ein Verhältnis. Dass und wie sie das tun, ist vor allem von den Infrastrukturen abhängig und kein Beweis dafür, dass ihr Verhalten systematisch und von Anreizen oder neuronalen Prozessen determiniert ist. Menschen setzen sich in ein Verhältnis zum Erfahrenen bzw. Erfassten; sie nehmen eine Perspektive ein, die sich intersubjektiv bewähren können muss und für die sie sich verantwortlich zeigen. Handeln und Vernunft sind Formen der Selbstbestimmung. Unter sogenannter nicht normativer Selbstbindung wird die Kontrollform des Verpflichtens-auf in zu kontrollierende Akteure hineinverlagert bzw. dogmatisch gegen Kritik, Widerstand usw. abgeschottet. Wer die Verpflichtung nicht von vornherein ablehnt, kann in einen Teufelskreis aus Abhängigkeit und Selbstausbeutung geraten. Dies als Bestätigung dessen aufzufassen, Subjekte seien determiniert, ist ebenso problematisch, wie Gefangene dafür verantwortlich zu machen, dass sie nicht fliehen.

Ökonomisierung und Kommerzialisierung sowie die unter ihnen gegenwärtig wirkmächtigen Verständnisse von Ökonomie und instrumenteller Rationalität sind keine naturgesetzlichen oder alternativlosen Erscheinungen, sondern Prozesse, die geschichtlich und kulturell eingebettet sind. Diese Prozesse sowie die Modellierungen und Konzeptualisierungen, die unter ihnen Geltung erlangen können, sind insofern relativ und nicht absolut. Subjekte, als autonom Handelnde verstanden, können Entscheidungsalternativen, Entscheidungsnotwendigkeiten, Entscheidungsbegründungen usw. infrage stellen, sie können unter verschiedenen Rationalitätsformen zu begründeten Urteilen kommen und ihr Denken und Handeln an verschiedenen Gründen oder Werten orientieren. Die Reibung von Modellierung und Wirklichkeit, wie sie sich etwa in dem diffusen Unvermögen und Unwohlsein äußert, die Gegenstände, Gründe, Folgen, Bedeutungen usw. dessen, was als Vertrauenskrise bezeichnet wird, nicht zu fassen zu bekommen, stellt eine Chance dar: kritisch zu hinterfragen, wie Wirklichkeit gegenwärtig modelliert wird.

Die erdrückende normative Autorität, die sich das Prinzip des Egoismus im Kontext des wissenschaftlichen Weltbildes der zeitgenössischen Physik anmaßt, bedrängt die Möglichkeiten und Erfordernisse von Selbstbestimmung, Selbstverständnis und gesellschaftlicher Koordination in existenzieller Weise. Das Klagen über Krisen des Vertrauens kann einen zynischen Beigeschmack entwickeln, wenn intransparent bleibt, was unter Vertrauen verstanden wird und ob eine konstruktive Lösung oder die Legitimation eines sanktionierenden Verhaltens angestrebt wird.

Für eine Erörterung der Koordinationserfordernisse und -probleme komplexer Gesellschaften ist die Perspektive auf das, was der Mensch ist, um die Perspektive auf das, was er sich sein will, zu erweitern. Die Aktualität des Themas „Vertrauen" bietet eine Möglichkeit, die Dogmen, die unter Ökonomisierung und Kommerzialisierung gesellschaftlich wirkmächtig sind, zu erkennen, zu hinterfragen und auf wissenschaftlicher und gesellschaftlicher Ebene neue Perspektiven darauf zu gewinnen, wie wir uns zum Leben und zu uns selbst verhalten wollen.

Literatur

Albach, Horst: „Vertrauen in der ökonomischen Theorie", in: Zeitschrift für die gesamte Staatswissenschaft 136 (1980), S. 2-11.

Albert, Gert: „Das Weber-Paradigma", in: Georg Kneer (Hg.), Handbuch soziologische Theorien, Wiesbaden: Verlag für Sozialwissenschaften 2009, S. 517-554.

Aldrup, Dieter: Das Rationalitätsproblem in der Politischen Ökonomie. Methodenkritische Lösungsansätze (=Die Einheit der Gesellschaftswissenschaften, Band 11), Tübingen: Mohr Siebeck 1971.

Ammann, Christoph: „Vertrauen – eine Emotion?", in: Andreas Hunziker/Simon Peng-Keller (Hg.), Vertrauen verstehen, in: Hermeneutische Blätter 1/2 (2010), S. 204-212.

Anderson, Joel/Honneth, Axel: „Autonomy, Vulnerability, Recognition, and Justice", in: John Christman/Joel Anderson (Hg.), Autonomy and the Challenges to Liberalism, New Essays, Cambridge: Cambridge University Press 2005, S. 127-149.

Aristoteles: Die Nikomachische Ethik (=Bibliothek der Antike, Band 2267), hrsg. von Olof A. Gigon, München: Deutscher Taschenbuch Verlag 1991.

Arnswald, Ulrich: „Vertrauen. Wenig reflektierter ‚Grundstoff' funktionierender Märkte und zwingende Voraussetzung für qualitative Demokratien", in: Matthias Maring (Hg.), Vertrauen. Zwischen sozialem Kitt und der Senkung von Transaktionskosten (=Schriftenreihe des Karlsruher Instituts für Technologie, Band 3), Karlsruhe: Universitätsverlag Karlsruhe 2010, S. 199-222.

Axelrod, Robert: Die Evolution der Kooperation, München: Oldenbourg 2000.

Bacharach, Michael/Gambetta, Diego: „Trust in Signs", in: Karen S. Cook (Hg.), Trust in Society (=Russel Sage Foundation Series on Trust, Band 2), New York: Russel Sage Foundation 2003, S. 148-184.

Bachmann, Reinhard/Zaheer, Akbar (Hg.): Handbook of Trust Research, Cheltenham/Massachusetts: Edward Elgar Publishing 2006.

Baier, Annette C.: Reflections on How We Live. Oxford/New York: Oxford University Press 2009.

Baier, Annette C.: „Vertrauen und seine Grenzen", in: Martin Hartmann/Claus Offe (Hg.), Vertrauen. Die Grundlage des sozialen Zusammenhalts, Frankfurt a.m.: Campus Verlag 2001, S. 37-84.

Baier, Annette C.: "Getting in touch with our own feelings", in: Topoi 6/2 (September 1987), S. 89-97.

Baier, Annette C.: „Trust and Antitrust", in: Ethics 96 (1986), S. 231-260.

Bateson, Patrick: „The Biological Evolution of Cooperation and Trust", in: Diego Gambetta (Hg.), Trust. Making and Breaking Cooperative Relations, Oxford/Massachusetts: Basil Blackwell 1990, S. 14-30.

Beck, Ulrich/Giddens, Anthony/Lash, Scott: Reflexive Modernisierung. Eine Kontroverse, Frankfurt a.m.: Suhrkamp 2003.

Becker, Gary S.: Der ökonomische Ansatz zur Erklärung menschlichen Verhaltens. (=Die Einheit der Gesellschaftswissenschaften, Band 32), Tübingen: Mohr Siebeck 1993.

Becker, Lawrence C.: „Trust as Noncognitive Security about Motives", in: Ethics 107/1 (Oktober 1996), S. 43-61.

Beckert, Jens: Vertrauenskrise. Ökonomie und Vertrauen. Was schadet der Ökonomie? Manuskript zur Audiosendung SWR2 Aula vom 29.01.2012. http://www.swr.de/-/id=9035694/property=download/nid=660374/b8opb/swr2-wissen-20120129.pdf.

Beckert, Jens: „Die Finanzkrise ist auch eine Vertrauenskrise", in: Gesellschaftsforschung 1/10 (2010), S. 9-13.

Beckert, Jens: „Trust and Markets", in: Reinhard Bachmann/Akbar Zaheer (Hg.), Handbook of Trust Research, Cheltenham/Massachusetts: Edward Elgar Publishing 2006, S. 318-331.

Bentele, Günter (Hg.): Akzeptanz in der Medien- und Protestgesellschaft. Zur Debatte um Legitimation, öffentliches Vertrauen, Transparenz und Partizipation, Wiesbaden: Springer VS 2015.

Bien, Günther: „Die aktuelle Bedeutung der ökonomischen Theorie des Aristoteles", in: Bernd Bievert/Klaus Held/Josef Wieland (Hg.), Sozialphilosophische Grundlagen ökonomischen Handelns, Frankfurt a.M.: Suhrkamp 1992, S. 33-64.

Bieri, Peter: Das Handwerk der Freiheit, Darmstadt: Wissenschaftliche Buchgesellschaft 2001.

Bievert, Bernd/Held, Martin (Hg.): Das Menschenbild der ökonomischen Theorie. Zur Natur des Menschen, Frankfurt a.M./New York: Campus 1991.

Bievert, Bernd/Held, Martin (Hg.): Ökonomische Theorie und Ethik, Frankfurt a.M./New York: Campus 1987.

Birnbacher, Dieter: Analytische Einführung in die Ethik, Berlin/New York: De Gruyter 2007.

Bitz, Michael/Matzke, Dirk: „Bankenaufsicht in Deutschland – Entwicklungslinien und -tendenzen", in: Tristan Nguyen (Hg.), Mensch und Markt, Wiesbaden: Gabler 2011, S. 315-371.

Blackburn, Simon: „The Growth of Trust", in: Simon Blackburn (Hg.), Ruling Passions. A Theory of Practical Reasoning, Oxford: Clarendon Press 1998, S. 191-199.

Blum, Ulrich: „Die Ökonomisierung aller Lebensbereiche und der Wettbewerb der Ordnungen", in: Ulrich Blum/Heinrich Oberreuter (Hg.), Viertes Forum Menschenwürdige Wirtschaftsordnung. Moral und Freiheit – Verliert die Wirtschaft ihre normative Basis? Beiträge zur Tagung 2008 in Tutzing (=IWH-Sonderheft 4/2010), Halle (Saale): IWH 2011, S. 7-18.

Böhle, Fritz/Huchler, Norbert/Neumer, Judith/Sauer, Stefan: „Vertrauen zur Organisation des Informellen. Neue Herausforderungen und Perspektiven in Unternehmen", in: Edith Hammer/Nino Tomaschek (Hg.), Vertrauen. Standpunkte zum sozialen, wirtschaftlichen und politischen Handeln (=University, Society, Industry. Beiträge zum lebensbegleitenden Lernen und Wissenstransfer, Band 2), Münster: Waxmann 2013, S. 63-78.

Böhm, Sabine/Herrmann, Christa/Trinczek, Rainer: „Vertrauensarbeitszeit – die Zeit des Arbeitskraftunternehmers?", in: Hans J. Pongratz/G. Günther Voß (Hg.), Typisch Arbeitskraftunternehmer? Befunde der empirischen Sozialforschung, Düsseldorf: Hans-Böckler-Stiftung und Edition Sigma Berlin 2004, S. 139-162.

Bok, Sissela: „Truthfulness, Deceit and Trust", in: Sissela Bok (Hg.), Lying. Moral Choice in Public and Private Life, New York: Pantheon 1978, S. 17-31.

Botzem, Sebastian: „Globalisierte Finanzmärkte als Herausforderung für demokratische Gesellschaften – zur Legitimierung des Investorenprimats in der Unternehmensrechnungslegung", in: Martin Held/Gisela Kubon-Gilke/Richard Sturn (Hg.), Normative und institutionelle Grundfragen der Ökonomik (=Jahrbuch 13: Unsere Institutionen in Zeiten der Krise), Marburg: Metropolis 2014, S. 149-170.

Braun, Eduard/Erlei, Mathias: „Über die Relevanz der Entstehungsgeschichte von Krisen", in: Martin Held/Gisela Kubon-Gilke/Richard Sturn (Hg.), Normative und institutionelle Grundfragen der Ökonomik (=Jahrbuch 13: Unsere Institutionen in Zeiten der Krise), Marburg: Metropolis 2014, S. 241-267.

Braun, Norman: „Rational Choice Theorie", in: Georg Kneer (Hg.), Handbuch soziologische Theorien, Wiesbaden: Springer VS 2009, S. 395-418.

Brinkmann, Ulrich: „Schmiermittel oder Glatteis? Vertrauen, Rating-Agenturen und die Finanzmarktkrise", in: Erwägen, Wissen, Ethik 22 (2011), S. 256-259.

Brinkmann, Ulrich/Meifert, Matthias: „Vertrauen bei Internet-Auktionen. Eine kritische Stellungnahme", in: Kölner Zeitschrift für Soziologie und Sozialpsychologie 55/3 (2003), S. 557-565.

Brinkmann, Ulrich: „Face to Interface: Zum Problem der Vertrauenskonstitution im Internet am Beispiel von elektronischen Auktionen", in: Zeitschrift für Soziologie 30/1 (2001), S. 23-47.

Bröckling, Ulrich (Hg.): Gouvernementalität der Gegenwart. Studien zur Ökonomisierung des Sozialen, Frankfurt a.M.: Suhrkamp 2012.

Brodbeck, Karl-Heinz: „Philosophie des Geldes", in: Wolf Dieter Enkelmann/Birger P. Priddat (Hg.), Was ist? Wirtschaftsphilosophische Erkundungen. Definitionen, Ansätze, Methoden, Erkenntnisse, Wirkungen (=Wirtschaftsphilosophie, Band 3.1), Marburg: Metropolis 2014, S. 45-76.

Brodbeck, Karl-Heinz: Eine philosophische Kritik der modernen Wirtschaftswissenschaften, Darmstadt: Wissenschaftliche Buchgesellschaft 2013.

Brodbeck, Karl-Heinz: Die fragwürdigen Grundlagen der Ökonomie. Eine philosophische Kritik der modernen Wirtschaftswissenschaften, Darmstadt: Wissenschaftliche Buchgesellschaft 2013.

Brodbeck, Karl-Heinz: Die Herrschaft des Geldes. Geschichte und Systematik. Darmstadt: Wissenschaftliche Buchgesellschaft 2012.

Bundeszentrale für Politische Bildung: Märkte und Vertrauen. Eine kleine Lesereise. Team Global-Workshop „Märkte und Vertrauen", 7.-9.11.2008, Bonn: Bundeszentrale für Politische Bildung 2008.

Butler, John K. Jr.: „Trust Expectations, Information Sharing and Negotiation Effectiveness and Efficiency", in: Group and Organization Management 24/2 (Juni 1999), S. 217-238.

Casson, Mark/Della Giusta, Marina: „The economics of trust", in: Reinhard Bachmann/Akbar Zaheer (Hg.), Handbook of Trust Research, Cheltenham/Massachusetts: Edward Elgar Publishing 2006, S. 332-354.

Cavell, Stanley: „Wissen und Anerkennen", in: Stanley Cavell. Die Unheimlichkeit des Gewöhnlichen und andere philosophische Essays, hrsg. von Davide Sparti und Espen Hammer, Frankfurt a.M.: Fischer 2002, S. 39-73.

Coady, C. A. J.: „Language and Mind", in: Testimony, Oxford: Clarendon Press 1994, S. 152-176.

Coleman, James S.: Grundlagen der Sozialtheorie. Handlungen und Handlungssysteme (=Scientia Nova, Band 1), München: Oldenbourg 1991, S. 114-147.

Couch, Lauri L./Adams, Jeffrey M./Jones, Warren H.: „The Assessment of Trust Orientation", in: Journal of Personality Assessment 67 (1996), S. 305-323.

Cox, James C.: „How to identify Trust and Reciprocity", in: Games and Economic Behavior 46 (2004), S. 260-281.

Dasgupta, Partha: Human Well-Being and the Natural Environment, Oxford: Oxford University Press 2004.

Dasgupta, Partha: „Trust as a Commodity", in: Gambetta, Diego (Hg.), Trust. Making and Breaking Cooperative Relations, Oxford/Massachusetts: Basil Blackwell 1990, S. 49-72.

Deutsch, Morton: „Trust and Suspicion", in: Journal of Conflict Resolution 2 (December 1958), S. 265-279.

Dewey, John: Die Suche nach Gewißheit. Eine Untersuchung des Verhältnisses von Erkenntnis und Handeln, Frankfurt a.M.: Suhrkamp 2001.

Diedrich, Ralf/Heilemann, Ullrich: „Vorwort", in: Ralf Diedrich/Ullrich Heilemann (Hg.), Ökonomisierung der Wissensgesellschaft. Wie viel Ökonomie braucht und wie viel Ökonomie verträgt die Wissensgesellschaft? Berlin: Duncker und Humblot 2011, S. IV-XII.

Dunn, John: „Trust and Political Agency", in: Diego Gambetta (Hg.), Trust. Making and Breaking Cooperative Relations, Oxford/Massachusetts: Basil Blackwell 1990, S. 73-93.

Eberl, Peter: „Vertrauen", in: Georg Schreyögg/Axel van Werder (Hg.), Handwörterbuch Unternehmensführung und Organisation, Stuttgart: Schäffer-Pöschel 2004, Sp. 1596-1604.

Eichhorn, Wolfgang: „Vertrauen aus ökonomischer spieltheoretischer Sicht", in: Matthias Maring (Hg.), Vertrauen. Zwischen sozialem Kitt und der Senkung von Transaktionskosten (=Schriftenreihe des Karlsruher Instituts für Technologie, Band 3), Karlsruhe: Universitätsverlag Karlsruhe 2010, S. 257-264.

Engelmann, Jan B.: „Measuring Trust in Social Neuroeconomics. A Tutorial", in: Andreas Hunziker/Simon Peng-Keller: Vertrauen verstehen (=Hermeneutische Blätter 1/2), Zürich: Institut für Hermeneutik und Religionsphilosophie, 2010, S. 225-242.

Enkelmann, Wolf D.: „Zwischen Ökonomie, Kommerzialität und Idealismus. Das zoon logon echon – Aristoteles' Konzeption des homo oeconomicus", in: Matthias Kettner/Peter Koslowski (Hg.), Ökonomisierung und Kommerzialisierung der Gesellschaft. Wirtschaftsphilosophische Unterscheidungen (=Ethische Ökonomie. Beiträge zur Wirtschaftsethik und Wirtschaftskultur, Band 13), München: Wilhelm Fink Verlag 2011, S. 41-65.

Esser, Hartmut: „Rationalität und Bindung. Das Modell der Frame-Selektion und die Erklärung des normativen Handelns", in: Martin Held/Gisela Kubon-

Gilke/Richard Sturn (Hg.), Normative und institutionelle Grundfragen der Ökonomik (=Jahrbuch 4: Reputation und Vertrauen), Marburg: Metropolis 2005, S. 85-112.

Fandel, Günter/Trockel, Jan: „Der Einfluss von Vertrauen in einem Inspektionsspiel zwischen Disposition und Controlling", in: Tristan Nguyen (Hg.), Mensch und Markt. Die ethische Dimension wirtschaftlichen Handelns, Wiesbaden: Gabler 2011, S. 451-479.

Fehr, Ernst: „Thesen zur Ökonomie und Biologie des Vertrauens", in: Vertrauen interdisziplinär (=Hermeneutische Blätter 1/2), Zürich: Institut für Hermeneutik und Religionsphilosophie 2013, S. 31-32.

Fehr, Ernst/Fischbacher, Urs/Kosfeld, Michael: „Neuroeconomic Foundations of Trust and Social Preferences: Initial Evidence", in: The American Economic Review 95/2 (May 2005), S. 346-351.

Feyerabend, Paul: Wider den Methodenzwang, Frankfurt a.M.: Suhrkamp 1993.

Fley, Bettina: „Wirtschaft und wirtschaftliches Handeln als Ökonomie der Praxis", in: Andrea Maurer/Uwe Schimank (Hg.), Handbuch der Wirtschaftssoziologie, Wiesbaden: Springer VS 2008, S. 161-184.

Foley, Richard: Trust in Oneself and Others (=Cambridge Studies in Philosophy), Cambridge: Cambridge University Press 2004.

Forster, Edgar: „Kritik der Ökonomisierung", in: Widersprüche. Zeitschrift für Politik im Bildungs-, Gesundheits- und Sozialbereich 30 (März 2010), S. 9-23.

Franck, Georg: „Ökonomie und Kommerz jenseits des Gelds. Über Demokratie und Wissenschaft in der Commercial Society", in: Matthias Kettner/Peter Koslowski (Hg.), Ökonomisierung und Kommerzialisierung der Gesellschaft. Wirtschaftsphilosophische Unterscheidungen (=Ethische Ökonomie. Beiträge zur Wirtschaftsethik und Wirtschaftskultur, Band 13), München: Wilhelm Fink Verlag 2011, S. 139-157.

Frank, Manfred: „Die mehreren Krisen der Philosophie und die Würde ihres Handwerks", in: Information Philosophie (11.05.2010).

Frank, Robert H.: „If Homo Economicus could choose his own utility function, would he want one with a conscience?", in: American Economics Review 77 (1987), S. 593-604.

Franke, Siegfried F.: Vertrauenserosion. Eine Gefahr für Politik, Gesellschaft und Wirtschaft, Marburg: Metropolis 2011.

Frevert, Ute: Vertrauensfragen. Eine Obsession der Moderne, München: C. H. Beck 2013.

Frey, Bruno S.: Ökonomie ist Sozialwissenschaft. Die Anwendung der Ökonomie auf neue Gebiete, München: Vahlen 1990.

Frey, Bruno S./Stroebe, Wolfgang: „Ist das Modell des Homo Oeconomicus ‚unpsychologisch'?, in: Zeitschrift für die gesamte Staatswissenschaft 136 (1980), S. 82-97.

Fritz, Carl-Thomas: Die Transaktionskostentheorie und ihre Kritik sowie ihre Beziehung zum soziologischen Neo-Institutionalismus, Frankfurt a.m.: Lang 2006.

Fukuyama, Francis: Der grosse Aufbruch. Wie unsere Gesellschaft eine neue Ordnung erfindet, Wien: Paul Zsolnay Verlag 2000.

Gabarro, John J.: „When a New Manager Takes Charge", in: Harvard Business Review 85/1 (January 2007), S. 104-117.

Gabarro, John J.: „The Development of Trust, Influence, and Expectations", in: Anthony G. Athos/John J. Gabarro (Hg.), Interpersonal Behavior. Communication and Understanding in Relationships, Englewood Cliffs, NJ: Prentice-Hall 1978, S. 290-303.

Gambetta, Diego (Hg.): Trust. Making and Breaking Cooperative Relations, Oxford/Massachusetts: Basil Blackwell 1990.

Gambetta, Diego: „ Mafia: the Price of Distrust", in: Diego Gambetta (Hg.), Trust. Making and Breaking Cooperative Relations, Oxford/Massachusetts: Basil Blackwell 1990, S. 158-175.

Gangl, Katharina/Kirchler, Erich: „Finanzkrisen, Wirtschaftskrisen, Schuldenkrisen. Die Vertrauenskrise aus psychologischer Perspektive", in: Edith Hammer/Nino Tomaschek (Hg.), Vertrauen. Standpunkte zum sozialen, wirtschaftlichen und politischen Handeln (=University, Society, Industry, Beiträge zum lebensbegleitenden Lernen und Wissenstransfer, Band 2), Münster: Waxmann 2013, S. 165-177.

Gehrig, Thomas P.: „Können wir den Banken noch vertrauen?", in: Edith Hammer/Nino Tomaschek (Hg.), Vertrauen. Standpunkte zum sozialen, wirtschaftlichen und politischen Handeln (=University, Society, Industry, Beiträge zum lebensbegleitenden Lernen und Wissenstransfer, Band 2), Münster: Waxmann 2013, S. 153-164.

Gehring, Petra: „Wirklichkeit. Blumenbergs Überlegungen zu einer Form", in: Journal Phänomenologie 35 (2011), S. 66-81.

Gehring, Petra: „Der Zweifel an der Wirklichkeit und die Logik der Lüge. Ein Exempel aus Quixote", in: Kurt Röttgers/Monika Schmitz-Emans (Hg.), Dichter lügen, Essen: Die blaue Eule 2001, S. 107-128.

Gertenbach, Lars: „Ökonomie als blinder Fleck? Die Politische Ökonomie und die Ökonomisierung des Sozialen im Denken Foucaults", in: Hanno Pahl/Lars Meyer (Hg.), Gesellschaftstheorie der Geldwirtschaft. Soziologische Beiträge, Marburg: Metropolis 2010, S. 303-331.

Giddens, Anthony: Konsequenzen der Moderne, Frankfurt a.M.: Suhrkamp 2008.

Giddens, Anthony: Modernity and Self-Identity, Cambridge: Polity Press 1991.

Gilbert, Dirk U.: „Entwicklungslinien der ökonomischen Vertrauensforschung", in: Matthias Maring (Hg.), Vertrauen. Zwischen sozialem Kitt und der Senkung von Transaktionskosten (=Schriftenreihe des Karlsruher Instituts für Technologie, Band 3), Karlsruhe: Universitätsverlag Karlsruhe 2010, S. 169-197.

Good, David: Individuals, Interpersonal Relations, and Trust, in: Gambetta, Diego (Hg.), Trust. Making and Breaking Cooperative Relations, Oxford/Massachusetts: Basil Blackwell 1990, S. 31-48.

Giovanola, Benedetta: „Ökonomisierung und Kommerzialisierung als Problem der Philosophie", in: Matthias Kettner/Peter Koslowski (Hg.), Ökonomisierung und Kommerzialisierung der Gesellschaft. Wirtschaftsphilosophische Unterscheidungen (=Ethische Ökonomie. Beiträge zur Wirtschaftsethik und Wirtschaftskultur, Band 13), München: Wilhelm Fink Verlag 2011, S. 21-39.

Govier, Trudy: „Trust, Distrust, and Feminist Theory", in: Hypatia 7/1 (1992), S. 16-33.

Graeber, David: Schulden. Die ersten 5000 Jahre, Stuttgart: Klett-Cotta 2012.

Grätzel, Stephan/Seyler, Frédéric (Hg.): Sein, Existenz, Leben. Michel Henry und Martin Heidegger, Freiburg: Alber 2013.

Grätzel, Stephan: „Die Horizonte der Lebenswelt", in: Mario Signore (Hg.), Die Erweiterung des Horizonts der Rationalität. Eine neue Aufgabe für das europäische Denken, XXXV. internationales Seminar deutsch-italienischer Studien, Akademie deutsch-italienischer Studien Meran (6.-8. Mai 2010), Lecce: Pensa Multimedia 2011, S. 29-57.

Grätzel, Stephan: „Die Wiedergewinnung der Lebenswelt", in: Idee 70 (2009), S. 17-40.

Grätzel, Stephan: „Die Unverzweckbarkeit des Menschen: Zu Hans Urs von Balthasars philosophischer Anthropologie", in: Internationale katholische Zeitschrift Communio 34/2 (2005), S. 136-144.

Grätzel, Stephan: Dasein ohne Schuld. Dimensionen menschlicher Schuld aus philosophischer Perspektive, Göttingen: Vandenhoeck und Ruprecht 2004.

Grimpe, Barbara: „Globale Ökonomie jenseits dünner Beschreibungen. Erste Überlegungen zu Vertrauen im neuen Markt für Mikrofinanzen", in: Andreas Hunziker/Simon Peng-Keller: Vertrauen verstehen (=Hermeneutische Blätter 1/2), Zürich: Institut für Hermeneutik und Religionsphilosophie, 2010, S. 215-222.

Habermas, Jürgen: Im Sog der Technokratie (=Kleine politische Schriften, Band XII), Berlin: Suhrkamp 2013.

Habermas, Jürgen: Theorie des kommunikativen Handelns, Band 2: Zur Kritik der funktionalistischen Vernunft, Frankfurt a.m.: Suhrkamp 2008.

Habermas, Jürgen: Faktizität und Geltung. Beiträge zur Diskurstheorie des Rechts und des demokratischen Rechtsstaats, Frankfurt a.m.: Suhrkamp 1994.

Halbach, Andreas/Münten, Thomas/Rahms, Heiko/Schuck, Anna Maria: RWE in der Krise. Kommunen tragen Altlasten. Manuskript der ZDF-Fernsehsendung Frontal 21 vom 12. April 2016. Freigabe zur Nutzung auf Anfrage schriftlich erteilt am 5.5.2016. Manuskript abrufbar unter: http://www.zdf.de/ZDF/zdfportal/blob/43077958/1/data.pdf.

Hardin, Russell: Trust. Key Concepts in the Social Sciences, Cambridge: Polity Press 2006.

Hardin, Russell: „Truthworthiness", in: Ethics 107/1 (Oktober 1996), S. 26-42.

Hardwig, John: „The Role of Trust in Knowledge", in: The Journal of Philosophy 88/12 (Dezember 1991), S. 639-708.

Hartmann, Martin: Die Praxis des Vertrauens, Berlin: Suhrkamp 2011.

Hartmann, Martin: „Die Komplexität des Vertrauens", in: Matthias Maring (Hg.), Vertrauen. Zwischen sozialem Kitt und der Senkung von Transaktionskosten (=Schriftenreihe des Karlsruher Instituts für Technologie, Band 3), Karlsruhe: Universitätsverlag Karlsruhe 2010, S. 15-25.

Hartmann, Martin: „Wege aus dem Misstrauen. Theoretische und praktische Überlegungen", in: Andreas Hunziker/Simon Peng-Keller: Vertrauen verstehen (=Hermeneutische Blätter 1/2), Zürich: Institut für Hermeneutik und Religionsphilosophie, 2010, S. 161-171.

Hartmann, Martin: „Das Emotionale Selbst", in: Barbara Merker (Hg.), Leben mit Gefühlen. Emotionen, Werte und ihre Kritik, Paderborn: Mentis 2009, S. 231-255.

Hartmann, Martin: „Wer hat unser Vertrauen verdient? Philosophische Kriterien der Vertrauenswürdigkeit.", in: Michael Fischer/Ian Kaplow (Hg.), Vertrauen im Ungewissen. Leben in offenen Horizonten, Berlin: Lit-Verlag 2008, S. 48-69.

Hartmann, Martin: „Vertrauen", in: Gerhard Göhler/Matthias Iser/Ina Kerner (Hg.), Politische Theorie. 22 umkämpfte Begriffe zur Einführung, Wiesbaden: Springer VS 2004, S. 385-401.

Hartmann, Martin/Saar, Martin: „Bernard Williams on Truth and Genealogy", in: European Journal of Philosophy 12/3 (2003), S. 386-398.

Hartmann, Martin: „Aussichten auf Vorteile? Grenzen rationaler Vertrauensmodelle in der Politikanalyse", in: Österreichische Zeitschrift für Politikwissenschaft 31/4 (2002), S. 379-395.

Hartmann, Martin/Offe, Claus (Hg.): Vertrauen. Die Grundlage des sozialen Zusammenhalts, Frankfurt a.M./New York: Campus 2001.

Hegel, Georg W. F.: Phänomenologie des Geistes (=Philosophische Bibliothek, Band 414), hrsg. von Hans-Friedrich Wessels, Hamburg: Meiner 1988.

Heidbrink, Ludger/Seele, Peter: „Kommerzialisierung der Moral. Unter welchen Umständen sich moralische Mittel für Marktzwecke einsetzen lassen", in: Matthias Kettner/Peter Koslowski (Hg.), Ökonomisierung und Kommerzialisierung der Gesellschaft. Wirtschaftsphilosophische Unterscheidungen (=Ethische Ökonomie. Beiträge zur Wirtschaftsethik und Wirtschaftskultur, Band 13), München: Wilhelm Fink Verlag 2011, S. 237-253.

Heinrich, Jürgen: „Ökonomisierung aus wirtschaftswissenschaftlicher Perspektive", in: Medien und Kommunikationswissenschaft 49/2 (2001), S. 159-166.

Held, Martin/Kubon-Gilke, Gisela/Sturn, Richard (Hg.): Normative und institutionelle Grundfragen der Ökonomik (=Jahrbuch 14: Reformen und ihre politisch-ökonomischen Fallstricke), Marburg: Metropolis 2015.

Held, Martin/Kubon-Gilke, Gisela/Sturn, Richard (Hg.): Normative und institutionelle Grundfragen der Ökonomik (=Jahrbuch 4: Reputation und Vertrauen), Marburg: Metropolis 2005.

Held, Martin/Kubon-Gilke, Gisela/Sturn, Richard (Hg.): Normative und institutionelle Grundfragen der Ökonomik (=Jahrbuch 2: Experimente in der Ökonomik), Marburg: Metropolis 2003.

Held, Martin (Hg.): Normative Grundfragen der Ökonomik. Folgen für die Theoriebildung, Frankfurt a.M./New York: Campus 1991.

Held, Virginia: „On the Meaning of Trust", in: Ethics 78 (1968), S. 156-159.

Hellmann, Kai-Uwe: „,Machen Sie sich schöne Tage, always'. Zur Kommerzialisierung alltäglicher Lebenswelten, in: Matthias Kettner/Peter Koslowski (Hg.), Ökonomisierung und Kommerzialisierung der Gesellschaft. Wirtschaftsphilosophische Unterscheidungen (=Ethische Ökonomie. Beiträge zur Wirtschaftsethik und Wirtschaftskultur, Band 13), München: Wilhelm Fink Verlag 2011, S. 177-197.

Henry, Michel: Die Barbarei. Eine phänomenologische Kulturkritik (=Alber-Reihe Philosophie), Freiburg/Breisgau/München: Verlag Karl Alber 1994.

Hertzberg, Lars: „On being trusted", in: Arne Grøn, Claudia Welz (Hg.), Trust, Sociality, Selfhood (=Religion in Philosophy and Theology, Band 52), Tübingen: Mohr Siebeck 2010, S. 193-204.

Hertzberg, Lars: „On the Attitude of Trust", in: Inquiry. An Interdisciplinary Journal of Philosophy 31/3 (1988), S. 307-322.

Heubel, Friedrich: „Kommerzialisierung im Krankenhaus", in: Matthias Kettner/Peter Koslowski (Hg.), Ökonomisierung und Kommerzialisierung der Gesellschaft. Wirtschaftsphilosophische Unterscheidungen (=Ethische Ökonomie. Beiträge zur Wirtschaftsethik und Wirtschaftskultur, Band 13), München: Wilhelm Fink Verlag 2011, S. 199-213.

Hirsch, Fred: „Die Ökonomisierung der Sozialbeziehungen", in: Fred Hirsch (Hg.), Die sozialen Grenzen des Wachstums. Eine ökonomische Analyse der Wirtschaftskrise, Reinbek: Rowohlt 1980, S. 109-127.

Hirshleifer, Jack: „Economics from a Biological Viewpoint", in: Journal of Law and Economics 20 (April 1977), S.1-52.

Hobbes, Thomas: Leviathan (=Philosophische Bibliothek, Band 491), hrsg. von Hermann Klenner, Hamburg: Meiner 1996.

Höffe, Otfried: „Vom Nutzen des Nutzlosen. Zur Bedeutung der Philosophie im Zeitalter der Ökonomisierung", in: Deutsche Zeitschrift für Philosophie 53 (2005), S. 667-678.

Hollis, Martin: Trust within Reason, Cambridge: Cambridge University Press 1998.

Holtenmöller, Oliver/Knedlik, Tobias/Lindner, Axel: Die Europäische Schulden- und Vertrauenskrise: Ursachen, Politikmaßnahmen, Aussichten (=IWH Online, Band 3), Halle (Saale): Institut für Wirtschaftsforschung Halle 2013.

Holton, Richard: „Deciding to trust, coming to believe", in: Australasian Journal of Philosophy 72/1 (1994), S. 63-76.

Homann, Karl/Kliemt, Hartmut/Ulrich, Peter: „Die Philosophie und die Wirtschaftskrise. Stellungnahmen der Autoren", in: Information Philosophie 01/2010 (2010), S. 14-19.

Homann, Karl/Suchanek, Andreas: Ökonomik. Eine Einführung, Tübingen: Mohr Siebeck 2000.

Honneth, Axel: Kampf um Anerkennung. Zur moralischen Grammatik sozialer Konflikte, Frankfurt a.M.: Suhrkamp 2009.

Horsburgh, H. J. N.: „The Ethics of Trust", in: Philosophical Quarterly 10/41 (1960), S. 343-354.

Hubig, Christoph: „Technik und Lebenswelt", in: Zeitschrift für Kulturphilosophie 2 (2013), S. 255-270.

Hubig, Christoph: „Kommerzialisierung von Forschung und Wissenschaft", in: Matthias Kettner/Peter Koslowski (Hg.), Ökonomisierung und Kommerzialisierung der Gesellschaft. Wirtschaftsphilosophische Unterscheidungen (=Ethische Ökonomie. Beiträge zur Wirtschaftsethik und Wirtschaftskultur, Band 13), München: Wilhelm Fink Verlag 2011, S. 159-176.

Hubig, Christoph: „‚Natur' und ‚Kultur'. Von Inbegriffen zu Reflexionsbegriffen", in: Zeitschrift für Kulturphilosophie 1 (2011), S. 95-117.

Hubig, Christoph: „Technische Handlungsschemata in der Mensch-Fahrzeug-Interaktion und das Erfordernis einer Parallelkommunikation", in: Ralph Bruder/Hermann Winner (Hg.), Zukunft der Fahrzeugführung, kooperativ oder autonom? Darmstädter Kolloquium Mensch und Fahrzeug. TU Darmstadt, 6./7.04.2011, Stuttgart: Ergonomia, 2011, S. 39-46.

Hubig, Christoph: „Es fehlt der letzte Schritt. Lebenswelt, Natur und Technik im Ausgang von Blumenbergs Husserl-Rezeption", in: Journal Phänomenologie „Hans Blumenberg" 35 (2011), S. 25-35.

Hubig, Christoph/Simoneit, Oliver: „Vertrauen und Glaubwürdigkeit in der Unternehmenskommunikation", in: Manfred Piwinger/Ansgar Zerfaß (Hg.), Handbuch Unternehmenskommunikation, Wiesbaden: Gabler 2007, S. 171-188.

Hubig, Christoph: „Möglichkeiten als Kandidaten der Bewertung", in: Hubig, Christoph (Hg.), Die Kunst des Möglichen II. Grundlinien einer dialektischen Philosophie der Technik Band 2: Ethik der Technik als provisorische Moral (=Edition panta rei, Band 10), Bielefeld: Transcript 2007, S. 93-145.

Hubig, Christoph: „Technik als Inbegriff der Mittel Zur Dialektik einer „technizistischen" Verkürzung des Handelns", in: Hubig, Christoph (Hg.), Die Kunst des Möglichen I. Grundlinien einer dialektischen Philosophie der Technik Band 1: Technikphilosophie als Reflexion der Medialität (=Edition panta rei, Band 9), Bielefeld: Transcript 2006, S. 107-121.

Hubig, Christoph: „Benötigen deinstitutionalisierte ‚postmoderne' Gesellschaften Vertrauen?", in: Studienbrief Fernuniversität Hagen (2004), S. 1-22.

Hubig, Christoph: „Der klugheitsethische Ansatz", in: Braunschweiger Beiträge 99/1 (2002), S. 39-42.

Hubig, Christoph: „Die Modellierung des Handelns im ökonomischen Bereich. Zur Frage der Adressaten einer Wirtschafts- oder Unternehmensethik", in: Josef Wieland (Hg.), Die moralische Verantwortung kollektiver Akteure, Heidelberg: Physica 2001, S. 3-21.

Hubig, Christoph: „Informationsselektion und Wissensselektion", in: Hans Dietmar Bürgel (Hg.), Wissensmanagement. Schritte im intelligenten Unternehmen, Berlin: Springer 1998, S. 3-18.

Hume, David: Eine Untersuchung über den menschlichen Verstand (=Suhrkamp Studienbibliothek, Band 5), hrsg. von Lambert Wiesing, Frankfurt a.M.: Suhrkamp 2007.

Hunziker, Andreas: „Vertrauen verstehen – nach Wittgenstein", in: Andreas Hunziker/Simon Peng-Keller: Vertrauen verstehen, in: Hermeneutische Blätter 1/2 (2010), S. 179-203.

Husserl, Edmund: Philosophie als strenge Wissenschaft, hrsg. von Edmund Marbach (Philosophische Bibliothek, Band 603), Hamburg: Felix Meiner Verlag 2009.

Husserl, Edmund: Die Krisis der europäischen Wissenschaften und die transzendentale Phänomenologie. Eine Einleitung in die phänomenologische Philosophie, hrsg. von Elisabeth Ströker (Philosophische Bibliothek, Band 292), Hamburg: Felix Meiner Verlag 1996.

Husserl, Edmund: Logische Untersuchungen, Band 2: Elemente einer phänomenologischen Aufklärung der Erkenntnis, 6. Auflage, unveränderter Nachdruck der zweiten teilweise umgearbeiteten Auflage, Halle: Niemeyer 1993.

Husserl, Edmund: „V. Meditation: Enthüllung der transzendentalen Seinssphäre als einer monadologischen Intersubjektivität", in: Edmund Husserl, Cartesianische Meditationen. Eine Einleitung in die Phänomenologie (=Gesammelte Schriften, Band 8), hrsg. von Elisabeth Ströker, Hamburg: Felix Meiner Verlag 1992, S. 91-155.

Husserl, Edmund: Phänomenologie der Lebenswelt. Ausgewählte Texte II, mit einer Einleitung hrsg. von Klaus Held, Stuttgart: Reclam 1986.

Husserl, Edmund: Erfahrung und Urteil. Untersuchungen zur Genealogie der Logik, hrsg. von Ludwig Landgrebe, Hamburg: Meiner 1985.

Imhof, Kurt: „Globalisierung, Finanzkrise, Öffentlichkeit – die Rache der Moral", in: Michael S. Aßländer/Albert Löhr (Hg.), Corporate Social Responsibility in der Wirtschaftskrise. Reichweiten der Verantwortung (=DNWE, Band 18), Mering/München: Rainer Hampp 2010, S. 285-308.

Irmer, Andreas T.: Kontraktmanagement als staatswirtschaftliches Steuerungsinstrument. Effizienzsteigernde Organisationsformen für den öffentlichen Sektor im Lichte der Neuen Ins-titutionenökonomik, Darmstadt: Technische Universität Darmstadt 2001.

Iser, Matthias: Recognition, Stanford: Stanford Encyclopedia of Philosophy 2013.

Jasner, Carsten: „Prof. Dr. Axel Ockenfels. Die Vermessung der Menschlichkeit", in: Forschungspreis 2007 der Philip Morris Stiftung, Preisträger 2007, S. 14-30.

Jordan, Thomas J.: „Geld, Geldpolitik und Vertrauen", in: Gerhard Schwarz (Hg.), Vertrauen. Anker einer freiheitlichen Ordnung, Zürich: Verlag Neue Zürcher Zeitung 2007, S. 73-82.

Kaiser, Helmut: Die ethische Integration ökonomischer Rationalität. Grundelemente und Konkretion einer „modernen" Wirtschaftsethik (=St. Gallener Beiträge zur Wirtschaftsethik, Band 7), Bern/Stuttgart/Wien: Haupt 1992.

Kaminski, Andreas: „Hat Vertrauen Gründe oder ist Vertrauen ein Grund? Eine (dialektische) Tugendtheorie von Vertrauen und Vertrauenswürdigkeit", in: Jens Kertscher/Jan Müller (Hg.), Praxis und „zweite Natur" – Begründungsfiguren normativer Wirklichkeit in der Diskussion. Im Druck, Münster: Mentis 2017.

Kant, Immanuel: Anthropologie in pragmatischer Hinsicht (=Philosophische Bibliothek, Band 490), hrsg. von Reinhard Brandt, Hamburg: Meiner 2000.

Kant, Immanuel: Kritik der reinen Vernunft (=Philosophische Bibliothek, Band 505), hrsg. von Jens Timmermann/Heiner F. Klemme, Hamburg: Meiner 1998.

Kara, Stefanie: „Unsere Wunderdroge. Oxytocin ist der Popstar der körpereigenen Substanzen. Das Hormon, das uns vertrauen lässt. Jetzt entdecken Forscher seine weiteren Fähigkeiten und wollen mit ihm sogar Krankheiten heilen", in: Die Zeit vom 31.03.2016.

Kassebaum, Ulf: Interpersonelles Vertrauen. Entwicklung eines Inventars zur Erfassung spezifischer Aspekte des Konstrukts, Hamburg: Universität Hamburg 2004.

Kataria, Mitesh/Winter, Fabian: „Third party assessments in trust problems with conflict of interest. An experiment on the effects of promises", in: Economics Letters 120 (2013), S. 53-56.

Kehnel, Annette (Hg.): Kredit und Vertrauen (=Wirtschaft und Kultur im Gespräch, Band 2), Frankfurt a.M.: F.A.Z.-Institut 2010.

Kettner, Matthias: „Ein Vorschlag zur Unterscheidung von Ökonomisierung und Kommerzialisierung", in: Matthias Kettner/Peter Koslowski (Hg.), Ökonomisierung und Kommerzialisierung der Gesellschaft. Wirtschaftsphilosophische Unterscheidungen (=Ethische Ökonomie. Beiträge zur Wirtschaftsethik und Wirtschaftskultur, Band 13), München: Wilhelm Fink Verlag 2011, S. 3-20.

Kettner, Matthias: „Kann Ökonomisierung gut und muss Kommerzialisierung schlecht sein?", in: Friedrich Heubel/Matthias Kettner/Arne Manzeschke (Hg.), Die Privatisierung von Krankenhäusern. Ethische Perspektiven (=Gesundheit und Gesellschaft), Wiesbaden: Springer VS 2010, S. 117-132.

Kettner, Matthias/Koslowski, Peter (Hg.): Ökonomisierung und Kommerzialisierung der Gesellschaft. Wirtschaftsphilosophische Unterscheidungen (=Ethische Ökonomie. Beiträge zur Wirtschaftsethik und Wirtschaftskultur, Band 13), München: Wilhelm Fink Verlag 2011.

Kirchenamt der EKD (Hg.): Wie ein Riss in einer hohen Mauer. Wort des Rates der Evangelischen Kirche in Deutschland zur globalen Finanzmarkt- und Wirtschaftskrise (=EKD-Texte, Band 100), Hannover: Kirchenamt der EKD 2009.

Kirchgässner, Gebhard: Homo Oeconomicus. Das ökonomische Modell individuellen Verhaltens und seine Anwendung in den Wirtschafts- und Sozialwissenschaften (=Die Einheit der Geisteswissenschaften, Band 74), Tübingen: Mohr Siebeck 2008.

Kirsch, Guy: Neue politische Ökonomie, Stuttgart: Lucius & Lucius 2004.

Koller, Michael: „Sozialpsychologie des Vertrauens. Ein Überblick über theoretische Ansätze", in: Bielefelder Arbeiten zur Sozialpsychologie, psychologische Forschungsberichte 153 (Juli 1990), S. 1-12.

Korsgaard, Christine M.: „Der Mythos des Egoismus", in: Deutsche Zeitschrift für Philosophie 52/2 (April 2014), S. 149-178.

Korsgaard, Christine M.: „Die Normativität der instrumentellen Vernunft", in: Christoph Halbig/Tim Henning (Hg.), Die neue Kritik der instrumentellen Vernunft, Berlin: Suhrkamp 2012, S. 153-212.

Korsgaard, Christine M.: „Skeptizismus bezüglich praktischer Vernunft", in: Stefan Gosepath (Hg.), Motive, Gründe, Zwecke, Frankfurt a.M.: Fischer 1999, S.121-145.

Kosfeld, Michael: „Trust in the Brain. Neurobiological Determinants of Human Social Behaviour", in: EMBO Reports 8 (2007), S. 44-47.

Koslowski, Peter: „Ökonomisierung, Kommerzialisierung und Commercial Society", in: Matthias Kettner/Peter Koslowski (Hg.), Ökonomisierung und Kommerzialisierung der Gesellschaft. Wirtschaftsphilosophische Unterscheidungen (=Ethische Ökonomie. Beiträge zur Wirtschaftsethik und Wirtschaftskultur, Band 13), München: Wilhelm Fink Verlag 2011, S. 255-276.

Koslowski, Peter/Hauk, Anna Maria (Hg.): Die Vernunft des Glaubens und der Glaube der Vernunft. Die Enzyklika Fides et Ratio in der Debatte zwischen Philosophie und Theologie, Paderborn: Fink 2007.

Koslowski, Peter: Gesellschaftliche Koordination: Eine ontologische und kulturwissenschaftliche Theorie der Marktwirtschaft, Tübingen: Mohr Siebeck 1991.

Koslowski, Peter: Prinzipien der Ethischen Ökonomie. Grundlegung der Wirtschaftsethik und der auf die Ökonomie bezogenen Ethik, Tübingen: Mohr Siebeck 1988.

Krönig, Franz Kasper: Die Ökonomisierung der Gesellschaft. Systemtheoretische Perspektiven, Transcript 2007.

Kubon-Gilke, Gisela: Wi(e)der Elitebildung. Bildung aus ökonomischer Perspektive, Marburg: Metropolis 2006.

Ladwig, Bernd: „Freiheit", in: Gerhard Göhler/Matthias Iser/Ina Kerner (Hg.), Politische Theorie. 25 umkämpfte Begriffe zur Einführung, Wiesbaden: Springer VS 2011, S. 79-93.

Lagerspetz, Olli: „Vertrauen als geistiges Phänomen", in: Martin Hartmann/Claus Offe (Hg.), Vertrauen, Frankfurt a.m.: Campus Verlag 2001, S. 85-113.

Lagerspetz, Olli: Trust. The Tacit Demand (=Library of Ethics and Applied Philosophy, Band 1), Dordrecht: Springer Netherlands 1998, S. 1-177.

Lahno, Bernd: Der Begriff des Vertrauens, Paderborn: Mentis 2002.

Laudenbach, Peter: „Weshalb vertrauen wir der Zivilisation trotz der Grausamkeiten des 20. Jahrhunderts? Antworten des Gewaltforschers Jan Philipp Reemtsma", in: brand eins 10 (2014), S. 126-133.

Lederle, Sabine: Die Ökonomisierung des Anderen. Eine neoinstitutionalistisch inspirierte Analyse des Diversity Management-Diskurses, Wiesbaden: Springer VS 2008.

Levi, Margaret: „A State of Trust", in: Valeria Braithwaite/Margaret Levi (Hg.), Trust and Governance (=The Russell Sage Foundation Series on Trust, Band 1), New York: Russell Sage Foundation 1998, S. 77-101.

Lotter, Wolf: „Deal? Vertrauen ist das Bindemittel der Wissensgesellschaft. Und zu wertvoll, um unverbindlich zu bleiben", in: brand eins 10 (2014), S. 36-44.

Luhmann, Niklas: „Soziologische Aspekte des Entscheidungsverhaltens", in: Niklas Luhmann, Die Wirtschaft der Gesellschaft, Darmstadt: Wissenschaftliche Buchgesellschaft 2002, S. 272-301.

Luhmann, Niklas: „Vertrautheit, Zuversicht, Vertrauen. Probleme und Alternativen", in: Martin Hartmann/Claus Offe (Hg.), Vertrauen. Die Grundlage des sozialen Zusammenhalts, Frankfurt a.m./New York: Campus 2001, S. 143-160.

Luhmann, Niklas: Vertrauen. Ein Mechanismus der Reduktion sozialer Komplexität, Stuttgart: Lucius und Lucius 2000.

Luhmann, Niklas: „Familiarity, Confidence, Trust: Problems and Alternatives", in: Diego Gambetta (Hg.), Trust: Making and Breaking Cooperative Relations, Oxford/Massachusetts: Basil Blackwell 1990, S. 94-108.

Lütge, Christoph: „Das Gefangenendilemma und seine ethischen Implikationen bei Aristoteles, Locke und Hume", in: Tristan Nguyen (Hg.), Mensch und Markt. Die ethische Dimension wirtschaftlichen Handelns, Wiesbaden: Gabler 2011, S. 17-40.

Maier, Florentine/Leitner, Johannes: „Verbetriebswirtschaftlichung ohne Kommerzialisierung? Zur Empirie von Non-Profit-Organisationen", in: Matthias

Kettner/Peter Koslowski (Hg.), Ökonomisierung und Kommerzialisierung der Gesellschaft. Wirtschaftsphilosophische Unterscheidungen (=Ethische Ökonomie. Beiträge zur Wirtschaftsethik und Wirtschaftskultur, Band 13), München: Wilhelm Fink Verlag 2011, S. 215-236.

Malik, Fredmund: Richtig denken – wirksam managen. Mit klarer Sprache besser führen, Frankfurt a.m./New York: Campus 2010.

Malik, Fredmund: „Vertrauen", in: Gefährliche Managementwörter. Und warum man sie vermeiden sollte, Frankfurt a.M./New York: Campus 2007, S. 156-160.

Malik, Fredmund: Führen Leisten Leben. Wirksames Management für eine neue Zeit, Frankfurt a.m./New York: Campus 2006.

Manzeschke, Arne: „‚Ökonomisierung'. Klärungsbedürftigkeit und Klärungskraft eines Begriffs", in: Ökonomisierung und Kommerzialisierung der Gesellschaft. Wirtschaftsphilosophische Unterscheidungen (=Ethische Ökonomie. Beiträge zur Wirtschaftsethik und Wirtschaftskultur, Band 13), München: Wilhelm Fink Verlag 2011, S. 67-93.

Manzeschke, Arne: Hintergrundinformation Ökonomisierung. Sozialwissenschaftliches Institut der Evangelischen Kirche in Deutschland. Sozialethik online. https://www.sozialethik-online.de/download/Oekonomisierung.pdf.

Manzeschke, Arne: „Ohne Ansehen der Person. Zur ethischen Unterbestimmtheit der ökonomischen Theorie im Privatisierungsdiskurs", in: Friedrich Heubel/Matthias Kettner/Arne Manzeschke (Hg.), Die Privatisierung von Krankenhäusern. Ethische Perspektiven (=Gesundheit und Gesellschaft), Wiesbaden, Springer VS 2010, S. 133-163.

Martin, Felix: Geld, die wahre Geschichte. Über den blinden Fleck des Kapitalismus, München: Deutsche Verlags-Anstalt 2014.

Maurer, Reinhart K.: Hegel und das Ende der Geschichte. Interpretation zur „Phänomenologie des Geistes", Stuttgart: Kohlhammer 1965.

Mikl-Horke, Gertraude: „Klassische Positionen der Ökonomie und Soziologie und ihre Bedeutung für die Wirtschaftssoziologie", in: Andrea Maurer/Uwe Schimank (Hg.), Handbuch der Wirtschaftssoziologie, Wiesbaden: Springer VS 2008, S. 19-44.

Miller, Jessica: „Trust in Strangers, Trust in Friends", in: Philosophy in the Contemporary World 10/1 (2003), S. 17-22.

Möllering, Guido/Sydow, Jörg: „Kollektiv, kooperativ, reflexiv. Vertrauen und Glaubwürdigkeit in Unternehmungen und Unternehmungsnetzwerken", in: Beatrice Dernbach/Michael Meyer (Hg.), Vertrauen und Glaubwürdigkeit. Interdisziplinäre Perspektiven, Wiesbaden: Springer VS GWV Fachverlage 2005, S. 64-93.

Moran, Richard: „Testimony, Illocution and the Second Person", in: Aristotelian Society Supplementary Volume 87/1 (2013), S. 115-135.

Moran, Richard: „Getting Told and Being Believed", in: Philosophers' Imprint 5/5 (August 2005), S. 1-29.

Mühlenkamp, Holger: Zur „Ökonomisierung" des öffentlichen Sektors – Verständnisse, Mißverständnisse und Irrtümer (=Speyerer Vorträge, Band 82), Speyer: Deutsche Hochschule für Verwaltungswissenschaften 2005.

Müller-Reichart, Matthias: „Ökonomisierung der Gesellschaft. Verhaltenskodex der Versicherer wirkt als wünschenswerte Selbstregulierung", in: Versicherungswirtschaft 69/07 (2014), S. 22-23.

Münch, Richard: Soziologische Theorie, Band 2: Handlungstheorie, Frankfurt a.M.: Campus 2002.

Münch, Richard: „Zahlung und Achtung. Die Interpenetration von Ökonomie und Moral", Zeitschrift für Soziologie 23/ 5 (Oktober 1994), S. 388-411.

Neser, Simone: „Vertrauen", in: Dieter Frey (Hg.), Psychologie der Werte. Von Achtsamkeit bis Zivilcourage – Basiswissen aus Psychologie und Philosophie, Berlin/Heidelberg: Springer 2016, S. 255-286.

Neubäumer, Renate: „Ursachen und Wirkungen der Finanzkrise. Eine ökonomische Analyse", in: Wirtschaftsdienst 11 (2008), S. 732-740.

Neufeld, Elizabeth: „The Role of Trust in Knowledge", in: The Journal of Philosophy 88/12 (Dezember 1991), S. 693-708.

Nida-Rümelin, Julian: „Die Macht der Reflexion", in: Information Philosophie 2 (Juni 2016), S. 8-19.

Nida-Rümelin, Julian: „Kommunikation, Kooperation und Regeln in der ökonomischen Praxis", in: Wolf D. Enkelmann/Birger P. Priddat (Hg.), Was ist? Wirtschaftsphilosophische Erkundungen. Definitionen, Ansätze, Methoden, Erkenntnisse, Wirkungen (=Wirtschaftsphilosophie Band 3.1.), Marburg: Metropolis 2014, S. 279-296.

Nida-Rümelin, Julian: Die Optimierungsfalle. Philosophie einer humanen Ökonomie, München: Irisiana 2011.

Nida-Rümelin, Julian/Meggle, Georg (Hg.): Praktische Rationalität. Grundlagenprobleme und ethische Anwendungen des Rational-Choice-Paradigmas, Band 2: Perspektiven der Analytischen Philosophie, Berlin/New York: De Gruyter 1994.

Nieder, Peter: Erfolg durch Vertrauen. Abschied vom Management des Mißtrauens, Wiesbaden: Gabler 1997.

Nieke, Wolfgang: „Wissenschaftsdidaktik zwischen Kompetenzaufbau und Bildungsauftrag für die Übernahme von Verantwortung in der Gesellschaft", in:

Ralf Diedrich/Ullrich Heilemann (Hg.), Ökonomisierung der Wissensgesellschaft. Wie viel Ökonomie braucht und wie viel Ökonomie verträgt die Wissensgesellschaft?, Berlin: Duncker und Humblot 2011, S. 85-91.

Niemann, Hans-Joachim: Die Nutzenmaximierer. Der aufhaltsame Aufstieg des Vorteilsdenkens, Tübingen: Mohr Siebeck 2011.

Nonhoff, Martin: Die ökonomische Bedrohung politischer Selbstbestimmung. Zum Verhältnis von Demokratie und Wohlfahrtsstaat (=Arbeitspapiere des Zentrums für Sozialpolitik, Band 10), Bremen: Universität Bremen, Zentrum für Sozialpolitik 2007.

Nooteboom, Bart: Trust. Forms, foundations, functions, failures and figures, Cheltenham: Elgar 2002.

Ockenfels, Axel: „Das Ende des Homo Oeconomicus", in: UmweltDialog 5 (2007), S. 1-3.

Ockenfels, Axel: „Der Homo oeconomicus ist eher der geborene Verlierer", in: Capital 15 (2007), S. 51-56.

Ockenfels, Axel: „Abschied vom Homo Oeconomicus", in: Deutsche Welle, Wirtschaft vom 02.03.2005.

Offe, Claus: „Wie können wir unseren Mitbürgern vertrauen?", in: Martin Hartmann/Claus Offe (Hg.), Vertrauen. Die Grundlage des sozialen Zusammenhalts, Frankfurt a.M./New York: Campus 2001, S. 241-293.

Osterloh, Margit/Weibel, Antoinette: Investition Vertrauen. Prozesse der Vertrauensentwicklung in Organisationen, Wiesbaden: Betriebswirtschaftlicher Verlag GWV Fachverlage 2006.

Otto, Kim/Köhler, Andreas: „Die Berichterstattung deutscher Medien in der griechischen Staatsschuldenkrise. Studie im Auftrag des Instituts für Makroökonomie und Konjunkturforschung der Hans-Böckler-Stiftung", in: Study 45 (März 2016), S. 1-103.

Peng-Keller, Simon: „Vertrauensprobleme, Vertrauensformen und Vertrauensforschung", in: Andreas Hunziker/Simon Peng-Keller (Hg.), Vertrauen verstehen (=Hermeneutische Blätter 1/2), Zürich: Institut für Hermeneutik und Religionsphilosophie, 2010, S. 5-21.

Pitschas, Rainer: Trusted Governance due to Public Value Management. Public Governance in Europe between Economization and Common Weal. A Value-Based Concept of Public Administration (=Speyerer Schriften zur Verwaltungswissenschaft, Band 1), Frankfurt a.M.: Peter Lang Europäischer Verlag der Wissenschaften 2006.

Platon: Der Staat (=Universalbibliothek, Band 8205), hrsg. von Karl Vretska, Stuttgart: Reclam 2000.

Polanyi, Karl: The Great Transformation. Politische und ökonomische Ursprünge von Gesellschaften und Wirtschaftssystemen, Frankfurt a.M.: Suhrkamp 2007.

Putnam, Robert D.: Democracies in Flux. The Evolution of Social Capital in Contemporary Society, New York: Oxford University Press 2002.

Reemtsma, Jan P.: Vertrauen und Gewalt. Versuch über eine besondere Konstellation der Moderne, Hamburg: Hamburger Edition 2008.

Richter, Peter: Ökonomisierung als gesellschaftliche Entdifferenzierung, Konstanz: UVK 2009.

Ricoeur, Paul: Wege der Anerkennung. Erkennen, Wiedererkennen, Anerkanntsein, Frankfurt a.M.: Suhrkamp 2006.

Ripperger, Tanja: Ökonomik des Vertrauens, Tübingen: Mohr Siebeck 2003.

Rosenberger, Sieglinde/Seeber, Gilg: „Politisches Vertrauen in der Krise?", in: Edith Hammer/Nino Tomaschek (Hg.), Vertrauen. Standpunkte zum sozialen, wirtschaftlichen und politischen Handeln (=University, Society, Industry. Beiträge zum lebensbegleitenden Lernen und Wissenstransfer, Band 2), Münster: Waxmann 2013, S. 141-152.

Rotter, Julian B.: „A new scale for the measurement of interpersonal trust", in: Journal of Personality 35 (1967), S. 651-665.

Röttgers, Kurt: „Zwischen Markt und Brüderlichkeit – Zum Zusammenhalt von Gesellschaften", in: Tristan Nguyen (Hg.), Mensch und Markt, Wiesbaden: Gabler 2011, S. 73-97.

Rüther, Günther: „Vertrauen und Verantwortung. Zur Kritik an der Elite in Politik und Wirtschaft", in: Karl-Dietrich Bracher/Hans-Adolf Jacobsen/Volker Kronenberg/Oliver Spatz (Hg.), Politik, Geschichte und Kultur. Wissenschaft in Verantwortung für die res publica. Festschrift für Manfred Funke zum 70. Geburtstag, Bonn: Bouvier 2009, S. 336-344.

Sauer, Dieter: „‚Du bist Kapitalismus' oder die Widersprüche der Ökonomisierung", in: Karl-Siegbert Rehberg (Hg.), Die Natur der Gesellschaft. Verhandlungen des 33. Kongresses der Deutschen Gesellschaft für Soziologie in Kassel 2006 (=Soziologenkongressband, Teilband 1 und 2), Frankfurt a.M.: Campus Verlag 2008, S. 609-621.

Scanlon, Thomas M.: What We Owe to Each Other, Cambridge/Massachusetts: The Belknap Press of Harvard University Press 2000.

Schefold, Bertram: „Ökonomisierung der Wissenschaft – contra. Die Wissensgesellschaft zwischen Wissenswirtschaft und neuem Humanismus", in: Ralf Diedrich/Ullrich Heilemann (Hg.), Ökonomisierung der Wissensgesellschaft, Berlin: Duncker & Humblot 2011, S. 245-271.

Schimank, Uwe: „Gesellschaftliche Ökonomisierung und unternehmerisches Agieren", in: Andrea Maurer/Uwe Schimank (Hg.), Die Gesellschaft der Unternehmen – Die Unternehmen der Gesellschaft. Gesellschaftstheoretische Zugänge zum Wirtschaftsgeschehen, Wiesbaden: Springer VS 2008, S. 220-236.

Schimank, Uwe/Volkmann, Ute: „Ökonomisierung der Gesellschaft", in: Andrea Maurer/Uwe Schimank (Hg.), Handbuch der Wirtschaftssoziologie, Wiesbaden: Springer VS 2008, S. 382-393.

Schmalz-Bruns, Rainer/Zintl, Reinhard (Hg.): Politisches Vertrauen. Soziale Grundlagen reflexiver Kooperation (=Schriftenreihe der Sektion Politische Theorien und Ideengeschichte in der Deutschen Vereinigung für Politische Wissenschaft, Band 2), Baden-Baden: Nomos 2002.

Schnädelbach, Herbert (Hg.): Rationalität. Philosophische Beiträge, Frankfurt a.M.: Suhrkamp 1984.

Schupp, Jürgen/Wagner, Gert G.: „Vertrauen in Deutschland: Großes Misstrauen gegenüber Institutionen", in: Wochenbericht des DIW Berlin 21 (2004), S. 311-313.

Schüßler, Rudolf: Kooperation unter Egoisten: Vier Dilemmata, München: Oldenbourg 1997.

Schütz, Alfred: Strukturen der Lebenswelt, Konstanz: UVK 2003.

Schwarz, Gerhard: „Vertrauen und Freiheit gehören zusammen", in: Gerhard Schwarz, Vertrauen. Anker einer freiheitlichen Ordnung, Zürich: Verlag Neue Zürcher Zeitung 2007, S. 165-178.

Schweer, Martin K. W./Thies, Barbara: „Vertrauen durch Glaubwürdigkeit – Möglichkeiten der (Wieder-)Gewinnung von Vertrauen aus psychologischer Perspektive", in: Beatrice Dernbach/Michael Meyer (Hg.), Vertrauen und Glaubwürdigkeit. Interdisziplinäre Perspektiven, Wiesbaden: Springer VS 2005, S. 47-63.

Schweer, Martin K. W./Thies, Barbara: Vertrauen als Organisationsprinzip, Bern: Huber 2003.

Sen, Amartya: Ökonomie für den Menschen. Wege zu Gerechtigkeit und Solidarität in der Marktwirtschaft, München: Deutscher Taschenbuch Verlag 2003.

Sen, Amartya: „Rationale Trottel. Eine Kritik der behavioristischen Grundlagen der Wirtschaftstheorie", in: Stefan Gosepath (Hg.), Motive, Gründe, Zwecke, Frankfurt a.M.: Fischer 1999, S. 76-102.

Simmel, Georg: Die Großstädte und das Geistesleben, Frankfurt a.M.: Suhrkamp 2006.

Smith, Adam: Die Theorie der ethischen Gefühle. Sonderausgabe, hrsg. von Walther Eckstein, Hamburg: Meiner 2004.

Smolkin, Doran: „Puzzles about Trust", in: The Southern Journal of Philosophy 46/3 (2008), S. 431-449.

Stehr, Nico: Die Moralisierung der Märkte. Eine Gesellschaftstheorie, Frankfurt a.M.: Suhrkamp 2007.

Steinfath, Holmer: „Das Wechselspiel von Autonomie und Vertrauen – eine philosophische Einführung", in: Claudia Wiesemann/Holmer Steinfath (Hg.), Autonomie und Vertrauen: Schlüsselbegriffe der modernen Medizin, Wiesbaden: Springer VS 2016, S. 11-68.

Stekeler-Weithofer, Pirmin: „Wer ist der Herr, wer ist der Knecht? Der Kampf zwischen Denken und Handeln als Grundform des Selbstbewußtseins", in: Klaus Vieweg (Hg.), Hegels Phänomenologie des Geistes. Ein kooperativer Kommentar zu einem Schlüsselwerk der Moderne, Frankfurt a.M.: Suhrkamp 2008, S. 205-237.

Streek, Wolfgang/Mertens, Daniel: „Politik im Defizit", in: Gesellschaftsforschung 1/10 (2010), S. 3-8.

Ströker, Elisabeth: Lebenswelt und Wissenschaft in der Philosophie Edmund Husserls, Frankfurt a.M.: Klostermann 1979.

Sturn, Richard/Held, Martin/Kubon-Gilke, Gisela: „Interdependenzen der Unordnung. Lehren aus der Krise", in: Martin Held/Gisela Kubon-Gilke/Richard Sturn (Hg.), Normative und institutionelle Grundfragen der Ökonomik (=Jahrbuch 11: Lehren aus der Krise für die Makroökonomik), Marburg: Metropolis 2012, S. 7-31.

Sztompka, Piotr: Trust. A Sociological Theory, Cambridge: Cambridge Univ. Press 1999.

Thielemann, Ulrich: Wettbewerb als Gerechtigkeitskonzept. Kritik des Neoliberalismus, Marburg: Metropolis 2010.

Thielemann, Ulrich: „Integrative Wirtschaftsethik als Reflexionsbemühung im Zeitalter der Ökonomisierung", in: Dietmar Mieth/Olaf J. Schumann/Peter Ulrich (Hg.), Reflexionsfelder integrativer Wirtschaftsethik, Tübingen/Basel: Francke 2004, S. 69-102.

Thielemann, Ulrich: „Transzendentale Ökonomik. Bemerkungen zur Ökonomisierung der Wissenschaften", in: Forschung und Lehre 7 (2004), S. 358-360.

Thielemann, Ulrich: „Integrative Wirtschaftsethik als kritische Theorie des Wirtschaftens. Die Unmöglichkeit der Wertfreiheit der Ökonomie als Ausgangspunkt der Wirtschaftsethik", in: Markus Breuer/Alexander Brink/Olaf J. Schumann (Hg.), Wirtschaftsethik als kritische Sozialwissenschaft (=St. Gallener Beiträge zur Wirtschaftsethik, Band 32), Bern: Haupt Verlag 2003, S. 89-115.

Thompson, Michael: „What is it to wrong someone? A puzzle about Justice", in: R. Jay Wallace/Philip Petitt/Samuel Scheffler/Michael Smith (Hg.), Reasons and values. Themes from the moral philosophy of Joseph Raz, Oxford: Oxford University Press 2004, S. 333-384.

Vershofen, Wilhelm: „Vertrauen als wirtschaftspolitischer Faktor", in: Erwin von Beckerath/Fritz W. Meyer/Alfred Müller-Armack (Hg.), Wirtschaftsfragen der freien Welt, Frankfurt a.m.: Fritz Knapp Verlag 1957, S. 262-270.

Vogel, Rick: Zur Institutionalisierung von New Public Management. Disziplindynamik der Verwaltungswissenschaft unter dem Einfluss ökonomischer Theorie, Wiesbaden: Deutscher Universitätsverlag 2006.

Vormbusch, Uwe: Die Herrschaft der Zahlen. Zur Kalkulation des Sozialen in der kapitalistischen Moderne (=Frankfurter Beiträge zur Soziologie und Sozialphilosophie, Band 15), Frankfurt a.m./New York: Campus 2012.

Voswinkel, Stephan: „Formwandel von Institutionen der Anerkennung in der Sphäre der Erwerbsarbeit", in: Ethik und Gesellschaft 1 (2014), S. 1-31.

Walker, Margaret U.: Moral Repair. Reconstructing Moral Relation after Wrongdoing, Cambridge: Cambridge University Press 2006.

Walter, Norbert/Quitzau, Jörn: „Vertrauen. Der vernachlässigte Wirtschaftsfaktor", in: Norbert Walter/Jörn Quitzau (Hg.), Wer soll das bezahlen? Antworten auf die globale Wirtschaftskrise, München: Pattloch Verlag 2011, S. 266-285.

Weber, Max: Soziologische Grundbegriffe, Tübingen: Mohr Siebeck 1978.

Weibel, Antoinette: Kooperation in strategischen Wissensnetzwerken. Vertrauen und Kontrolle zur Lösung des sozialen Dilemmas, Wiesbaden: Deutscher Universitätsverlag 2004.

Weimann, Joachim: „Kooperation, Koordination und Reziprozität. Die Rolle der Spielstruktur", in: Martin Held/Gisela Kubon-Gilke/Richard Sturn (Hg.), Normative und institutionelle Grundfragen der Ökonomik (=Jahrbuch 2: Experimente in der Ökonomik), Marburg: Metropolis 2003, S. 87-112.

Williams, Bernard A. O.: Wahrheit und Wahrhaftigkeit, Frankfurt a.M.: Suhrkamp 2003, S. 136-144.

Williams, Bernard: „Interne und externe Gründe", in: Stefan Gosepath (Hg.), Motive, Gründe, Zwecke, Frankfurt a.M.: Fischer 1999.

Zak, Paul J./Knack, Stephen: „Trust and Growth", in: The Economic Journal 111 (2001), S. 295-321.

Philosophie

Andreas Weber
Sein und Teilen
Eine Praxis schöpferischer Existenz

August 2017, 140 S., kart.
14,99 € (DE), 978-3-8376-3527-0
E-Book
PDF: 12,99 € (DE), ISBN 978-3-8394-3527-4
EPUB: 12,99€ (DE), ISBN 978-3-7328-3527-0

Björn Vedder
Neue Freunde
Über Freundschaft in Zeiten von Facebook

März 2017, 200 S., kart.
22,99 € (DE), 978-3-8376-3868-4
E-Book
PDF: 20,99 € (DE), ISBN 978-3-8394-3868-8
EPUB: 20,99€ (DE), ISBN 978-3-7328-3868-4

Jürgen Manemann
Der Dschihad und der Nihilismus des Westens
Warum ziehen junge Europäer in den Krieg?

2015, 136 S., kart.
14,99 € (DE), 978-3-8376-3324-5
E-Book
PDF: 12,99 € (DE), ISBN 978-3-8394-3324-9
EPUB: 12,99€ (DE), ISBN 978-3-7328-3324-5

**Leseproben, weitere Informationen und Bestellmöglichkeiten
finden Sie unter www.transcript-verlag.de**

Philosophie

Hans-Willi Weis
Der Intellektuelle als Yogi
Für eine neue Kunst der Aufmerksamkeit
im digitalen Zeitalter

2015, 304 S., kart.
22,99 € (DE), 978-3-8376-3175-3
E-Book
PDF: 20,99 € (DE), ISBN 978-3-8394-3175-7
EPUB: 20,99€ (DE), ISBN 978-3-7328-3175-3

Franck Fischbach
Manifest für eine Sozialphilosophie
(aus dem Französischen übersetzt von Lilian Peter,
mit einem Nachwort von Thomas Bedorf und Kurt Röttgers)

2016, 160 S., kart.
24,99 € (DE), 978-3-8376-3244-6
E-Book: 21,99 € (DE), ISBN 978-3-8394-3244-0

Claus Dierksmeier
Qualitative Freiheit
Selbstbestimmung in weltbürgerlicher Verantwortung

2016, 456 S., kart.
19,99 € (DE), 978-3-8376-3477-8
E-Book
PDF: 17,99 € (DE), ISBN 978-3-8394-3477-2
EPUB: 17,99€ (DE), ISBN 978-3-7328-3477-8

**Leseproben, weitere Informationen und Bestellmöglichkeiten
finden Sie unter www.transcript-verlag.de**